Kanada

und seine Provinzen

Kurt Ohlhoff

Kanada

und seine Provinzen

Unter Mitarbeit von:
Ole Helmhausen, Fredrik DeWiel und Michael Juhran

KOMET

www.komet-verlag.de

Text: Kurt Ohlhoff, Isernhagen
Producing: Hans-Joachim Schneider u. Inga Menkhoff, Köln
Bildredaktion: Hans-Joachim Schneider u. Inga Menkhoff, Köln
Gesamtherstellung KOMET Verlag GmbH, Köln
ISBN 978-3-89836-767-7

INHALT

Nordpolarmeer
Beaufortsee
Sverdrup Is.
Axel Heiberg Is.
Ellef Ringnes Is.
Queen Is.
Elizabeth Is.
Bathurst Is.
Parry Is.
Melville Is.
Devon Is.
Resolute
McClure-Str.
Melvillesund
Banks Is.
Sachs Harbour
Stefansson Is.
Somerset Is.
Pr. of Wales Is.
McClintockkanal
Boothia
Victoria Is.
Amundsengolf
Boothia Peninsula
Cambridge Bay
King William Is.
Gjoa Haven
Coppermine
Umingmatok
Nunavut Territory
Garry-see
Alaska
(USA)
Fort Yukon
Fairbanks
Tuktoyaktuk
Inuvik
Ft. McPherson
Anchorage
Dawson
Yukon Plateau
Keno City
Mackenzie Mountains
Ft. Good Hope
Norman Wells
Bären-see
Echo Bay
Mt. Logan
6050 m
Minto
Yukon
Whitehorse
Northwest-Territories
Aberdeen-see
Baker Lake
Baker-see
La Martre-see
Yellowknife
Dubawnt-see
Chesterfiel
Skagway
Rocky Mountains
Watson Lake
Ft. Simpson
Fort Providence
Reliance
Trout-see
Gr. Sklaven-see
Fort Resolution
Tavan
Ft. Liard
Arviat
Dease Lake
Hay River
Coast Mountains
Ft. Nelson
Fort Smith
Kasbasee
Uranium City
Nueltinsee
Fort Vermilion
Pazifischer Ozean
Stewart
Hyder
Athabascasee
Churc
Claireesee
Carruthers
3050
Wollaston-see
Lynn Lake
Creesee
Etawneysee
Prince Rupert
Hazelton
Dawson Creek
Fort Mc Murray
Königin-Charlotte Is.
Kitimat
Terrace
Brit. Columbia
Peace River
Rentier-see
Südlicher Indianersee
Kl. Slaven-see
Kemano
Southend
Thompson
Grande Prairie
Prince George
Alberta
Ocean Falls
Flin Flon
Manitoba
Kgn.-Charlotte-Str.
Mt. Robson
3954 m
Edson
Edmonton
Saskatchewan
Williams Lake
Jasper
Port Hardy
Prince Albert
Warren Landing
Red Deer
North Battleford
Winnipeg-see
Kamloops
Banff
Saskatoon
Vancouver Is.
Port Alberni
Vancouver
Calgary
Gypsumville
Tofino
Victoria
Kelowna
Medicine Hat
Yorkton
Dauphin
Moose Jaw
Regina
Cranbrook
Lethbridge
Swift Current
Winnipeg
Manitoba-see
Weyburn
Portage la Prairie
Brandon
Lake of the Woods
Tacoma
Seattle
Portland
Vereinigte Staaten
Minnea

Höhenangaben in m
über 2000
1500 - 2000
1000 - 1500
500 - 1000
200 - 500
0 - 200
Schnellstraßen (Auswahl)
wichtige Straßen (Auswahl)
wichtige Eisenbahnlinien (Auswahl)
Staatsgrenze
Provinzgrenze
Internationaler Flughafen
Orte mit
> 1 000 000 Einwohner
> 100 000 Einwohner
sonstige Orte
0
200
400
600
km
© Ing.-Büro für Kartographie J. Zwick, Gießen
Grönland
(dän.)
Baffin Bay
Pond Inlet
Baffin Island
Davisstraße
Foxe-Becken
Melville Peninsula
Pangnirtung
Iqaluit
Cape Dorset
Lake Harbour
Southampton Is.
Hudsonstraße
Coats Is.
Mansel Is.
Salluit
Kangiqsujuak
Kangirsuk
Ungava-Bay
Ungava Peninsula
Labradorsee
Kuujjuaq
Nain
Hudson-Bay
Barren ground
Inukjuak
Minto-see
Cartwright
Battle Harbour
(zu Nunavut)
Belcher Is.
Schefferville
Smallwood-reservoir
Newfoundland and Labrador
Goose Bay
St. Anthony
Blanc Sablon
Churchill Falls
Port au Choix
Labrador
Gander
St. John's
Buchans
Fort Severn
Corner Brook
Newfoundland
Natashquan
Winisk
Chisasibi (Fort George)
Havre St.-Pierre
James-Bay
Sept-Îles
Anticosti Is.
Port aux Basques
Miquelon (frz.)
St. Pierre (frz.)
Trout-see
Akimiski Is.
St. Lorenz-Golf
Fort Albany
Waskaganish (Rupert House)
Mistassini-see
Québec
Baie Comeau
St. Lorenz-Str.
Gaspé
Cape Breton Is.
Moosonee
Ft. Hope
Campbellton
Bathurst
Prince Edward-Ild.
Sydney
Ontario
Gouin-stausee
Charlottetown
New Brunswick
Chicoutimi
Moncton
New Glasgow
Nakina
Kapuskasing
Abitibi-see
Fredericton
Nova Scotia
Sable Is.
Cochrane
Québec
Halifax
Nipigon-see
Val-d'Or
Saint John
Nipigon
Kirkland Lake
Rouyn-Noranda
Trois Rivieres
Thunder Bay
Michipicoten
Sherbrooke
Yarmouth
Lake Superior
Montreal
Sault Ste-Marie
Sudbury
North Bay
Pembroke
Ottawa
Huntsville
Huronsee
Kingston
Oshawa
Boston
Toronto
Ontariosee
Hamilton
Niagara Falls
Michigansee
Detroit
Milwaukee
Windsor
Eriesee
Cleveland
New York
Chicago
Atlantischer Ozean

KANADA IM ÜBERBLICK

Creek Hills nahe Stewart Valley in Saskatchewan. Der nördliche Teil der Provinz liegt auf dem Kanadischen Schild, dem geologischen Kern Kanadas.

GEOGRAFIE

Flüsse und Seen waren zur Zeit der europäischen Entdeckung Nordamerikas die einzigen Transport- und Verkehrswege.

Kanada ist mit rund 10 Millionen Quadratkilometern etwa so groß wie Europa und damit nach Russland das zweitgrößte Land der Erde. Seine zu 43 Prozent aus kristallinem Grundgebirge bestehende Landmasse – der sogenannte Laurentische oder Kanadische Schild – erstreckt sich 5500 Kilometer von Osten nach Westen und 4500 Kilometer von Norden nach Süden. In einer Senke dieses Schilds liegt die Hudson Bay. Rund 40 Prozent der kanadischen Landoberfläche werden durch ein komplexes Flusssystem in dieses Binnenmeer entwässert.

Auf dem Schild verteilen sich alle nördlichen Territorien und große Teile der Provinzen Saskatchewan, Manitoba, Ontario, Québec sowie der festländische Teil der Provinz Newfoundland and Labrador. Sie alle profitieren von den mineralischen Rohstoffen, die im Schild so reichhaltig vorhanden sind. Bis vor Kurzem waren es vorwiegend Nickel Gold, Silber, Kupfer, Eisen und andere Metalle, die das Grundgebirge in weltwirtschaftlich bedeutenden Mengen hergab. 1980 erwies sich dann die Vermutung als richtig, dass ähnliche geologische Voraussetzungen wie in Südafrika auch in Kanada zur Bildung von Diamantlagerstätten geführt haben müssen. 1991 wurden in den Northwest Territories die ersten wirtschaftlichen Vorkommen erschlossen, und 2004 belief sich die kanadische Produktion von Rohdiamanten bereits auf 12,6 Millionen Karat. Zudem ist in der letzten Zeit auch das Interesse an den Uranvorkommen des Schilds wieder gestiegen.

So wichtig diese Rohstoffe heute sind, so erwiesen sich doch lange vor ihrer Entdeckung andere natürliche Gegebenheiten des Schilds als weitaus bedeutungsvoller für Kanada. Zum einen war und ist dies der Lebensraum vieler Pelztiere, insbesondere des besonders wertvollen Bibers, zum anderen waren die zahllose Seen und verbindenden Flüsse die wichtigsten Transportwege, denn mit wendigen Kanus konnte die Fallensteller ihre Beute in die Großen Seen und weiter nach Montreal verfrachten. Der Pelzhandel war somit für die kanadische Geschichte im wahrsten Sinne des Wortes wegweisend.

Im Westen endet das Grundgebirge weit unter der Erdoberfläche inmitten von British Columbia. Die diversen geologischen Bestandteile des Untergrunds der pazifischen Hälfte der Provinz wurden dem Kontinent erst vor rund 200 Millionen Jahren nach und nach angegliedert. Der durch diesen Vorgang entstehende Druck führte über weitere Jahrmillionen 500 Kilometer weiter östlich zur Ausgestaltung der Rocky Mountains. Diese wiederum bilden nur den östlichsten, verhältnismäßig schmalen Strang

der westlichen Gebirgswelt Kanadas und unterscheiden sich vom Rest der Kordilleren auch rein optisch durch ihren markanten, alpenähnlichen Falten- und Schuppenbau.

Im Laufe dieser geologischen Prozesse entstand zwischen den Rocky Mountains und dem eigentlichen Kanadischen Schild ein Sammelbecken von Verwitterungsprodukten, in dessen Kalk- und

Bergpanorama der Rocky Mountains im Banff National Park

Sandsteinen seit Mitte des 20. Jahrhunderts immer neue Vorräte von Kohle, Erdöl und Erdgas gefunden werden. Im Nordosten von Alberta werden sogar oberflächliche Lagerstätten, die sogenannten Teersande, in kilometerweiten Gruben abgebaut. Die hier im Tagebau nutzbaren bzw. dicht unter der Oberfläche liegenden Rohölvorräte sind nur mit denjenigen von Saudi-Arabien zu vergleichen. Da sie aber außerordentlich zähflüssig mit der sandigen Grundmasse verbunden sind, ist ihre Gewinnung weitaus kostspieliger, so dass sich ihr Abbau nur bei sehr hohen Ölpreisen lohnt.

Ölbohrungen in der Provinz Alberta

Neben den industriellen Rohstoffen weist das sedimentäre Becken ebenso reiche paläontologische Schätze auf. Im Mesozoikum entstanden im Vorland der Rocky Mountains ausgedehnte Flussebenen und Sümpfe, in denen zahlreiche Arten von Dinosauriern eine letzte Blüte erlebten, bevor sie vor 65 Millionen Jahren wahrscheinlich infolge eines Asteroiden- oder Kometeneinschlags am Golf von Mexiko ausstarben. Insbesondere in den Flusstälern im Süden von Alberta werden immer wieder auch von Amateuren Teile versteinerter Dinosaurierskelette und andere Spuren ihres einstigen Daseins gefunden.

Obgleich nur Teile von Alberta, Saskatchewan und Manitoba in die Interior bzw. Great Plains von Nordamerika entfallen, werden sie als Prärieprovinzen bezeichnet. Ihre Oberfläche fällt von den Rocky Mountains in fast unmerklichen Geländestufen nach Osten ab, bis sie im Süden von Manitoba auf fast 200 Meter Meereshöhe absinkt. Neben Öl- und Gas werden in Saskatchewan seit 1958 Kalisalze im Tiefbau gewonnen, die heute einen beträchtlichen Anteil der Weltförderung ausmachen. In Manitoba wiederum hat vor 7500 Jahren ein nacheiszeitlicher Schmelzwassersee eine tischebene Anbaufläche für die eigentliche kanadische Kornkammer hinterlassen.

Wie in der westlichen Prärie wurden auch am Südabhang des Kanadischen Schilds mächtige Sedimente abgelagert. Sie bestehen vorwiegend aus paläozoischen Karbonatgesteinen, wie sie z.B. in dem viele Kilometer langen, so genannten Niagara Escarpment und den dazugehörigen berühmten Niagara-Fällen landschaftlich hervortreten. Im 19. Jahrhundert gaben sie auch vergleichsweise geringe Mengen an Erdöl her.

Östlich der Großen Seen verschwindet der Kanadische Schild unter dem Tiefland des St.-Lorenz-Flusses. An dieses Tiefland schließt sich das landschaftlich abwechslungsreichere Mittelgebirge des Appalachischen Hochlandes an. Hierher gehören neben dem insularen Neufundland die Provinzen New Brunswick und Nova Scotia. Diese morphologische Einheit entstand vor Hunderten von Jahrmillionen, als Nordamerika einerseits und Europa und Nordafrika andererseits miteinander kollidierten. Aus diesem Grund ist sie auch hinsichtlich ihrer mineralischen Rohstoffe mit dem deutschen Ruhrgebiet verwandt. Von größerer wirtschaftlicher Bedeutung ist heute aber der submarin vorgelagerte Schelfsaum der atlantischen Provinzen, in dem 1979 die ersten großen Erdöllagerstätten erschlossen wurden.

In Dawson City im Yukon Territory sind während der Schürfarbeiten immer wieder Knochenfunde der ausgestorbenen Mammuts gefunden worden, die in dem kleinen Museum der Gold Bottom Goldmine ausgestellt werden.

FLÜSSE UND SEEN

Kanada ist ein Land mit Millionen Seen, Flüssen und Bächen. Sie bedecken etwa 7,6 Prozent der kanadischen Landmasse. Die fünf miteinander verbundenen Großen Seen – Lake Superior, Michigan, Huron, Erie und Ontario – befinden sich im Grenzgebiet der Provinz Ontario und acht US-Bundesstaaten. Sie stellen mit 245.000 Quadratkilometern hinsichtlich ihrer Fläche das größte Süßwasserreservoir der Welt dar. Dies entspricht 20 Prozent des weltweiten Süßwasservorkommens an der Erdoberfläche. Die größten Seen, die sich ausschließlich auf kanadischem Territorium befinden, sind der Große Bärensee (31.328 Quadratkilometer) und der Große Sklavensee (28.568 Quadratkilometer und bis zu 614 Meter Tiefe) in den Northwest Territories sowie der Winnipegsee in Manitoba mit 24.387 Quadratkilometern Fläche.

Auf dem Yukon River bei Dawson City

Kanadas Flüsse strömen in drei große Meere: Pazifik, Eismeer und Atlantik. Der wichtigste Fluss des Landes ist der 3058 Kilometer lange Saint Lawrence River (St.-Lorenz-Strom), der von den Großen Seen zum Atlantik fließt. Er ist nach dem heiligen Laurentius benannt, an dessen Namenstag im Jahre 1535 Jaques Cartier als erster Europäer in das Mündungsgebiet segelte. An den Ufern des fortan wichtigsten Transportweges entstanden auch die ersten europäischen Siedlungen.

Das längste Flusssystem ist der Mackenzie River mit 4241 Kilometern. Er entwässert auch das größte Gebiet – 1.805.200 Quadratkilometer, rund ein Fünftel der Landmasse Kanadas –, bis er in einem großen Delta in die Beaufortsee des Arktischen Ozeans mündet. Zum Mackenzie-River-System gehören drei große Seen – Großer Sklavensee, Großer Bärensee und Athabasca-See – sowie mehrere bedeutende Flüsse: Peace, Athabasca, Liard, Hay, South Nahanni und Slave River.

Kajakfahrer in der Agawa Bay des Lake Superior. Die Ausmaße der Großen Seen Kanadas sind gigantisch: Allein der Lake Superior ist fast so groß wie Österreich.

Gefrorene Tundra auf Baffin Island. Die Jahresdurchschnittstemperaturen der zu Nunavut gehörenden Insel liegen bei –20 °C.

Weitere große Flüsse sind der Yukon (3185 Kilometer), der North Saskatchewan (1287 Kilometer) und South Saskatchewan (800 Kilometer), der Columbia (1953 Kilometer) und der Fraser in British Columbia (1370 Kilometer), der Churchill in Manitoba (1609 Kilometer) und der Ottawa River in Ontario (1271 Kilometer). Im Osten Kanadas gehört der aus den USA durch New Brunswick in die Bay of Fundy fließende Saint John River (673 Kilometer) zu den großen geschichtsträchtigen Flüssen.

KLIMA

Kanada ist ein Land des Nordens: Der magnetische Nordpol liegt in seinem Hoheitsbereich. Edmonton, die nördlichste der kanadischen Großstädte, liegt zwar auf dem gleichen Breitengrad wie Hamburg, während Toronto auf jenem von Florenz liegt – aber das lässt keine Rückschlüsse auf das Klima des Landes zu. Dieses wird von großen Zellen atmosphärischen Drucks bestimmt: dem Arktischen Hoch im Norden, dem Aleuten-Tief im Westen und dem Island-Tief im Osten.

Von diesen mehr oder weniger stationären Großzellen lösen sich periodisch kleinere Hochs und Tiefs ab, die in einer allgemeinen, aber nicht stetigen Ost-West-Richtung über das Land hinwegziehen und gelegentlich nach Norden und Süden ausbrechen. Sie machen sich nicht zu jeder Jahreszeit gleich deutlich bemerkbar, sind aber im Winter durchweg stärker ausgebildet als im Sommer.

Jedenfalls kann man das Klima von Winnipeg (Manitoba) mit dem von Novosibirsk und das von Toronto mit dem von Krakau vergleichen. Insbesondere der innerkontinentale kanadische Winter ist

sehr viel strenger als der westeuropäische. Der am dichtesten besiedelte und meistbesuchte Teil Kanadas liegt aber in gemäßigt-kontinentalen und maritimen Klimazonen. Im Südwesten von British Columbia kann man sogar im Januar mit ähnlichem Wetter rechnen wie etwa in Südirland. Von ähnlich mildem Klima gesegnet ist sonst nur die Niagara-Halbinsel von Ontario.

Das Okanagan Valley im Süden von British Columbia liegt in einer so milden Klimazone, dass sogar der Anbau von Wein möglich ist.

VEGETATION

Die kanadische Pflanzenwelt weicht nicht grundlegend von jener ab, die wir in Europa oder Nordasien vorfinden. Auch hier stimmen die Vegetationszonen weitgehend mit den Klimazonen überein. Auf den humusarmen Dauerfrostböden der arktischen Tundra halten sich lediglich Flechten, Moose und Heiden. Bäume und Sträucher fehlen ganz, und nur im Hochsommer bringen genügsame Pflanzen wie Silberwurz, Arktischer Mohn, moosartige Nelkengewächse, Weideröschen und Labrador-Tee kleinräumige Abwechslung in das Landschaftsbild.

In der Übergangszone zum subarktisch-kontinentalen Klimabereich finden sich schon geduckte Zwergformen von Birken und Weiden, und dann erstreckt sich von Alaska bis Labrador ein unterbrochener, borealer, fast immergrüner Waldgürtel. Hier wächst das langfaserige Holz der allgegenwärtigen Schwarzfichte, aus dem sich feine Papierwaren herstellen lassen. Die ebenfalls reichlich vorhandenen Kiefern bilden das für die landesübliche Bauweise so wichtige Nutzholz, während sich das harte Holz der Banks-Kiefer, einer Föhrenart, besonders für Eisenbahnschwellen und Bergbaustempel eignet.

Unterbrochen wird der boreale Wald nur durch ausgedehnte Sumpfgebiete, dem „muskeg" der Algonkin-Indianer. Diese fanden hier nicht nur die häufig eingestreuten Papierbirken, sondern auch die geschmeidigen Wurzeln der Weiß- und Schimmelfichten zum Vernähen der für den Kanubau unentbehrlichen Birkenrinde. Noch weniger als die Amerikanische Lärche oder Tamarak-Lärche ist die Birke aus den Bildern früher kanadischer Landschaftsmaler wegzudenken: Sie hat eine wichtige historische Bedeutung, denn ohne sie und das indigene Kanu wäre die vom Pelzhandel ausgehende Geschichte Kanadas wahrscheinlich völlig anders verlaufen.

Der boreale Waldgürtel geht nach Westen und Süden in eine kleinräumigere Vegetationszone über, deren Charakter wesentlich von der verfügbaren Feuchtigkeit abhängt. Im milden, niederschlagsreichen und meist frostfreien pazifischen Klima bestimmen artenreiche Küstenwälder das Landschaftsbild, in welchem die Douglastanne als Kanadas höchster Baum hervortritt. Sie kann 1000 Jahre alt werden und 90 Meter Höhe erreichen. In ihrem Schatten machen sich vorwiegend Riesen-Thuja und Hemlocktannen breit.

In der feuchten, salzhaltigen Luft der pazifischen Küste überwiegt neben der Sitkafichte die Drehkiefer, eine geduckte, windabweisende Form der Zeltstangenkiefer. Unter den Laubbäumen der Küstenregion sind der immergrüne Arbutus und ein weißblühendes Hartriegelgewächs – der Western Flowering Dogwood – besonders charakteristisch.

Die im Regenschatten des Küstengebirges liegende kordillerische Vegetationszone gleicht einem parkartigen, von weiten Grasflächen und dürren Tälern unterbrochenen Hochland, in dem Ponderosa-Kiefern und Douglas-Tannen vorherrschen. Die weiter östlich vom Columbia River durchflossene Waldregion ist gebirgiger und feuchter. Hier sind neben Arten des Küstenwaldes auch Zedern, Weißfichten, Engelmannfichten und Lärchen zu finden.

Die Vegetation der Rocky Mountains ist subalpin bis alpin. In den niedrigeren Lagen wiegen Engelmannfichten und die für das Stangenzelt (Tipi) der Prärie-Idianer verwendete Lodgepole-Pine vor. Weiter hangaufwärts folgen Balsamtannen und weißborkige Kiefern, die an der Baumgrenze latschenartige Formen annehmen. Im östlichen Vorgebirge, den Foothills, nimmt der Baumwuchs mit jeder Geländestufe ab und reicht nur in den grundwassernahen Flusstälern weit ins Flachland hinein.

LINKE SEITE:
Crackerberries (oben) und Cranberries (unten). Ein Schauspiel ganz besonderer Art ist es, wenn während der Ernte Millionen Cranberries einen roten „Teppich“ entstehen lassen.

FOLGENDE DOPPELSEITE:
Besonders im Osten von Kanada, aber auch wie hier in den Rocky Mountains, kann man den Indian Summer – die Verfärbung des Laubs im Herbst – auf besonders eindrucksvolle Weise erleben.

Rot verfärbte Tundra im Herbst

Das Flachland der Prärieprovinzen wurde früher als Espenparkland bezeichnet, heute aber ist es, von den Rocky Mountains bis nach Manitoba reichend, Anbaugebiet monokultureller landwirtschaftlicher Großbetriebe. Im Süden von Alberta gibt es allerdings Landstriche, die für den Ackerbau zu trocken sind, dafür aber ausreichendes Weideland für bedürfnislosere Rindersorten bieten.

An der Ostgrenze von Manitoba holt mit dem Grundgebirge des Kanadischen Schilds auch der boreale Nadelwald weit nach Süden aus und wird erst im Bereich der Großen Seen vom Laurentischen Laubwald abgelöst. In dieser Zone herrschen Eichen, Buchen, Linden und Ulmen vor. Besonders wichtig ist hier der Zuckerahorn, dessen Stamm den begehrten Sirup liefert und dessen charakteristisches Blatt in der kanadischen Flagge erscheint. In dem klimatisch milderen Gebiet zwischen den Seen Huron, Erie und Ontario finden man sogar Baumarten, die tropisch anmuten.

Der sogenannte Arkadische Mischwald der atlantisch-maritimen Provinzen gleicht dem laurentischen, besteht aber nach Norden hin zunehmend aus Nadelhölzern, darunter vorwiegend Rotfichten. Hier wuchsen aber auch die in der Kolonialzeit für die Masten der britischen Marine bevorzugten Weißkiefern. Die herbstliche Verfärbung all dieser Wälder (Indian Summer) macht einen touristischen Hauptreiz des kanadischen Ostens aus.

TIERWELT

Während sich viele Parallelen zwischen kanadischer und euroasiatischer Flora finden, liegen im Bereich der Fauna weitaus größere Unterschiede vor, die sich u.a. durch die unterschiedlichen Entwicklungen während der Eiszeiten begründen lassen.

Der Bisam-, Schaf- oder Moschusochse (musk ox) der hohen Arktik, der weder mit Rindern noch mit Schafen, sondern mit Ziegen enger verwandt ist, hat seinen Lebensraum im Bereich des Nordpols und kommt in Kanada nur in der Tundra und auf arktischen Inseln vor.

Der Eisbär (polar bear) wiederum ist überall dort anzutreffen, wo sich seine Hauptnahrung, die Ringelrobbe (ring seal), aufhält, also an den arktischen Küsten und der Hudson Bay. Beobachten kann man dieses imposante Tier am bequemsten in dem leicht erreichbaren Hafenort Churchill im Norden der Provinz Manitoba.

LINKE SEITE UND UNTEN:
Zwei Wahrzeichen Kanadas – der Ahornbaum, dessen Blatt auch in der kanadischen Flagge verewigt ist, und der Grizzly, der in den weitläufigen Waldgebiete des Landes lebt

Das kanadische Karibu (caribou) ist mit dem lappländischen Rentier verwandt, hat sich aber hier in zwei Unterarten aufgespalten: Während das Waldren in den borealen Wäldern zu Hause ist, zieht das kleinere Karibu dagegen jedes Jahr in Herden von Zehntausenden – verfolgt von Wolfsrudeln – in der Tundra zwischen seinen Sommer- und Winterrevieren hin und her.

Der Wolf war einst – außer auf den pazifischen Queen Charlotte Islands – in ganz Kanada heimisch. Heutzutage jedoch findet man ihn kaum mehr im Süden des Landes. Dort hat sich hingegen der kleinere Präriewolf (coyote) stark verbreitet. Insbesondere im weniger dicht besiedelten Westen gehören das nächtliche Kläffen der Welpen und der langgezogene Falsettruf des erwachsenen „Heulwolfs" zur Prärieromantik.

Überall, wo es weitläufige Waldgebiete gibt, sind auch Bären zu finden. Anders als Wölfe gehen diese dem Menschen nicht unbedingt aus dem Weg. Jedes Jahr sind deshalb Verletzungen und sogar Todesfälle durch Schwarzbären und Grizzlys zu vermelden. Der kleinere Schwarzbär hat einen flachen Rücken und kürzere Krallen. Man sieht ihn in den National- und Provinzparks des Westens auch an der Straße verhältnismäßig häufig. Er gilt zwar als der harmlosere der beiden Bärenarten, doch wenn er will, kann er seinem Opfer bis in die Bäume folgen. Den größeren und ge-

Wolf im Jasper National Park

fürchteteren, aber scheueren Grizzly erkennt man an seinem leicht konkaven Profil und an seinem Hohlrücken. Er zieht abseitige Flusstäler und höhere Waldlagen vor. Normalerweise klettert er nicht auf Bäume – doch selbst auf diesen „Schutzraum" kann man sich nicht hundertprozentig verlassen.

Es sind insbesondere die Wälder des Westens, die darüber hinaus Raubtiere der Katzenfamilie beheimaten. Der in Lateinamerika als Puma bekannte Kuguar (cougar) soll einmal eines der verbreitetsten Säugetiere des Kontinents gewesen sein. Heute sieht man ihn nur äußerst selten. Die kleinste der amerikanischen Wildkatzen, der Rotluchs (red fox), kommt nur noch im gebirgigen Süden des Landes vor; ebenso spärlich ist der Echte Luchs (lynx) mit seinem Stummelschwanz und den Haarpinseln an den Ohren zu beoachten.

Im dichter besiedelten Osten von Kanada sind größere Raubtiere selten anzutreffen. Dafür hat sich dort ein Räuber breit gemacht, der weitaus harmloser aussieht als ein Grizzly, für die Bevölkerung nichtsdestotrotz eine Plage darstellt: der Waschbär (racoon). Das an seiner schwarzen Maske und dem schwarzberingten Schwanz zu erkennende Tier hat eine unerwiderte Vorliebe für menschliche Nachbarschaft, und so ist z.B. in Ontario ein ganzer Berufszweig damit beschäftigt, den lästigen Nager auf Dachböden und in Vorratskellern zu stellen.

Auch wenn er putzig anzusehen ist: In Kanada hat sich der Waschbär in einigen Regionen zu einer regelrechten Plage entwickelt.

Harmlos, aber ebenso unbeliebt ist im ganzen Land das zur Marderfamilie gehörende schwarzweiße Stinktier (skunk), das vermeintliche Angreifer aus seinen Afterdrüsen mit einem penetrant stinkenden Sekret besprüht.

Das größte der einheimischen Nagetiere ist der Biber (beaver). Vorwiegend in Laub- und Mischwäldern zu Hause, kann jedes dieser Tiere jährlich bis zu 200 Bäume umlegen. Mit ihnen staut der Biber langsam fließende Gewässer auf und baut in den so entstehenden Teichen seine Burgen. Aber der Biber nimmt nicht nur wegen seiner wahrhaft landschaftsbildnerischen Tätigkeit eine Sonderstellung in der kanadischen Tierwelt ein, sondern wegen seiner historischen Bedeutung. Wie die Geschichte lehrt, wäre Kanada ohne den Biber und den vorwiegend auf ihm beruhenden Pelzhandel heute mit großer Wahrscheinlichkeit keine selbstständige Nation.

Biber bei seiner Lieblingsbeschäftigung, dem Bearbeiten von Holzstämmen. Der Einfluss dieses umtriebigen Nagers auf die geschichtliche Entwicklung Kanadas kann nicht zu hoch eingeschätzt werden, denn es waren in erster Linie Pelzjäger, die die europäische Besiedlung des Landes vorantrieben.

Das zweitgrößte Nagetier, das amerikanische Stachelschwein (porcupine), hat keine altweltlichen Verwandten. Jeder seiner 30.000, bis zu sechs Zentimeter langen Stacheln ist mit widerhakenartigen Schuppen besetzt. Da sich die Stacheln leicht vom ihrem Träger, nicht aber vom Gestochenen lösen, ist jeder kanadische Land- und Tierarzt geübt in der entsprechenden Behandlung neugieriger Kinder und Hunde.

Der größte einheimische Paarhufer wird oft fälschlich als Büffel (buffalo) bezeichnet, ist aber ein mit dem europäischen Wisent verwandter Bison. Um 1600 muss es in Nordamerika 40 bis 60 Milli-

onen Bisons gegeben haben, aber 1875 waren in Kanada nur noch vereinzelte Herden übrig, und heute werden Restbestände des typischen Präriebisons in westlichen Nationalparks in besonderen Gehegen gehalten. Dem etwas größeren Waldbison wurde im Wood Buffalo National Park (beiderseits der Grenze zwischen Alberta und den Northwest Territories) ein geräumiges Refugium zugewiesen.

Auch die Schneeziege (mountain goat) der Rocky Mountains läuft unter falschem Namen, ist sie doch eher mit asiatischen Bergantilopen verwandt. Ein anderer ausgezeichneter Kletterer im gleichem Lebensraum ist das verbreitetere und weit weniger menschenscheue Dickhornschaf (bighorn sheep). Auf den Straßen durch die Nationalparks wandern sie oft in ganzen Rudeln umher.

Einst bevölkerten rund 50 Millionen Bisons die Weiten Nordamerikas. Was angesichts dieser Zahlen unmöglich erschien, war Ende des 19. Jahrhunderts harte Realität: Der gesamte Bestand war auf einzelne kleine Herden geschrumpft. Heute leben einige Herden in den Nationalparks im Westen des Landes.

Als die ersten Europäer auf den stattlichen Wapiti-Hirsch trafen, hielten sie ihn für einen Elch, und als solcher ist er nun in ganz Amerika bekannt. Dieser sogenannte „elk" ist in den westlichen Nationalparks oft in größeren Herden zu sehen, und er weidet auch gerne auf Golfplätzen und städtischen Rasenflächen. In den Straßen von Banff stellen sie manchmal eine solche Plage dar, dass sie vertrieben werden müssen.

Den eigentlichen, noch größeren, hier als „moose" bezeichneten Elch dagegen findet man häufiger in den sumpfreichen Wäldern des Ostens. Dort treffen unaufmerksame Fahrer trotz entsprechender Warnschilder sogar oft mit beiderseitigem Totalschaden mit Elchen zusammen. Im gemäßigten Klimabereich gibt es fast überall auch kleinere Trughirsche, darunter den Weißwedelhirsch, das verbreitetste Jagdwild Nordamerikas. Nur im Westen wiegt der größere Maultierhirsch vor.

Zu einer ganz anderen und diesmal rein amerikanischen Gattung gehört der auf die offenen Kurzgrasprärie beschränkte, fälschlich als Antilope geltende Gabelbock. Das schwarze Gesicht, der weißgestreifte Hals und die weißen Flecken auf dem hellbraunem Rumpf dieses schnellsten und ausdauerndsten aller einheimischen Säugetiere ist unverkennbar.

Diese beträchtliche Artenvielfalt zu Lande wird im Wasser und in der Luft durchaus fortgesetzt. Ein regelrechtes Naturspektakel ist die alljährliche Lachswanderung, die in vielen Regionen Kanadas mitzuerleben ist. Dann nehmen Millionen Lachse einen oft mehrere Hundert Kilometer langen Weg zu ihren Geburtsstätten auf sich, um dort zu laichen. Dieser Weg ist nicht ungefährlich, denn in den Stromschnellen warten schon hungrige Bären, die sich ihren Winterspeck anfressen wollen.

In den größeren Gewässern sind darüber hinaus Seehunde und Seelöwen, Delfine und Wale zu finden. So wie sich in den letzten Jahren ein regelrechter Eisbären-Tourismus entwickelt hat, sorgen auch die insgesamt über 30 Walarten dafür, dass immer mehr Besucher das Angebot des „whale watching“ wahrnehmen und aus Booten heraus das majestätische Spiel von Grau-, Buckel-, Finn- oder Pottwalen beobachten.

RECHTE SEITE UND UNTEN:
Churchill ist Kanadas Eisbärenhochburg. Aus gesicherten Beobachtungsstationen (Foto unten) kann man dem Spiel, Kampf und der Nahrungssuche der Eisbären beiwohnen.

Die Vogelwelt Kanadas wiederum ist artenreich, lautstark und geizt nicht mit Superlativen: Alleine in borealen Waldgebieten des Landes machen jedes Jahr rund fünf Milliarden Zugvögel Station. Und während sich der erhabene Weißkopfseeadler im Horst einrichtet, „besetzen“ Millionen Seevögel die Küstengebiete Kanadas. In riesigen Kolonien leben u.a. Papageientaucher, Lummen, Basstölpel, Tordalken und Sturmvögel auf den kargen Küstenfelsen zusammen und sind oft kilometerweit durch ihr ohrenbetäubendes Geschrei auszumachen.

GESCHICHTE KANADAS

LINKE SEITE UND UNTEN:
Indianische Totems in British Columbia

Vor rund 50.000 Jahren, als der Rest der Erde allmählich vom Homo sapiens bevölkert wurde, war die Nordhalbkugel weitgehend von mächtigen Eiskappen bedeckt. Infolge der darin gebundenen Wassermassen war der Meeresspiegel über 100 Meter niedriger als heute. Die jetzige Beringstraße war verlandet und stellte eine 1000 Kilometer breite Landbrücke (Beringia) dar, die zusammen mit breiten kontinentalen Ufersäumen beim Abschmelzen der Gletscher vor rund 25.000 Jahren zur Wanderung einlud. Nordamerika ist deshalb erst gegen Ende der Eiszeit, d.h. vor ca. 20.000 Jahren, über die Beringbrücke und entlang der nordpazifischen Küste von Sibirien aus bevölkert worden.

DIE INDIGENE BEVÖLKERUNG

Die Urahnen aller Indianer waren steinzeitliche, sibirische Jäger, die in kleinen Gruppen dem Mammut und anderem Großwild nachstellten. Zu diesem gehörte auch das ursprünglich aus Amerika stammende und bald ausgerottete Pferd, welches erst in kolumbischer Zeit wieder von Spaniern eingeführt wurde. Im wärmer werdenden postglazialen Klima stießen sie noch als Paläoindianer schnell in das Innere des Kontinents vor und hatten vor 7000 Jahren, als sie anthropologisch gesehen zu Indianern geworden waren, längst die Ostküste erreicht.

Schon aus jener Zeit stammen Grabbeigaben aus Labrador, die von einer hochentwickelten Fischereitechnik zeugen. In New Brunswick wurden 2500 Jahre alte Spuren der indianischen Woodland-Kultur gefunden, die erst in kolumbischer Zeit zu Ende ging. Zu ihr gehörte unter anderen der Algonkisch sprechende Stamm der Mi'kmaq, die im 17. Jahrhundert – zum katholischen Glauben bekehrt – im Pelzhandel wertvolle Dienste leisteten.

Im Gebiet der Großen Seen traten kriegerische Stämme mit irokesischen Dialekten die Nachfolge der Woodland-Kultur an. Die jeweiligen Sieger der Kämpfe adoptierten die Frauen und Kinder der Unterlegenen und

LINKE UND RECHTE SEITE: Zum Pow-Wow in Manitoulin treffen sich alljährlich zahlreiche Angehörige unterschiedlicher Indianerstämme.

folterten deren Krieger zu Tode. Kultischer Kannibalismus war in historischer Zeit noch üblich. Auch die am Huron-See und im St.-Lorenz-Tal ansässigen Huronen und ihre französischen Missionare waren von der Streitbarkeit der Irokesen betroffen. Die südlich vom Ontario-See im Irokesischen Bund zusammengeschlossenen Seneca, Cayuga, Onondaga, Oneida, Mohawk und Tuscarora waren im unruhigen 18. Jahrhundert als Verbündete seitens der Kolonialmächte geschätzt. Angehörige dieses Bunds leben heute in mehreren Reservaten in Ontario und Québec.

In den borealen Wäldern weiter im Westen lebten zur Zeit der europäischen Landnahme algonkische Stämme, unter ihnen die Cree, Attikamek, Nipissing, Ojibwa und die Algonkin selbst. Erst später weiteten die Ojibwa ihr Stammesgebiet bis nach Manitoba und die Cree ihr Gebiet bis zu den Rocky Mountains aus. Auch diese Stämme nahmen aktiv am Pelzhandel teil.

Die Stämme der Great Plains behielten lange den paläo-indianischen nomadischen, jägerischen Lebensstil bei. Viele Meter dicke Knochenschichten am Fuße von Steilhängen (buffalo jumps) in Alberta zeugen noch heute von der Treibjagd auf Bisons. Die rapide Dezimierung der Herden bereitete dieser Tätigkeit um 1870 ein Ende und führte letzten Endes dazu, dass den Blackfoot-, Blood- und Peigan-Indianern 1877 Reservate in Süd-Alberta zugewiesen wurden.

Die zur athabaskischen Sprachfamilie gehörenden (und sprachlich mit den amerikanischen Apachen und Navajo verwandten) Stämme der Dene (Carrier, Beaver, Chipewyan, Slavey, Dogrib, Hare) le-

ben heute in kleinen Gruppen oft als Fallensteller in den nördlichen Wäldern der Prärieprovinzen und in den Northwest Territories.

Anders als diejenigen östlich der Rocky Mountains kamen die Indianer von British Columbia nur selten in den Genuss des Pelzhandels. Seit der Entdeckung von Gold 1858 am Fraser River wurden sie vielmehr zunächst vom Andrang der Schatzsucher und dann von Pockenepidemien so in Mitleidenschaft gezogen, dass den Überlebenden schließlich verstreute Reservate zugewiesen wurden, die jedoch nicht vertraglich abgesichert waren.

Die am pazifischen Rand von British Columbia ansässigen Indianer gehören zu dem großen Kulturkreis an der nordamerikanischen Westküste. Von der Seefischerei wohlernährt und auf zahlreiche Rohstoffe zurückgreifend, verfügten diese Indianerstämme über ausreichende Wohnbauten, Bekleidung und Kanus. Der Lebensstandard der Küstenstämme, von den Tlingit, Tsimshian und Haida im Norden bis zu den Salish im Süden, war schon immer höher als der anderer Indianerstämme. Ihre berühmten Totempfähle machen nur einen kleinen, weithin sichtbaren Teil ihres künstlerische Schaffens aus.

Die gesamte Urbevölkerung Kanadas beläuft sich heute auf rund 800.000 Menschen. Hiervon entfallen etwa 68 Prozent auf (nicht immer reinblütige) Indianer, die sich mit einigem Recht als First Nations betrachten. Weitere 26 Prozent sind Métis mit gemischt indianisch-europäischer Ahnenschaft, während Eskimos (heute Inuit) rund fünf Prozent bilden.

INUIT (ESKIMO)

Auch die Vorfahren der kanadischen Inuit kamen aus Sibirien, erschienen aber erst vor etwa 4000 Jahren in Alaska und mussten am Nordmeer eine vorher zugezogene paläo-indianische Urbevölkerung verdrängen. Ihre ersten archäologischen Spuren sind der sogenannten Dorset-Kultur zuzuordnen, die sich durch kleine, aus Horn und Speckstein geschnitzte Nachbildungen von Menschen, Seetieren und Vögeln auszeichnete.

Die Angehörigen der Dorset wurden um das Jahr 1000 von Vertretern der bis nach Grönland vordringenden Thule-Kultur verdrängt. Mit Hundeschlitten, Kajaks und Schlitzbrillen gegen Schneeblindheit ausgerüstet, waren sie die unmittelbaren Vorfahren der heutigen Inuit.

RECHTE SEITE UND UNTEN:
Inuit in Nunavut. Mit der Gründung dieser jüngsten Provinz haben die Inuit ein Gebiet zur Selbstverwaltung erhalten.

Wahrscheinlich waren es Eskimo, die in der alt-isländischen Literatur als Barbaren (isländisch „Skrälingi“) erwähnt wurden und mit denen sich die Wikinger vor 1000 Jahren in Neufundland ausein-

Inukshuk auf dem Mount Whistler in British Columbia. Die Steinskulpturen sind Sinnbild der Kultur der Inuit und mittlerweile an vielen Orten Kanadas zu finden. Inukshuks schmücken darüber hinaus die Flagge Nunavuts und das Logo für die Olympischen Winterspiele 2010 in Vancouver.

andersetzen mussten. In jedem Fall war es hier, in L'Anse aux Meadows, wo sich die Ost- und Westzweige der vor mehr als 50.000 Jahren aus Afrika kommenden Menschheit wiedertrafen.

1999 wurde den Inuit der östliche Teil der bisherigen Northwest Territories mit den meisten arktischen Inseln unter dem Namen Nunavut („unser Land") zur Selbstverwaltung übergeben. Heute leben in dieser jüngsten Provinz Kanadas mit über zwei Millionen Quadratkilometern Fläche rund 25.000 Inuit. Dies entspricht ungefähr der Hälfte aller in Kanada lebenden Inuit und etwa 85 Prozent der Gesamtbevölkerung Nunavuts.

NEU-FRANKREICH

Die eigentliche europäische Besiedlung Kandas begann 1497, als der Italiener John Cabot im Dienst der englischen Krone an der neufundländischen Küste aufkreuzte. Die märchenhaften Fischgründe, von denen er berichtete, machten sich schon im frühen 16. Jahrhundert baskische Fischer zunutze.

Die erste gründlichere Erkundung Kanadas kann man als Nebenergebnis der Suche nach einem kurzen Seeweg nach China (der Nordwest-Passage) ansehen, mit welcher der bretonische Kapitän Jaques Cartier 1534 von Frankreich beauftragt wurde. Dass er dem Auftrag nicht nachkommen konnte, wurde ihm erst 1535 auf seiner zweiten Reise klar, die beim heutigen Montréal an den unpassierbaren Schnellen des St.-Lorenz-Stroms endete. Diese wurden später mit gallischem Sarkasmus „la Chine" benannt. Cartiers Landnahme machte Frankreich zum nominellen Herrn über ein neues Reich, aber während der auf die Reformation folgenden Religionskriege hatte keine europäische Großmacht Interesse an planmäßiger Kolonisation, und so blieb der neue Besitz zunächst ohne feste Grenzen und willige Untertanen.

Weitere französische Versuche, am St.-Lorenz-Strom und der atlantischen Küste Fuß zu fassen, scheiterten so lange am unerbittlichen kanadischen Winter, bis Heinrich IV. 1602 einer Gruppe breto-

Noch heute geht ein Großteil der Inuit ganz traditionell dem Fisch- und Robbenfang nach. Lediglich die Hundeschlitten werden mancherorts durch Schneemobile ersetzt.

nischer Kaufleute ein Monopol für den Pelzhandel gewährte. In seinem Auftrag wurde der Soldat, Seemann und Kartograph Samuel de Champlain der erste Erforscher und eigentliche Gründer von Neufrankreich. Auf seiner zweiten Reise (1604–1607) erkundete er L'Acadie, das Gebiet um die Bay of Fundy im heutigen Nova Scotia, um schließlich auf der dritten Expedition im Jahre 1608 an einer Flussenge (algonkisch „kebec") die erste französiche Siedlung in Kanada zu gründen.

Von Québec aus lernte Samuel de Champlain auf langen Kanureisen die wichtigsten Wasserwege kennen und stellte gleichzeitig ein gutes Einvernehmen mit den Algonkin her. Überdies konnte er sie und die benachbarten Montagnais für die Lieferung von Pelzen aller Art gewinnen. Aber dabei blieb es zunächst. Als Kardinal Richelieu 1625 die Ausübung der protestantischen Religion in Kanada verbot und die Gesellschaft Jesu die Bekehrung der „sauvages" übernahm, hatten sich in Québec nur wenige Dutzend Einwohner durch die unerbittlichen Winter gerettet. Schon 1627 gingen Frankreichs überseeische Besitzungen vorübergehend an England verloren, und Champlain musste englischen Kaperfahrern nicht nur seine Kolonie, sondern 4000 Biberpelze ausliefern.

Statue von Samuel de Champlain in Québec City. Der Kartograph und Pionier gilt als Begründer von Neufrankreich.

Kein Handelsartikel war für die Geschichte Kanadas richtungsweisender als Pelze. Man kann sagen, dass das Land ohne den Kastorhut und den seinetwegen entbrannten Konkurrenzkampf sehr lange wirtschaftliches Brachland geblieben und vielleicht nicht zur unabhängigen Nation geworden wäre.

Der Nordteil des amerikanischen Kontinents wurde nicht zu Fuß oder zu Pferd erschlossen, sondern von vorwiegend franko-kanadischen Kanubesatzungen im Dienst britischer und französischer Gesellschaften. Sie waren es, die das Land in wochenlangen Reisen erschlossen, 18 Stunden pro Tag im 45er-Takt paddelnd. Landeinwärts ging es auf großen, mit Tauschartikeln beladenen Frachtkanus (canots de maitre) zu winterfesten Umschlagsstationen ans Westende des Lake Superior. Dort übernahmen wendigere und tragbare Kanus (canots du nord) den weiteren Verkehr flussaufwärts und über kurze „portages" bis zu den indianischen Fallenstellern in den Sümpfen und Wäldern des Kanadischen Schilds. Im Jahr 1798, einem typischen Ertragsjahr zu dieser Zeit, sah die Pelzausbeute wie folgt aus: 106.000 Biber, 2100 Bären, 5500 Füchse, 4600 Ottern, 17.000 Bisamratten, 32.000 Marder, 1800 Nerze, 6000 Luchse, 3800 Wölfe, 700 Wapitis, 500 Bisons und einige andere Pelztiere.

Erst nach der Krönung von Ludwig XIV. wandte sich Frankreich wieder tatkräftig den neuen Kolonien zu: 1663 machte der Sonnenkönig Neu-Frankreich zur Provinz und übergab diese einem Dreierrat. Anders als in britischen Besitzungen hatte diese Verwaltung keine demokratischen Anklänge – ein Umstand, der sich noch heute in Québec bemerkbar macht, das nicht ganz frei von politischer Gönnerschaft ist.

Neben der politisch-militärischen Front im Süden bot England im Jahre 1670 seinem Rivalen Neufrankreich mit der Gründung der Hudson's Bay Company im Norden eine weitere Provokation. Die resultierenden Auseinandersetzungen waren von wechselndem Erfolg. 1690 schlugen Angriffe von Neuengländern auf Montréal und Québec fehl. Port Royal in Acadia dagegen ging an englische Kolonisten verloren, wurde aber 1697 im Frieden von Rijswyk zurückgewonnen. Im Queen Anne's War, dem Spanischen Erbfolgekrieg (1701–1714), machte England seine Seemacht ernstlich geltend und zwang Frankreich im Frieden von Utrecht zum Verzicht auf alle Besitzungen mit Ausnahme der zukünftigen Provinz Québec und der Inseln St. Jean (Prince Edward Island) und Royale (Cape Breton Island). Ab 1713 errichteten die Franzosen auf der Île Royale die mächtige Festung Louisbourg, die aber 1745 bis zum nächsten Frieden wieder verloren ging.

Festung Louisbourg, die originalgetreu wiederaufgebaut wurde.

1749 begann Großbritannien, Tausende englische Kolonisten in Nova Scotia anzusiedeln. Dies stieß auf den passiven Widerstand der ansässigen Acadier, von denen 1755 mindestens 6000 auf verschiedenen Seewegen vertrieben wurden. Viele landeten schließlich im damals noch französischen Louisiana und wurden dort zu „Cajuns". Ihr Schicksal ging mit dem klassischen Epos von Henry Wadsworth Longfellow als „Evangeline" in die Weltliteratur ein.

LINKE SEITE:
„Britischer" Wachposten vor dem Government House in Ottawa

1756, beim Ausbruch des Siebenjährigen Krieges, beorderte Frankreich zur Wahrung seiner nordamerikanischen Interessen einen seiner besten Generäle, den Marquis de Montcalm, nach Québec, wo er sogleich eine aus Berufssoldaten, franko-kanadischer Miliz und Indianern bestehende Armee zusammenstellte. Im Gegenzug sicherten die Briten 1758 mit der zweiten Einnahme der Festung Louisbourg zunächst die Küste und verschifften dann ihre Streitkräfte unter General James Wolfe nach Québec. Nach nächtlichem Erklimmen der Steilküste stand Wolfe im Morgengrauen des 13.9.1759 mit 4500 Mann auf den Plains of Abraham vor den Toren der Stadt. Die darauf folgende Schlacht dauerte nur rund 15 Minuten, in denen Montcalms massiver Frontalangriff vor den britischen Linien zusammenbrach. Im Gegenangriff fiel Wolfe, und auch Montcalm wurde tödlich verwundet.

Die siegreichen britischen Truppen verbrachten den Winter in Québec und mussten sich – durch Hunger und Kälte dezimiert – im April 1760 einer weiterer Schlacht stellen, in der sie unterlagen. Dennoch blieb die folgende französische Belagerung ohne Erfolg: Die britischen Truppen wurden von ihrer Flotte entsetzt und die Franzosen rückten ab. In Anbetracht dieses Ausgangs kann man die erste Schlacht auf den Plains of Abraham als das Ende von Neu-Frankreich ansehen. Und mit dem Frieden von Paris trat Großbritannien 1763 offiziell das kanadische Erbe Frankreichs an.

KANADA IM BRITISCHEN WELTREICH

Das Québec-Gesetz (Québec Act) von 1774 beließ der französischen Bevölkerung ihr hergebrachtes Zivilrecht, und dies war einer der Gründe, warum Québec den Unabhängigkeitsbestrebungen der 13 amerikanischen Kolonien Großbritanniens fernblieb. Im amerikanischen Unabhängigkeitskrieg (1775–1783) besetzten die Rebellen vorübergehend Montréal. Wenn sie nicht gleich darauf bei Québec City mit franko-kanadischer Hilfe vernichtend geschlagen worden wären, wäre Kanada vielleicht heute ein Teil der USA.

Statt des erhofften Zustroms englisch-sprechender Siedler, waren bis dahin nur zahlreiche Geschäftsleute aus Schottland und Neuengland nach Montréal gekommen und beherrschten bald den Pelz- und Außenhandel. Erst die Vertreibung der königstreuen Loyalisten aus den neuen amerikanischen Staaten verdreifachte binnen kurzer Zeit die Bevölkerung der atlantischen Region, die nun aber Lokalverwaltung forderte. Schon 1784 wurde deshalb New Brunswick von Nova Scotia abgetrennt. Auch nach Québec kamen Loyalisten und ließen sich am Oberlauf des St.-Lorenz-Stroms nieder, wo sie schon bald Selbstverwaltung einforderten. Dies führte 1791 zum Canada Act mit der Spaltung der alten Provinz Québec in Upper Canada (heute Ontario) und Lower Canada (heute Québec). Anderweitig stellten die kanadischen Besitzungen zu Beginn des 19. Jahrhunderts ein Konglomerat von Regierungsformen dar, von der Kronkolonie Neufundland bis zum von der Hudson's Bay Company verwalteten Rupert's Land.

Gedenksteine für die Mannschaft des britischen Polarforschers Sir John Franklin auf der Insel Beechey Island (Nunavut). Franklin unternahm insgesamt drei Expeditionen in der Hoffnung, die Nordwest-Passage zu finden. Von der letzten Expedition, die im 1845 startete, kehrte die Mannschaft nicht zurück.

An dem 1812 auf Drängen einer streitbaren amerikanischen Kongressfraktion erklärten Krieg mit Großbritannien nahmen die Neu-Englandstaaten nicht aktiv teil, und deshalb kam es bis 1814 nur in Upper und Lower Canada zu Kampfhandlungen. Auf britischer Seite konnte Generalmajor Sir Isaac Brock nur über 5000 Mann verfügen, aber er durfte mit der Loyalität der Frankokanadier rechnen und hatte überdies Häuptling Tecumseh mit seinen Shawnee zum Verbündeten. Gemeinsam eroberten sie das damalige Fort Detroit und siegten bei Queenston am Niagara River.

1813 konnten die Amerikaner York (heute Toronto), die Hauptstadt von Upper Canada, verwüsten, aber dafür brannte ein britisches Kommando das Weiße Haus in Washington nieder. Der Friede von Gent ließ 1814 alles beim Alten.

Mit dem Union Act von 1840 wurden Upper und Lower Canada als Canada West bzw. Canada East unter einer gemeinsamen Regierung vereinigt, jedoch mit gleich starker parlamentarischer englischer bzw. französischer Vertretung. Nach den napoleonischen Kriegen und mit Beginn der Industrialisierung Europas wuchs der Strom der Einwanderer nach Kanada: Bereits 1850 hatte sich die Einwohnerzahl Kanadas auf annährend 2,5 Millionen Menschen erhöht.

Im Jahre 1858 wurde das damals lediglich als kleine Holzfällersiedlung existierende Ottawa von Queen Victoria zur Landeshauptstadt erhoben. Diese Entscheidung schockierte einen Großteil der Kanadier, denn auch Toronto, Kingston und Montréal hatten sich um die Hauptstadtwürde beworben. Doch mit Ottawa war eine Stadt ausgewählt worden, die auch an der Sprachgrenze des Landes lag.

Queen Victoria wählte 1858 Ottawa zur Hauptstadt Kanadas. Die Landesregierung residiert auf dem imposanten Parliament Hill.

DER WEG ZUR UNABHÄNGIGKEIT

Bevölkerungszuwachs und Industrialisierung hatten beide Teile Nordamerikas in einem Wettkampf um Transportwege von der Küste zu den Großen Seen geführt. So entstanden in kurzer Folge der Lachine-Kanal (zur Umgehung von Cartiers Stromschnellen) und der Erie-Kanal. Zur weiteren Erschließung des Landes aber waren Eisenbahnen erforderlich, und für deren Bau fehlten im zerstückelten Britisch-Nordamerika die politischen und wirtschaftlichen Voraussetzungen.

1864 beschlossen die Führer von Canada West und Canada East – George-Etienne Cartier und John A. Macdonald – die atlantischen Provinzen für eine gesamtkanadische Lösung zu gewinnen. Dies war auch deshalb angezeigt, weil inzwischen der amerikanische Bürgerkrieg ausgebrochen war. Dort sympathisierten die Briten mit den Südstaaten, und deshalb lag der Verdacht auf erneutes Interesse der Nordstaaten an Kanada nah. Nach langen Verhandlungen und Debatten wurde 1867 in London der British North America Act vorgelegt, der das neue Dominion of Canada ins Leben rief. Obgleich die entscheidende Konferenz in Charlottetown auf Prince Edward Island stattgefunden hatte, konnte sich diese Provinz erst 1873 zum Beitritt entschließen. Neufundland blieb noch bis 1949 Kronkolonie.

Der British North America Act stellte bis vor Kurzem die kanadische Verfassung dar. Staatsoberhaupt des Landes blieb der britische Monarch bzw. die Monarchin. Anders als die amerikanische

Kohletransport in den Rocky Mountains entlang des Thomson Rivers. Die Anbindung des Westens Kanadas an den Osten war aufgrund der geologischen Beschaffenheiten eines der ehrgeizigsten Projekte des Landes, das jedoch entscheidend zum Einheitsprozess beitrug.

Bundesregierung, die eine „souveräne Union souveräner Staaten" verwaltet, kann der kanadische Prime Minister, solange er über eine parlamentärische Mehrheit verfügt, ungehindert regieren. In Ottawa liegen Exekutive und Legislative in einer Hand und können sich nicht wie in Washington gegenseitig lähmen.

Die treibende Kraft hinter dieser Entwicklung und einer der wenigen Nationalhelden Kanadas war der gebürtige Schotte John A. Macdonald (18151–1891). Als erster Premierminister des Dominions stand er vor der Aufgabe, auch den Westen des Landes anzugliedern, zu befrieden und zu besiedeln. Hierfür waren jedoch Grenzziehung und Bahnbau notwendig und damit die Vermessung der Prärie nach einem einheitlichen, quadratischen System. Gegen dieses Vorhaben wehrte sich jedoch eine in Manitoba ansässige, vom Pelzhandel lebende Mischligsbevölkerung (métis) unter Führung von Louis Riel mit Waffengewalt. Trotz des Bemühens, Truppen auf dem schnellsten Weg in das Krisengebiet zu bringen, benötigten diese insgesamt 96 Tage – in militärischer Hinsicht ein untragbarer Umstand. Aber auch aus anderen Gründen war eine moderne Verbindung mit dem Rest des Landes erforderlich: British Columbia, seit 1858 Kronkolonie, war 1871 erst dann bereit, dem Dominion beizutreten, als ihr eine Bahnverbindung innerhalb von zehn Jahren zugesagt wurde.

Dem ehrgeizigen Plan, die Schienen der Canadian Pacific Railway Company bis 1881 an die Westküste zu verlegen, stand vieles im Weg, vor allem der Kanadische Schild. Was dem Pelzhandel zugute kam – dichte Wälder, ausgedehnte Sümpfe und tief in den Granit gekerbte Wasserläufe – verlangten unendliche Mengen von Füllmaterial, Tonnen von Sprengstoff und mehr Zeit und Arbeitskraft als ursprünglich veranschlagt. Ähnliches stand im Westen bevor, wo schließlich Tausende von chinesischen Kulis herbeigeholt wurden, um Schluchten zu überbrücken und Berge zu untertunneln. Die letzte Schiene zwischen Montréal und den Vororten von Vancouver konnte deshalb erst 1885 verlegt werden.

Die 1873 aufgestellte North-West Mounted Police ritt also noch nach Westen, diesmal aber am 49. Breitengrad entlang, auf dem Weg in unregelmäßigen Abständen die Grenze markierend. Im Gegensatz zu den Vereinigten Staaten, wo Goldgräber, Whiskyhändler, Siedler und Kavalleristen Krieg gegen Indianer führten, sorgte die kanadische Truppe in Saskatchewan und Alberta für ein zwar nicht immer gerechtes und heilsames, aber fast durchweg friedliches Zusammenleben. Aus ihr ging 1920 die Royal Canadian Mounted Police (kurz R.C.M.P.) hervor.

Die Goldfunde im Yukon-Gebiet lösten eine nie da gewesene Einwanderungswelle aus und bescherten dem Land vorübergehend einen enormen wirtschaftlichen Aufschwung.

FOLGENDE DOPPELSEITE: Multikulturelles Kanada: Der frankokanadischen Minderheit, die mal mehr, mal weniger laut die Unabhängigkeit einfordert und diese auch mit allen Mitteln zum Ausdruck bringt (linke Seite: Cape Breton Island in Nova Scotia), haben sich in den letzten Jahrzehnten viele andere Kulturen dazugesellt. Alleine Chinesen haben insbesondere in den Metropolen einen so großen Anteil, dass sich dort die typischen Chinatowns ausgebildet haben (rechte Seite: „Stadttor" von Chinatown in Vancouver) .

1896 wurde im Yukon, dem nordwestlichsten der kanadischen Territorien, Gold zu einer Zeit entdeckt, in der die gesamte Weltwirtschaft einen enormen Aufschwung erlebte und Hunderttausende zur Einwanderung auch in die Prärie bewegte. Manitoba war schon 1870 zur Provinz erklärt worden, und 1905 wurden auch die Provinzen Alberta und Saskatchewan aus den bisherigen Northwest Territories herausgelöst. Was dem Westen von Vorteil war, brachte den Osten demografisch aus dem Gleichgewicht, denn die meisten Neuankömmlinge wandten sich dem englischen Kulturbereich zu und bedrohten den Erhalt der französischen Sprache. Umso bedeutsamer wurde das bis heute eifersüchtig verteidigte Privileg der Regierung von Québec, eine eigenständige Immigrationspolitik zu betreiben. Frankophones Nationalgefühl, das damals wie heute zu spüren ist, geht aber keineswegs auf eine Vorliebe für Frankreich zurück: In beiden Weltkriegen sprach sich eine deutliche Mehrheit der Wähler in Québec gegen die Entsendung kanadischer Truppen nach Europa aus.

Mit dem Waffenstillstand von 1918 fiel die Kriegsindustrie fort, und folglich kam es auch hier zu sozialen Unruhen. In den 1920er Jahren konnte Kanada an einem kurzen internationalen Aufschwung teilnehmen. In diese Zeit fällt die weitere wirtschaftliche Erschließung des Nordens, z. B. durch eine Bahnlinie von Winnipeg nach Churchill an der Hudson Bay, dessen Hafen allerdings nur im Sommer für die Weizenausfuhr benutzbar ist. Im hohen Norden waren es alte Kriegsflieger, die jetzt als „bush pilots" die Verbindung zwischen den Außenposten der Zivilisation herstellten. Andernorts äußerte sich die kanadische Unternehmungslust aber auch mit schwunghaftem Schmuggel von Alkoholika in die durch die Prohibition trockengelegten Vereinigten Staaten.

Kanadas Wirtschaft beruhte von Beginn an auf dem Export von Holz, Papier, Metall, Kohle, Getreide und Fischereiprodukten. Dieser Markt brach 1929 mit dem Börsenkollaps zusammen, und dazu kam es in der Prärie zu schweren Dürren und Heuschreckenplagen. Als fast ein Viertel aller kanadischen Arbeiter und Angestellten keine Beschäftigung mehr fanden, entstand in Saskatchewan mit der Cooperative Commonwealth Federation die erste große soziale Bewegung Kanadas. Aus ihr ging später die New Democratic Party (N.D.P.) hervor, die hin und wieder Provinzregierungen bildet, national aber nur als Zünglein an der Waage zwischen der Konservativen und der Liberalen Partei Geltung hat.

Nach der Wiederaufnahme seiner Rohmateriallieferungen ging Kanada aus dem Zweiten Weltkrieg als reiches, voll entwickeltes Industrieland hervor. Naturgemäß ist der Nachbar im Süden der Hauptgeschäftspartner, und rund Dreiviertel aller Einfuhren und ein ähnlicher Anteil allen Anlagekapitals ist amerikanisch, wobei allerdings ostasiatische Produkte auch hier schnell an Boden gewinnen.

In Québec begann um 1960 eine sogenannte Stille Revolution, die sich unter anderem gegen die kulturelle Bevormundung der katholischen Geistlichkeit richtete und zu einem gesteigerten frankokanadischen Nationalgefühl führte. Obgleich Pierre-Elliot Trudeau, zuerst als Justiz- und dann als Premierminister, sich für die konstitutionelle Gleichberechtigung der Gründernationen und für die Ebenbürtigkeit ihrer Sprachen einsetzte, gewannen radikale Nationalisten in Québec zeitweise die Oberhand und mussten 1970 mit einem vorübergehenden Ausnahmezustand in ihre Schranken verwiesen werden. Seitdem hat sich ein beträchtlicher Teil der Bevölkerung von Québec einem Ideal verschrieben, das unter dem Namen „Souveraineté-Association" politische Unabhängigkeit von, aber eine wirtschaftliche Union mit Kanada vorsieht. Dieser Standpunkt wird im kanadischen Parlament von einer eigenen Partei, dem Bloc Québecois, vertreten.

1982 bewirkte Premierminister Trudeau die ersehnte Heimführung des kanadischen Grundgesetzes, welches bis dahin als British North America Act nur mit Einwilligung des britischen Parlaments geändert werden konnte. Der erste Zusatz zur Verfassung war eine Erklärung allgemeiner Menschenrechte in der Form der Canadian Charter of Rights and Freedoms.

Anders als in den Vereinigten Staaten gerät ein Neuankömmling in Kanada nicht in einen Schmelztigel. Zur Assimilation kommt es im Allgemeinen spätestens in der übernächsten Gegneration, konsequent gefördert wird sie aber nicht. Aus einem Land, das in der Besiedlungsgeschichte neben den „first nations" Engländer und Franzosen beheimatete, ist mittlerweile ein multikulturelles Mosaik geworden. Zuerst kamen vor allem Auswanderer und Flüchtllinge aus den unmittelbar vom Krieg betroffenen Ländern, aber von 1996 bis 2001, während die Gesamteinwohnerzahl nur um vier Prozent stieg, wuchs der Anteil der äußerlich erkennbaren Minoritäten (visible minorities) um 25 Prozent.

In der Volkszählung von 2006 überstieg der Anteil der sichtbaren Minoritäten fünf Millionen und macht jetzt 16,2 Prozent der Gesamtbevölkerung aus. Die bei Weitem größten dieser Gruppen stammen aus China bzw. Südasien. Die drittgrößte Minorität besteht aus schwarzen Einwanderern vornehmlich aus Afrika und der Karibik. Ebenso wie in Europa machen sich neuerdings Vertreter der arabischen Länder zunehmend bemerkbar. 54 Prozent der sichtbaren kanadischen Minoritäten ist in Ontario beheimatet.

Kanada verfügt über riesige Agrarflächen, die auch den Export landwirtschaftlicher Produkte ermöglichen. – Das war nicht immer so: Ende der 1920er Jahre kämpfte das Land mit Dürreperioden und Heuschreckenplagen, die für spürbare Ernteausfälle sorgten und – zusammen mit der um sich greifenden Weltwirtschaftskrise – große soziale Bewegungen in Gang setzten.

FÊTONS
FÊTONS

繼往開來
珠璣門巷金碧樓臺傑構紀千禧永慕前賢功最偉
楓葉流丹梅花競秀英才符衆望廣開勝境樂何如

KANADA HEUTE

Kanadas Staatsoberhaupt ist der/die englische König/-in. Zahlreiche Statuen der Monarchinnen, wie hier von Queen Victoria vor dem Parliament Building in British Columbia, machen den Bezug zum englischen „Mutterland" deutlich. Und Queen Elizabeth II. ziert u.a. die 20-Dollar-Noten (links in alter, rechts in neuer Version);

POLITIK

Die neogotisch-düsteren Regierungsgebäude in Ottawa könnten auch in London stehen, und von den 20-Dollar-Noten blickt bis heute Queen Elizabeth II. Kanada ist zwar seit 1867 vom englischen Mutterland unabhängig, doch von der britischen Verfassungsgebung löste sich das Riesenland erst mit dem Constitution Act im Jahr 1982. Da es sich, anderes als die USA, friedlich und schrittweise von England trennte, lehnt sich sein politisches System stark an das britische an. So ist das kanadische Staatsoberhaupt nach wie vor Elizabeth II., die in Kanada von einem Governor General vertreten wird, und das Land ist Mitglied im Commonwealth of Nations. Allerdings wurde der Einfluss der britischen Krone schon früh so weit zurückgedrängt, dass der Governor General nur noch repräsentative Aufgaben übernimmt.

Das heutige Kanada ist demnach eine konstitutionelle Monarchie und parlamentarische Demokratie. Sitz des Parlaments ist die Bundeshauptstadt Ottawa. Es besteht aus dem House of Commons (Unterhaus) und dem Senate (Senat). Regierungschef ist der Prime Minister (Premierminister). Zugleich ist er auch Chef der Partei mit den meisten Sitzen im House of Commons. Alle 25 Kabinettsposten werden von seiner Partei besetzt. Der Prime Minister und seine Minister bestimmen die Fahrtrichtung des Landes und sind dem House of Commons verantwortlich.

Kanada ist ein Bundesstaat und besteht aus zehn Provinzen und drei Territorien. Die Zuständigkeiten der Bundes- und Provinzregierungen sind in der kanadischen Verfassung festgelegt. Danach ist Ottawa u. a. für Verteidigung, gesamtwirtschaftliche Probleme, Ureinwohner und Einwanderung verantwortlich, während Bildung und Erziehung, Gesundheit, Justiz und Bodenrecht in den Aufgabenbereich der Provinzen fallen. Daher genießen die Provinzen erheblich mehr Selbstständigkeit als beispielsweise die deutschen Bundesländer.

Die Mechanismen der kanadischen Verfassung sind so flexibel, dass selbst tiefgreifende Änderungen ohne Verfassungsänderung durchführbar sind. So erreichte das Kanada traditionell kritisch gegenüberstehende Québec die Kontrolle über Einwanderung und die Integration seiner Einwanderer – eigentlich die Aufgabe Ottawas. Mit diesem Schritt sicherte Québec seine kulturelle Identität, denn seither haben Einwanderer Französisch, nicht Englisch zu lernen.

Am 15. Februar 1965 wurde die heutige Flagge nach langen Diskussionen im Rahmen einer offiziellen Zeremonie auf dem Parliament Hill in Ottawa eingeführt.

Was also auf dem Papier problemlos aussieht, sorgt in der Praxis oft für Kompetenzprobleme: „Zehn Solisten auf der Suche nach einem Dirigenten" umschreiben Kanadier den Geburtsfehler ihrer Regierungsform gern, oder „overlapping jurisdictionalitis", wenn die Forderungen der selbstbewussten Provinzen wieder einmal mit denen der Bundesregierung in Ottawa kollidieren. Die Gründe hierfür liegen jedoch auch in der gewaltigen Größe des Landes, die die Pflege eines Nationalbewusstseins erschwert, und in der sprachlichen und kulturellen Vielfalt seiner Bewohner, die aus allen Teilen der Welt stammen. Dass das Riesenland trotz der zentrifugalen Tendenzen seiner Provinzen und den Unabhängigkeitsbestrebungen Québecs noch immer besteht, mag es auch der Fähigkeit seiner Menschen verdanken, Kompromisse zu schließen.

WIRTSCHAFT

Als Mitglied im exklusiven Club der G8-Staaten zählt Kanada zu den reichsten Ländern der Welt. Mit den übrigen postindustriellen Ländern der so genannten Ersten Welt teilt es sich das charakteristische Merkmal einer dominierenden Dienstleistungsindustrie. Zugleich verfügt Kanada jedoch, anders als die meisten anderen entwickelten Länder, über reiche Rohstoffvorräte, vor allem Holz, Mineralien, Öl und Erdgas. Größter Posten in der schrumpfenden, gleichwohl wichtigen verarbeitenden Industrie ist die Autoindustrie. Die USA sind mit Abstand Kanadas bedeutendster Handelspartner: Über drei Viertel der Exporte gehen Richtung Süden, und auch den Import dominiert amerikanische Handelsware mit fast 70 Prozent.

Einer der wichtigsten Rohstoffe Kanadas ist zugleich eines der schönsten landschaftsprägenden Merkmale Kanadas: ausgedehnte Waldflächen, die sich im Herbst in ein atemberaubendes Farbenmeer verwandeln.

ROHSTOFFE

Angesichts seiner gewaltigen Ausmaße verwundert es nicht, dass Kanada über viele natürliche Ressourcen verfügt. So sind 40 Prozent der Landesfläche mit Wald überzogen. Zwölf Prozent davon sind geschützt, doch der Rest ist zur Nutzung freigegeben: Ontario, Québec und British Columbia sind die größten Holz-, Zellstoff- und Papierproduzenten des Landes. Wegen ihres Kahlschlagsprinzips regelmäßig im Visier der Umweltschützer und Politiker, haben die mächtigen Holzkonzerne in letzter Zeit kleine Zugeständnisse gemacht und vor allem an der bedrohten Regenwaldküste von British Columbia einer komplizierten Quotenregelung zugestimmt.

Im landwirtschaftlich nicht nutzbaren Norden Kanadas lagern bedeutende Vorkommen von Uran und Zink, Kaliumkarbonat, Eisenerz, Kupfer, Kohle, Gold und Diamanten. Zwar beschäftigt ihr Abbau nur noch vier Prozent der kanadischen Arbeitnehmer, doch hängen viele Siedlungen hier oben nach wie vor vom Bergbau ab. Immer lukrativer dagegen wird der Energie-Export. Die Ölsandfelder im Norden von Alberta und Saskatchewan beherbergen die nach Saudi-Arabien größten Erdölreserven der Welt. In Québec und in geringerem Maß auch in Ontario, Neufundland und Manitoba erzeugen riesige Wasserkraftwerke genug preiswerte Energie, um Überschüsse in die USA zu exportieren.

LANDWIRTSCHAFT

Nur zehn Prozent der riesigen Landfläche Kanadas sind landwirtschaftlich nutzbar. So sind die drei Prärieprovinzen Manitoba, Saskatchewan und Alberta Schwerpunkte der auf Weizen und andere Getreidesorten konzentrierten und hochgradig mechanisierten Agrarproduktion. Erfolgreiche regio-

nale Spezialisierungen sind der Kartoffelanbau in Prince Edward Island, New Brunswick und Süd-Ontario, während eine lukrative Milch-, Vieh- und Geflügelwirtschaft vor allem in Québec, Ontario und Alberta angesiedelt ist. Mangels ausreichender Subventionen seitens der Regierungen produzieren die meisten Farmen allerdings nur für die heimischen Märkte.

Der Rückgang der Fischbestände in den Weltmeeren hat auch in Kanada zu Umstrukturierungen geführt. So sind zum Beispiel viele Fischer auf die Aufzucht von Hummern umgestiegen. Twillinggate (Foto oben) gilt als eine der Hummer-Hochburgen Kanadas.

FISCHFANG UND PELZHANDEL

John Cabot, der einst in den Fischgründen vor Neufundland kreuzte, berichtete dem englischen König von Kabeljau in solchen Mengen, dass seine Mannschaft die Fische in Eimern aus dem Wasser zog. Tatsächlich gab die Fischerei im Nordatlantik bis in die jüngste Gegenwart mehreren Zehntausend Menschen in Atlantik-Kanada ein Auskommen. Dann aber nahmen die Fischbestände drastisch ab, auch wegen Überfischung durch andere Nationen. 1992 verhängte Ottawa schließlich ein Fangverbot für Kabeljau und machte damit allein in Neufundland rund 25.000 Fischer über Nacht arbeitslos. Erholt haben sich die Kabeljaubestände bis heute nicht, doch die meisten Fischer sind hier und in den übrigen Atlantikprovinzen erfolgreich auf Hummer und andere Schalentiere umgestiegen.

Der Pelzhandel ist – wenngleich längst nicht mehr so bedeutend wie vor 200–300 Jahren, als er gewissermaßen die „raison d'etre“ Kanadas war – noch immer eine bedeutende Einnahmequelle. Allein in Québec, Ontario und Nova Scotia produzieren moderne Pelztierfarmen über die Hälfte der kanadischen Pelze. Internationale Schlagzeilen macht Kanada alljährlich im Frühjahr: Die Robbenjagd im St.-Lorenz-Golf, die vielen Einheimischen die Existenz sichert, wird von europäischen Regierungen und internationalen Tierschutzverbänden wegen ihrer als grausam verurteilten Jagdmethoden heftig kritisiert.

VERARBEITENDE INDUSTRIEN

Toronto Downtown an der Union Station. Hier haben sich zahlreiche Banken und Versicherungen niedergelassen.

Nahezu alle japanischen und amerikanischen Automobilhersteller betreiben Montagewerke in Süd-Ontario. Vor allem im „Golden Horseshoe" genannten Ballungsgebiet rund um Toronto verlassen alljährlich mehr Autos die Fließbänder als im US-Bundesstaat Michigan. Zudem erzeugte die Autobranche eine blühende Zulieferer-Industrie. Größter Exportmarkt sind einmal mehr die USA, gefolgt von den EU-Ländern, Mexiko und Japan.

Nicht minder bedeutend und von internationalem Renommee ist die kanadische Luft- und Raumfahrtindustrie. Als besonders innovativ bekannt, rangiert sie unter den Hightech-Branchen des Landes ganz vorn. Regionaljets und Hubschrauber finden weltweit Absatz, top-aktuelle neue Weltraum- und Telekommunikationstechnologien werden bei den Shuttle-Missionen der NASA eingesetzt. Der „trickle-down-effect" für Fortschritte in anderen Hightech-Branchen ist enorm.

Einer der am schnellsten wachsenden Industriezweige ist die kanadische Biotechnologie. Von der engen Verknüpfung von Forschung und Finanzierung im Land profitierend, konzentriert sie sich auf die Medizin, mit Zentren in Toronto, Montréal und Vancouver. Andere Aktivitäten haben sich um den Bereich Umwelt und den Agrarsektor formiert. Derzeit siedeln die meisten Biotech-Unternehmen in der Provinz Québec.

DIENSTLEISTUNGEN

Ob riesige Einkaufszentren, „flagship stores" weltweit bekannter Unternehmen oder kleine Fachgeschäfte – der Einzelhandel beschäftigt allein zwölf Prozent aller Kanadier. Dichtauf folgen das Finanz- und Bankenwesen und die Kommunikationsindustrie. Letztere operieren von ihren Hauptqartieren in Toronto, Calgary und Vancouver aus. Weitere große Arbeitgeber sind das Bildungs- und Gesundheitswesen.

Last, but not least der Tourismus: Kanada ist für Amerikaner, Europäer und Japaner das ganze Jahr hindurch ein beliebtes Reiseziel. Im Jahr 2006 wurden 18 Millionen Besucher im Land gezählt. Hauptgrund einer Reise nach Kanada ist nach wie vor die Aussicht auf ein unvergessliches Natur- und Wildniserlebnis. Inzwischen haben sich Toronto und Montréal jedoch auch als Kultur-Destinationen international einen Namen gemacht.

KULTUR

Zu Beginn des dritten Jahrtausends profitiert Kanada wie noch nie von seinen beiden Gründervölkern und seinen Einwanderern aus aller Welt: Englisch- und französischsprachige Filme werden mit Auszeichnungen überhäuft, kanadische Autoren beider Sprachen werden weltweit übersetzt, und der Cirque du Soleil ist längst ein globales Entertainment-Unternehmen, das auch in Deutschland bestens bekannt ist.

Wenn Toronto zum renommierten Filmfestival lädt, wird der rote Teppich ausgerollt – und alles von Rang und Namen folgt der Einladung, wie z. B. Cate Blanchett beim Festival von 2003.

Dabei hatten es die Kulturschaffenden des Landes lange nicht leicht. Der Einfluss des großen Nachbarn wirkte – und wirkt noch immer – erdrückend: Mit Film und Fernsehen aus Hollywood, Zeitungen und Magazinen, Fastfood und Shopping-Malls sowie anderen Symbolen des American Way of Life sind die USA im kanadischen Alltag allgegenwärtig. Bis heute zieht es kanadische Künstler über die Grenze, teils der Inspiration, teils aber auch der höheren Gagen wegen. Die Bundesregierung in Ottawa sah sich deshalb schon früh dazu gezwungen, beispielsweise die einheimische Filmproduktion mit Stipendien und Zuschüssen zu unterstützen, die aus den Budgets eigens zu diesem Zweck gegründeter Körperschaften wie der Canadian Broadcasting Corporation (CBC), dem National Film Board und dem Canadian Broadcast Program Development Fund stammen.

Ein – mehr oder weniger wirksamer – Schutzschirm gegen die übermächtige US-amerikanische Kulturmaschine ist auch die „Canada first"-Regel der staatlichen Funk- und Fernsehbehörde Canadian Radio-Television and Telecommunications Commission (CRTC). Sie sieht vor, dass wenigstens 30 Prozent der im Radio gespielten Musik kanadische Produktionen sind, während 60 Prozent aller Beiträge auf kanadischen Fernsehkanälen in Kanada produziert wurden.

LITERATUR

Kunst und Kultur in Kanada sind traditionell zweisprachig – Québec und die frankophonen Sprachgebiete in Atlantik-Kanada gehen auch diesbezüglich oft derart eigene Wege, dass man durchaus von der kanadischen Literatur im Plural sprechen kann.

Gleichwohl gibt es Gemeinsamkeiten, vor allem im Vergleich zum Kunstschaffen in den USA. Ein Leitmotiv der kanadischen Literatur beispielsweise ist das Überleben. Québecer Autoren thematisieren gern die Bedrohung ihrer französisch geprägten Kultur und Identität. Anglo-kanadische Autoren wiederum sorgen sich oft um die nationale Einheit und die Zukunft des Landes angesichts der vor der Haustür residierenden Supermacht USA.

Seit den 1990er Jahren haben kanadische Autoren in Europa, so auch in Deutschland, einen bemerkenswerten Aufschwung erlebt. Eine der ersten und bis heute international erfolgreichsten Schriftstellerinnen ist die aus Ontario stammende Margaret Atwood („Oryx und Crake", 2005; „Alias Grace", 1997, etc.). Der in Toronto lebende Michael Ondaatje wurde mit „Der englische Patient" (1992) weltweit bekannt, der Montréaler Yann Martel mit „Das Leben des P" (2001). Auch die Werke der frankophonen Schriftsteller/-innen Antonine Maillet, Gaétan Soucy und Marie-Claire Blais werden in Europa, hier vor allem in Frankreich, viel gelesen. Keine Unbekannten sind auch Carol Shields („The Stone Diaries", 1995) aus British Columbia, Guy Vanderhaeghe („The Englishman's Boy", 1996) aus Saskatchewan und der in Vancouver lebende Douglas Coupland, der 1991 mit „Generation X" das weltweit verlegte Manifest der am Konsumterror verzweifelnden 1980er-Generation vorlegte.

FILM

Was für die Literatur gilt, trifft auch auf den kanadischen Film zu: Der anglo- und der frankokanadische Film haben sich unabhängig voneinander entwickelt und gehen bis heute weitgehend getrennte Wege. Hinzu kommen die Werke lateinamerikanischer und asiatischer Einwanderer, so dass man auch den kanadischen Film keineswegs als monolithische Einheit behandeln darf.

Lange standen kanadische Filme im Schatten Hollywoods. Selbst im eigenen Land wurden sie kaum wahrgenommen. Erschwerend kam hinzu, dass ihre Inhalte nur selten das Zeug zu Kassenschlagern hatten. Düster, nachdenklich und oft ohne Happy End eigneten sie sich eher für den europäischen Markt als für den nordamerikanischen. In „Kissed" (1996) von Lynne Stopkewich verliebt sich die Heldin im Leichenschauhaus in einen Toten, in „Crash" (1996) von David Cronenberg berauschen sich die Protagonisten sexuell an Autounfällen, und „Black Robe" (1991) von Bruce Beresford endet mit dem Genozid an den Indianern.

Doch allen Millionen-Dollar-Budgets zum Trotz, die kanadische Star-Regisseure wie Beresford, Cronenberg und Norman Jewison von jeher nach Hollywood locken, hat das kanadische Autorenkino seit den 1990er Jahren stark an Einfluss und Bedeutung gewonnen. Cineasten wie Atom Egoyan, Denys Arcand, Léa Pool, Jean-François Pouliot und Denis Villeneuve sind, nicht zuletzt auch dank ihrer Erfolge auf internationalen Filmfestspielen wie denen in Cannes, Toronto, Venedig und Berlin, international bekannt. Ihre Filme, obgleich oft genre-untypisch, werden von Experten und Publikum gleichermaßen geschätzt.

Doch natürlich hat auch der kanadische Film seine Kassenschlager: „Le Déclin de l'Empire américain" (1986) von Denys Arcand war lange der kommerziell erfolgreichste Film in Kanada. 2003 schob Arcand „Les Invasions Barbares" nach, der einen Oscar gewann. Kassenenerfolge der jüngsten Zeit waren leicht verdauliche Stücke: „Mambo Italiano“ (2003) von Émile Gaudreault, eine Komödie über den Zusammenstoß der Kulturen in Montréal, und „La grande séduction“ (2003) von Jean-François Pouliot, die amüsante Geschichte eines Arztes auf einer entlegenen Insel im St.-Lorenz-Strom. Der finanziell erfolgreichste kanadische Film der letzen Jahre war eine turbulente Action-Komödie und skizzierte das zeitgenössische Kanada vielleicht am besten: In „Bon Cop, bad Cop“ (2006) von Eric Canuel werden zwei Detektive auf einen Mordfall angesetzt. Der eine ist ein frankophoner Schürzenjäger aus Montréal, der andere ein humorloser Polizist aus Toronto. Beide pflegen ihre Voruteile über die Kultur des anderen, bis sie nach 100 Minuten zweisprachig geführter Action-Sequenzen, zahllosen Missverständnissen und vielen Kompromissen doch noch Kollegen werden – und Freunde.

Die aus Ontario stammende Avril Lavigne ist eine der erfolgreichsten Sängerinnen des Landes.

MUSIK

Auch die kanadische U-Musik hat in den letzten zehn, fünfzehn Jahren in der Bekanntheitsskala einen großen Satz nach oben gemacht. Während man in Europa noch Anfang der 1990er Jahre Interpreten wie Neil Young, Gordon Lightfoot, Joni Mitchell, Paul Anka und Bruce Cockburn für Amerikaner hielt, kennt heute jeder Fan das Herkunftsland von Alanis Morrisette, Avril Lavigne, Céline Dion, Shania Twain, Sarah McLaughlin und Bryan Adams. Zu Beginn des neuen Jahrtausends ist kanadische Popmusik weltweit so erfolgreich wie noch nie. Die muntersten Musikszenen befinden sich in Toronto, Halifax und Vancouver.

Montréal gilt als Welthauptstadt der Independent-Szene: Niedrige Mieten und Lebenhaltungskosten und der traditionell sanfte Lebensstil der Millionenstadt haben Musiker aus ganz Nordamerika angelockt und zu experimentierfreudigen Gruppen zusammengefügt. Bands wie Arcade Fire, Wolf Parade und Les Breastfeeders werden von kleinen Labels produziert, die sich nicht in den kreativen Prozess einmischen. Das Internet sorgt für die Verbreitung: Dank „Youtube“ ist „Pop du jour“ aus Montréal inzwischen weltweit ein Begriff.

MALEREI

Die zeitgenössische kanadische Malerei beherrscht ein kreativer, extrem dynamischer Eklektizismus. Toronto, Montréal und die übrigen Metropolen des Landes sind die inspirierenden, kunstfreundlichen Biotope einer neuen, selbstbewussten und weit über die Grenzen des Landes blickenden Künstlergeneration.

Allerdings war das nicht immer so. Eine eigenständige, von Europa unabhängige kanadische Kunst kam erst während der 1920er Jahre zustande, als die Maler der so genannten Group of Seven erstmals ihre kraftvollen, mit Schwung hingeworfenen Bilder der Wildnis im Norden ausstellten. Während Joseph E. H. McDonald & Co. im englischsprachigen Kanada als Nationalhelden gefeiert wurden, wurde ihr Outdoor-Nationalismus in Québec heftig kritisiert. So forderte z. B. der Montréaler Künstler John Lyman, die Inspiration „nicht in der Arktis, sondern in jedem Element der Schöpfung" zu suchen. 1939 gründete Lyman als Gegengewicht zur Group of Seven die Contemporary Arts So-

Mit der von Moshe Safdie entworfenen National Gallery in Ottawa hat man der kanadischen Kunst einen imposanten Raum gegeben. Hier sind u. a. Werke der Künstler der „Group of Seven" zu sehen.

ciety. Im Umfeld dieses Forums der talentiertesten Maler Québecs entwickelten die „Automatistes“ – allen voran Paul-Émil Borduas, Alfred Pellan und Jean-Paul Riopelle – erstmals einen kanadischen, von Europa unbeeinflussten Surrealismus.

Kanada ist in der Architektur des 21. Jahrhunderts längst angekommen: Hochhäuser von Toronto mit CN-Tower.

Englisch-Kanada konnte die Vorherrrschaft der Group of Seven erst während der 1950er Jahre abschütteln. Die Vertreter der Gruppe Painters Eleven, unter ihnen Jack Bush und Kazuo Nakamura, bereiteten einer abstrakten kanadischen Szene in Toronto und Vancouver den Weg. In den 1970er Jahren wurde auch in Kanada der Platz der Malerei als Speerspitze der Bildenden Künste von modernen Entwicklungen wie Video- und Performance Art und Mixed-Material-Installationen angegriffen. Die kanadischen Maler, vor allem in Montréal und Toronto, reagierten auf diese Entwicklungen mit einer verstärkten Hinwendung zu geometrischen und abstrakten Themen und einer intensiveren Ansprache gegen-über dem Betrachter. Zu Beginn des dritten Jahrtausends nutzen immer mehr Maler ihre Kunst als Vehikel für den Transport politischer Botschaften: Soziale Ungerechtigkeit, Umweltschutz und die Behandlung der Ureinwohner sind häufig zu findende Themen.

ARCHITEKTUR

Vom Erdloch zum neomodernistischen Glaskasten: Torontos Architektur hat einen langen Weg hinter sich. In der Kolonie Neu-Frankreich konzentrierte man sich auf die aus der alten Heimat bekannte Formensprache und baute, wie in Québec City und Montréal, Städte mit großen Kirchen und weitläufigen Exerzierplätzen. Dem strengen kanadischen Winter wurde mit heute noch in den Altstädten zu sehenden Modifikationen wie bis zu 55 Grad steilen Dächern und dicken Steinmauern begegnet. Das typische Bürgerhaus war rechteckig und schlicht und hatte jeweils einen Schornstein an den Querseiten. Die Kirche war – Ausdruck auch des weltlichen Einflusses der katholischen Kirche – stets unverhält-

3310

VORHERIGE DOPPELSEITE:
Holzhäuser-Architektur in Peggy's Cove in Nova Scotia (links oben) und in St. John's in Neufundland (links unten), Chateau Frontenac in Québec (rechts oben), modernes Glasdach in der Edmonton Hall (rechts unten)

RECHTE SEITE:
Traditionelle Herstellung von Ahornsirup. Der süße Saft des Ahornbaums ist ein großer Exportschlager des Landes (Foto oben), kanadischer Hummer – eine Delikatesse (Foto unten)

nismäßig groß und spiegelte stilistisch die Facetten des französischen Klassizismus wider. Mittellose Einwanderer bauten derweil mit Holz: Das heute als „typisch kanadisch" erlebte Blockhaus wurde wohl während dieser Zeit „erfunden".

Die Engländer brachten nach Kanada, was gerade an der Themse in Mode war: zunächst die Säulen und Portiken des symmetrieverliebten georgianischen Stils für ihre Wohnhäuser und im 19. Jahrhundert den komplexeren Neo-Klassizismus. In dieser Zeit wurde gebaut, was gefiel: neugotisch die Parliament Buildings in Ottawa, Second Empire das Hotel de Ville zu Montréal und viele der Luxushotels von Canadian Pacific Railways schließlich im Chateau-Stil der Loire-Schlösser.

Die das 20. Jahrhundert beherrschende Formensprache hielt von den 1920er Jahren an Einzug: Nachdem Bauhaus-Designer Walter Gropius die Ornamentik zu Grabe getragen hatte, entwarfen Architekten auch in Kanada glattflächige, von Modernismus-Papst Le Corbusier „Wohnmaschine" genannnte Gebäude, deren Form von ihrer Funktion bestimmt wurde. Bald wucherten in Toronto schlichte Reihenhäuser, die in Montréal mit eisernen Balkonen und zu den Wohnungen im ersten Stock führenden Außentreppen versehen wurden. Amerikanische Architekten entdeckten Montréal als Experimentierfeld für neue Bautechniken und -materialien und probierten hier die Stahlgerüstbauweise an Miniatur-Wolkenkratzern aus, bevor sie sie in New York anwandten.

Nach dem Zweiten Weltkrieg engagierten Montréal und Toronto Star-Architekten wie Mies van der Rohe und Ieoh Ming Pei, um die Aufbruchstimmung der 1960er Jahre in neue, noch nicht gesehene Formen zu gießen. Fortschritt verkündende Monolithe schossen in den Himmel, wie die Place Ville-Marie von Pei in Montréal und die TD-Towers von Mies van der Rohe in Toronto.

Nach einer postmodernen Phase, die den gesichtslosen Büro- und Kondominiumtürmen zwischen Atlantik und Pazifik mit neoklassizistischen Elementen und vielerlei Materialien die Individualität zurückgab, erlebt Kanada seit ein paar Jahren die Rückkehr bzw. Ankunft eines zeitgemäßen, die Bedürfnisse der Menschen und die Ästhetik des Stadtbildes respektierenden Modernismus. Vor allem Toronto hat sich zur Design-City entwickelt: Mit dem neuen Four Seasons Center for the Performing Arts, der National Ballet School of Canada und den von zeitgenössischen Star-Architekten entworfenen Erweiterungen des Royal Ontario Museum (Daniel Libeskind) und der Ontario Art Gallery (Frank Gehry) hat sich Kanadas größte Stadt an die Spitze einer kanadischen Architektur-Renaissance gestellt.

KULINARISCHES

Lange haben Food-Kritiker die Abwesenheit einer Küche beklagt, die man kanadisch nennen könnte. Angesichts des Völkergemischs war das auch nicht weiter verwunderlich: Jede Gruppe hielt selbst Generationen nach ihrer Ankunft an ihren Essgewohnheiten und kulinarischen Traditionen fest. Manche Einwanderer, wie die Engländer und die Deutschen, waren ohnehin nicht als Feinschmecker bekannt, was beim Besucher den Eindruck einer kulinarischen Ödnis verstärkte. Auch die Allgegenwart der amerikanischen Mainstream-Kultur mit ihren Fastfoodketten kam der Entstehung einer kanadischen Küche nicht sonderlich entgegen.

Regionale Spezialitäten entstanden dennoch. Im hohen Norden wird zu frischem Saibling, Elchfleisch und wildem Reis gern Bannock gereicht, der schon von den Trappern am Lagerfeuer gebackene Brotersatz aus Mehl, Salz, Fett und Wasser. Atlantik-Kanada ist berühmt für seine „Chowder“ genannten dicken Fischsuppen. Sie werden mit Milch gekocht und mit Kartoffeln, Fisch oder Meeresfrüchten als Einlage serviert. Die Bay of Fundy ist berühmt für ihre „Digby Scallops“, die großen Jakobsmuscheln, die Feinschmecker zu den besten der Welt zählen. Auch „Malpeque Oysters“, eine Austernart aus der Malpeque Bay, gelten als Leckerbissen und sind obendrein sündhaft teuer. „Lobster“ (Hummer), „Cod's Tongues“ (die fritierten, sehr salzigen Zungenspitzen von Kabeljaus), „Flipper Pie“ (Pastete aus dem mageren Fleisch der Seehundflosse) und „Solomon Gundy“ (marinierter Hering) sind weitere Spezialitäten aus der Atlantikregion.

In Québec hat die französische Herkunft die Küche geprägt. Dabei ist die traditionelle „cuisine québécoise“ von jeher die Küche der einfachen, körperlich arbeitende Leute – kalorienreich und deftig. Heute kaum noch in den Restaurants der Großstädte anzutreffen, hat diese Küche schmackhafte Gerichte wie „Tourtière“, eine Rind- oder Schweinefleischpastete, „Soup aux pois“, eine dicke Erbsensuppe mit Speck, sowie „Tarte aux bleuets“, einen süßen Heidelbeerkuchen, hervorgebracht und verwendet „Sirop d'Érable“ (Ahornsirup) in vielen der Speisen.

Seit etwa zehn Jahren erleben die Kanadier jedoch eine erstaunliche Entwicklung. Junge Chefs, einst vornehmlich im Ausland, nun aber zunehmend in Kanada geschult, besinnen sich auf Produkte und Rezepte aus der Heimat und kreieren in enger Zusammenarbeit mit örtlichen Farmern eine neue, aufregende Küche, in der die ethnische Vielfalt und Internationalität des Landes und regionale Rezepte und Spezialitäten zu einer so kreativen wie innovativen Cuisine zusammenfließen. Ein Name für diese neue Küche wurde bereits vorgeschlagen: „Canuck Cuisine", nach der umgangssprachlichen Bezeichnung für den Kanadier.

RELIGIONEN

Die Vielzahl der in Kanada praktizierten Religionen reflektiert seinen Charakter als Einwandererland. Alle Hauptreligionen der Welt sind hier vertreten, die kanadische Verfassung sieht Religionsfreiheit vor. Nahezu drei Viertel der Bevölkerung gehört einer der beiden großen christlichen Religionsgemeinschaften an. Davon stellen die Katholiken mit über 40 Prozent die größte Gruppe, gefolgt von den Protestanten mit rund 30 Prozent. Der Rest verteilt sich auf christlich-orthodoxe Gruppen. Der Anteil der Kanadier jüdischen Glaubens an der Gesamtbevölkerung liegt bei einem Prozent, Moslems machen über zwei Prozent aus. Ähnlich niedrig ist auch der Anteil von Hindus, Sikhs und Buddhisten. Fast 20 Prozent aller Kanadier gaben an, keiner Religion anzugehören.

INDIANER

„Seit undenklichen Zeiten haben wir im Spätsommer wilden Reis geerntet. Bis vor Kurzem durften das nur Stammesmitglieder tun. Nun aber will die Regierung auch Nicht-Indianer wilden Reis ernten lassen. Die Regierung sagt, mein Volk erntet nicht genug wilden Reis. Diese Behauptung ist falsch und zeugt von Unkenntnis und Vorurteilen ... In den Reservaten machen wir uns auch Sorgen um das Fischerreirecht. Mein Volk ernährt sich hauptsächlich von Fisch. Es glaubt, dass es nicht nur das Recht hat, in allen Gewässern zu fischen, sondern auch, dass sein kommerzieller Fischfang unterstützt werden müsste. Stattdessen werden meine Brüder bestraft und ihre Ausrüstungen konfisziert, sobald sie außerhalb der Reservate fischen. Dabei wollen sie nur ihre Familien ernähren. Offenbar will man mit diesen Restriktionen Platz für die amerikanischen Sportangler schaffen. Mein Volk soll hungern, damit satte amerikanische Touristen große Fische fangen und zu Hause an die Wand hängen können."

Die Klage des Ojibwa-Chief John Kelly vor der Royal Commission of the Northern Environment zeigt, dass auch in Kanada das Verhältnis zwischen den hier so genannten „First Nations"-Ureinwohnern und den Weißen historisch belastet und keineswegs spannungsfrei ist. Nur oberflächlich betrachtet hat Kanada seine Ureinwohner – Indianer, Métis genannte Mischlinge und Inuit – gut behandelt. Zwar gab es keine historischen Gemetzel und Vernichtungsfeldzüge wie südlich der Grenze. Letztlich jedoch ist der Überlebenskampf der Ureinwohner Kanadas nur undramatischer, aber häufig nicht weniger tragisch verlaufen. Abhängigkeit von den Handelsposten, Alkoholismus und eingeschleppte, tödliche Krankheiten sind auch in Kanada die klanglosen Stichworte ihrer 300-jährigen Leidensgeschichte. In vielen Verträgen, den „treaties", trickreich um ihr Land gebracht, in

Reservate abgeschoben und am Rand der kanadischen Gesellschaft mehrheitlich von Sozialhilfe lebend, klagen die Ureinwohner heute lautstark ihre alten Rechte ein. Erst 1982 wurden die Indianer-Stämme beispielsweise als eigenständige Völker anerkannt, und manche Stämme haben inzwischen ihre traditionellen Land- und Fischereirechte erfolgreich eingeklagt.

Am weitreichendsten ist dies im Falle der Inuit im Norden des Landes geschehen, denen 1999 Selbstverwaltung und das eigene Territorium Nunavut zugesprochen wurde. Aber trotz aller inzwischen erreichten Verbesserungen und Fortschritte haben verschiedene unabhängige Kommissionen auch festgestellt, dass die Bundesregierung in Ottawa bei der Umsetzung der bereits in den 1980er Jahren versprochenen, weitgreifenden Reformen immer noch hinterherhinkt.

Derzeit leben in Kanada rund 1,2 Millionen Ureinwohner. Davon sind knapp 700.000 Indianer, 400.000 Métis und der Rest Inuit. In Kanada „First Nations" genannt, sprechen sie mehr als 30 Sprachen. Cree und Ojibwa sind die am weitesten verbreiteten Sprachen, während einige der in den Northwest Territories und im Yukon gesprochenen Idiome akut vom Aussterben bedroht sind.

Wandgemälde in Midland, Ontario

PROVINZEN UND TERRITORIEN IM ÜBERBLICK

ALBERTA

Alberta zählt zu den drei Prärieprovinzen Kanadas. Flaches Land mit endlosen Grasflächen, Weizen- und Rapsfeldern erstreckt sich in Richtung Osten zur Grenze der Nachbarprovinz Saskatchewan. Die Landwirtschaft gehört zu den weltweit produktivsten, und auch der Viehbestand Albertas ist der größte Kanadas. Im Süden verläuft die Grenze zu den USA, im dünn besiedelten Norden erstrecken sich große Wildnisgebiete bis zu den Northwest Territories. In der Region um Fort McMurray liegen dicht unter der Oberfläche die riesigen Teersände der Athabasca Oil Sands mit Vorkommen in der Größenordnung der arabischen Ölfelder. Wirtschaftlich und touristisch am interessantesten ist der Westen der Provinz. Hier erstrecken sich von Nord nach Süd die mächtigen Rocky Mountains und das Vorgebirge, unter dessen Oberfläche einige der reichsten Kohle-, Gas- und Ölvorkommen der Provinz liegen. Die grandiose Panoramastraße des Icefield Parkway entlang der Grenze zu British Columbia verbindet die beiden weltberühmten Nationalparks Banff und Jasper mit alpinen Wildnisgebieten, in denen Elche, Bären, Dickhornschafe, Wölfe und Biber leben. Die beiden Finanz- und Wirtschaftszentren der Provinz sind die Metropolen Calgary und Edmonton.

Im Glacier National Park in British Columbia

BRITISH COLUMBIA

British Columbia ist die westlichste Provinz Kanadas und landschaftlich wohl auch die vielfältigste. Zwischen der zerklüfteten Pazifikküste und den grandiosen Bergketten der Rocky Mountains im Osten erlebt man Abenteuer auf reißenden Wildwasserflüssen, unternimmt großartige Bergwanderungen und Kanutouren und folgt den Goldsuchern auf dem historischen Cariboo Trail. Neben Alberta bietet die Provinz die besten Wintersportmöglichkeiten des Landes. Der Süden der Provinz verfügt über trockenes Klima mit viel Sonnenschein. Nur hier wird Landwirtschaft betrieben und im Okanagan Valley vor allem Wein und Obst angebaut. Der größte Teil der Provinz ist Wildnis, besonders im Norden an der Grenze zu Alaska und dem Yukon Territory. Die riesigen Wälder werden forstwirtschaftlich genutzt. Neben dem Tourismus ist die Holzindustrie der wichtigste Wirtschaftszweig. Ein Großteil der Bevölkerung lebt in den beiden größten Städten, dem kosmopolitischen Vancouver und dem eher gemütlichen Victoria mit seinem viktorianischen Charme. Beide sind allein eine Reise wert.

MANITOBA

Die im Zentrum Kanadas gelegene Prärieprovinz hat nicht nur endlose Weizenfelder zu bieten. Entgegen aller Vorurteile weist Manitoba durch die verschiedenen Klimaeinflüsse auch ganz unterschiedliche Landschaften auf. Die an Saskatchewan und South Dakota angrenzende Region im Südwesten der Provinz hat Sommertemperaturen von über 40 °C. Hier findet man wüstenartige Steppenlandschaften mit Kakteen und seltenen Schlangen, während es in den Mittelgebirgen grüne Flusstäler und ausgedehnte Wälder mit großen Seenplatten gibt. Der Nordosten an der Hudson Bay steht bereits unter dem Einfluss der arktischen Region. Die Großstadt Winnipeg ist nicht nur Regierungssitz der Provinz, sondern auch ein bedeutendes kulturelles Zentrum mit zahlreichen Museen, Kunstgalerien, Konzerthallen und dem international bekannten Royal Winnipeg Ballet. Weltberühmt sind auch die Eisbären von Churchill an der Hudson Bay. In der Umgebung der früheren Trapperstation warten von Mitte Oktober bis Mitte November alljährlich Hunderte der großen Raubtiere darauf, dass das Eis zufriert, um wieder ihrer Lieblingsbeschäftigung, dem Robbenjagen, nachzugehen.

NEW BRUNSWICK

New Brunswick ist eine der vier Atlantikprovinzen Kanadas. Im Norden grenzt sie an die französischsprachige Provinz Québec, im Westen an Nova Scotia und im Süden an den amerikanischen Bundesstaat Maine. Durch die Nachbarschaft zu Québec und den hohen Bevölkerungsanteil französischstämmiger Bewohner ist die Provinz auch offiziell zweisprachig. Im südlichen Teil New Brunswicks mit dem Regierungssitz Fredericton und Saint John, der größten Stadt der Provinz, wird Englisch gesprochen. Hier überwiegen die britischen Traditionen der im amerikanischen Unabhängigkeitskrieg als „Loyalisten" bezeichneten Anhänger des englischen Königs. An der „Akadierküste" im Nordosten, von Shediac bis Caraquet, spricht man hauptsächlich Französisch, und hier herrscht auch die gallische Lebensart vor. Trotz der ausgeprägten kulturellen Gegensätze scheinen die beiden Bevölkerungsgruppen aber sehr viel besser miteinander auszukommen als im benachbarten Québec. Der früher so wichtige Fischfang hat erheblich an Bedeutung verlo-

Leuchtturm an der Akadierküste. Die Farben der französischen Trikolore und der gelbe Stern bringen das Selbstverständnis der hier ansässigen Franzosen zum Ausdruck.

ren, und die Provinz hat sich in den letzten Jahren immer mehr zu einem Servicecenter für Hightech- und Internetfirmen entwickelt. Für Touristen ist die Bay of Fundy mit ihren Riesengezeiten das wichtigste Reiseziel: Die Küstenregion wird von den mächtigen Fluten geprägt, die zweimal täglich in die Bucht strömen und dabei bis auf 15 Meter ansteigen.

NEWFOUNDLAND AND LABRADOR

Neufundland ist die jüngste Provinz: Sie trat erst 1949 der kanadischen Föderation bei. Zugleich fängt hier jedoch auch die europäische Besiedlungsgeschichte des Landes an: Bereits Ende des 10. Jahrhunderts errichteten die Wikinger an der Nordküste eine Siedlung, und 1497 ging der in englischen Diensten stehende Seefahrer Giovanni Caboto bzw. John Cabot bei Bonavista an Land. Zur Provinz gehört neben der Felseninsel Neufundland auch das auf dem Festland gelegene Labrador. Über Jahrhunderte hat der Fischfang das Leben auf der Insel bestimmt: Noch heute zeugen die zahlreichen malerischen Fischerdörfer entlang der zerklüfteten Küste davon. Viele davon sind „outports", d. h. sie sind nur mit dem Schiff zu erreichen. Als in den 1990er Jahren die früher so reichen Fischgründe erschöpft waren und die kanadische Regierung ein unbefristetes Fangverbot verhängte, verloren fast 25.000 Fischer ihre Arbeit: Mit über 20 Prozent hat Neufundland auch heute noch die höchste Arbeitslosenquote Kanadas. Große Ölvorkommen vor der Südostküste und ein wachsender Tourismus lassen die Zukunft jedoch in besserem Licht erscheinen. Besonders sehenswert ist die Provinzhauptstadt St. John's mit ihrem schönen Naturhafen und den bunten Holzhäusern und dann natürlich der zum Weltkulturerbe zählende Gros Morne Nationalpark, der einen einzigartigen Einblick in die Vorgeschichte der Erde bietet.

St. John's auf Neufundland

NORTHWEST TERRITORIES

Die Northwest Territories (N.W.T) liegen nördlich des 60. Breitengrads zwischen den beiden anderen kanadischen Territorien Yukon und Nunavut. Im Süden grenzen sie an den Ostteil von British Columbia sowie an die Provinzen Alberta und Saskatchewan. Bis 1999 gehörte auch das heutige Nunavut zu den Northwest Territories, die sich wie das Yukon Territory in zwei große geografische Gebiete aufteilen:

Nördlich der Baumgrenze erstreckt sich die arktische Tundra, eine felsige Region mit extremen Kältegraden und spärlicher Vegetation und im Süden verläuft der boreale Waldgürtel der subarktischen Taiga mit seinen dunklen Fichtenwäldern. Geografische Besonderheiten sind der Great Slave Lake und der Great Bear Lake: Beide gehören zu den zehn größten Seen der Welt. Das gesamte Territorium ist äußerst dünn besiedelt: Lediglich im südlichen Teil gibt es eine Handvoll kleinerer Orte. Der einzige größere Ort und zugleich Verwaltungssitz ist Yellowknife am Großen Sklavensee. Der überwiegende Teil der Bevölkerung setzt sich aus den indigenen Gruppen der Dene und Métis sowie in geringerem Umfang aus Inuit und Inuvaluit zusammen. Nur ein kleiner Teil der Bevölkerung sind Eurokanadier. Hauptwirtschaftsfaktor sind Bodenschätze und in jüngerer Zeit auch der Tourismus.

NOVA SCOTIA

Die Halbinsel Nova Scotia liegt wie ein riesiger Hummer vor der Mündung des St.-Lorenz-Stroms. Mit dem kanadischen Festland ist sie durch eine rund 25 Kilometer breite Landenge, den Isthmus von Chignecto, verbunden. Vom Yarmouth-Leuchtturm im Westen bis zum rauen Bergland von Cape Breton im Nordosten weist die Halbinsel eine Küstenlinie von über 10.000 Kilometern auf. Neuschottland ist landschaftlich äußerst vielfältig: So findet man zerklüftete Felsenküsten mit zahlreichen Leuchttürmen und pittoresken Fischerdörfern, ausgedehnte Wälder mit Seen und Forellenbächen im Landesinneren, Riesengezeiten an der Bay of Fundy und warme Badestrände an der geschützten Northumberland Strait im Nordosten der Halbinsel. Auch die traditionsreichen Städtchen wie Liverpool, Shelbourne, Yarmouth sowie das von deutschen Siedlern gegründete malerische Lunenburg sind sehenswert. In Halifax, Provinzhauptstadt und Wirtschaftszentrum Atlantik-Kanadas, werden heute noch britische Traditionen hochgehalten. Die Franzosen waren jedoch die Ersten, die hier an der Bay of Fundy siedelten. Sie nannten ihre Kolonie „Acadie". Bis ins 20. Jahrhundert prägten vor allem Bootsbau und Fischfang das Leben auf der Insel. Auch heute noch bedeutet die See Lebensunterhalt für viele: Vor allem Hummer und Kammmuscheln werden gezüchtet. Wie in vielen anderen Regionen Kanadas hat sich darüber hinaus auch der Tourismus zum bedeutendsten Wirtschaftszweig gemausert.

Im pittoresken Hafen von Sidney in der Provinz Nova Scotia

Zwei Inuit beim Fischfang auf dem zugefrorenen Meer bei Kugluktuk im kandadischen Territorium Nunavut.

NUNAVUT

Am 1. April 1999 wurden die Northwest Territories geteilt, um den Ansprüchen der indigenen Bevölkerung zu entsprechen. Der westliche Teil mit den Hauptbevölkerungsgruppen der Dene und Métis behielt den Namen N.W.T. Der weitaus größere östliche Teil, zu dem praktisch der gesamte arktische Archipel mit Baffin und Ellesmere Island bei Grönland gehört, wird jetzt als Nunavut bezeichnet. Dieses Territorium, ein Fünftel der Gesamtfläche Kanadas, umschließt das Stammesgebiet der Inuit, die früher Eskimos genannt wurden. Verwaltungssitz ist Iqualuit auf Baffin Island. Nunavuts Wirtschaft basiert auf Bergbau, Fischerei und Tourismus. Letzterer ist der am schnellsten wachsende Wirtschaftszweig. Die karge arktische Tundra ist im Sommer außerordentlich reizvoll. Trekking, Kanutouren, Eisbären-, Wal- und Karibubeobachtung sind Hauptattraktionen für Touristen. Das beliebteste Reiseziel ist Baffin Island. Hier, in der Region um Cape Dorset, befindet sich das Zentrum der indigenen Kunst, wo die international berühmten Specksteinskulpturen hergestellt werden. Auf Baffin Island liegt auch der grandiose Auyuittuq Nationalpark, eines der zugänglichsten der arktischen Naturschutzgebiete.

ONTARIO

Ontario ist nicht nur geografisch gesehen das Herzland Kanadas. Die Provinz ist auch die bevölkerungsreichste und finanzstärkste des Landes. Im Süden liegen die Großen Seen und der St.-Lorenz-Strom, der ein stückweit auch die Grenze zu den USA markiert. Nachbarprovinzen sind im Westen Manitoba, im Osten Québec. Im Norden, rund um die Hudson Bay, erstreckt sich der Kanadische Schild, eine von den Gletschern der letzten Eiszeit geformte Felsenlandschaft mit unzähligen Seen und endlosen Nadelwäldern. Diese Region nimmt den weitaus größten Teil der Provinz

Casa Loma in Toronto – nur eines von vielen sehenswerten Gebäuden in der Provinz Ontario

ein. Außer Holzwirtschaft ist hier der Bergbau wichtigster Wirtschaftszweig. Mit der Förderung von Gold, Nickel, Kupfer, Uran und Zink werden Umsätze in Milliarden-Dollar-Höhe erzielt. Nur der Süden Ontarios wird landwirtschaftlich genutzt. Hier befinden sich aber auch die industriellen Schwerpunkte der Provinz: Neben der gesamten kanadischen Automobilproduktion sind dies vor allem Unternehmen aus dem Hightech- und Servicebereich. Für Abenteuertouristen, Angler und Jäger sind die riesigen Wildnisgebiete nördlich von Lake Superior und Lake Huron ein Eldorado, doch die touristische Hauptattraktion befindet sich nach wie vor ganz im Süden zwischen Lake Ontario und Lake Erie: die Niagara-Fälle. Provinzhauptstadt ist Toronto, eine vitale, internationale Metropole, in der über hundert verschiedene ethnische Bevölkerungsgruppen recht harmonisch miteinander leben. Entsprechend vielfältig ist hier auch die kulturelle und kulinarische Szene.

PRINCE EDWARD ISLAND

Kanadas kleinste Provinz liegt im St.-Lorenz-Golf. Von Nova Scotia und New Brunswick wird sie durch die Northumberland Strait getrennt. Die Kanadier gebrauchen meistens die Abkürzung P.E.I. und die Einheimischen nennen sie nur kurz „Die Insel". Seit Fertigstellung der imposanten Confederation Bridge im Jahre 1997 ist P.E.I. streng genommen keine Insel mehr. Das relativ milde maritime Klima und die äußerst fruchtbare rote Erde haben schon früh für eine intensive Besiedelung und Landwirtschaft gesorgt. Die Insel lebt überwiegend vom Gemüse- und Kartoffelanbau, von Viehzucht und Hummerfang. Zur saftiggrünen Hügellandschaft bilden die leuchtendroten Feldwege und Klippen einen bezaubernden Kontrast. Dazu kommen zahlreiche schöne Badestrände, Dünenlandschaften und Meeresbuchten, die für einen expandierenden Tourismus sorgen. Dennoch hat sich der „Garten im Golf" seinen ländlichen Charakter bewahrt, und auch die Provinzhauptstadt Charlottetown macht mit ihren ruhigen, baumumsäumten Straßen einen eher verträumten Eindruck.

QUÉBEC

Québec ist anders als der Rest Kanadas. Überall flattert unübersehbar die weiße Fahne mit dem blauen Liliensymbol der Bourbonen; Kanadas Nationalflagge mit dem Maple Leaf, dem roten Ahornblatt auf weißem Grund, muss hier in den Hintergrund treten. 80 Prozent der Bevölkerung sprechen Französisch als erste Sprache. Kanadas größte Provinz ist fast fünfmal so groß wie Deutschland. Der überwiegende Teil der Bevölkerung lebt in den Städten entlang des St.-Lorenz-Stroms, vor allem in der kosmopolitischen Metropole Montreal und in der schon 1608 gegründeten Ville de Québec, Provinzhauptstadt und Wiege der französischen Kultur in Nordamerika. Die Provinz grenzt im Norden an die Hudson Bay, im Osten an Labrador, im Westen an Ontario und im Süden an New Brunswick und die amerikanischen Bundesstaaten Maine, New Hampshire und Vermont. Von Nord nach Süd unterscheidet man drei geografische Regionen: Der kanadische Schild erstreckt sich von der Küste des Eismeeres bis zu den Laurentides mit dem 1652 Meter hohen Mount d'Iberville als höchstem Berg der Region. Das Umland des St.-Lorenz-Stroms verbindet die großen Seen mit dem Atlantik, und im Süden der Provinz bilden die Vorgebirge der Appalachen die Grenze zu den USA. Québec exportiert neben Gütern aus der holzverarbeitenden Industrie und dem Bergbau auch technisches Knowhow und eine Vielzahl elektronischer Produkte.

Altstadt von Québec, über der das Chateau Frontenac thront

SASKATCHEWAN

Die Prärieprovinz wird von Alberta im Westen, den Northwest Territories im Norden, Manitoba im Osten und den USA im Süden begrenzt. Nördlich von Prince Albert erstrecken sich die riesigen Wildnisgebiete des kanadischen Schilds. Mit ihren endlosen Wäldern und Zigtausenden Seen sind sie ein Paradies für Outdoor-Begeisterte. Das Klima wird bestimmt von sehr kalten Wintern und heißen, trockenen Sommern. Der Süden wird überwiegend landwirtschaftlich genutzt. Hier erstrecken sich endlose Getreidefelder bis zum Horizont. Neben Land- und Holzwirtschaft ist die Nutzung von Bodenschätzen, vor allem Kali, Uran, Kohle, Erdöl und Gas, von Bedeutung. Aber auch für Touristen gibt es einige landschaftlich reizvolle Regionen. Der Prince Albert National Park nördlich von Saskatoon bietet Wildnisabenteuer, und der Grasslands National Park im äußersten Süden umschließt eine der wenigen naturbelassenen Präriegebiete, wie sie sich früher über den gesamten mittleren Westen des amerikanischen Kontinents erstreckten. Die beiden größten Zentren sind die Provinzhauptstadt Regina und Saskatoon.

Endlose Getreidefelder prägen den Süden von Saskatchewan.

YUKON TERRITORY

Das Yukon Territory hat eine dreiecksartige Form: Im Norden grenzt es an das Eismeer, im Süden an British Columbia, im Osten an die Northwest Territories und im Westen an den US-Bundesstaat Alaska. Es gibt zwei Klima- und Vegetationszonen: Im Süden machen die ausgedehnten borealen Wälder der Taiga den weitaus größeren Teil der Provinz aus. Im Norden erstreckt sich das felsige Flachland der Tundra, wo das extreme arktische Klima nur eine spärliche Vegetation zulässt. Besiedelt war das Gebiet wahrscheinlich bereits vor rund 20.000 Jahren von Volksstämmen, die über die Bering-Landbrücke aus Asien gekommen waren. Im 18. und 19. Jahrhundert siedelten russische und englische Entdecker in der Region. Heute ist der größte Teil der Bevölkerung europäischer Abstammung, die hauptsächlich in der kleinen Provinzhauptstadt Whitehorse leben. Die Minderheit der athapaskischen Indianerstämme leben über das Land verstreut. Wirtschaftliche Basis ist der Abbau von Bodenschätzen und zunehmend auch der Tourismus.

N
O
S
W
0
200
400
600
km
Iqaluit
Lake Harbour
Kangiqsujuak
Kangirsuk
Ungava-Bay
Ungava Peninsula
Kuujjuaq
Nain
L a b r a d o r s e e
Barrenground
Minto-see
Cartwright
Battle Harbour
Newfoundland and Labrador
Schefferville
Smallwood-reservoir
Goose Bay
Blanc Sablon
St. Anthony
St. Barbe
Churchill Falls
Port au Choix
L a b r a d o r
Bonavista
Grand Falls-Windsor
Gander
St. John's
Buchans
Natashquan
Corner Brook
Avalon Peninsula
Havre St.-Pierre
N e w f o u n d l a n d
Chisasibi (Fort George)
Sept-Îles
Anticosti Is.
Port aux Basques
Miquelon (frz.)
Cape St. Mary's
St. Pierre (frz.)
St. Lorenz-Golf
Waskaganish (Rupert House)
Mistassini-see
Quebec
Baie Comeau
St. Lorenz-Str.
Gaspé
Cape Breton Is.
Caraquet
Sydney
Campbellton
Prince Edward-Ild.
Louisbourg
New Brunswick
Bathurst
Charlottetown
Gouin-stausee
Chicoutimi
Moncton
New Glasgow
Abitibi-see
Fredericton
Nova Scotia
Sable Is.
Cochrane
Val-d'Or
Quebec
Halifax
Rouyn-Noranda
Saint John
Kirkland Lake
Trois Rivieres
St. Andrews
Digby
Lunenburg
Bay of Fundy
Liverpool
Sherbrooke
Montreal
Yarmouth
Sudbury
North Bay
Pembroke
Ottawa
Huntsville
Kingston
Huronsee
Oshawa
Boston
Toronto
Ontariosee
U S A
Hamilton
Niagara Falls
A T L A N T I S C H E R O Z E A N

NEWFOUNDLAND AND LABRADOR

ÜBERBLICK

Die östlichste Provinz Kanadas mit einer Gesamtfläche von 405.720 Quadratkilometern und einer Küstenlinie von rund 17.000 Kilometern Länge reicht vom 46. bis zum 61. Breitengrad. Sie bildet den Nordostteil Nordamerikas und besteht geografisch aus zwei verschiedenen Teilen: Newfoundland und Labrador. Insgesamt leben in der Provinz rund 510.000 Menschen.

Die weitaus größere Bevölkerungsdichte weist Neufundland auf: Etwa 480.000 Menschen leben auf einer Fläche von 111.390 Quadratkilometern. Die Insel liegt vor der Mündung des St.-Lorenz-Stroms, von Labrador durch die Belle-Isle-Straße getrennt. Geologisch gesehen ist Neufundland ein Ausläufer der Appalachen, die sich von Nord nach Süd entlang der amerikanischen Ostküste erstrecken.

Labrador ist der östlichste Teil der uralten Felsmasse des Kanadischen Schilds, bedeckt von Tundra und borealem Nadelwald mit zahllosen Seen und Wasserläufen. Der Labrador-Teil der Provinz

Ferryland Head Lighthouse südlich von St. John's auf der Avalon-Halbinsel

grenzt im Nordosten an Quebec. Er ist mehr als doppelt so groß wie die Insel Neufundland, zählt jedoch nur knapp 30.000 Einwohner. In beiden Großräumen haben die Gletscher der Eiszeiten tiefe Spuren hinterlassen und nackte Felslandschaften sowie zahlreiche tiefe Täler, Seen und Flüsse geschaffen. Der längste Fluss der Provinz ist der Churchill River in Labrador.

Besonders die Insel Neufundland ist landschaftlich reizvoll und vielfältig: Hier finden sich ausgedehnte Wälder, Moore und Heideflächen, tiefe Fjorde und steile Landzungen sowie zahllose winzige Buchten und unzählige vorgelagerte Inseln. Dazwischen leuchten die bunt angestrichenen Holzhäuser in den kleinen Fischerdörfern, viele davon so genannte „outports", die nur von See her zu erreichen sind.

Die Trinity Bay im Süden von Neufundland ist ein beliebtes Revier für Kajakfahrer.

An der Küste Nordlabradors sind die über 1000 Meter steil ansteigenden Torngat Mountains mit dem 1652 Meter hohen Mount Caubvick die höchste Bergkette der Provinz. Die Berge auf der Insel Neufundland erreichen solche Höhen nicht: Hier erstreckt sich im Westen das Hochland der Long Range Mountains mit dem Lewis Hill (814 Meter) und dem Gros Morne Plateau (807 Meter).

Die letztere Region, eine ursprüngliche Fjordlandschaft mit steilen Klippen und Wasserfällen, ist für geologisch Interessierte ein wahres Wunderland. Hier sind durch Gletscheraktivitäten aufgefaltete Gesteinsschichten aus der Urzeit der Erde freigelegt worden. Diese bizarre Mondlandschaft der Tablelands ist Teil des Gros Morne Nationalparks, der von der UNESCO zum Weltkulturerbe ernannt wurde.

KLIMA

RECHTE SEITE:
Elche wurden auf Neufundland erst um 1900 angesiedelt: Heute sind sie so zahlreich vertreten, dass zahlreiche Schilder vor Wildwechsel warnen.

Die Insel Neufundland wird von maritimem Klima bestimmt. Gemessen an den gesamtkanadischen Verhältnissen bedeutet dies relativ milde Winter und etwas kühlere Sommer. Im Winter bewegen sich die Temperaturen durchschnittlich um –4 °C, im Sommer um +16 °C. Vor allem an der Küste gibt es das ganze Jahr über reichlich Niederschläge – bei St. John's sind es durchschnittlich 1400 Millimeter pro Jahr.

In Labrador herrscht arktisches und subarktisches Klima, welches noch durch den die Landmasse umspülenden kalten Labradorstrom verstärkt wird. Im kurzen Sommer bewegen sich die Durchschnittstemperaturen zwischen 6 und 12 °C, im Winter zwischen –20 und –30 °C. Doch auch Temperaturen unter –40 °C sind im Landesinneren durchaus zu messen. In den nördlichen Tundra-Regionen herrscht Permafrost, d. h. auch im Sommer taut nur die obere Bodenschicht auf.

Während Neufundland mit winterlichen Temperaturen um –4 °C aufwartet, können in Labrador durchaus –40 °C gemessen werden.

FLORA UND FAUNA

Während der Norden Labrodors nur vereinzelte Wälder vorzuweisen hat, sind große Teile Neufundlands, aber auch der Süden Labradors mit dichtem Wald überzogen. Hier wachsen vor allem Schwarztannen, Balsamfichten, Birken, Pappeln und Lärchen.

In der gesamten Provinz können Karibus, Elche, Schwarzbären, Füchse, Hasen und Biber beobachtet werden. In Labrador leben gar die größten Karibu-Herden der Welt. Elche wurden auf der Insel Neufundland erst um 1900 angesiedelt; heute sind sie so häufig anzutreffen, dass an den Überlandstraßen überall Schilder vor Elchwechseln warnen.

Whale Watching hat sich auch in Neufundland und Labrador zu einem touristischen Anziehungspunkt entwickelt.

Vor den Küsten Neufundlands tummeln sich viele Walarten, u. a. Finnwale, Buckel- und Pottwale, aber auch Blau- und Spermwale. In Anbetracht dessen ist es nicht verwunderlich, dass sich Walbeobachtung in dieser Region zu einer wahren Touristenattraktion entwickelt hat.

Auf der Avalon Peninsula an der Südwestspitze von Neufundland gibt es mehrere große Seevögelkolonien mit abertausenden Papageientauchern, Lummen, Basstölpeln, Tordalken und Sturmvögeln. Und auch unterhalb der Wasseroberfläche zeigt die Provinz Newfundland and Labrador eine beträchtliche Artenvielfalt: Der Zusammenfluss der kalten Labradorströmung und des St.-Lorenz-Stroms sorgen für einen hohen Nährstoffanteil der Gewässer um Neufundland – der Grund für einen außerordentlichen Fischreichtum, der bis zur Mitte des vergangenen Jahrhunderts anhielt, heute jedoch durch Überfischung der Bestände in Gefahr ist.

BEVÖLKERUNG

Der weitaus größte Teil der etwa 510.000 Einwohner der Provinz Newfoundland and Labrador stammt von Einwanderern aus Südwestengland und Südirland ab. Daher ist die Provinz – als einzige Kanadas – auch zu über 95 Prozent englischsprachig. Nur im westlichen Teil der Insel gibt es noch einige Regionen, in denen Sprache und Traditionen der frühen französischen Siedler überlebt haben.

Die Einwanderung begann Ende des 17. Jahrhunderts. Lebensgrundlage war der Fischfang, und da sich die reichsten Fanggründe vor den Küsten im Nordosten Neufundlands sowie im Süden um die Avalon Peninsula befanden, entstanden dort auch die ersten Siedlungen. Noch heute wohnen auf der Avalon-Halbinsel die meisten Menschen. Hier liegt die Provinzhauptstadt St. John's mit rund 180.000 Einwohnern. Die nächstgrößeren Städte sind Corner Brook und Grand Falls/Windsor.

Labrador ist nur sehr dünn besiedelt. Insgesamt leben hier knapp 30.000 Menschen, davon einige Tausend Ureinwohner: Innu, Inuit, Naskapi und Métis. Die Labrador Métis sind Abkömmlinge von europäischen Einwanderern und der Urbevölkerung. In Labrador blieb das Leben der indigenen Völker bis ins 20. Jahrhundert hinein weitgehend von größeren Veränderungen verschont. Das änderte sich, als man begann, Bodenschätze und Wasserkraft in der Region auszubeuten. Der Bau von Bergwerken und Staudämmen hat große ökologische Probleme in den Stammesgebieten geschaffen, und auch die Aktivitäten um die Militärbasis nahe Goose Bay in Zentral-Labrador lösten massive Proteste der indigenen Bevölkerung aus.

Auf der Insel Neufundland war die Urbevölkerung der Beothuks schon Anfang des 19. Jahrhunderts ausgestorben. Sie wurden praktisch mit Beginn der europäischen Einwanderung verfolgt und von ihren angestammten Siedlungs- und Jagdgründen entlang der Küste ins Landesinnere zurückgedrängt. 1829 starb die letzte Angehörige des Beothuk-Volks, eine junge Frau namens Nancy Shawanahdit.

Die Avalon Halbinsel ist ein wahres Paradies für Ornithologen. Zehntausende Papageientaucher, Lummen, Basstölpel, Tordalken und Sturmvögel sind hier zu finden.

FOLGENDE DOPPELSEITE:
St. John's ist die Hauptstadt der Provinz Newfoundland and Labrador. Im größeren Stadtgebiet leben rund 180.000 Menschen.

FORD

Heute leben im Landesinneren sowie an der Süd- und Westküste der Insel Neufundland noch Angehörige der Mi'kmaq-Indianer, deren ursprüngliches Stammesgebiet Nova Scotia, Prince Edward Island, New Brunswick und Teile von Quebec einschloss. Der bei den atlantischen Indianerstämmen verbreitete Brauch, sich die Haut mit roter Erde einzufärben, veranlasste die Europäer dazu, die Ureinwohner als „redskin" (Rothaut) zu bezeichnen.

SPRACHE UND KULTUR

Durch die Abgeschiedenheit der Insel und die extreme Isolierung der kleinen Fischerdörfer hat sich in Neufundland eine ganz eigene Kultur mit Traditionen entwickelt, die sich bis heute erhalten haben. So haben Sprachelemente überlebt, die bereits vor ein paar hundert Jahren gebräuchlich waren: Eine unglaubwürdige Geschichte nennt man „pishogue", „yaffle" einen Arm voll Trockenfisch, und einen Narren oder trotteligen Menschen nennt man auch „chucklehead". Statt des im englischen Nordamerika üblichen „How are you" begrüßt man sich in Neufundland mit „Ow's you be" oder kommentiert ein mieses Fangergebnis mit „Ders nar fish out der".

Typisch neufundländischer Wortwitz zeigt sich auch in Ortsnamen und geografischen Bezeichnungen wie Jerry's Nose, Chase Me Further, Blow Me Down und Ha Ha Bay. Positive Erlebnisse spiegeln sich in Ortsnamen wie Heart's Delight, Heart's Desire und Heart's Content, und vom Pech verfolgt waren offenkundig die Gründer von Empty Basket oder Breakheart Point.

Die irländische und schottische Herkunft der Neufundländer, die von ihren kanadischen Mitbürgern auch gern in gutmütigem Spott als „Newfies" (sozusagen die Ostfriesen Kanadas) bezeichnet werden, zeigt sich auch in dem typisch keltischen Stil ihrer Volksmusik.

WIRTSCHAFT

Seit Beginn der Besiedlung waren Neufundland und Labrador abhängig von ihren Naturressourcen. Der immense Fischreichtum der Grand Banks im Süden von Neufundland führte zuerst zur Gründung von Fangstützpunkten entlang der Küste. Auch für die spätere Besiedelung waren Fischfang und Fischverarbeitung lebensnotwendig, da Landwirtschaft durch ungünstiges Klima und überwiegend karge Böden praktisch keine Bedeutung hat. Lediglich auf der Avalon-Halbinsel und auf der Port-au-Prince Peninsula lohnt sich ein bescheidener Anbau.

Das Fundament für die verarbeitende Industrie Neufundlands war seit jeher Grundfisch, insbesondere Kabeljau. Durch ständige Überfischung, besonders durch die großen Fangflotten der europäischen und asiatischen Nationen, sah sich die kanadische Regierung jedoch zu Schutzmaßnahmen gezwungen. Zunächst wurde im Jahre 1977 die Fischereizone auf 200 Meilen vor den Küsten der

Auch wenn die Fischbestände drastisch zurückgegangen sind: Gestelle zur Trocknung von Fisch finden sich vielerorts, so auch bei Bonavista auf Neufundland.

Provinz erweitert. Doch obgleich die Fangquoten ständig verringert wurden, brachte diese Maßnahme nur eine vorübergehende Erholung der Fischbestände.

1989 stellte man fest, dass die wichtigsten Grundfischbestände erschöpft und der Nordatlantik-Kabeljau fast ganz verschwunden war. Hierfür gab es mehrere Gründe: intensive Fischerei mit hochmodernem Gerät, eine fehlerhafte Einschätzung der Fischbestände, eine zu stark wachsende Anzahl von Robben verursacht durch Nichtbejagung – und wohl auch Veränderungen in der Wassertemperatur durch die globale Erwärmung.

Möwen umkreisen die Fischverarbeitungsstätten in der Witless Bay von Avalon

1991 verhängte Kanadas Fischereibehörde einen vollständigen Fangstopp – eine Katastrophe für die vom Fischfang völlig abhängige Insel. 30.000 Fischer mussten ihren Job aufgeben: In den zahllosen kleinen Fischerdörfern war die Bevölkerung ganz auf finanzielle Unterstützung der Regierung ange-

wiesen. In den letzten Jahren vergab man wieder geringe Fangquoten, die jedoch oft schon in einem Tag erfüllt wurden. Viele Fischer sind daher auf den Fang von Hummer, Krabben und anderen Schalentieren ausgewichen, die inzwischen eine gewisse wirtschaftliche Bedeutung erlangt haben. Außerdem dürfen Fischer für den eigenen Bedarf mit der Langleine noch Kabeljau und andere Grundfische fangen. So kann man in den Fischerdörfern auch noch ab und zu sehen, wie Kabeljau nach traditioneller Art auf den Trockengestellen ausgebreitet wird.

Auf dem Skerwink Trail in Neufundland. Immer mehr Touristen entdecken die Insel für sich – eine große ökonomische Chance für die gesamte Provinz.

Durch den Niedergang der Fischerei gewinnen Holz und Bodenschätze immer mehr an Bedeutung. Hierauf und auf einen wachsenden Tourismus sowie weiterhin steigende Zuwachsraten im Dienstleistungssektor setzt die Provinz ihre Hoffnung. Man schätzt, dass jährlich rund 300.000 Touristen in die Provinz kommen und hier etwa 500 Millionen Dollar ausgeben. Besonders Labrador ist reich an Bodenschätzen. Hier wird vor allem Eisenerz, aber auch Gold, Nickel, Kupfer, Blei und Kobalt gefördert, insgesamt für mehr als 700 Millionen Dollar. Auch die Produktion von Zellstoff und Zeitungspapier, insbesondere in der Gegend um Grand Falls, Stephenville und Corner Brook, spielt zunehmend eine Rolle.

Die wichtigste Versorgungswirtschaft ist die Produktion von Elektrizität. In Churchill Falls, Labrador, arbeitet das größte Wasserkraftwerk der Provinz mit einer Kapazität von etwa 5500 Megawatt. Und dann ist da noch das Öl. 1979 wurde 300 Kilometer vor der Küste östlich von St. John's das Hibernia-Ölfeld entdeckt. Die Vorkommen werden auf rund zwei Milliarden Barrel Öl geschätzt und man hofft, wenigstens 650 Millionen Barrel fördern zu können. Vor diesem Hintergrund wurde das bislang größte Einzelprojekt Neufundlands in Angriff genommen: der Bau einer gigantischen, 1,2 Millionen Tonnen schweren Bohrinsel. Im Jahre 1997 begann man mit der Ölförderung. Inzwischen sind weitere Ölfelder entdeckt und auch die Terra-Nova-Ölförderplattform wurde in Betrieb genommen.

Die Wikingersiedlung L'Anse aux Meadows („Quallenbucht") wurde wahrscheinlich um 1000 n. Chr. angelegt. Es dauerte fast ein weiteres Jahrtausend, bis sie ausgegraben wurde und in Teilen originalgetreu rekonstruiert wurde.

GESCHICHTE

Ausgrabungen in L'Anse-Amour an der Ostküste Labradors haben bewiesen, dass schon 7500 v. Chr. so genannte maritime archaische Indianer in der Region lebten – wohl eine der ältesten Kulturen in Nordamerika. In späteren Jahrtausenden kamen Dorset- und Thule-Inuit. Seit rund 3500 Jahren lebten dann verschiedene Stämme in der Region, unter ihnen Beothuk und Mi'kmaq.

Der Zeitpunkt der ersten europäischen Entdeckungen wird in der Historie kontrovers diskutiert. So gibt es Theorien, dass schon im 6. Jahrhundert der irische Mönch Brendan die nordamerikanische Küste erreichte. Über seine mythologische Reise berichten die Sagen und Heiligenlegenden des Mittelalters, historische Belege fehlen indes.

Historisch gesichert ist jedoch die Ankunft der Wikinger, die auf mehreren Fahrten um 1000 n. Chr. nach Neufundland und Labrador kamen. Adam von Bremen hat 1076 über die Entdeckungen der Nordmänner geschrieben. Walisische Seefahrer haben vermutlich ebenfalls im 12. Jahrhundert die Reise über den Nordatlantik gemacht, und es gilt als wahrscheinlich, dass auch baskische, portugiesische und bretonische Fischer im 15. Jahrhundert in die fischreichen Gewässer der Neufundland-Bänke kamen.

Offiziell ging der erste Europäer 1497 – nur fünf Jahre nach der „Wiederentdeckung" Amerikas durch Kolumbus – in Neufundland und Labrador an Land. Im Mai 1497 stach der italienische Seefahrer Giovanni Caboto mit seiner winzigen „Matthew" und gerade mal 18 Mann Be-

RECHTE SEITE:
Der Cabot Tower wurde im Jahre 1897 anlässlich des 400. Jubiläums der Entdeckung Neufundlands durch John Cabol errichtet. Er befindet sich auf dem Signal Hill in St. John's.

satzung von Bristol aus in See, um im Auftrag des englischen Königs Henry VII. nach einem Seeweg zu den legendären Gewürzländern zu suchen. John Cabot, wie ihn die Engländer nannten, landete am 24. Juni 1497, am Tag des heiligen Johannes des Täufers, auf der Insel und nannte sie zu Ehren dieses Heiligen St. John's Island. Bis heute streitet man sich um den genauen Ort dieser ersten Landung, wahrscheinlich war es beim heutigen Cape Bonavista. Aber auch Cape Breton in Nova Scotia nimmt den historischen Landfall für sich in Anspruch.

John Cabot hatte auf seiner außergewöhnlich kurzen Reise zwar eine weitere Route von Europa nach Amerika entdeckt, aber wenig zur Geografie des östlichen Kanadas beigetragen. Auch das Gold, das er – und sein Auftraggeber, König Heinrich VII. – zu finden gehofft hatte, brachte er nicht mit nach Hause. So hielt sich die Begeisterung über das „new found(e) lande" nach seiner Rückkehr am 6. August 1497 in England in Grenzen.

Dennoch blieb die Reise nicht ohne Folgen: Cabots Berichte vom schier unermesslichen Fischreichtum des neuen Landes („Man lässt bloß einen Korb ins Wasser und zieht ihn voll mit Fischen wieder heraus") verbreiteten sich schnell innerhalb der seefahrenden Nationen Europas. Von jetzt an verbrachten englische, französische, portugiesische und spanische Fischer die Sommermonate vor Neufundland. Da man den Fang auch unverdorben nach Hause bringen musste, entstanden zunächst

Rekonstruiertes Wikingerschiff in L 'Anse aux Meadows

Basisstationen und nach und nach auch kleine Fischerdörfer, in denen die riesigen Fänge verarbeitet und zu Stockfisch getrocknet wurden. An eine dauerhafte Besiedlung und Kolonialisierung, die zunächst auch nicht von der Obrigkeit gewünscht wurde, dachte man erst 100 Jahre später.

Wechselnde Besitzansprüche der europäischen Nationen gab es trotzdem. König Manuel von Portugal, der gemäß dem zwischen Spanien und Portugal ausgehandelten Vertrag von Tordesillas alle neuentdeckten Länder bis zu einem bestimmten Meridian (etwa 480 Kilometer westlich der Kapverdischen Inseln) für sich beanspruchte, sandte 1500 den Entdecker Gaspar Corte Real, um Cabotos Entdeckungen bestätigen und vereinnahmen zu lassen. Corte Real wurde danach als Gouverneur von Neufundland eingesetzt.

Im 16. und 17. Jahrhundert wurde die Geschichte Neufundlands dann von britisch-französischen Auseinandersetzungen geprägt. Frankreich machte bereits durch die Entdeckungsreisen von Jacques Cartier, der auf seinen Expeditionen in den Jahren 1534–1542 den St.-Lorenz-Strom entdeckte und dessen Mündungsgebiet erforschte und kartografierte, Ansprüche auf diesen Teil des Festlandes geltend. Nun beanspruchte Frankreich auch noch Gebiete Neufundlands für sich und errichtete bei

St. John's, Fort Amherst

Placentia im Süden der Insel eine Kolonie. Englische und französische Fischer stritten sich zunehmend um Fanggründe und das Recht, Niederlassungen auf der Insel zu errichten. 1537 erhob die britische Krone Anspruch auf Neufundland und bereits ein Jahr später nahm der englische Navigator und Eroberer Sir Humphrey Gilbert den Hafen von St. John's für Königin Elizabeth I. in Besitz.

Der Vertrag von Utrecht machte 1713 den Scharmützeln zwischen Engländern und Franzosen ein Ende und bestätigte die britische Souveränität über die ganze Insel samt ihren Fischgründen. Allerdings räumte man den französischen Fischern das Recht ein, an einem Teil der Küste Neufundlands, dem so genannten „French Shore", zu fischen und während der Saison auch Fangstationen zu unterhalten.

Hafen von St. John's

Nach seiner Niederlage im Siebenjährigen Krieg, der in Amerika als „French and Indian War" geführt wurde, musste Frankreich 1763 im Friedensvertrag von Paris seine amerikanischen Besitzungen bis auf die kleinen, Neufundland vorgelagerten Inseln St. Pierre et Miquelon an Britannien abtreten. An einem Teil der neufundländischen Küste behielt Frankreich jedoch Fischereirechte, die erst 1904 völlig aufgehoben wurden.

Die englische Kolonisierung Neufundlands begann nur zögerlich, mit anfänglich kaum mehr als einer Handvoll „outports" – winzigen, nur vom Meer zugänglichen Fischerdörfern, denn das karge Land bot nur wenige Siedlungsmöglichkeiten. Fischfang und der Export von getrocknetem Fisch und Fischprodukten war auch bis ins 20. Jahrhundert die wirtschaftliche Basis Neufundlands.

Erst 1832 räumte Britannien den Neufundländern das Recht auf eine gewählte Versammlung und – nach vielen Diskussionen – im Jahre 1855 auch auf eine eigene Regierung ein. Zu einem Beitritt zum Dominion of Canada konnten sich die Neufundländer allerdings nicht entschließen.

Nach dem Zweiten Weltkrieg stand der zukünftige Status Neufundlands wieder zur Debatte. Der spätere Premier Joe Smallwood (1900–1991) warb 1948 in einer sehr emotionalen und teilweise mit erbitterten Auseinandersetzungen geführten Kampagne für den Beitritt zur kanadischen Konföderation. Der anschließende Volksentscheid brachte eine knappe Mehrheit für die Pro-Kanada-Fraktion und so wurde Neufundland am 31. März 1949 das jüngste Mitglied der kanadischen Konföderation.

ST. JOHN'S UND DIE AVALON PENINSULA

Die Avalon Peninsula ist eine der ältesten von Europäern besiedelten Regionen Nordamerikas. Heute leben auf der rund 10.350 Quadratkilometer großen Halbinsel im Südosten Neufundlands knapp 250.000 Menschen – etwa die Hälfte der Provinzbevölkerung.

Eng an den Fels schmiegen sich manche Häuser in St. John's.

Die Hauptstadt St. John's, mit rund 180.000 Einwohnern die bei Weitem größte Stadt der Provinz, ist zugleich die östlichste Stadt Nordamerikas. Ihr Name erschien schon auf den Karten des 16. Jahrhunderts. Wahrscheinlich hat schon Giovanni Caboto 1497 die Gewässer der Bucht erkundet – angeblich am 24. Juni, dem Namenstag Johannes des Täufers.

30 Jahre später segelte dann John Rut mit der „Mary of Guildford" in die Bucht und 1583 nahm Sir Humphrey Gilbert St. John's für Königin Elizabeth I. in Besitz. Danach folgten eine Reihe von Siedlungen an der Ostküste der Avalon-Halbinsel: Ferryland, Cuper's Cove, Bristol's Hope und Renews. Über die 1621 von Sir George Calvert (dem späteren Lord Baltimore) gegründete „Colony of Ava-

Das Colonial Building von St. John's wurde im Jahre 1850 errichtet.

RECHTE SEITE:
Der Hafen von St. John's. Hier soll Giovanni Caboto am 24. Juni 1497 mit seinem Schiff gelandet sein. Dies war zugleich der Namenstag Johannes des Täufers – ein Umstand, der zur Namensgebung der Stadt führte.

lon" bei Ferryland informiert ein Museum in der Nähe der archäologischen Ausgrabungsstätten mit historischen Themengärten und einer originalgetreu rekonstruierten Küche.

ST. JOHN'S

St. John's hat seit der Landung von Caboto und Sir Humphrey Gilbert eine wechselvolle und abenteuerliche Geschichte durchgemacht: Piratenüberfälle, Kämpfe mit Holländern, Portugiesen und Spaniern, verheerende Brände, Eroberung durch die Franzosen. Im 19. Jahrhundert entwickelte sich St. John's dann unter britischer Verwaltung zu einem wohlhabenden internationalen Handels- und Fischereizentrum.

Trotz der vielen Feuer und neu errichteter Gebäude hat der Stadtkern seinen viktorianischen Charakter bewahrt. Besonders beeindruckend sind das Colonial Building von 1850 und das Commissariat House aus dem Jahre 1818. Die George Street ist die Flaniermeile der Stadt, und an der Water und Duckworth Street, wo jahrhundertelang geschäftiges Treiben herrschte, hat man die alten Lagerhallen und Kontore schön restauriert. Heute geht es hier in den zahlreichen Boutiquen, Geschäften, Restaurants und Bars nicht minder lebhaft zu. Für Unterhaltung sorgen darüber hinaus die Pubs, aus denen Live-Musik von irischer und schottischer Folklore bis Country und Rock schallt.

Die Straßen steigen vom Hafen terrassenförmig an und sind oft durch Treppen und schmale Querstraßen miteinander verbunden. Typisch für St. John's sind die kunterbunten Häuserzeilen mit ihren „clapboard"-Holzfassaden, die selbst bei trübem Wetter eine freundliche Atmosphäre verbreiten.

Die schönsten Panoramablicke auf die farbenfrohe Stadt, die sich auf den felsigen Hügeln rings um den großen ovalen Naturhafen ausbreitet, hat man von Signal Hill. Dieser Hügel liegt 150 Meter oberhalb der schmalen Hafeneinfahrt, die Narrows genannt wird.

RECHTE SEITE:
Die bunten Häuserreihen von St. John's. Oberhalb ist das imposante Kulturzentrum „The Rooms" zu sehen.

UNTEN:
Basilika von St. John's

Bis vor wenigen Jahren wurde das Stadtbild von zwei Kirchen beherrscht: der im neo-gotischen Stil erbauten anglikanischen Kathedrale und der römisch-katholischen Basilika mit ihren schlanken Zwillingstürmen. 2005 wurde dann das neue Kulturzentrum mit dem schlichten Namen „The Rooms" gebaut. Das mächtige Gebäude, im Stil traditioneller neufundländischer Holzhäuser gestaltet, thront jetzt als Wahrzeichen hoch über dem bunten Häusergewirr der Stadt. „The Rooms" beherbergt die Provinzarchive, eine Kunstgalerie und das Newfoundland Museum mit umfangreichen Sammlungen zur Naturgeschichte und zu der maritimen Tradition der Provinz.

Vom Signal Hill wurde die Ankunft von Schiffen signalisiert. Der Cabot Tower auf der Kuppe des Berges diente noch bis 1958 als Signalturm. Hier empfing Guglielmo Marconi 1901 auch das erste aus England gesendete transatlantische Funksignal.

Das gesamte Gelände ist heute ein historischer Nationalpark mit einem Besucherzentrum und einem kleinen Museum. Sehenswert sind die 1796 errichteten Befestigungsanlagen der Queen's Battery, die aufwändig restauriert wurden. Während des Sommers findet hier der Signal Hill Tattoo statt, ein Zapfenstreich mit Parade in farbenprächtigen historischen Uniformen und dem Abfeuern einer alten Kanone.

Eine weitere historische Anlage findet man an einem Meeresarm auf der anderen Seite des Signal Hill. Die Quidi Vidi Battery wurde 1762 von französischen Truppen nach der Eroberung von St. John's errichtet. Der malerische kleine Fischerort Quidi Vidi ist durch einen kleinen Kanal mit dem gleichnamigen See verbunden. Hier findet jedes Jahr die St. John's-Regatta statt, die als das älteste Sportereignis in Nordamerika gilt.

HAYMARKET
SQUARE

VORHERIGE DOPPELSEITE:
Die Leuchttürme von Cape Spear: Der alte Leuchtturm (linke Seite) wurde 1835 errichtet und beheimatet heute ein Museum. Im Jahre 1955 löste der neue Leuchtturm (rechte Seite) seinen Vorgänger ab.

FOTO RECHTS:
Das kleine Fischerörtchen Petty Harbour

CAPE SPEAR

Der Leuchtturm auf dem oft nebelverhüllten Kap mit steil abfallenden Klippen ist das älteste noch in Betrieb befindliche Leuchtfeuer Neufundlands. Das 1835 errichtete Cape Spear Lighthouse kann heutzutage besichtigt werden: Ein kleines Museum in der originalgetreu eingerichteten alten Leuchtturmwärterwohnung informiert über die Geschichte und Tradition der Leuchttürme und seiner Wärter. Die angrenzenden Befestigungsanlagen mit ihren unterirdischen Passagen stammen aus dem Zweiten Weltkrieg und dienten damals zur U-Boot-Abwehr und zum Schutz des Hafens von St. John's.

Das wenige Kilometer weiter südlich liegende kleine Fischerdorf Petty Harbour ist mit seinen bunt gestrichenen und an die Felsen geschmiegten Holzhäusern, den aufgestapelten Hummerkästen und im Hafen dümpelnden Booten zu einer Touristenattraktion geworden.

HARBOUR GRACE

Der Ort an der Conception Bay mit seinen hübsch restaurierten alten Häusern führt seinen Namen auf „Havre de Grace" zurück. So bezeichneten die Franzosen Anfang des 16. Jahrhunderts ihre Fischfangstation. Während des frühen 17. Jahrhunderts war Harbour Grace das Hauptquartier des berüchtigten Piraten Peter Eston, der sich damals mit seiner Flotte ein riesiges Vermögen zusammenraubte. Auf dem Gelände seines alten Piratenforts wurde später das Zollhaus errichtet, in dem heute das Conception Bay Museum untergebracht ist.

RECHTE SEITE:
Papageientaucher finden sich in den Monaten von April bis Oktober zu Hundertausenden im Vogelschutzgebiet von Avalon ein.

Berühmt geworden ist Harbour Grace jedoch am Anfang des 20. Jahrhundert: Damals war der Ort Ausgangspunkt für die ersten Transatlantikflüge. 1927 wurde hier der erste zivile Flugplatz Nordamerikas gebaut und 1932 flog die Flugpionierin Amelia Earhart als erste Frau allein über den Nordatlantik.

DIE VOGELSCHUTZGEBIETE VON AVALON

Auf der Avalon-Halbinsel liegen einige der bedeutendsten Seevogel-Kolonien der Welt – ein wahres Paradies für Vogelliebhaber und Wissenschaftler. Einige der Schutzgebiete liegen auf unzugänglichen felsigen Inseln; dazu gehört auch das Baccalieu Island Ecological Reserve bei Bay de Verde, wo von April bis Oktober Papageientaucher, Sturmvögel, Basstölpel, Tordalke und Dreizehen-

Abenddämmerung an der Küste von Cape Spear

möwen nisten. Mit über drei Millionen Sturmschwalbenpaaren ist Baccalieu sogar die weltweit größte Kolonie dieser Art. Auch wenn die Insel selbst nicht betreten werden darf: Allein das großartige Küstenpanorama lohnt den Abstecher hierhin. Zudem können sich Vogelkundler in Ausstellungen im Interpretive Centre über die Seevögel informieren.

Bei Bay Bulls kann man zu den drei Inseln des Witless Bay Ecological Reserve hinausfahren. Wenn die kleinen Schiffe die steil aus dem Wasser aufragenden Klippen umfahren, bietet sich den Passagieren ein guter Blick in die Kinderstube der Seevögel, denn hier nisten über 2,5 Millionen Papageientaucher, Lummen, Tordalken und Möwen.

Allein die Papageientaucher-Kolonie zählt über 500.000 Vögel. Mit seinem auffallend gezeichneten schwarzweißen Federkleid und seinem orangefarbigen Papageienschnabel ist der „puffin" ein beliebtes Fotomotiv und Wappenvogel der Provinz. Auf den Bootstouren zu den Inseln der Witless Bay werden häufig auch Buckelwale, Orcas und Zwergwale beobachtet.

Eines der spektakulärsten und darüber hinaus zugänglichsten Vogelschutzgebiete Nordamerikas liegt auf einer felsigen Landzunge bei Cape St. Mary's im äußersten Südwesten der Avalon Peninsula. Dorthin gelangt man auf einer Wanderung, die vom Leuchtturm und Interpretive Centre in einer halben Stunde zum Vogelschutzgebiet führt. Der Trail verläuft durch eine sattgrüne hügelige Graslandschaft, wo in den morastigen Gräben gelegent-

lich auch die dunkelroten Blütenkelche der „pitcher plant“ (Rote Schlauchpflanze) im Gras aufleuchten. Die insektenfressende Kannenpflanze ist die Wappenpflanze der Provinz.

Oft führt der Pfad dicht an den steil abfallenden Klippen vorbei – nicht jedermanns Sache, zumal die gesamte Region häufig in Nebel gehüllt ist. Gutes Schuhwerk und Regenkleidung sollte man deshalb bei dieser Exkursion immer dabei haben.

Lange bevor man die Vogelkolonien erreicht, hört man schon den Lärm der kreischenden Vögel, und wenn man dann plötzlich vor der 100 Meter tiefen Schlucht steht, bietet sich ein überwältigender Anblick. Die aus dem Wasser ragenden Felsvorsprünge, Klippen und Kuppen sind wie mit Schnee von den dicht an dicht nistenden Vögeln überzogen. Während der Brutzeit von April bis Oktober halten sich in der 64 Quadratkilometer großen Cape St. Mary's Ecological Reserve Hunderttausende von Seevögeln auf, vor allem Tölpel, Sturmvögel, Lummen, Tordalken und Möwen.

Der Vogelfelsen von Cape St. Mary's auf der Avalon-Halbinsel

DIE BONAVISTA PENINSULA

FOLGENDE DOPPELSEITE:
Leuchtturm von Bonavista

Mit dem Fährhafen Port-aux-Basques im Südwesten, am anderen Ende der Provinz, sind St. John's und die Avalon Peninsula nur durch den rund 900 Kilometer langen Transkanada Highway verbunden, der quer durch das bewaldete Landesinnere verläuft. Vom Highway führen immer wieder Straßen zu weit ins Meer hinausragenden Halbinseln mit pittoresken kleinen Fischerdörfern, die sich bei aller individuellen Planlosigkeit doch ähnlich sind. Die über das felsige Land verstreuten schlichten Holzhäuser sind weiß oder farbig gestrichen, daneben stehen meist Schuppen für die Netze und Gerüste zum Trocknen der Fische sowie große Stapel von Hummerfallen. Zäune gibt es nicht, denn der Boden ist viel zu karg für Gärten.

Der landschaftlich schönste Abstecher führt von der Küstenstraße 230 zu den Orten Trinity und Bonavista auf der Bonavista Peninsula. Die Halbinsel ist geschichtsträchtiger Boden. Hier ist 1497 der

Auf dem Skerwink Trail auf Neufundlands Halbinsel Bonavista

RECHTE SEITE:
Trinity Bay

unter britischer Flagge segelnde Entdecker Giovanni Caboto mit dem Ausruf „O Buona Vista“ an Land gegangen, und dieser Name taucht auch in den alten Karten des frühen 17. Jahrhunderts auf. Caboto wurde für seine Entdeckung nur wenig Ehre zuteil: Er erhielt vom englischen König Henry VII. nur die eher bescheidene Summe von zehn Pfund.

Anlässlich des 500-jährigen Jubiläums der Überfahrt von Giovanni Caboto segelte 1997 ein originalgetreuer Nachbau der nur 20 Meter langen „Matthew“ von Bristol nach Bonavista, wo sie von Königin Elizabeth II. und Prinz Philip begrüßt wurde. Da dieses Schiff in Bristol liegt, hat man ein Jahr später in Bonavista eine weitere Replika der historischen Karavelle vom Stapel gelassen, die jetzt im Hafen vor dem gleichnamigen Museum vor Anker liegt.

Ein Nachbau der „Matthew“, mit der Giovanni Caboto 1497 die Bucht von Bonavista angesteuert haben soll, kann im Hafen der kleinen Stadt besichtigt werden.

TRINITY

Markantes Wahrzeichen von Trinity ist die St. Paul's Anglican Church von 1892.

Der verträumte 300-Seelen-Ort Trinity gilt als maritimes Schatzkästchen. Im 18. Jahrhundert, als Handel, Schiffsbau und Fischerei florierten, ging es lebhafter zu als heute. Die großen neufundländischen Handelsfamilien der Lesters, Ryans und Garlands hatten hier ihre Besitzungen und Handelshäuser. Zahlreiche historische Gebäude sind liebevoll restauriert und zum Teil auch Besuchern zugänglich gemacht worden. Einige der Häuser werden als Bed & Breakfast betrieben, in anderen sind kleine Museen und Kunsthandwerksläden untergebracht, und auch in der 100 Jahre alten Schmiede wird noch gearbeitet.

Wahrzeichen des Ortes ist die weiß und rot gestrichene St. Paul's Anglican Church. Die schmucke Holzkirche aus dem Jahr 1892 ist schon die dritte an diesem Platz: Das Register der Kirchengemeinde führt in das Jahr 1753 zurück.

Ein Besuch der so genannten Lester Garland Premises ist wie eine Reise in die Vergangenheit. Das historische Gebäude wurde am Anfang des 19. Jahrhundert errichtet und seither von den Familien dreier Handelsherren genutzt. Das Kontor und der Verkaufsraum sind authentisch eingerichtet und mit Waren bestückt. Um das Erlebnis perfekt zu machen, trägt auch das Personal, das die Geschichte des Hauses erklärt, historische Kostüme.

Viele historische Gebäude vermitteln den Eindruck, als sei in Trinity die Zeit stehen geblieben.

Museum in Bonavista

BONAVISTA

Mit 5000 Einwohnern ist Bonavista der größte Ort der Halbinsel. Im 19. Jahrhundert – auf dem Höhepunkt des Kabeljau-Fangs – war der Ort eines der wichtigsten Fischereizentren Neufundlands. Hier wurden mit dem Handel von getrocknetem und gesalzenem Fisch ansehnliche Vermögen gemacht.

Im Mittelpunkt der Aktivitäten stand das 1857 gegründete Handelshaus James Ryan Ltd., vor dessen Lagerhäusern am Hafen sich die Karren der Fischerleute stauten, voll beladen mit gesalzenem Kabeljau. Der Fang wurde in Qualitätsstufen eingeteilt und entsprechend bezahlt. Da die Fischer von derselben Firma ihre Ausrüstung und andere Handelswaren kauften und sich im Vorgriff auf zukünftige Fangerlöse auch häufig verschuldeten, wurden die Preise mehr oder minder vom Händler bestimmt.

Noch bis 1952 exportierte die Firma Ryan mit einer großen Schonerflotte gesalzenen Fisch nach Westindien, Portugal, Spanien und Italien. Das Ende dieses lukrativen Geschäfts kam mit der Erfindung neuer Gefriertechniken, die das Verschiffen von frischem, d.h. nicht gepökeltem Fisch möglich machten. Danach existierte die Firma noch ein paar Jahrzehnte als großer Gemischtwarenladen, in dem es vom Gemüse bis zum Fernseher alles zu kaufen gab. Um an die große Zeit der Ostküstenfischerei zu erinnern, übernahm die kanadische Nationalparkbehörde die Ryan Premises und restaurierte den Komplex von alten Lagerhäusern und das Wohnhaus des Eigentümers. Personal in Kostümen der Zeit vermittelt einen Einblick in die damaligen Lebensverhältnisse.

Hafen von Bonavista

Unter Denkmalsschutz steht auch der 1843 erbaute, rot-weiß gestreifte Leuchturm auf Cape Bonavista. Turm und Wohnhaus des Leuchturmwärters sind originalgetreu im Stil des 19. Jahrhunderts restauriert und dienen als Museum. Von der Aussichtsplattform bietet sich ein schöner Panoramablick auf die Küste und auf einem Felsen hinter dem Leuchtturm ist eine kleine Papageientaucher-Kolonie zu beobachten.

Die ursprüngliche, aus Schottland stammende Leuchtfeueranlage mit 16 Argand-Brennern wird im historischen Gebäude gezeigt. Eine moderne automatische Anlage wurde auf einem Turm in der Nähe angebracht und ist noch heute in Betrieb.

TERRA NOVA NATIONAL PARK

Der 404 Quadratkilometer große, 1957 gegründete Terra Nova Nationalpark erstreckt sich über eine wild zerklüftete, größtenteils bewaldete Küstenlandschaft mit tiefen fjordähnlichen Einschnitten wie dem Newman Sound im Norden und dem Clode Sound im Süden. Der Park mit seinen einsamen Trails und zahlreichen Seen und Teichen erschließt sich am besten Wanderern und Kanuten. Dabei können Elche, Schwarzbären, Rentiere, Karibus, Luchse, Otter und Biber beobachtet werden. Vor der Küste tummeln sich Robben und Wale. Im Frühjahr wandern die Lachse in den Wildwasserflüssen über die Stromschnellen zu ihren Laichplätzen. Die Ureinwohner haben im Gebiet von Terra Nova schon vor 5000 Jahren gejagt und gefischt.

GRAND FALLS-WINDSOR

Grand Falls wurde 1909 im Auftrag des englischen Pressekönigs Lord Northcliffe gegründet, der damit den Papiernachschub für sein Zeitungsimperium sichern wollte. Bis heute ist das am Transkanada Highway und Exploits River gelegene Grand Falls, das sich 1991 mit Windsor zur „Doppelstadt" zusammenschloss, ein Zentrum der Holzverarbeitung und Papier- und Zelluloseproduktion. Die nötige Energie liefert ein großes Wasserkraftwerk.

Mit rund 14.000 Einwohnern hat sich das inmitten einer riesigen Wildnis liegende Grand Falls-Windsor eine beschauliche Atmosphäre bewahrt. Die Stadt ist beliebter Ausgangspunkt für Angler, Jäger und andere Outdoor-Enthusiasten. Besonders zur Zeit der Lachswanderung im Sommer und Herbst, wenn sich die Lachse über die größte Fischtreppe Nordamerikas flussaufwärts zu ihren Laichplätzen kämpfen, zieht es Sportfischer aus aller Welt in den Ort. Im Informationszentrum erfährt man mehr über den Lebenszyklus der Atlantiklachse.

Westlich von Grand Falls-Windsor hat man im Beothuk Park ein Museum mit einem authentischen „logging camp" aus den 1930er Jahren errichtet, das einen guten Einblick in das raue Leben der Holzfäller und die Bedeutung der Holzwirtschaft für die Provinz gibt.

Unbedingt anschauen sollte man sich das Mary March Museum mit der dahinterliegenden Replika eines Beothuk-Dorfes. Hier wird die 4000-jährige Siedlungsgeschichte Neufundlands näher gebracht und man kann sich auch über die traurige Geschichte des Beothuk-Volkes informieren. Die Ureinwohner konnten den seit dem frühen 17. Jahrhundert aggressiv vordringenden europäischen Pelzjägern, Holzfällern und Siedlern nichts entgegensetzen. Verfolgungen und eingeschleppte Krankheiten trugen zum völligen Untergang der Beothuks bei. Das Museum ist der Beothuk-Indianerin Demasduit gewidmet, die von den Weißen Mary March genannt wurde. Sie wurde 1819 bei Red Indian Lake von Pelzjägern gefangen und starb schließlich an Tuberkulose. Die letzte ihres Volkes war die 1823 gefangen genommene Beothuk-Indianerin Shanawdithit. Sie starb 1829 in St. John's. Ihren Überlieferungen verdankt man einen Großteil der Kenntnisse über die Kultur der Beothuk.

CORNER BROOK

Mit 35.000 Einwohnern ist Corner Brook, an der Mündung des Humber River in die Bay of Islands gelegen, die zweitgrößte Stadt Neufundlands. James Cook hat 1767 als erster Europäer genaue Karten von der Region angelegt. An den berühmten englischen Entdecker erinnert ein Denkmal auf einer Anhöhe an der Crow Hill Road. Seit dem 19. Jahrhundert lebt die Stadt hauptsächlich von der Holz verarbeitenden Industrie.

Wichtigster Arbeitgeber ist die Corner Brook Pulp & Paper Mill, eine der größten Papiermühlen Nordamerikas, die jährlich über eine halbe Millionen Tonnen Papier in alle Welt verschifft. In jüngster Zeit hat sich auch eine kleine Film- und Fernsehindustrie in Corner Brooks etabliert. Ein beliebtes Ausflugsziel ist der Marble Mountain mit Wanderwegen und schönen Panoramablicken.

Die Papierfabriken von Corner Brook

Informationszentrum von Woody Point im Gros Morne National Park

GROS MORNE NATIONAL PARK

Der Gros Morne National Park an der Westküste Neufundlands, der in seinem Kerngebiet über 1800 Quadratkilometer umfasst, wurde 1987 von der UNESCO zum Weltnaturerbe erklärt. Besucher finden eine vielseitige Landschaft mit dicht bewaldeten Bergen, schroffen Felsformationen, schimmernden Seen und tief eingeschnittenen Fjorden und geschützten Buchten vor, an denen hier und da ein paar pittoreske Fischerdörfer mit pastellfarbenen Holzhäusern liegen.

In Nord-Süd-Richtung durchzieht die Bergkette der Long Range Mountains als eine Fortsetzung der amerikanischen Appalachen den Nationalpark. Das 806 Meter hohe Plateau des Gros Morne Mountain ist die höchste Erhebung des Parks. Während in der Küstenregion noch üppig grüne Balsamfichtenbestände wachsen, gibt es in den höheren Lagen nur noch Krummholz, alpine Azaleen und Bergheide.

Verlassene Fischerhütte in Broom Point im Gros Morne National Park

Die Einzigartigkeit des Parks ist jedoch nicht so sehr in seiner großartigen Landschaft, sondern in seiner geologischen Besonderheit begründet. Gros Morne ist ein wahres Mekka für Geologen, die hier neue Erkenntnisse über das Entstehen der Kontinentalplatten gewinnen. „The Galapagos of Plate Tectonics“ nennen sie diese Region, in der durch die letzten großen Plattenbewegungen Teile eines alten Gebirges aufgeworfen und schließlich durch die Gletscheraktivitäten der letzten Eiszeit bloßgelegt wurden. So findet man hier heute außer mehrere Milliarden Jahre alten Gesteinsformationen aus dem Präkambrium auch Eruptiv- und Ergussgesteine aus dem Paläozoikum vor einigen hundert Millionen Jahren. Hinzu kommen Sedimente verschiedener erdgeschichtlicher Perioden – alles schön nebeneinander präsentiert.

Bei einer Wanderung durch die Tablelands im Südteil des Parks, einer mondähnlichen Landschaft, die durch den hohen Magnesiumanteil des Gesteins praktisch keine Vegetation zulässt, kann man diese geologische Sensation auf eindrucksvolle Weise in Augenschein nehmen.

Viele Vegetationsformen sind im Nationalpark an der Westküste Neufundlands zu erkunden. So werden felsige Küstenabschnitte von dichten Wäldern abgelöst, die sich wiederum mit zunehmender Höhe in karge Flächen mit spärlicher Vegetation verwandeln.

VORHERIGE DOPPELSEITE:
Impressionen aus dem Gros Morne National Park: Angler zieht es zuhauf in den weitläufigen Park (links oben); Blick auf die Bonne Bay (links unten); Leuchtturm von Woody Point (rechts oben); Schiffswrackteile der SS Ethie, die im Jahre 1919 in der Bonne Bay auf ein Riff lief und versank (rechts unten)

Am besten erkundet man den Gros Morne National Park auf den zahlreichen gut erschlossenen Wanderwegen oder mit dem Kajak, zum Beispiel auf den weit ins Land reichenden Armen des Bonne Bay Fjords. Auf einer 40-minütigen Wanderung, die teilweise über einen mit Holzplanken befestigten Boardwalk durch eine Sumpflandschaft führt, gelangt man zum Western Brook Pond, der jedoch kein „Teich", sondern ein 16 Kilometer langer, durch ein kleines Flüsschen mit dem Meer verbundener Fjord ist.

Die spektakuläre Kulisse der über 600 Meter steil aufragenden Felswände, von denen zahlreiche Wasserfälle schäumend in die Tiefe stürzen, erlebt man dann am eindrucksvollsten auf einer Fahrt

Hummerfallen am Trout River im Gros Morne National Park

mit dem Tourboot. Im Fjord leben Lachse, Forellen und Saiblinge, während die Wälder des Parks Lebensraum für Schwarzbären, Elche, Karibus, Otter und Biber bieten. Zu den über 200 Vogelarten gehören auch Weißkopfseeadler. Der größte Ort des Parks ist Rocky Harbour, der auch über eine gut ausgebaute touristische Infrastruktur verfügt.

Beim kleinen Fischereihafen Norris Point bietet die Bonne Bay Marine Station, ein Forschungszentrum der University of Newfoundland, auf einer geführten Aquariumstour Einblick in die neuesten Forschungsergebnisse. In Woody Point schließlich gibt es ein modernes Informationszentrum mit einer sehr informativen Ausstellung zur Naturgeschichte des Nationalparks.

PORT AU CHOIX

Der kleine Fischerort ist durch archäologische Funde berühmt geworden. Bei Bauarbeiten entdeckte man 1967 die Grabstätten von über 100 Angehörigen der maritim-archaischen Indianer, die vor 4000 Jahren als Jäger und Sammler an den Atlantikküsten von Maine bis Labrador lebten. Nach den ersten Funden fand man in weiteren Ausgrabungsstätten auch Überreste einer Siedlung der späteren Dorset-Eskimo-Kultur. Die Fundstücke aus beiden Kulturen – Knochen, Waffen und Werkzeuge – sind im Informationszentrum des Port au Choix National Historic Park ausgestellt.

DIE WIKINGER VON L'ANSE AUX MEADOWS

L'Anse aux Meadows an der windzerzausten felsigen Nordspitze von Neufundland ist Schauplatz eines besonderen historischen Ereignisses: Vor rund 1000 Jahren trafen hier zur See fahrende Wikinger und indianische Ureinwohner aufeinander. Der eine Volksstamm wanderte einst von Asien über die Bering-Landbrücke und verbreitete sich über den nordamerikanischen Kontinent, der andere zog über Süd-Europa und Skandinavien, ließ sich zunächst im Nord- und Ostseeraum nieder, später auch in Island und Grönland. Von dort segelten dann wagemutige Nordmänner westwärts über den Atlantik, um an den neuentdeckten Gestaden auf die Nachfahren der über Asien eingewanderten Völkerfamilie zu treffen.

L'Anse-aux-Méduses (Quallenbucht) nannten französische Fischer die Bucht; die Neufundländer machten daraus L'Anse aux Meadows (Bucht der Wiesen), was angesichts der üppig grünen Sumpfwiesen auch zutreffend ist. Hier landeten gegen Ende des 10. Jahrhunderts die Wikinger, die von Skandinavien aus bereits Island besiedelt hatten, um die erste bekannte europäische Niederlassung auf dem amerikanischen Kontinent zu gründen.

Der isländischen Sage nach war es eine Entdeckung von „Leif dem Glücklichen" – doch glücklich wurden die Isländer im legendären Vinland nicht. Verunsichert durch die ständigen Angriffe der Skrälinger, wie sie die Ureinwohner nannten (wohl Beothuk-Indianer, denn die Dorset-Eskimo waren schon einige hundert Jahre vor Ankunft der Wikinger verschwunden), verließen die Nordmänner ihre Siedlung schon nach kurzer Zeit.

1960 machten einheimische Fischer die beiden norwegischen Wissenschaftler Helge und Anne Stine Ingstad auf sonderbare Erdwälle und Vertiefungen aufmerksam, die sich bei Ausgrabungen in den folgenden Jahren als Überreste von mit Grassoden bedeckten Wohnstätten erwiesen. Die ebenfalls gefundenen Relikte, bestehend aus Knochen, Artefakten aus Eisen, geschmiedeten Bronzespangen und Handspindeln aus Speckstein, stammten zweifelsohne aus Norwegen.

Die von der kanadischen Nationalpark-Verwaltung betreuten Fundstätten wurden 1978 von der UNESCO zum Weltkulturerbe erklärt. Drei der acht freigelegten Wohnstätten sind originalgetreu rekonstruiert worden. Parkpersonal in historischen Kostümen sorgt für das passende Ambiente für einen Ausflug in die Vergangenheit. Im Besucherzentrum des Nationalparks werden Fundstücke aus der Wikingerzeit, Modelle und Schautafeln gezeigt.

Seit den 1960er Jahren wurde die Wikingersiedlung L'Anse aux Meadows nach und nach freigelegt und rekonstruiert.

ST. ANTHONY

Etwa 45 Kilometer südlich der historischen Wikingersiedlung liegt St. Anthony, mit knapp 3000 Einwohnern die größte und wichtigste Stadt der Northern Peninsula. Als der Seefahrer Jacques Cartier 1534 in den St. Anthony Haven segelte, hatten französische und baskische Fischer in der Bucht bereits eine Fangstation. Aber erst Mitte des 19. Jahrhunderts siedelten hier die ersten Familien.

Die bedeutendste historische Figur St. Anthony's ist der 1865 in Nordengland geborene Arzt Dr. Wilfred Grenfell. Er kam 1892 in die Region, um die soziale Lage der isoliert lebenden Fischerfamilien in der Labrador-Region und im Norden Neufundlands zu untersuchen. Tief im christlichen Glauben verankert, machte es sich Dr. (später Sir) Wilfred Grenfell zur Lebensaufgabe, den oft in bitterer Armut und völlig ohne medizinische Versorgung existierenden Menschen zu helfen. Als ers-

Leuchtturm von St. Anthony

tes Hauptquartier der Grenfell-Mission wählte er im Jahre 1900 den Fischerort Red Bay in Labrador, später wurde der Missionssitz nach St. Anthony verlegt, wo Grenfell auch mit seiner Familie wohnte. Jahrzehntelang versorgte er unter schwierigsten Bedingungen die Bewohner der weit verstreuten Fischerorte entlang der Labradorküste mit seinem schwimmenden Hospital. Im Laufe seines Lebens gründete er zahlreiche Krankenhäuser, Schulen und Kooperativen, zum Teil in den entlegendsten Orten Labradors, und noch im Alter widmete er sich dem Sammeln von Spendengeldern für soziale Einrichtungen.

Im Grenfell Interpretation Centre in St. Anthony erfährt man mehr über das Wirken des großen Mannes. Das Grenfell House, in dem Sir Wilfred mit seiner Frau Anne und drei Kindern viele Jahre wohnte, steht auf einem Hang hinter dem Hospital. Ganz wie zu seinen Lebzeiten eingerichtet, vermittelt es heute als Museum einen Eindruck davon, wie der legendäre Arzt und Missionar gelebt hat.

Blick auf St. Anthony

LABRADOR

Bei St. Barbe gelangt man mit der Fähre über die rund 17 Kilometer breite Meeresstraße von Belle Isle auf das Festland nach Blanc Sablon in Labrador, dem am wenigsten erschlossenen Teil der Provinz. Nicht selten lässt der Anblick von spielenden Walen und majestätisch gen Süden treibenden Eisbergen die Überfahrt zu einem Erlebnis werden. Der Fährdienst beginnt im Frühjahr, wenn das Packeis aufbricht, und wird eingestellt, bevor im Winter die Strait of Belle Isle zufriert.

Von Blanc Sablon führt eine 85 Kilometer lange befestigte Straße nach Red Bay. Von dort geht es auf einer Schotterpiste noch ein paar hundert Kilometer weiter zum Küstenort Cartwright. Sonst gibt es nur noch eine einzige Straße quer durch die Wildnis, die von Labrador City im äußersten Südwesten Labradors nach Happy Valley-Goose Bay führt – und damit erschöpft sich das komplette Straßennetz dieses rund 300.000 Quadratkilometer großen Landes.

Karge Felsen prägen das Bild von Labradors Küste.

Das Labrador-Besucherzentrum befindet sich in dem östlich von Blanc Sablon gelegenen L'Anse-au-Clair in einer schön restaurierten, ehemaligen Holzkirche. Die lohnenswerte Ausstellung informiert über Fischer- und Seefahrertradition Labradors.

In der Nähe von L'Anse-Amour hat man das Grab eines etwa zwölfjährigen archaischen Indianers freigelegt – die wohl älteste Grabstätte Nordamerikas. Der Körper des Jungen war mit Birkenrinde und Tierhäuten umhüllt, als Grabbeigaben wurden Werkzeuge und Pfeilspitzen gefunden. Aus diesen und ähnlichen Funden schließt man, dass bereits vor rund 8000 Jahren Menschen in der Region gelebt haben.

Eine erheblich jüngere, aber dennoch bedeutende historische Sehenswürdigkeit ist in dem 300-Seelen-Ort Red Bay zu finden. Hier haben Archäologen seit 1978 die Reste einer baskischen Walfangstation aus dem 16. Jahrhundert sowie mehrere Schiffswracks aus verschiedenen Zeitperioden

Ein Wandersteg durch die in Nebel gehüllte Landschaft von Red Bay

entdeckt, darunter auch die Überreste der 300-Tonnen-Galeone „San Juan", die 1565 mit einer Ladung Waltran vor der Küste versank.

Schon vor rund 300 Jahren jagten baskische Fischer in der Straße von Belle Isle Glatt- und Grönlandwale, und während der Fangsaison haben hier wahrscheinlich mehr als 2000 Männer gelebt. Viele interessante Fundstücke sind im Besucherzentrum der Red Bay National Historic Site zu besichtigen, darunter auch ein schön restauriertes, über 400 Jahre altes baskisches Walfangboot. Auf der nahen Saddle Island befindet sich ein alter Walfängerfriedhof.

Nördlich von Red Bay kann man in St. Mary's Harbour mit einer kleinen Fähre zu dem auf einer Insel gelegenen Fischerdorf Battle Harbour fahren. Seit 1750 war dieser ein wichtiger Fischereihafen: Im 19. Jahrhundert lagen hier nicht selten mehr als 100 Schiffe vor Anker. 1893 gründete Dr. Wilfred Grenfell in Battle Harbour sein erstes Labrador-Hospital und Marconi errichtete 1904 eine Telegrafenstation.

Als die Küstenfischerei im 20. Jahrhundert zurückging, siedelten mehr und mehr Bewohner auf das Festland um und Battle Harbour wurde allmählich zu einer Geisterstadt. Seit 1990 hat man die verfallenden Fischerhäuser und Lagerschuppen, in denen der eingesalzene Kabeljau verarbeitet wurde, wieder sorgfältig restauriert und unter Denkmalsschutz gestellt. Heute gilt der Ort als einer der am besten erhaltenen und zugänglichen „outports" in Neufundland. Das Besucherzentrum bietet geführte Touren an.

Trans Labrador Highway. Das gesamte Straßennetz der riesigen Region Labrador beschränkt sich auf zwei Überlandstraßen.

Die klimatischen Verhältnisse Labradors machen im Winter die Schneescooter oft zum einzig probaten Fortbewegungsmittel (Foto oben). Naturidylle in Labrador (Foto unten)

N
O
S
W
0
200
400
600
km
Iqaluit
Lake Harbour
Hudsonstraße
Kangiqsujuak
Kangirsuk
Ungava-
Bay
Ungava
Peninsula
Kuujjuaq
Nain
Labradorsee
Barrenground
Minto-
see
Cartwright
Battle Harbour
Newfoundland and Labrador
Schefferville
Smallwood-
reservoir
Goose Bay
St. Anthony
Blanc Sablon
St. Barbe
Churchill Falls
Port au Choix
Labrador
Bonavista
Grand Falls-
Windsor
Gander
St. John's
Buchans
Avalon
Peninsula
Natashquan
Corner Brook
Newfoundland
Chisasibi
(Fort George)
Havre St.-Pierre
Sept-Îles
Anticosti Is.
Port aux Basques
Miquelon
(frz.)
Cape
St. Mary's
St. Pierre
(frz.)
St. Lorenz-
Golf
Waskaganish
(Rupert House)
Mistassini-
see
Quebec
Baie Comeau
St. Lorenz-Str.
Gaspé
Cape
Breton Is.
Caraquet
Prince
Edward-Ild.
Sydney
Campbellton
Louisbourg
New
Brunswick
Bathurst
Charlottetown
Gouin-
stausee
Chicoutimi
New Glasgow
Moncton
Abitibi-
see
Nova Scotia
Sable Is.
Fredericton
Quebec
Cochrane
Val-d'Or
Halifax
Saint John
Rouyn-
Noranda
Kirkland
Lake
Trois Rivieres
St. Andrews
Bay
of
Fundy
Digby
Lunenburg
Liverpool
Sherbrooke
Yarmouth
Sudbury
North Bay
Montreal
Pembroke
Ottawa
Huntsville
Huronsee
Kingston
Oshawa
Boston
USA
Toronto
Ontariosee
Hamilton
Niagara Falls
ATLANTISCHER OZEAN

NOVA SCOTIA

ÜBERBLICK

Auf einer Landkarte betrachtet, erinnern die Umrisse der Provinz Nova Scotia an einen riesigen Hummer. Die rund 580 Kilometer lange und durchschnittlich 125 Kilometer breite Halbinsel hat eine Küstenlinie von über 14.000 Kilometern. Im Südwesten wird sie von der Bay of Fundy begrenzt und von der Provinz New Brunswick durch den nur 22 Kilometer breiten Isthmus von Chignecto getrennt. Im Norden liegen die Northumberland Strait und der St.-Lorenz-Golf, im Süden und Osten erstreckt sich der Atlantische Ozean.

Die günstige geografische Lage mit den großen, eisfreien Hochseehäfen hat die wirtschaftliche Entwicklung der Provinz maßgeblich beeinflusst. Da kein Punkt der Halbinsel weiter als 56 Kilometer vom Meer entfernt ist, bestimmt das Meer den Lebensrhythmus Nova Scotias. Der nördlichste Punkt der Provinz ist die in der Cabot Strait gelegene Sankt Paul Island; im äußersten Westen befindet sich Brier Island und im Osten, 175 Kilometer vor der Küste, die schmale, sichelförmige Sable Island.

Nova Scotia erinnert mit seinen vielfältigen Landschaftsformen an Schottland, das auch Namensgeber der Provinz ist. Besonders deutlich wird diese Ähnlichkeit auf der Cape-Breton-Insel, die

Hafen von Halifax

RECHTE SEITE:
Peggy's Cove südlich von Halifax ist eine der meistbesuchten Touristenziele in der Provinz Nova Scotia.

wie die Schere des Hummers die nördlichste Spitze der Provinz bildet. Hier befinden sich unter dem Seeboden große Kohle- und Erdgasvorkommen. Mit einer Landfläche von 55.491 Quadratkilometern ist „Neuschottland" jedoch deutlich kleiner als sein Namensvetter in Europa und die zweitkleinste der kanadischen Provinzen.

Die Provinz ist ein Mosaik aus geschützten, kleinen Fischerhäfen mit bunten Holzhäusern und spitztürmigen weißen Kirchen, weiten sandigen Stränden, einsamen Buchten, zerklüfteten Felsenküsten und steil ins Meer abfallendem Hochland. An klaren Sommertagen ist diese Szenerie von einem tiefblauen Wasser umgeben, das den Vergleich mit dem Mittelmeer nicht zu scheuen braucht. Im Landesinneren gibt es weites grünes Weideland, Marschen, unberührte Wälder und zahlreiche kleine Flüsse und Seen.

Entstanden ist diese Bilderbuchlandschaft vor 15.000 bis 18.000 Jahren, als sich die Gletscher der letzten Eiszeit von den Küsten Nova Scotias zurückzogen, der Atlantik die Urstromtäler überflutete und unzählige kleine, geschützt liegende Buchten und Meeresarme schuf. Die Northumberland-Küste im Nordwesten bietet mehr sandige Buchten und sanftes fruchtbares Hügelland als die felsige Atlantikküste im Südosten der Halbinsel. Die Fundy-Küste erlebt die extremsten Gezeiten der Welt mit einem Tidenhub von über 16 Metern. Hier erstrecken sich das Deichland des Minas Basin und die weiten Flusstäler von Annapolis und Cornwallis River. Cape Breton Island, das große felsige Hochland im Nordosten, ragt 160 Meter aus dem Meer.

KLIMA

Nova Scotia liegt in der nördlichen, gemäßigten Zone, und obwohl die Halbinsel vom Meer umgeben ist, wird sie doch eher von kontinentalem Klima bestimmt, wenngleich extreme Temperaturen eher selten sind. Am ehesten lässt sich Nova Scotias Klima noch mit dem der nördlichen europäischen Länder wie Deutschland und Dänemark vergleichen.

Der Labrador-Strom sorgt dafür, dass auch im Winter relativ moderate Temperaturen vorherrschen. Die kältesten Monate sind Januar und Februar, wo das Thermometer in manchen Regionen bisweilen –10 °C bis –15 °C anzeigt. Ein typisches Merkmal der kalten Jahreszeit ist, dass aufgrund des Wechsels zwischen maritimen und arktischen Luftströmen kaum stabile Wetterlagen aufkommen.

RECHTE SEITE: Ende September verwandelt sich insbesondere das Hochland in ein prächtiges Farbenmeer.

Dank des Labrador-Stroms fallen die Winter vergleichsweise milde aus. Auf Schnee, wie hier in den Straßen von Halifax, muss dennoch nicht verzichtet werden.

Die Zeit zwischen Mitte Mai und Anfang Oktober ist in weiten Teilen der Provinz frostfrei. In diesen Monaten gedeihen Trauben, Erdbeeren, Mais und sogar Tabak. Im Sommer sind Tagestemperaturen von 25 °C bis 30 °C keine Seltenheit, und Frühjahr und Herbst sind mit durchschnittlich 15–18 °C angenehm temperiert. Besonders im Hochland von Cape Breton verwandeln sich Ende September die dichten Mischwälder im Indian Summer in eine wahre Farbenpracht.

BEVÖLKERUNG

Der letzten Volkszählung von Januar 2008 zufolge leben in der Provinz Nova Scotia rund 936.000 Menschen. Ein Großteil der Bevölkerung hat schottische, englische oder irische Vorfahren, gefolgt von Bewohnern mit französischer, deutscher und niederländischer Abstammung. Der Anteil der Urbevölkerung (Mi'kmaq-Indianer) beträgt rund 3 Prozent. Weitere Bevölkerungsgruppen sind italienischer, polnischer, libanesischer und israelischer Herkunft. In den letzten Jahrzehnten sind auch Osteuropäer, Afrikaner, Araber, Chinesen und andere asiatische Einwanderer in die Provinz gekommen.

Nach dem amerikanisch-englischen Krieg von 1812 ließen sich etliche Tausend Schwarze (sogenannte Chesapeake-Blacks) aus den USA in der Halifax-Region nieder. Etwa 15.000 ihrer Nachfahren leben noch heute in Nova Scotia. Die größte Bevölkerungsdichte mit rund 370.000 Bewohnern weist die Stadt Halifax samt Umland auf. Weitere größere Orte sind Sidney mit etwa 16.000, danach Yarmouth, Kentville, Lunenburg, Truro, Amherst und New Glasgow.

KULTUR

Nova Scotia hat im Vergleich zu den anderen Atlantikprovinzen die florierendste Kulturszene. Die NSCAD (Nova Scotia College of Art and Design) in Halifax ist eine der führenden Kunsthochschulen Kanadas und das Symphonieorchester Nova Scotia ist das beste Atlantik-Kanadas. Überhaupt sind die Bewohner der Provinz für ihre Musikleidenschaft bekannt. Vor allem in den letzten Jahrzehnten hat sich Pop und Folk Music stürmisch entwickelt.

Celtic Music, die auf die schottischen Einwanderer zurückgeht, hat die längste Tradition im Bereich der Volksmusik von Nova Scotia. Ganz besonders wird das gälische Element auf Cape Breton Island gepflegt – mitunter noch mehr als in Schottland selbst. So hat sich das Gaelic College of Celtic Arts and Crafts in St. Ann's einen internationalen Ruf erworben. Hier werden außer keltischen Dialekten auch Lieder, Tänze und das Dudelsackpfeifen der Hochlandschotten unterrichtet.

Das Gaelic Mod (Féis A' Mhóid) in St. Ann's ist das größte keltische Kulturfestival, aber auch die vielen kleinen „Ceilidh" (Kaylie gesprochen) finden regen Zuspruch der gesamten Bevölkerung. Hierbei handelt es sich um gesellige Zusammenkünfte mit Musik- und Tanz in Orten mit überwiegend schottisch-stämmiger Bevölkerung, zu denen Antigonish, Craigmore, Judique, Mabou und Inverness zählen. Auch irische Traditionen sind in Nova Scotia lebendig, besonders in den kleinen Dörfern von Guysborough County. Die bildenden Künste sind in der Provinz ebenfalls gut vertreten, und an traditionellem Kunsthandwerk findet man besonders in Halifax ein reiches Angebot.

WIRTSCHAFT

Während man früher überwiegend vom Fischfang und dem Holz der riesigen Wälder lebte, besitzt die Provinz heute eine sehr diversifizierte Wirtschaft, die sich aus der Rohstoffverarbeitung entwickelt hat und eine breite Produktionspalette von Industriegütern sowie Handel, Gewerbe und den Dienstleistungssektor umfasst. Zwar ist das Meer auch heute noch für viele Nova Scotians die Lebensgrundlage, aber seit die Erträge zurückgegangen und die Fangquoten immer mehr gekürzt wurden, sieht man in diesem traditionellen Wirtschaftszweig keine große Zukunft. Die einst so üppigen Kabeljau-Fänge am Schottischen Schelf reichen praktisch nur noch für den Eigenbedarf. Besser sieht es dagegen bei der Ernte von Hummer, Muscheln und Krabben aus. Wichtig ist auch die Forstwirtschaft mit mehreren großen Zellstoff- und Papierfabriken und einigen Hundert Sägewerken.

Die Kohleförderung in der Region Sidney/Glace Bay hat eine jahrhundertealte Tradition. Schon 1673 schickte Gouverneur Nicholas Denys einen Bericht nach Frankreich, in dem ein „Berg von Kohle bei Cow Bay auf Cape Breton Island" erwähnt wird, und die Akadier versorgten dann die französische Festung Louisbourg mit Brennmaterial. Im 19. Jahrhundert war der industrielle Kohlebergbau der größte Arbeitgeber und zog Tausende von Einwanderern auf die Insel.

Nach dem Zweiten Weltkrieg begann der Niedergang der Kohleindustrie, die aber immer noch der wichtigste Zweig im Bergbau der Provinz ist. Am zukunftsträchtigsten sind wohl die jüngsten Bestrebungen, umweltschonend Energie zu gewinnen, indem man mit neuen Technologien versucht, sauberes Methangas direkt aus den Kohleflözen zu extrahieren. Weitere Bergbauprodukte sind Gips (mit über 5 Millionen Tonnen rund 80 Prozent der gesamten Gipsproduktion Kanadas) sowie Salz, Schwerspat, Steine, Sand, Schotter und Torf.

Wie in allen anderen Provinzen Kanadas gehen auch in Gewässern rund um Nova Scotia die Fischbestände dramatisch zurück. Die Ernte von Hummer oder Krabben bietet zumindest geringfügig eine Einkommensalternative.

In den letzten Jahrzehnten wurde vor der Küste der Provinz nach Erdöl- und Erdgasvorkommen gesucht. Bei Sable Island ist man fündig geworden: Seit 1991 läuft hier die Erdölförderung und seit 1999 werden auch die auf 150 Milliarden Kubikmeter geschätzten Erdgasvorkommen ausgebeutet.

Nova Scotia hat eine hoch spezialisierte Landwirtschaft. Am bedeutendsten sind Viehzucht und Milchwirtschaft sowie Gartenbau und die Verarbeitung von Obst und Gemüse.

Immer wichtiger für die Wirtschaft ist der Tourismus geworden, der inzwischen rund 35.000 Arbeitsplätze geschaffen hat und über eine Milliarde Dollar in die Kassen der Provinz spült. Rund ein Viertel der zwei Millionen Besucher kommen aus dem Ausland.

GESCHICHTE

Schon vor rund 11.000 Jahren kampierten auf dem Gebiet des heutigen Nova Scotia die Paleo-Indianer und einige Tausend Jahre später archaische Indianer. Deren Nachfahren, die Mi'kmaq, waren dann die Herren des Landes – bis die Europäer kamen. Wahrscheinlich wurde Nova Scotia schon um das Jahr 1000 von den Nordmännern aufgesucht. Und viele Historiker glauben, dass Giovanni Caboto 1497 bei Cape Breton gelandet ist, um das Land für die britische Krone zu beanspruchen. Seine Beschreibung der Küste mit ihren reichen Fischgründen trifft auf Cape Breton Island zu.

Am Anfang des 16. Jahrhunderts fischten Portugiesen und Franzosen vor den Küsten der Provinz, wobei Erstere vermutlich bei Ingonish ein kleines Fischerdorf errichteten. Die ersten Europäer, die in größerem Umfang das Land besiedelten, waren Franzosen. Acadie nannten sie ihre Kolonie. 1605, zwei Jahre nachdem Samuel de Champlain seine erste Reise ins heutige Québec unternahm, gründeten sie unter Führung von Sieur de Monts am Ufer des Annapolis Basin Port Royal, die erste dauerhafte europäische Siedlung. Noch im gleichen Jahr errichteten französische Fischer bei Canso eine weitere Niederlassung.

1620 beschloss der Plymouth Council for New England unter König James I., dass die gesamte Küste von Acadia bis südlich zur Chesapeake Bay als New England zur britischen Krone gehöre. Ein Jahr später erhielt William Alexander, 1st Earl of Stirling, den Auftrag, eine Kolonie zu gründen. Schon 1622 verließen die ersten Siedler Schottland, doch das Unternehmen scheiterte, denn die Auserwählten waren weder gut ausgebildet noch hatte man sie auf ihr hartes Pionier-Schicksal in irgendeiner Weise vorbereitet.

1627 brach der Krieg zwischen England und Frankreich aus, in deren Verlauf englische und schottische Truppen das französische Port Royal zerstörten. Zwei Jahre nach Kriegsbeginn wurde an dieser Stelle die erste schottische Siedlung errichtet und damit auch die Kolonie Nova Scotia gegründet, zu der laut Charta das gesamte Gebiet zwischen Neufundland und Neuengland gehörte. Allerdings war diese Entwicklung nur von kurzer Dauer: Im Friedensvertrag von 1631 wurde

Halifax ist ein wichtiger Umschlagplatz. Doch nicht nur Containerschiffe, sondern auch Kreuzfahrtschiffe gehen hier vor Anker und bringen zahlungskräftige Touristen in die Provinz.

Nova Scotia wieder den Franzosen überlassen – die schottischen Siedler mussten das Land verlassen. In den nächsten 80 Jahren wechselte Kriegsglück und Kontrolle über die Region noch mehrere Male zwischen England und Frankreich, bis Port Royal 1710 endgültig von den Briten erobert und in Annapolis Royal umbenannt wurde.

Während der Tattoo, der historischen britischen Militärparade, scheint die Geschichte Nova Scotias wieder lebendig zu werden.

Im Frieden von Utrecht verlor Frankreich 1713 seine Kolonie Nova Scotia an die Engländer, behielt aber die Île St Jean (Prince Edward Island) und die Île Royale (Cape Breton Island). Um den Verlust des Festlandes Nova Scotia wettzumachen und den Zugang zum St. Lorenz und zu Besitzungen in Quebec zu sichern, errichtete Frankreich nun auf Cape Breton Island die mächtige Festung Louisbourg. Von hier aus konnten sie die Akadier, wie sich die französischen Siedler nannten, unterstützen. Die Akadier hatten im Gegensatz zu den Engländern von Anfang an das Vertrauen der Mi'kmaq-Indianer. Mit ihrer Hilfe bedrängten sie die englische Bevölkerung von Nova Scotia, die zu dieser Zeit aus kaum mehr als einer kleinen Garnison unter Führung des Gouverneurs sowie ein paar Dutzend Fischern und Händlern bestand.

Um ihre Position zu konsolidieren, gründeten die Engländer unter Führung von Edward Cornwallis 1749 ihren Marinestützpunkt Halifax. In den folgenden Jahren kamen immer mehr Siedler aus England, Deutschland und der Schweiz nach Nova Scotia. Sie waren ausschließlich Protestanten, die ein Gegengewicht zu den römisch-katholischen Akadiern darstellten, die immer noch die Mehrzahl der Siedler in der Provinz ausmachten. So schickte der damalige König Georg II. aus dem Haus Hannover vor allem zahlreiche deutsche Siedler aus seinen Lüneburger Besitzungen nach Halifax, die später die Siedlung Lunenburg gründeten.

Als sich der Siebenjährige Krieg anbahnte, hatte England die nicht unberechtigte Sorge, dass die Akadier, die mehrheitlich der britischen Krone den Treueeid verweigerten, zusammen mit den verbündeten Mi'kmaq in die bevorstehenden Kampfhandlungen eingreifen könnten. So fiel 1755 der rigorose Entschluss, alle Akadier zu vertreiben: Um die 10.000 Akadier mussten daraufhin das Land verlassen. Viele kehrten nach Frankreich zurück, andere schlugen sich nach Neu-Frankreich durch oder gingen in die Vereinigten Staaten.

Auf Cape Breton Island errichteten Franzosen die Festung Louisbourg als Bollwerk gegen die englischen Mächte.

1756 brach dann der Siebenjährige Krieg aus, der in Nordamerika „French and Indian War" genannt wurde. 1758 fiel die große Festung Louisbourg, 1759 Québec, ein Jahr später Montreal, und im Frieden von Paris verabschiedete sich Frankreich ganz von seinen nordamerikanischen Besitzungen. Cape Breton Island gehörte nun zu Nova Scotia und nach der Vertreibung der Akadier war die Kolonie jetzt durch und durch britisch. Nachdem sie schon 1754 ein oberstes Verwaltungsgericht erhalten hatte, wurde ihr 1763 auch eine legislative Versammlung zugestanden.

In den nächsten Jahrzehnten hielt die Einwanderung von Siedlern aus Schottland, Irland und England unvermindert an: Zwischen 1783 und 1784 verdoppelte sich die Bevölkerung von Nova Scotia, als aus den jetzt unabhängigen dreizehn amerikanischen Kolonien über 20.000 dem englischen König treu ergebene Loyalisten nach Nova Scotia kamen. So war das frühe 19. Jahrhundert für die Provinz eine Zeit des schnellen Wachstums und Wohlstands. Besonders Schiffbau, Fischfang, Kohlebergbau und Stahlindustrie florierten, und durch den englisch-amerikanischen Krieg von 1812 konnte Halifax noch an Bedeutung gewinnen.

Durch die unermüdlichen Bemühungen von Joseph Howe erhielt Nova Scotia 1848 als erste Kolonie des britischen Empires eine gewisse Selbstverwaltung. Am 1. Juli 1867 trat Nova Scotia in die Kanadische Konföderation ein. Der große Bedarf an Kohle, Stahl, Holz und Fisch während des Ersten Weltkriegs brachte einen großen Schub für die Wirtschaft der Provinz. Nach dem Krieg folgte eine Rezession, die viel länger andauerte als im Rest des Landes.

FOTO OBEN:
Skyline von Halifax bei Nacht

FOTO RECHTS UNTEN:
Die 1955 fertiggestellte Angus L. Macdonald Bridge verbindet Halifax mit der Schwesterstadt Dartmouth.

FOLGENDE DOPPELSEITE:
Uhrturm und Hafen von Halifax

HALIFAX

Halifax ist nicht nur die Hauptstadt und das wirtschaftliche und kulturelle Zentrum der Provinz, sie ist zugleich der Verkehrsknotenpunkt Atlantik-Kanadas. Die Stadt liegt an einem herrlichen Naturhafen, der früher mehr als genug Platz für die gesamte englische Flotte bot und auch eisfrei bleibt, wenn der St.-Lorenz-Seeweg nicht mehr passierbar ist.

Der Hafen ist mit hochmodernen Containerterminals, Verladedocks, einer Ölraffinerie sowie speziellen Einrichtungen für die logistische Versorgung der Hochsee-Gas- und Ölförderung im rund 300 Kilometer entfernten Sable Island eingerichtet. Auch die Atlantikflotte der kanadischen Marine ist in Halifax stationiert.

Auf der gegenüberliegenden Seite des Hafens befindet sich die Schwesterstadt Dartmouth. Verbunden sind die beiden Zentren durch die Angus L. Macdonald Bridge, die sich in kühnem Bogen über die „narrows" spannt, der schmalsten Stelle zwischen dem eigentlichen Hafenbecken und dem landeinwärts liegenden Bedford Basin. In der Region Halifax/Dartmouth leben heute rund 370.000 Menschen, etwa 40 Prozent der Bevölkerung von Nova Scotia.

Gleich hinter der Brücke am Ufer des Bedford Basin liegt das Bedford Institute of Oceanography. Kanadas größtes Institut für Meeresforschung genießt weltweite Anerkennung. Es steht auch Besuchern offen, die hier an Modellen und Schaubecken viel über die faszinierende Welt der Ozeane erfahren.

Wenn man statt der großen Brücke eine der Passagierfähren nutzt, um das Hafenbecken zu überqueren, bietet sich ein schöner Blick auf das Panorama von Halifax und die in der Bucht liegenden Inseln. Eine Fährverbindung bestand übrigens schon 1752. Aus diesem Grund gilt die „Dartmouth Ferry" als die älteste noch in Betrieb befindliche Salzwasserfährverbindung Kanadas.

Auch nach McNab's Island gelangt man mit einer kleinen Fähre, die nach Bedarf vom malerischen kleinen Dörfchen Fisherman's Cove auf der Dartmouth-Seite verkehrt. Die Insel, die wie ein Pfropfen vor der Hafeneinfahrt liegt, besitzt einen attraktiven Leuchtturm, Reste einer alten Befestigungsanlage und einen Provinzpark mit reizvollen Wanderwegen.

PRIORITY 2

Gegründet wurde Halifax von Colonel Edward Cornwallis, der den Auftrag erhielt, hier Befestigungsanlagen zu errichten, die als Operationsbasis für die Flotte und als militärisches Gegengewicht zur französischen Festung Louisbourg dienen sollten. 1749 segelte er mit der H.M.S. Sphinx und 13 weiteren Schiffen in das tief ins Landesinnere einschneidende Inlet, das die Mi'kmaq-Indianer Chebucto nannten.

Cornwallis brachte 2500 Siedler mit, die für die nötige Logistik sorgen sollten. Darunter waren auch viele deutsche Untertanen des englischen Königs aus seinen braunschweigischen Landen. Mit dem Versprechen auf Starthilfe und kostenloses Siedlungsland hatte man sie für das entbehrungsreiche

Sir Sandford Fleming Park

Unternehmen gewonnen. Benannt wurde die Siedlung nach Lord Halifax, dem Präsidenten der britischen Handelskammer. Dartmouth wurde ein Jahr später gegründet.

Trotz anfänglicher Probleme entwickelte sich die kleine Siedlung rasch zu einer florierenden Stadt, die dann auch mit einigen Superlativen Geschichte machte. So wurde 1752 die „Halifax Gazette" als erste Zeitung Kanadas gegründet, und ein paar Jahre später nahm auch das erste Postamt des Landes den Betrieb auf. Mit der Halifax Fire Insurance Company entstand 1809 eine der ersten Versicherungen Nordamerikas, und 1837 verließ die „Royal William" den Hafen von Halifax zur ersten Atlantiküberquerung eines Dampfschiffs.

Auf dem Citadel Hill, hoch über der Stadt, befindet sich die sternförmige Festungsanlage, die als militärisches Gegengewicht zur französischen Festung Louisbourg errichtet wurde.

Auch mit dem Schifffahrtsgeschichte schreibenden Untergang der „Titanic" ist der Name Halifax untrennbar verbunden: Halifax war der nächstgelegene Ort zur Unglücksstelle und deshalb liefen hier drei Schiffe zur Bergung der Opfer aus. Die meisten der Toten wurden auf den Friedhöfen der Stadt begraben.

Grabstein für ein unbekanntes Kind, das bei dem Untergang der Titanic am 15. April 1912 sein Leben verlor.

Traurige Schlagzeilen brachten Halifax weltweit in Erinnerung, als am 6. Dezember 1917 ein belgisches Versorgungsschiff mit einem französischen Munitionsschiff im Hafen kollidierte, welches Feuer fing und in die Luft flog. Die gewaltige Explosion verwüstete einen großen Teil der Halifax-Halbinsel; 2000 Tote sowie 9000 Verletzte waren zu beklagen. Das Maritime Museum of the Atlantic in der Lower Water Street am Hafen mit sehenswerten Ausstellungen zur Schifffahrtsgeschichte der Region informiert in einer speziellen Abteilung auch über die Explosion von 1917. Darüber hinaus kann sich der Besucher Gegenstände aus der Titanic anschauen.

Das Wahrzeichen von Halifax ist die sternförmige große Festungsanlage auf dem Citadel Hill. Unübersehbar thront sie auf einem Hügel und bietet einen fantastischen Blick über die Stadt und den Hafen. Mit dem Bau der Erdwälle wurde schon während der Gründung von Halifax begonnen. Damals errichtete man ein hölzernes Palisaden-Fort, das vor allem gegen Angriffe der den Engländern feindlich gesonnenen Mi'kmaq-Indianer schützen sollte. Der jetzige Bau wurde von 1826 bis 1856 errichtet. Wirklich erforderlich war er wohl nicht, denn zu seiner Verteidigung musste nicht eine einzige Kanone abgefeuert werden. Dafür wird heute täglich punkt 12 Uhr ein Böllerschuss abgegeben, und im Sommer zelebriert man für das Publikum das große „Tattoo", ein traditionelles britisches Militärspektakel mit Paraden und Übungen in prächtigen, leuchtend roten Uniformen.

Der weiße Uhrturm am Fuße des Festungsberges ist wie die Zitadelle selbst zum Wahrzeichen geworden, erinnert er doch an das „goldene Zeitalter" der Stadt zum Ende des 18. Jahrhunderts, als Edward, der Herzog von Kent, als Oberbefehlshaber der britischen Truppen Nordamerikas in Halifax residierte. Während dieser Zeit entstanden auch beeindruckende öffentliche Bauten wie das Government House an der Barrington Street. Der Pünktlichkeit liebende Edward vermachte den Haligonians bei seinem Abschied auch die Old Town Clock.

Heute ist der Citadell Hill eine National Historic Site und zählt zu den meistbesuchten historischen Parks in Kanada. Die alten Gemäuer wurden originalgetreu restauriert, von den Feldbetten in den Kasematten bis zu den Pulverfässern im Magazin.

Trotz moderner Industrie- und Hafenanlagen hat sich der fast ganz vom Wasser umgebene Stadtkern seinen historischen Charme bewahrt. Auch die Hochhäuser entlang der Waterfront fügen sich mit ihren schimmernden Glasfassaden harmonisch ins Bild und verleihen dem ansonsten eher ruhigen Stadtleben ein gewisses kosmopolitisches Ambiente.

Überhaupt spielt sich fast alles am Wasser ab, wenn man von der anderen Einkaufs- und Flaniermeile, der Spring Garden Road, einmal absieht. Nur einen Steinwurf ist das Geschäftszentrum vom Hafen entfernt. Rund um die schön renovierten historischen Docks und Lagerhäuser entlang der Lower und Upper Water Street mit ihren zahlreichen Restaurants, Boutiquen, Kunstgewerbeläden und Geschäften herrscht quirliger Trubel. Hauptattraktion sind hier die Historic Properties am Ende der Upper Water Street mit dem 1813 gebauten Privateer's Warehouse, dem ältesten Gebäude des Komplexes. Früher beherbergten diese alten Backsteingebäude entlang der kopfsteingepflasterten Gassen zahlreiche Kontore und Lagerhallen für Trockenfisch, Felle, Rum und Melasse.

Halifax Waterfront – hier spielt sich das Leben ab.

Halifax Downtown

Am Privateer's Wharf legten während der britisch-amerikanischen Kriege auch die auf eigene Rechnung unter englischer Flagge segelnden Freibeuter mit gekaperten amerikanischen Handelsschiffen an. Zu dieser Zeit war Nova Scotia berühmt für den Bau besonders schnittiger Schoner – und berüchtigt für seine große Freibeuter-Armada. Über 200 dieser schnellen Segler machten der amerikanischen Handelsflotte zwischen Cape Cod und Florida das Leben schwer. Zur Legende wurde die „Liverpool Packet" unter ihrem Kapitän Joseph Barrs, der über 50 Yankee-Schiffe kaperte und sich und seinem Eigner, Enos Collins, ein immenses Vermögen verschaffte.

An der Lower Water Street liegt der Brewery Market, ein Komplex aus schön restaurierten alten Backsteingebäuden, deren gepflasterte Innenhöfe man mit Glas überdacht hat. In der Alexander Keith's Nova Scotia Brewery – Kanadas ältester noch in Betrieb befindliche Brauerei – schenkt man das seit 1836 gebraute Ale aus. Und samstags treffen sich hier die Haligonians auf dem farbenfrohen Farmers Market, wo es vom frischen Gemüse bis zum gediegenen Kunsthandwerk so ziemlich alles zu kaufen gibt.

Etwas weiter südlich auf der Hafenpromenade gelangt man zum Pier 21, gleich neben dem Terminal für die großen Kreuzfahrtschiffe. Wo heute die Passagiere der Luxusschiffe an Land gehen, strömten zwischen 1928 und 1971 mehr als eine Million Emigranten und Flüchtlinge ins Land, und von hier fuhren Hunderttausende kanadischer Soldaten ihrem ungewissen Schicksal an den Fronten des

Halifax Market

Zweiten Weltkriegs entgegen. Der historischen Bedeutung gemäß hat man die Anlagen restauriert und zu einer nationalen Gedenkstätte mit einem Museum gemacht.

An den Straßen rings um die Grand Parade, einem schön angelegten Platz im Herzen der Downtown, stehen einige der ältesten Gebäude der Stadt: Englands erste in Übersee erbaute Kathedrale, die St. Paul's Anglican Church von 1750, das Province House, ein zwischen 1811 und 1818 errichteter majestätischer Sandsteinbau, in dem das Provinzparlament tagt, sowie das alte Postgebäude von 1864, in dem heute die Art Gallery of Nova Scotia untergebracht ist. Eher unscheinbar, aber dennoch bedeutend ist ein weiteres historisches Gebäude. Nördlich der Altstadt steht an der Brunswick Street gleich neben dem Pionierfriedhof die kleine, aus Holz gebaute Little Dutch Church („Dutch" wurde damals für deutsch gebraucht). Sie ist Kanadas erste lutherische Kirche, 1756 von deutschen Siedlern errichtet.

In Dartmouth erfährt man im Black Cultural Centre an der Cherrybrook Road alles über die Geschichte und Kultur der schwarzen Bevölkerung in Nova Scotia und in Nordamerika. 3000 Schwarze kamen mit den Loyalisten nach der amerikanischen Revolution am Ende des 18. Jahrhunderts nach Nova Scotia und entwickelten hier eine ganz eigene Kultur und Tradition. Das Quaker Whalers House in Dartmouth, nicht weit von der Waterfront entfernt, ist ein historisches Gebäude aus dem Jahr 1785. Es wurde von Quäkern aus Nantucket gebaut, die hier eine Walfangflotte aufbauten.

LUNENBURG UND DIE SÜDKÜSTE

Auf der Lighthouse Route, dem Highway 3 und seinen Nebenstraßen westlich von Halifax, folgt man der zerklüfteten Küstenlinie, die immer wieder von zahlreichen Buchten unterbrochenen wird. Diese Strecke ist eine der schönsten der Provinz. Ihren Namen verdankt sie den vielen Leuchttürmen entlang der Küste, die hier mehr als irgendwo sonst in der Provinz zu finden sind. Häufiger Nebel, tückische Felsformationen und der raue, unberechenbare Nordatlantik führten in den vergangenen Jahrhunderten zu zahllosen Schiffsunglücken. Über 3000 Wracks vor den Küsten Nova Scotias zeugen davon – kein Wunder, dass die Provinz mehrere Hundert Leuchttürme aufweist.

RECHTE SEITE UND UNTEN:
Raue See, glatt geschliffene Felsen, auf denen ein Leuchtturm steht, und nicht zuletzt eine kleine, friedliche Ortschaft: Um dieses Kulisse erleben zu dürfen, machen sich Jahr für Jahr Abertausende Besucher auf den Weg nach Peggy's Cove.

Auf den gigantischen, von den Wellen glatt polierten Felsen bei Peggy's Cove steht der wohl berühmteste Leuchtturm Kanadas. In schmuckem Rot-Weiß thront er über den mächtigen Monolithen an der St. Margaret's Bay. Er ziert unzählige Postkarten, ebenso wie die dazugehörige Fischerdorf-Idylle mit ihren bunt gestrichenen Holzhäuschen, verwitterten Stegen, auf denen Netze und Hummerfallen gestapelt sind, und schmucken kleinen Fischerbooten an der Mole. Angesichts dieses Ensembles mag es nicht überraschen, dass der 100-Seelen-Ort das Lieblingsmotiv vieler Fotografen und Maler ist – auch eine kleine Künstlerkolonie hat sich im Laufe der Jahre hier entwickelt.

3310

Während der Haupt-Touristensaison im Hochsommer sind die Parkplätze des winzigen Ortes allerdings vollkommen überfüllt und Besucherschwärme bewegen sich wie Ameisen über die Felsen. Im Frühjahr und Herbst dagegen ist es ruhiger. Dann zeigt sich Peggy's Cove von seiner schönsten Seite – besonders wenn nach einem Sturm die Brecher über die Felsen schäumen, die Sonne durch die Wolken bricht und die Farben der Häuser und Boote in der wunderbar klaren Luft leuchten. Aber es gibt viele kleine und größere Fischerorte entlang der Südküste, die über Stichstraßen vom Highway erreicht werden können, und die kaum weniger malerisch sind als das berühmte Bilderbuch-Dorf.

Noch vor Lunenburg führt die Küstenstraße um das Halbrund der Mahone Bay. Die Bucht mit ihren über dreihundert Inseln und Inselchen war im 18. und frühen 19. Jahrhundert eine Hochburg der Schmuggler und Piraten, die sich kaum bessere Verstecke wünschen konnten. Heute ist sie bei den Segelsportlern beliebt: Während der Chester Race Week findet hier die größte Regatta Atlantik-Kanadas statt.

Seemannsgarn und Mythen aus der alten Piratenzeit liefern aber immer noch genügend Gesprächstoff. Namen wie Sacrifice Island und Murderer's Point erinnern an die Zeiten, in denen Seeräuber ihr Unwesen trieben, und ab und zu – so erzählt man sich – wird in stürmischen Nächten auch schon mal ein Geisterschiff gesichtet.

Auf der vorgelagerten Oak Island wird heute noch – oder schon wieder – nach Piratengold gesucht. Angeblich liegt auf der Insel der Schatz des berüchtigten Piraten Captain Kidd vergraben. Andere glauben, dass hier vor Jahrhunderten der Templerorden in unterirdischen Tunneln seine Schätze verbergen ließ. Jedenfalls sucht man seit über hundert Jahren danach. Bisher sind ein halbes Dutzend Menschen dabei ums Leben gekommen und Unsummen wurden und werden immer noch in die Schatzsuche investiert. Bis in 50 Meter Tiefe hat man Bohrungen und Schächte getrieben. Gefunden hat man bisher nur einige Goldmünzen, Kokosfasern, Holzkohle und Teile alter Eichenplanken. Seit Frühjahr 2007 beteiligt sich ein amerikanisches Konsortium mit über zehn Millionen Dollar an dem Unternehmen, und mit Hightech-Ausrüstung versucht man jetzt das Rätsel endgültig zu lösen.

Schon bevor man den Ferienort Mahone Bay erreicht, sieht man das Panorama mit den drei malerischen Kirchen entlang der Uferstraße, deren Spiegelbilder bei windstillem Wetter im Wasser reflektiert werden – auch eines der viel fotografierten Motive der Provinz.

Der hübsche Ort mit seinen engen Straßen und vielen historischen Gebäuden ist gut auf Touristen eingestellt. Man findet zahlreiche Cafés, Restaurants und Kunstgewerbeläden. Mit dem Kayak oder Ruderboot kann man die ruhigen Gewässer der Bucht erkunden und sich abends in der Bar die neuesten Gerüchte über die Schatzsucher von Oak Island erzählen lassen.

VORHERIGE DOPPELSEITE:
Kanadas berühmtester und meistfotografierter Leuchtturm nachts im Einsatz (linke Seite) und bei Tag in seiner ganzen Schönheit (rechte Seite)

LINKE SEITE:
Im Zentrum von Mahone Bay mit Blick auf die Kirche

Ein begehrtes Fotomotiv sind die drei Kirchen, die das Ufer der Mahone Bay säumen.

Das malerische 2800-Einwohner-Hafenstädtchen Lunenburg blickt auf eine lange Fischer-, Seefahrer- und Schiffsbauertradition zurück. Schon in der Mitte des 17. Jahrhunderts lagen in der Bucht französische Segelschiffe vor Anker, aber erst zwischen 1751 und 1753 machte man mit der Besiedelung ernst. Damals kamen im Auftrag des englischen Königs, Georg II., 1700 Protestanten aus Deutschland und der Schweiz ins Land. Die Mehrzahl stammte aus dem niedersächsischen Lüneburg. Man hatte ihnen pro Person 25 Hektar Land, fruchtbare Böden, reiche Fischgründe sowie eine günstige Handelslage versprochen. Dazu gab es auch eine Starthilfe in Form von diversen landwirtschaftlichen Geräten, Waffen und Munition, 500 Ziegelsteine und genug Nägel für den Hausbau. Das war für damalige Verhältnisse geradezu großzügig. Aber nicht alle Versprechen wurden erfüllt. Zudem war das Land auch alles andere als fruchtbar, denn die felsigen Hänge um die Malagash Bay boten den Farmern keine Lebensgrundlage. So wurden sie Fischer, denn in dieser Hinsicht hatte man ihnen nicht zu viel versprochen: Die Küstengewässer erwiesen sich als überreiche Fanggründe. Die nötigen Boote baute man selbst. So begründeten die Lunenburger ihren Ruf als hervorragende Seeleute, Fischer und Schiffsbauer.

Lunenburg, das heute rund 2800 Einwohner zählt, kann auf eine jahrhundertelange Fischertradition zurückblicken, die sich nicht zuletzt aufgrund der Tatsache entwickelte, dass die Umgebung zu unfruchtbar war, um effizienten Ackerbau zu betreiben.

Heute noch in aller Munde ist die „Bluenose“. Der berühmte Schoner wurde 1921 in Lunenburg für den Hochseefischfang auf den Grand Banks vor Neufundland gebaut. Das schnittige Schiff zeigte derart überlegene Eigenschaften, dass es fast zwei Jahrzehnte lang unter ihrem Kapitän Angus Walters sämtliche Regatten an der Ostküste Nordamerikas gewann. So wurde die „Bluenose“ in den 1920er Jahren auch zum Symbol für Nova Scotias Dominanz im Bereich von Fischfang, Handel und Schiffsbau.

Das Schiff repräsentierte Kanada auf der Weltausstellung in Chicago und segelte zur Silver Jubilee von König Georg V. nach England. 1938 gewann die „Bluenose“ ihr letztes Rennen in Boston, dann wurde sie verkauft und fuhr noch einige Jahre als Handelsschoner in der Karibik, bevor sie schließlich Schiffbruch erlitt. Der Mythos jedoch blieb erhalten. Das Bild des legendären Schiffes ziert heute die kanadische 10-Cent-Münze und bereits 1963 lief auf der Lunenburger Werft Smith & Rhuland ein exakter Nachbau des Seglers vom Stapel. Die neue „Bluenose II“ ist als „Botschafter“ Nova Scotias ständig unterwegs und in jedem Hafen ein Publikumsmagnet. In Halifax oder ihrem Heimathafen Lunenburg ist sie daher leider nicht mehr so oft zu sehen.

RECHTE SEITE:
Prachtvolles historisches Segelschiff vor dem sehenswerten Fisheries Museum of the Atlantic in Lunenburg

Das Captain Walters Museum ist ganz der „Bluenose“ und ihrem nicht weniger berühmten Skipper gewidmet. Auch die Bedeutung von Fischfang und Schiffsbau wird in diesem Museum dokumentiert. Diesem Thema hat sich übrigens auch das Fisheries Museum of the Atlantic gewidmet. Das leuchtend rote Gebäude einer ehemaligen Fischverarbeitungsanlage am Hafen mit den beiden riesigen Kieferknochen eines Wales vor dem Eingang ist nicht zu verfehlen. Zwei vor dem Museum an der Mole festgemachte historische Schiffe, der altgediente Saltbanker „Theresa E. Connor“ und der Trawler „Cape Sable“, sind ebenso Teil des Museum wie ein großes Meeresaquarium.

Lunenburgs deutsche Wurzeln sind nicht ganz vergessen. Zwar wird Deutsch nicht mehr gesprochen, aber im Stadtarchiv sind noch die Einwanderungslisten zu sehen. Auf dem Friedhof findet man die Gräber mit den alten deutschen Inschriften und in der Umgebung gibt es Ortsnamen wie West Berlin und New Germany.

Lunenburg ist einer der wichtigsten Fischereihäfen mit einer großen Flotte und modernen Verarbeitungsanlagen. Jedoch haben sich die stark reduzierten Fangquoten und der Niedergang der Fischerei auch hier bemerkbar gemacht. Um die schwindenden Fänge von Kabeljau und anderem Grundfisch auszugleichen, konzentriert man sich jetzt mehr auf Hummer, Krabben und Muscheln.

Historisches Feuerwehrauto in Lunenburg

Die Stadt mit ihren hübschen, häufig in bunten Farben gestrichenen Holzhäusern erstreckt sich schachbrettartig, vom Hafen zum Hinterland ansteigend. Besonders reizvoll sind die alten Kapitänsvillen, die mit ihrer prächtigen Ausstattung und verzierten Erkern, Türmchen und Balustraden vom Wohlstand ihrer Erbauer zeugen. Heute werden sie gern als „Bed & Breakfast"-Quartiere genutzt. So wundert es nicht, dass das attraktive Städtchen heute einen guten Teil seiner Einnahmen aus der Tourismusbranche bezieht.

Auch die anderen Orte entlang der Lighthouse Route blicken auf eine lange Seefahrer- und Fischertradition zurück. Im 3000-Einwohner-Städtchen Liverpool an der Mündung des Mersey River liefen während der Blütezeit des Ortes im 19. Jahrhundert in einem Jahr mehrere Dutzend große Clipper vom Stapel. Seine Kapitäne, die als Privateers im Namen des englischen Königs die Handelsschiffe der Franzosen und der abtrünnigen Amerikaner eroberten, trugen ebenfalls zum Reichtum der Stadt bei.

Alte Kapitänsvilla in Lunenburg

Die Besiedelung von Shelburne begann Ende des 18. Jahrhunderts. Der Ort, der über einen ausgezeichneten natürlichen Hafen verfügt, wurde 1783 von einigen Tausend Loyalisten gegründet. Nur ein paar Jahre später lebten in Shelburne bereits 16.000 Menschen. Da die britische Regierung in der Folgezeit jedoch ihre Zahlung von Provisionen für Siedler einstellte, verließen viele nach und nach die Ortschaft: In den 1820er Jahren zählte man nur noch 400 Seelen.

Mit rund 8000 Einwohnern ist Yarmouth die größte Stadt im Süden und Westen von Nova Scotia. Von hier aus fahren die großen Fährschiffe nach Portland und Bar Harbour im amerikanischen Maine. Auch Yarmouth kann auf eine rund 200-jährige britische Fischer- und Seefahrer-Tradition zurückblicken, die sich noch in den schönen alten Kapitänsvillen und Bürgerhäusern zeigt. Die historischen Werftgebäude und Hafenanlagen sind oft liebevoll als Pionier- und Schiffbaumuseen eingerichtet worden.

Die St. John's Church wurde Mitte des 18. Jahrhunderts in Lunenburg errichtet und wurde zu einem Symbol der anglikanischen Kirche in der Neuen Welt. Nach einem verheerenden Brand im Jahre 2001 wurde sie wiedererrichtet.

Ein ganz anderes Ambiete erlebt man in den Pubnicos – ein halbes Dutzend kleiner Siedlungen rund um den Pubnico Harbour, etwa 50 Kilometer südöstlich von Yarmouth. Hier leben ein paar Hundert Familien mit Namen wie Amirault und D'Entremont von Landwirtschaft und Fischfang. Sie kamen vor rund 350 Jahren in die Region und pflegen noch heute alte akadische Traditionen. Vor vielen Häusern weht stolz die Trikolore mit dem gelben Stern auf blauem Grund. Das Musée Acadien und ein kleines rekonstruiertes historisches Dorf vermitteln einen Eindruck über die Kultur der Akadier.

Cape Sable Island (nicht zu verwechseln mit der sichelförmigen Sable Island, die mitten im Atlantik, rund 300 Kilometer südöstlich von Halifax liegt) an der südwestlichsten Spitze von Nova Scotia ist eine rund fünf Kilometer lange, flache, teilweise bewaldete Insel. Der Leuchtturm war noch bis 1986 bemannt, wird heute aber ferngesteuert. Auf die Insel gelangt man über einen 1200 Meter langen Damm nach Clark's Harbour, der größten Siedlung der Insel. Der Fischerort wurde bekannt durch den hier zuerst gebauten Bootstyp der Cape-Islander-Boote, kleine aber unverwüstliche, seetüchtige Fischkutter, die seit hundert Jahren in Nova Scotia vor allem zum Hummerfang eingesetzt werden.

Leuchtturm von Yarmouth an der nebelverhangenen Südküste von Nova Scotia

ANNAPOLIS ROYAL UND DAS AKADIERLAND

Vor über 400 Jahren segelte eine kleine Gruppe französischer Abenteurer unter Führung von Samuel de Champlain und Sieur de Monts in die Annapolis Bay. Nach den turbulenten Gewässern der Bay of Fundy erschien ihnen die geschützte Bucht als ein idealer Hafen und ein geeigneter Platz, um Frankreichs erste Siedling in der Neuen Welt zu errichten. So gründeten sie 1605 die l'Habitation Port Royal und ihre Kolonie Acadie – noch zwei Jahre vor der ersten dauerhaften Siedlung der Engländer in Jamestown, Virginia. Damit sind Port Royal und die Annapolis-Region die älteste europäische Siedlung nördlich von St. Augustine in Florida. Schnell entstanden die grob gezimmerten Palisadenbauten um den rechteckigen Innenhof, wie es in der Normandie des 16. Jahrhunderts üblich war. Dazu gehörten das Gouverneurshaus und die Unterkunft für den Priester, das Haus des Apothekers, eine Schmiede, eine Bäckerei, ein Lagerhaus für den Pelzhandel und die Unterkunft für die Soldaten.

Von Anfang an knüpften die Franzosen Kontakte zu den Mi'kmaq-Indianern, mit denen sie einen regen Handel betrieben. Auch französische Lebensart und einen unverwüstlichen Humor brachten

Fort Anne, 1605 von den Franzosen als Port Royal errichtet, wurde 1710 endgültig von den Engländern übernommen.

sie mit in die Neue Welt. Um die langen und harten Winter besser zu überstehen und für die richtige Motivation zu sorgen, gründeten Gouverneur Jean de Poutrincourt und die anderen prominenten Mitglieder Champlain, Pontgravé, Biencourt sowie der Apotheker Louis Hebert, der Arzt Daniel

Hay und der Rechtsanwalt Marc L'Escarbot den Ordre de bons temps, den „Orden der guten Zeiten". Für die Mitglieder des Ordens galt die Verpflichtung, einmal wöchentlich ein Festmahl auszurichten. Dort wurden dann kulinarische Leckerbissen gereicht, mit denen man auch in Frankreich Ehre eingelegt hätte: Gänsebrust und Elchbraten, gerösteter Biberschwanz und Lachsfilet. Man hielt launige Reden, musizierte und spielte Theater.

LINKE SEITE:
Nirgendwo sonst in der Provinz Nova Scotia sind derart viele frostfreie Tage zu verzeichnen wie im Annapolis Valley. Das milde Klima begünstigt eine intensive landwirtschaftliche Nutzung des Bodens.

In den folgenden Jahrzehnten wechselte die Herrschaft über die Acadie mehrfach zwischen Frankreich und Britannien, und aus Port Royal wurde 1710 die englische Siedlung und Festung Annapolis Royal. Bis zur Gründung von Halifax im Jahre 1749 war sie auch die Hauptstadt der Kolonie Nova Scotia. Erdwälle, Befestigungsanlagen und einige der historischen Gebäude von Fort Anne sind noch erhalten und können heute als National Historic Site besichtigt werden. Im Pulvermagazin sind die alten Kanonen zu sehen, und im eleganten Offiziersquartier werden Ausstellungen zur Geschichte der Region gezeigt. Auch das ursprünglich französische Port Royal Habitation wurde als National Historic Site originalgetreu wiederaufgebaut. Parkpersonal in historischen Kostümen vermittelt hier einen authentischen Eindruck von der damaligen Zeit.

Ein Bummel durch den hübschen 700-Einwohnerort Annapolis Royal mit seinen gepflegten Anlagen lohnt sich. Zahlreiche historische Gebäude stehen noch, wie z. B. das Gannes-Cosby House von 1708, das Farmer' Hotel von 1710 oder das Adams-Ritchie House von 1712. In den vier Hektar großen Royal Historic Gardens hat man Themengärten angelegt, die sowohl die viktorianische als auch akadische Kultur reflektieren.

Ein richtiges Kontrastprogramm zu den historischen Stätten gibt es dann auf der anderen Seite des Annapolis River. Hier ist Anfang der 1980er Jahre zu Forschungszwecken ein

RECHTE SEITE:
Annapolis Valley – der Obstgarten Nova Scotias – mit Blick auf die Bay of Fundy

Gezeitenkraftwerk errichtet worden, das für 8000 Menschen elektrischen Strom produziert. Im Besucherzentrum der Annapolis Royal Tidal Generating Station lässt sich die Wirkung der mächtigen Gezeiten der Bay of Fundy beobachten. Über die Resultate der jahrzehntelangen Forschung streitet man sich jedoch. Man hat beim historischen Fort Anne eine Erosion des Flussufers festgestellt, ist sich aber nicht einig, ob das Kraftwerk der Grund dafür ist. Auch große Meeressäuger wie Wale haben sich schon in das Flutbecken verirrt und sind dann während der Ebbe gestrandet. Ein geplantes Multimilliarden-Projekt eines Gezeitenkraftwerks mit 128, quer über die Bay of Fundy verlaufenden Turbinen wird daher wegen möglicher Auswirkungen auf die Umwelt wohl auf unbestimmte Zeit verschoben. Stattdessen soll 2010 ein neues Kraftwerk nach einem anderen Konzept entstehen, bei dem Turbinenrohre auf dem Meeresboden verlegt werden.

Das Annapolis Valley wird durch die North und South Mountains geschützt und hat ein milderes Klima und mehr Sonnentage als andere Regionen in Nova Scotia. Das idyllische Tal und die ausgedehnten Salzmarschen wurden schon früh von akadischen Siedlern mit einem System von Deichen für eine sehr ergiebige Landwirtschaft nutzbar gemacht. Heute ist das Annapolis Valley auch der Obstgarten der Provinz.

Indian Summer im Annapolis Valley

Am Hafen des 3500-Einwohner-Ortes Wolfville am südwestlichen Zipfel des Minas Basin sind noch Reste der alten Deichanlagen aus dem 17. Jahrhundert zu sehen. Das hübsche Universitätsstädtchen mit ruhigen, baumumsäumten Straßen und schönen viktorianischen Villen wurde Mitte des 18. Jahrhunderts von Bauern aus Neuengland gegründet.

Etwas weiter östlich liegt der kleine Ort Grand-Pré. Gegründet wurde er 1680 von akadischen Siedlern aus Port Royal. In den schönen Gartenanlagen des Grand-Pré National Historic Park erinnern die 1922 im französischen Stil errichtete Gedächtniskirche und ein Bronzedenkmal der literarischen Heldin aus Henry Wadsworth Longfellows 1847 veröffentlichtem Epos „Evangeline" an das Schicksal der Akadier, die 1755 und 1762 von den Engländern aus der Region vertrieben wurden. Die Fort Edward National Historic Site in Windsor, ein paar Kilometer weiter südlich, war einer der Sammelpunkte während der Vertreibung der Akadier.

DIGBY NECK

Auf der Höhe des sehenswerten Fischerstädtchens Digby an der Annapolis Bay beginnt der Digby Neck, eine schmale, 74 Kilometer lange Nehrung, die wie ein langer Finger in die Bay of Fundy ragt und zweimal durch einen Meeresarm unterbrochen wird. Der Ort ist der Heimathafen für eine der größten Kammmuschelfangflotten der Welt. Und so findet man „scallops" überall auf den Speisekarten der örtlichen Restaurants. Im Sommer stehen die leckeren Meeresfrüchte im Mittelpunkt der „Scallop Days", ein Festival, bei dem man die Muscheln auch in den verschiedensten Zubereitungsarten probieren kann.

Dass die Bay of Fundy den größten Tidenhub der Welt aufweist, erlebt man auf eindringliche Weise bei einem Hafenbummel. Da sieht man noch die Fischerboote direkt an der Pier schaukeln, aber

FOLGENDE DOPPELSEITE:
Während der Ebbe liegen die Boote an der Bay of Fundy im Trockenen (linke Seite). Mit einlaufender Flut füllen sich die Hafenbecken, und die Boote steigen an der Kaimauer zum Teil um mehrere Meter an (rechte Seite).

Digby Neck zum Zeitpunkt der einlaufenden Flut

wenige Stunden später müsste man eine zehn Meter lange Leiter hinabklettern, um aufs Boot zu gelangen. Die landschaftlich reizvolle Fahrt auf der Nehrung lohnt sich. Kleine Autofähren verbinden das Festland und die beiden Inseln mit den Hafenorten Tiverton, Freeport und Westport.

Brier Island ist der westlichste Punkt des Digby Neck. Eine Insel, deren Küsten zum größten Teil aus Basaltklippen bestehen und die nicht nur bei Achate-Sammlern, Vogelliebhabern und Wal-Beobachtern beliebt ist, sondern auch bei Seglern aus aller Welt einen besonderen Platz einnimmt. Schließlich hat hier Captain Joshua Slocum seine Jugend verbracht und das Seemannshandwerk erlernt. In den 1890er Jahren segelte er als Erster alleine um die Welt. Der hübsche St. Peter's-Leuchtturm am Eingang zur oft nebelverhangenen Bay of Fundy wurde 1807 errichtet. Vom kleinen Fischerhafen Westport werden Exkursionen angeboten – das Sichten von Walen wird garantiert, denn nirgendwo sonst tummeln sich die großen Meeressäuger, vor allem Buckel-, Pott- und Finnwale, in solch großer Zahl.

Wahlbeoachtung in der Bay of Fundy. Hier sind neben Buckel- und Pottwalen auch Finnwale zu beobachten.

RUND UM DAS MINAS BASIN

Rund um das Minas Basin, einem Meeresarm der Bay of Fundy, findet man außergewöhnliche Landschaften: bizarre Steilküsten, ausgedehnte Wattlandschaften, urwüchsige Wälder und Bergschluchten mit versteckten Wasserfällen. Die Bucht weist den höchsten Gezeitenhub der Welt auf – hier steigt und fällt der Wasserspiegel täglich bis zu 16 Meter.

Der Leuchtturm Cape d'Or befindet sich auf einer kleinen Felsspitze, die in das Minas Basin hineinreicht.

Die Mi'kmaq-Ureinwohner führten dieses Spektakel auf die magischen Kräfte des Indianergottes Glooscap zurück. Heute wissen wir es besser, sind aber kaum weniger beeindruckt. Im Hafenstädtchen Truro lässt sich das Phänomen der „tidal bore", der Gezeitenwelle, gut beobachten. Hier drückt die Flut das Wasser des Salmon River in einer mächtigen Flutwelle kilometerweit flussaufwärts. Und auf dem nahen Shubenacadie River sorgt die Gezeitenwelle noch rund zehn Kilometer landeinwärts für ein feuchtes Wildwasser-Abenteuer. Das bei Ebbe nur kleine Flüsschen verwandelt sich bei Flut in einen „rückwärts" fließenden breiten Strom mit schäumenden Strudeln und meterhohen Wellen. Mit Zodiac-Schlauchbooten, die von starken Außenbordmotoren angetrieben werden, reitet man dann wie auf einem bockenden Mustang durch die Flutwelle.

Parrsboro ist mit seinen 1700 Einwohnern der größte Ort am Minas-Becken. Hier machten Wissenschaftler 1985 einen der größten Fossilienfunde Nordamerikas. Über 100.000 Skelettteile gruben sie

Trockenen Fußes verlässt niemand die Zodiac-Schlauchboote, mit denen man auf dem Shubenacadie River die Gezeitenwelle „abreiten" kann.

aus den Sandsteinfelsen. Die mehrere hundert Millionen Jahre alten Fundstücke stammen von Dinosauriern, Haien und urzeitlichen Krokodilen, darunter auch Schädel- und Kieferknochen eines Reptils, die man in der Evolutionsgeschichte als Bindeglied zwischen Reptilien und Säugetieren einordnet. Im Fundy Geological Museum sind diese Fundstücke und noch andere Schätze zu sehen. Die Strände um Parrsboro sind auch ein Mekka für Mineraliensammler, die hier nach Achaten, Amethysten, Jaspis und Onyx suchen.

St. James Church in Spry Bay. Die Ortschaft liegt am Marine Drive, der von Halifax Richtung Norden zur Cape Breton Island führt.

AUF DEM MARINE DRIVE

Wie die „Leuchtturmroute" ist auch der „Marine Drive", der von Halifax nach Cape Breton Island führt, eine kurvenreiche Küstenstraße, die sich durch zahlreiche kleine Fischerdörfer windet. Die rund 320 Kilometer lange Strecke führt dabei durch dichte Wälder, Feuchtwiesen und felsige Uferlandschaften, hin und wieder den Blick auf vorgelagerte Inseln freigebend. Anders als die „Lighthouse Route" ist diese Strecke aber weit weniger befahren. Die verträumten Dörfer mit historischen Kirchen, Mi'kmac-Begräbnisstätten, abgelegenen Stränden und einsamen Angel- und Kanurevieren ziehen eher Individualisten an.

In Musquodoboit Harbour und Jeddore Oyster Pond sind liebenswerte Heimatmuseen zu besuchen, und kulinarisch Interessantes findet man in Ship Harbour und Tangier: Bei Ship Harbour werden auf einer der größten Muschelfarmen in riesigen Netzen an der Meeresoberfläche Muscheln gezüchtet. Man kann bei der Ernte der leckeren Schalentiere zusehen und sie auch preiswert kaufen. In Tangier betreibt der dänische Einwanderer Willy Krauch seit fast einem halben Jahrhundert die vielleicht traditionsreichste Fischräucherei von Nova Scotia.

Den eigentlichen Grund, weshalb man diese Strecke fahren sollte, findet man jedoch in Sherbrooke mit seinem einzigartigen historischen Museumsdorf, das in Atlantik-Kanada nur mit dem „Kings Village" und „Village Acadienne" in New

Brunswick und dem historischen „Louisbourg“ auf Cape Breton zu vergleichen ist. Der abgelegene kleine Hafenort Sherbrooke hat eine lange und recht abenteuerliche Geschichte. Schon 1655 haben hier französische Pioniere gesiedelt und einen Pelzhandelsposten gegründet. Um 1800 kamen dann englische und schottische Siedler, die den Holz- und Lachsreichtum der Region ausnutzten.

Um 1860 war der Ort Sherbrooke ein florierendes Zentrum für Schiffsbau, Fischfang und Holzwirtschaft. Und endgültig zur Boomtown wurde Sherbrooke, als in den folgenden beiden Jahrzehnten auch noch Gold gefunden wurde. Und dennoch wurde in den nächsten hundert Jahren im Ort nur wenig verändert. Auch eine große Anzahl alter Gebäude blieb erstaunlich gut erhalten. Die Provinzregierung war davon so beeindruckt, dass sie den Entschluss fasste, den gesamten Ort originalgetreu zu restaurieren. Anders als bei den meisten „lebenden Museumsdörfern“, wo man historische Gebäude von verschiedenen Standorten zu einem Dorf zusammengetragen hat, blieb hier der gesamte historische Ort mit seinen 30 Gebäuden aus der Pionierzeit intakt. Dazu gehören unter anderem zwei Kirchen, Postamt, Apotheke, Schulgebäude, Versammlungshalle, Gefängnis, Druckerei, Schmiede und weitere Werkstätten und Läden. So ist heute noch fast alles wie vor fast 150 Jahren, und einige Dutzend Bürger in den Kostümen der Zeit halten den Betrieb aufrecht – eine Zeitreise, wie sie kaum authentischer sein könnte.

Im Freilichtmuseum von Sherbrooke wurden insgesamt 30 Gebäude aus dem 18. Jahrhundert orignialgetreu restauriert.

CAPE BRETON ISLAND

Cape Breton Island, der nordöstlichste Teil Nova Scotias, ist landschaftlich und kulturell äußerst vielseitig. Die Insel besitzt sanftgrünes Hügelland, weite Strände und zerklüftete Felsenküsten mit ruhigen Buchten, an die sich malerische Fischerdörfer schmiegen. Es gibt zahlreiche Seen und Flüsse, die ein Paradies für Forellen-Angler sind, und die dicht bewaldeten Highlands sind von schönen Wanderwegen durchzogen.

Schottische Highland-Traditionen mit Dudelsack-Musik und authentischer Whisky-Destille erlebt man auf dem Ceilidh Trail an der Südwestküste zwischen Craigmore und Inverness sowie in der Region zwischen St. Ann's und Ingonish.

Im Nordwesten hingegen, bei Grand Etang und Cheticamp sowie im Süden rund um die Isle Madame, zeigt man akadischen Nationalstolz und französische Lebensart, und an den Ufern des Bras d'Or Lake werden noch die indianischen Traditionen der Mi'kmaq, den „First Nations" der Insel, gepflegt. Insgesamt leben rund 145.000 Cape Bretoners auf der Insel.

Im Westen grenzt die Insel an den Golf von St. Lorenz, im Süden und Osten an den offenen Atlantik. Seit 1955 ist die 10.311 Quadratkilometer große Insel mit dem Festland Nova Scotias durch einen über die Strait of Canso führenden Verkehrsdamm verbunden. Geografisch wird Cape Breton durch das Hochland im Norden sowie durch den Bras d'Or Lake im Herzen der Insel bestimmt. In das über 1100 Quadratkilometer große Salzwasser-Seengebiet mit seinen fjordähnlichen Seitenarmen fließen zahlreiche Bäche und Flüsse. Der historische St.-Peter's-Kanal im Süden und zwei schmale Meeresarme im Norden verbinden den Bras d'Or Lake mit dem Atlantik.

St. Peters's Church in Cheticamp

Die Küsten der Insel sind größtenteils felsig. In den Cape Breton Highlands fallen sie steil zum Meer ab, so dass man von der Küstenstraße, die sich rund um das Hochland schlängelt, immer wieder atemberaubende Ausblicke genießen kann. Grünes Hügelland und schöne, feinsandige Strände gibt es vor allem im Südwesten der Insel.

Der Nationalstolz der auf Cape Breton Island wohnenden Franzosen wird wie hier in Cheticamp an vielen Orten sichtbar.

Die ersten Bewohner der Insel waren maritime archaische Indianer, die Vorfahren der Mi'kmaq. Die europäische Besiedlung von Cape Breton Island begann wahrscheinlich im Jahre 1497 mit Giovanni Caboto, der unter britischer Flagge segelte und mit seinem Schiff „Matthew" als erster Europäer die Küste des heutigen Kanada erreichte. Nicht ganz geklärt ist, ob Caboto zuerst in Cape Breton oder an der Küste Neufundlands an Land ging.

Historisch gesichert ist, dass Portugiesen eine erste Fischersiedlung in der Region des heutigen Ingonish an der Nordostküste errichteten. Eine Besiedelung der Insel in größerem Stil erfolgte erst zu Beginn des 18. Jahrhunderts durch die Franzosen, die Cape Breton „Île Royale" nannten und als Teil ihrer Kolonie Acadie betrachteten. Bei St. Anne entstand eine erste Garnison, die aber später zur großen Festung Louisbourg verlegt wurde. Die „Île Royale" blieb Teil der Acadie, bis Frankreich 1763 seine nordamerikanischen Besitzungen an Britannien abtreten musste. 1775 wurde Judique, die erste schottische Siedlung, von Michael MacDonald gegründet.

In der Region um das heutige Sidney und Glace Bay wurde schon im 18. Jahrhundert von den Franzosen Kohle abgebaut, aber der industrielle Abbau erfolgte erst in der ersten Hälfte des 19. Jahrhunderts. In dieser Zeit kamen um die 50.000 Hochland-Schotten, die ihre Siedlerstätten in Schottland räumen mussten, nach Cape Breton Island. Ihre Nachfahren bestimmen heute überwiegend das kulturelle Leben der Insel.

Die industrielle Entwicklung des Gebiets rund um die beiden größeren Städte Sidney und Glace Bay war der wirtschaftliche Motor Cape Bretons im 19. und 20. Jahrhundert. Die rund 80.000 Menschen der Region leben praktisch auf einem riesigen Kohleflöz. Bis weit unter das Meer wurden die Grubenstollen getrieben. In den letzten Jahrzehnten wurden allerdings die meisten Zechen geschlossen, und die Arbeitslosigkeit ist hier

Blühende Wiesen verwandeln im Sommer vielerorts die Landschaft von Cape Breton Island in ein Meer aus Farben.

noch höher als anderswo in Nova Scotia. In Glace Bay erfährt man heute im Miner's Museum in einem stillgelegten Bergwerk anhand exzellenter Ausstellungen alles über die Geschichte des Kohlebergbaus und seiner Bedeutung für die Cape Breton. Zum Museum gehört auch ein kilometerlanger Stollen unter dem Meer, den man mit entsprechender Schutzkleidung und unter fachkundiger Führung besichtigen kann. Die restaurierte Bergarbeitersiedlung nebenan vermittelt einen guten Eindruck in das tägliche Leben der Kumpel in der Zeit von 1850 bis 1900.

Sidney, die größere Stadt und das wirtschaftliche Zentrum von Cape Breton Island, hat heute als Hafenstadt noch eine Bedeutung. Von hier fahren die großen Fähren nach Neufundland, und für Kreuzfahrtschiffe ist Sidney der bedeutendste Ankerplatz. Der andere wichtige Tiefseehafen der Insel ist Port Hawkesbury an der Canso Strait. Zur wichtigsten Einnahmequelle Cape Bretons hat sich mittlerweile der Tourismus entwickelt.

BADDECK UND BRAS D'OR LAKE

Der Bras d'Or Lake hat über Tausende von Jahren die Ureinwohner mit Lachs, Kabeljau, Heering, Aal, Flunder, Hummer und Muschel versorgt. Zudem boten die geschützten Gewässer ideale Transportrouten zwischen den einzelnen Dörfern. Auch heute noch leben die Mi'kmaq-Indianer an den Ufern des Sees, in Whycocomgh, Wagmatcook, Escasoni und auf Chapel Island im St. Peter's Inlet. Ihr Kulturzentrum in Wagmatcook, ein paar Kilometer südlich von Baddeck, informiert über die Geschichte der First Nations auf Cape Breton. Neben historischen Fotos vom täglichen Leben, Fischfang und Handel werden auch traditionelle handwerkliche Techniken, Musik und Tanzdarbietungen gezeigt.

Einblicke in die Kultur der Hochlandschotten, die vor 200 Jahren nach Nova Scotia kamen, erhält man in Nova Scotia Highland Village, einem lebenden Museumsdorf an der Barra Strait. Die im Stil der damaligen Zeit gekleideten „Dorfbewohner" zeigen traditionelle gälische Tanz- und Musikdarbietungen und auch Fertigkeiten aus dem Alltagsleben. Ein anderes Zentrum schottischer Kultur – vielleicht eines der wichtigsten außerhalb Schottlands – findet man in St. Ann's, rund 20 Kilometer nördlich von Baddeck. Hier werden im Gaelic College of Celtic Arts and Crafts neben der Sprache auch Musik und Liedgut der Hochlandschotten unterrichtet und in der Great Hall of Clans entsprechende Ausstellungen zur Geschichte gezeigt.

Die rund um den Bras d'Or Lake führende Küstenstraße mit vielen einladenden Orten und schönen Panoramaaussichten ist zu einer Touristenattraktion geworden. Und für Freizeitkapitäne aus aller Welt ist der große Binnensee mit seinem fast nebelfreien Klima und zahlreichen stillen Buchten ein ideales Segelrevier.

Küstenstreifen im Cape Breton National Park in Nova Scotia

Der Cabot Trail, der um das Hochland herumführt, ist zu jeder Jahreszeit ein fantastisches Erlebnis. Doch zur Zeit des Indian Summers bietet die umliegende Landschaft ein geradezu atemberaubendes Bild.

Baddeck, am Nordufer des Sees gelegen, ist mit 1500 Einwohnern der wichtigste Ort der Region. Im Mittelpunkt des hübschen Städtchens steht zwar der Yachthafen, aber interessanter noch ist die Alexander Graham Bell National Historic Site, die das Lebenswerk des großen Erfinders würdigt. Der gebürtige Schotte hat die letzten 37 Jahre seines Lebens bei Baddeck verbracht, und er wurde hier auf seinem Landsitz Beinn Bhreagh (gälisch: „schöner Berg") auch begraben. Bekannt und berühmt wurde er durch Experimente und Erfindungen auf so verschiedenen Gebieten wie Landwirtschaft, Medizin, Luftfahrt- und Marinetechnik. Im Museum werden einige davon gezeigt, darunter seine ersten Telefone und ein Nachbau eines Tragflügelbootes.

DIE CAPE BRETON HIGHLANDS

Das Hochland im Norden der Insel mit seinen felsigen Steilküsten, dicht bewaldeten Bergen, windzerzausten Tundren und Mooren sowie zahlreichen Seen und tief eingeschnittenen Flusstälern ist ein Ausläufer der amerikanischen Appalachen-Bergkette. Die Highlands lassen sich auf dem „Cabot Trail" umfahren, einer Küstenstraße, die das Bergland nur an der Nordspitze durchschneidet. Sonst führen nur Wanderpfade und Trekkingrouten durch das riesige Wildnisgebiet, in dem Elche, Schwarzbären, Koyoten, Wildkatzen und Weißkopfseeadler Lebensraum finden.

Herbst im Hochland der Cape Breton Island

RECHTE SEITE:
St. Peter's Church in Cheticamp

Bereits 1936 schuf die kanadische Bundesregierung in dieser Region den Cape Breton Highlands National Park, der sich über fast 950 Quadratkilometer erstreckt. Bei Cheticamp, wo sich auch das große Visitor Centre des Nationalparks befindet, führt die Küstenstraße in das Gebiet des Parks. Die Küstengewässer um die Highlands sind auch ein Tummelplatz für Wale: Von Cheticamp, Pleasant Bay und Cape North aus kann man mit dem Boot hinausfahren, um sie von Nahem zu sehen. Doch auch von den Rastplätzen entlang der Küstenstraße sind die Meeressäuger sehr gut zu beobachten.

Im lebendigen Fischerort Cheticamp ist man im Herzen des frankophonen Akadiergebietes. Vor vielen Häusern weht die Trikolore mit dem Akadierstern und sogar manche Gebäude sind ganz in den akadischen Farben gehalten – ein weithin sichtbares Zeichen ungebrochenen Nationalstolzes. Über ihre Geschichte, Tradition und Folklore erfährt man mehr im Acadian Museum und in der Cooperative Artisanale, wo man neben typisch akadischem Kunsthandwerk auch die kulinarischen Spezialitäten der akadischen Siedler im angegliederten Restaurant probieren kann.

Hafen von Cheticamp

Am nördlichsten Punkt des Cabot Trails liegt der Fischerort Cape North. Er nimmt für sich in Anspruch, auf dem Boden errichtet zu sein, wo Giovanni Caboto, den die Engländer John Cabot nennen, mit seiner „Matthew" 1497 gelandet ist. Mit einem Denkmal im Cabot's Landing Provincial Park an der Straße nach Bay St. Lawrence erinnert man an das historische Ereignis.

Aber auch für weniger Geschichtsbewusste lohnt sich der Besuch der rund um die Aspy Bay gelegenen malerischen kleinen Fischerdörfer Cape North, North Harbour und Bay St. Lawrence. Hier scheint die Zeit stehen geblieben: Man kann den Fischern beim Entladen der Boote zusehen, mit ihnen ein Schwätzchen halten, an den Stränden einsamer Buchten wandern und nicht selten Wale beobachten.

LOUISBOURG UND DIE ILE MADAME

Mit der historischen Festung Louisbourg errichteten die Franzosen vor rund 300 ihren mächtigsten Stützpunkt in der Neuen Welt. Nachdem sie 1713 im Frieden von Utrecht Akadien (Nova Scotia mit Ausnahme von Cape Breton), Neufundland und die Hudson Bay Region an Großbritannien abtre-

Haus in der Ortschaft Louisbourg

ten mussten, begannen sie kurz darauf mit dem Bau einer Seefestung an der Ostspitze von Cape Breton, um ihre Fischgründe und die Zufahrt zum St.-Lorenz-Strom zu schützen. So entstand innerhalb weniger Jahre eine mächtige Festungsstadt, die in den nächsten Jahrzehnten rund 3500 Soldaten, Kaufleute, Fischer und teilweise auch ihre Familien beherbergte. Etwa 3,5 Millionen Livre – damals eine unvorstellbare Summe – ließ sich Ludwig XV. dieses Unterfangen kosten. Dafür regierte sein Gouverneur die Kolonie von standesgemäß luxuriösen Gemächern aus und versüßte sich das Leben mit importierter Schokolade, bestem Wein, üppigen französischen Teppichen und Spitzentüchern. Die hier stationierten 600 bis 700 französischen Soldaten hatten es da weitaus schlechter: Sie hausten in kalten und zugigen Kasernengebäuden.

Louisbourg war Frankreichs Gibraltar in Nordamerika und wurde von den Franzosen für uneinnehmbar gehalten. Drei Jahrzehnte Frieden brachten einen enormen wirtschaftlichen Aufschwung für Neufrankreich, das bis 1740 seine Bevölkerung auf 50.000 fast verdoppelte. Pelzhandel, Handwerk, Schiffbau und auch die Landwirtschaft florierten. Louisbourg hatte zu seinen Glanzzeiten über 500 Gebäude – die Stadt war wichtiger als Québec. Zugleich war sie aber auch eine ständige Bedrohung für die britischen Kolonien in Amerika.

Kirche und Wohnhaus auf der Ile Madame

In den Jahren zwischen 1744 und 1748 befanden sich Frankreich und England wieder im Krieg. 1745 belagerten englische Kolonialtruppen mit über hundert Schiffen und 8000 Mann Louisbourg. Nach sechs Wochen fiel die Stadt. Aber die Engländer blieben nur wenige Jahre: Im Friedensvertrag von 1749 wurde die Stadt wieder den Franzosen übergeben und ihre Bewohner kehrten zurück. Doch

Ein ganzes Dorf rekonstruiert – zu sehen in der Festung Louisbourg

der Friede war nur von kurzer Dauer: 1756 brach in Europa der Siebenjährige Krieg aus, woraufhin sich auch in Nordamerika England und Frankreich wieder gegenüberstanden. 1758 nahmen 30.000 britische Soldaten Louisbourg ein und schleiften die Stadt zwei Jahre später bis auf die Grundmauern. Die Bewohner wurden nach Frankreich deportiert.

Schon 1928 wurde die Festung Louisbourg zur National Historic Site erklärt, und 1961 entschloss sich die kanadische Regierung dann zu einem Förderprogramm besonderer Art für das wirtschaftlich darbende Cape Breton. Louisbourg sollte originalgetreu wiederaufgebaut werden. Im Gegensatz zu den meisten kolonialen Siedlungen ist auf dem historischen Boden von Louisbourg keine moderne Stadt errichtet worden. So konnte man hier mit einem Aufwand von über 50 Millionen Dollar eine archäologische Zeitkapsel aus dem Jahr 1744 erschaffen.

Heute steht etwa ein Drittel der alten Stadt, vom Gouverneurspalast bis zum verräucherten Fischerhaus, vor dem auf einem Lattengerüst Fische getrocknet werden. An die 30 Gebäude hat man auch innen bis ins kleinste Detail authentisch eingerichtet und für das Publikum zugänglich gemacht. Während der Sommermonate „leben und arbeiten" hier an die hundert Studenten, Schüler und Einwohner aus der Umgebung in den historischen Kostümen des 18. Jahrhundert.

So begegnen dem Besucher auf den kopfsteingepflasterten Straßen Pferdefuhrwerken und bunt berockte Soldaten, die scherzend aus der Taverne kommen, man hört die Hammerschläge in der Schmiede und kann zusehen, wie der Küfer Eichenfässer mit neuen Reifen versieht oder auf der Feuerstelle eines Bürgerhauses ein Braten auf dem Spieß begossen wird. In einer anderen Küche sitzt das Gesinde an einem blankgescheuerten Holztisch und lässt sich beim Essen durchaus nicht stören. Die Besucher können übrigens auch frisches Brot aus dem Steinofen kaufen und in der Taverne nach alter Tradition zubereitete Speisen probieren.

Der heutige Ort Louisbourg mit seinen ruhigen Straßen und hübschen Häusern liegt ein paar Kilometer vom historischen Nationalpark entfernt. Hier gibt es ein sehenswertes Marine-Museum, in dem auch Artifakte ausgestellt sind, die aus der Sammlung des Abenteurers und Tauchers Alex Storm stammen, der das 1725 vor Louisbourg gesunkene Schatzschiff „Le Chameau" entdeckt hat.

Von Louisbourg folgt der Fleur-de-Lis-Trail der Atlantikküste durch altes französisches Siedlungsland in Richtung Süden zur Ile Madame, der 42 Quadratkilometer großen Hauptinsel des felsigen Archipels. Benannt wurde sie nach der zweiten Gemahlin Ludwig XIV., Madame de Maintenon.

Gabarus, Fourchu, L'Archeveque und L'Ardoise, Grand Anse, D'Escousse und Petit-de-Grat heißen die malerischen Fischerorte entlang der zerklüfteten Küste mit verborgenen Buchten, die früher Schmugglern als Versteck dienten. Besonders auf der verträumten Ile Madame scheint die Zeit stehen geblieben zu sein. Hier wird noch häufig das alte Französisch der akadischen Vorfahren gesprochen, und auch das Englisch hat einen kräftigen französischen Akzent.

RECHTE SEITE UND UNTEN:
Um den Eindruck vergangener Tage perfekt zu machen, leben, arbeiten und exerzieren Museumsangstellte in historischen Kostümen in einstigen Festung.

Der Hauptort der Insel ist Arichat mit seiner imposanten Kathedrale, die darüber hinwegtäuscht, dass der Ort heute weniger als 900 Einwohner hat. Aber noch während der Zeit der großen Segelschiffe bis zur Mitte des 19. Jahrhunderts war Arichat eine blühende Hafen- und Handelsstadt. Jetzt laufen größere Schiffe die Ile Madame nicht mehr an und viele Bewohner arbeiten in Port Hawkesbury.

N
O
S
W
0
200
400
600
km
Iqaluit
Lake Harbour
Hudsonstraße
Labradorsee
Kangiqsujuak
Kangirsuk
Ungava-
Bay
Ungava
Peninsula
Kuujjuaq
Nain
Barrenground
Minto-
see
Cartwright
Battle Harbour
Schefferville
Smallwood-
reservoir
Newfoundland and Labrador
Goose Bay
St. Anthony
Blanc Sablon
St. Barbe
Churchill Falls
Port au Choix
Labrador
Bonavista
Grand Falls-
Windsor
Gander
St. John's
Buchans
Natashquan
Corner Brook
Avalon
Peninsula
Newfoundland
Chisasibi
(Fort George)
Havre St.-Pierre
Cape
St. Mary's
Sept-Îles
Anticosti Is.
Port aux Basques
Miquelon
(frz.)
St. Pierre
(frz.)
St. Lorenz-
Golf
Waskaganish
(Rupert House)
Mistassini-
see
Quebec
Baie Comeau
St. Lorenz-Str.
Gaspé
Cape
Breton Is.
Sydney
Caraquet
Campbellton
Prince
Edward-Ild.
Louisbourg
New
Brunswick
Bathurst
Charlottetown
Gouin-
stausee
Chicoutimi
New Glasgow
Moncton
Abitibi-
see
Fredericton
Nova Scotia
Sable Is.
Quebec
Cochrane
Val-d'Or
Halifax
Saint John
Rouyn-
Noranda
Kirkland
Lake
Trois Rivieres
St. Andrews
Bay
of
Fundy
Digby
Lunenburg
Liverpool
Sherbrooke
Yarmouth
Montreal
North Bay
Sudbury
Pembroke
Ottawa
Atlantischer Ozean
Huntsville
Kingston
Huronsee
Oshawa
Boston
USA
Ontariosee
Toronto
Hamilton
Niagara Falls

NEW BRUNSWICK

ÜBERBLICK

New Brunswick ist eine der vier Atlantikprovinzen Kanadas. Sie gehört zu den weniger besuchten Reisezielen Kanadas. Dabei ist die Provinz mit den großen Flusssystemen des Miramichi und Saint John River landschaftlich äußerst reizvoll, besonders für Outdoor-Freunde, Angler und Jäger. New Brunswick bietet endlose Wälder, die im „Indian Summer" in einem wahren Farbenrausch erglühen, malerische Inseln im Süden, feinsandige Strände im Norden und von mächtigen Gezeitenströmen bizarr geformte Küstenlandschaften.

Über den genauen Ursprung des Namens „Neubraunschweig" ist man sich nicht einig: Vermutlich wollte der britische König Georg III. damit an sein deutsches Herzogtum Braunschweig-Lüneburg erinnern. Jedenfalls wurde die ehemals französische Kolonie „Acadie" schon 1713 nach dem Frieden von Utrecht in New Brunswick umbenannt. Erst viel später – nach dem Ende des Amerikanischen Unabhängigkeitskrieges im Jahre 1783 – kamen königstreue „Loyalisten" als Siedler in die neue britische Kolonie. Unter ihnen fanden sich auch viele Angehörige der braunschweigischen Hilfstruppen König Georgs.

Der Leuchtturm von Cape Enrage an der Südspitze der Barn Marsh Island

Die 73.500 Quadratkilometer große Provinz hat eine Küstenlinie von fast 2300 Kilometern. An drei Seiten wird sie vom Meer umspült: im Nordosten von der Baie des Chaleurs, im Osten vom St.-Lorenz-Golf und der Northumberland Strait und im Süden von der Bay of Fundy. Im Norden grenzt New Brunswick an Quebec, im Westen an den amerikanischen Bundesstaat Maine, und im Südosten ist die Provinz durch den Isthmus von Chignecto mit Nova Scotia verbunden. Das Binnenland wird von einem weiten, hügeligen Plateau mit Sümpfen, Seen und Wäldern bedeckt.

Im Nordwesten erstreckt sich das Bergland der Appalachen mit dem 817 Meter hohen Mount Carleton, dem höchsten Berg der Provinz. Die bedeutendsten Flüsse sind Miramichi, Restigouche, Nepis0guit, Saint Croix und der Saint John River. Die fruchtbaren Schwemmlandböden der großen Flusstäler, die etwa sieben Prozent der Landesfläche ausmachen, sind auch fast die einzigen Flächen, die landwirtschaftlich genutzt werden, denn allein 85 Prozent der Provinz sind von Wäldern bedeckt.

Dichte Wälder und glasklare, eiskalte Gebirgsbäche – nur eine Seite von New Brunswick

KLIMA

Das Klima in New Brunswick ist in den Küstenregionen relativ ausgeglichen mit verhältnismäßig milden Wintern und kühleren Sommertemperaturen. Im hügeligen Hinterland herrscht Kontinentalklima mit trocken-warmen, mitunter auch heißen Sommern. Hier sind die Winter kalt und schneereich. Die Strände entlang der St.-Lorenz-Küste gehören zu den wärmsten Badegewässern der nordamerikanischen Atlantikregion.

FLORA UND FAUNA

New Brunswick ist überwiegend von Mischwald bedeckt: Neben verschiedenen Fichtenarten sind Zuckerahorn, Gelb- und Weißbirke, Pappel, Buche, Esche und Eiche die meistverbreiteten Baumarten. In den dichten Waldgebieten leben u. a. Elche, Weißwedelhirsche, Schwarzbären, Kojoten, Füchse, Luchse, Wildkatzen, Wiesel, Fischotter, Hasen, Biber, Stinktiere und Waschbären.

Ornithologen finden in der Provinz Blaureiher, Kormorane, Eisvögel und Haubentaucher sowie Moorhühner, Seeadler, Falken und andere Greifvögel. In den Flüssen wiederum wird Forelle und Atlantiklachs gefangen. Und unter den Meeressäugern sind in der Bay of Fundy Wale wohl die spektakulärste Tierart.

BEVÖLKERUNG

Knapp zwei Drittel der insgesamt 730.000 New Brunswicker sprechen als Muttersprache Englisch, etwas mehr als ein Drittel Französisch. Abgesehen von Québec findet man nirgendwo sonst in Kanada einen höheren Anteil französischsprachiger Einwohner. So ist New Brunswick bzw. Nouveau-Brunswick auch die einzige offiziell zweisprachige

In den scheinbar undurchdringlichen Waldgebieten von New Brunswick leben u. a. Schwarzbären.

Provinz Kanadas. Die beiden Bevölkerungsgruppen kommen trotz ausgeprägter kultureller Gegensätze – anders als im benachbarten Québec – sehr gut miteinander aus. In New Brunswicks Bevölkerung vermischen sich die Traditionen französischer Siedler, britischer Loyalisten, Iren und Schotten mit den später hinzukommenden Einwanderern aus Deutschland, den Niederlanden, Skandinavien und Asien.

In New Brunswick gibt es noch etwa 15.000 Ureinwohner, vor allem Mi'kmaq und Malecite. Der größte Teil der Bevölkerung lebt in den Städten und Siedlungen entlang der Küsten und Flusstäler. Das französische Siedlungsgebiet erstreckt sich entlang der so genannten akadischen Küstenregion von Moncton (125.000 Einwohner) bis Caraquet. Das Saint John River Valley mit Saint John (130.000 Einwohner) und der Provinzhauptstadt Fredericton (85.000 Einwohner) wird hingegen von den britischen Traditionen der Loyalisten bestimmt.

WIRTSCHAFT

New Brunswick gehört zu den ärmeren Provinzen Kanadas mit einer hohen Arbeitslosenquote. Seit einigen Jahren ist jedoch ein Aufschwung spürbar. Strukturverbesserungen und Förderprogramme im Bereich der Wirtschaft seit Anfang der 1990er Jahre machen sich mittlerweile positiv bemerkbar. Lohnniveau und Lohnnebenkosten sind niedriger als im Rest des Landes, dazu kommen günstige Bodenpreise und geringere Energiekosten. Vor diesem Hintergrund hat New Brunswick besonders im Dienstleistungs-, Telekommunikations- und Hightech-Bereich einen Zustrom zahlreicher großer, auch internationaler, Firmen erlebt. Größter Außenhandelspartner sind die USA mit über 50 Prozent, danach kommt die EU mit etwa 25 Prozent. Auch die Tourismuszahlen sind ansteigend.

LINKE SEITE:
Flagge von New Brunswick (links). Zweisprachig gehaltene Straßenschilder veranschaulichen den hohen Anteil der französischen Einwanderer, die hier ihr Zuhause gefunden haben.

Nicht wenige Bewohner der Provinz New Brunswick leben bis heute vom Fang von Meeresfrüchten.

RECHTE SEITE:
Auf den fruchtbaren Schwemmlandböden der Flusstäler ist landwirtschaftlicher Betrieb möglich.

Der wirtschaftliche Schwerpunkt liegt auf Forstwirtschaft und Holzverarbeitung, hier vor allem auf Papier- und Zelluloseherstellung. Für die einheimische Wirtschaft immer noch von Bedeutung sind Fischfang und Fischverarbeitung (hauptsächlich Hummer und andere Schalentiere). In der Landwirtschaft werden überwiegend Kartoffeln angebaut, dazu kommen Viehzucht, Milchwirtschaft und in geringerem Maße Obstanbau. Der Bergbau hat an Bedeutung verloren. Statt Kohle werden heute vor allem Kali, Blei, Kupfer und Zink gefördert.

GESCHICHTE

Den Europäern war das Land an der Bay of Fundy schon seit dem 15. Jahrhundert bekannt. Es waren wohl baskische Fischer, die ihre Fanggründe von den Neufundlandbänken bis zum Golf von St. Lorenz ausdehnten und die Region entdeckten. Zu dieser Zeit lebten auf dem Gebiet des heutigen New Brunswick Indianer vom Stamm der Malecite und der Mi'kmaq. Sie waren auch die ersten, die 1604 den französischen Abenteurer und Entdecker Samuel de Champlain bei seiner Landung an der Fundy-Küste begrüßten. Danach nahm er die gesamte Region, einschließlich des heutigen Nova Scotia und Prince Edward Island, für Frankreich in Besitz und nannte sie „Acadie".

Die scheinbar unendlichen, dichten Waldgebiete sind seit Jahrzehnten New Brunswicks Kapital.

RECHTE SEITE:
Der Carleton Martello Tower in Saint John wurde im englisch-amerikanischen Krieg von 1812 errichtet.

Kings Landing, ein Freilichtmuseum nahe Fredericton, gibt ein anschauliches Bild von den Lebensbedingungen im 18. Jahrhundert.

Die Indianer verstanden sich mit den französischen Siedlern von Anfang an gut, waren ihnen bei der Erschließung neuen Landes behilflich und beteiligten sich auch an französischen Angriffen auf die britischen Neuengland-Kolonien. Über ein Jahrhundert lang war die Region Gegenstand ständiger Auseinandersetzungen zwischen beiden Nationen. Mal gewannen die einen, mal die anderen die Vorherrschaft über die Region.

1713 musste Frankreich Akadien im Frieden von Utrecht an Britannien abtreten. Bis zur Mitte des 18. Jahrhunderts hatte England sich als Kolonialmacht in der Region etabliert. Dennoch flackerten die Kämpfe immer wieder auf, und während des Siebenjährigen Krieges zwischen England und Frankreich durchzogen Armeen beider Länder die Region, um entweder die Festung Louisbourg auf Cape Breton Island oder Fort Beauséjour in der Nähe des heutigen Sackville in New Brunswick zu belagern. Nach dem Fall von Fort Beauséjour im Jahr 1755 wurde fast die gesamte französische Bevölkerung deportiert. 1763 wurde die Acadie in die benachbarte Kolonie Nova Scotia integriert.

Unter britischer Herrschaft ging die Besiedelung eher langsam vonstatten: Nur wenige Gruppen englischer Siedler kamen aus dem Mutterland in die Kolonie. 1764 erlaubten die englischen Befehlshaber schließlich die Rückkehr akadischer Siedler. Zu einem Siedlungsboom kam es jedoch erst nach dem Ende des Amerikanischen Unabhängigkeitskrieges, als 12.000 der englischen Krone treu gebliebene Loyalisten nach New Brunswick flohen. Diese Zuwanderung hatte auch zur Folge, dass sich New Brunswick von Nova Scotia loslöste und 1784 eine eigenständige Kolonie wurde.

Reger Handel mit England am Anfang des 19. Jahrhunderts und in den darauffolgenden Jahrzehnten auch mit den USA führte zu Wohlstand in der Kolonie. Doch vergleichbare Expansionen wie in anderen Teilen des britischen Nordamerikas und den USA fanden in New Brunswick nicht statt. Auch der Beitritt zur kanadischen Föderation, 1867, änderte daran nichts.

SAINT JOHN RIVER VALLEY

In Saint John River Valley soll der Prototyp des kanadischen „lumberjack" geboren worden sein. Aus den Legenden Nordamerikas ist der kräftige Baumfäller im rotschwarz karierten Flanellhemd nicht mehr wegzudenken..

Das große Tal des Saint John River, der von Edmundston im Nordwesten der Provinz bis Saint John an der Bay of Fundy fließt, war immer die Lebensader der Region. Diese uralte Route benutzten schon die Mi'kmaq- und die Malecite-Indianer, später folgten jesuitische Missionare, akadische Siedler und Pelzhändler und schließlich englische Loyalisten, Iren, Schotten, Dänen und Deutsche.

Im Saint John River Valley findet man das fruchtbarste Land und hier liegen auch einige der ältesten britischen Siedlungen. Das Gebiet um Edmundston in der Region Madawaska ist das Land der

Holzfällerlegende Paul Bunyon. Hier wurde der Prototyp des kanadischen „lumberjack" mit den rot-schwarz karierten Flanellhemden geboren. Riesige Waldgebiete versorgen noch heute die Holzindustrie der Stadt mit Nachschub.

Bei Grand Falls stürzt der Saint John River mitten im Ort 23 Meter tief über eine Felsbarriere in eine wildromantische Schlucht, und das etwas weiter flussabwärts gelegene Hartland ist durch seine „covered bridge" berühmt. Die überdachte Holzbrücke, die auf 391 Meter Länge den Fluss überspannt, ist die weltweit längste dieser Art. Ab hier verläuft der Saint John River ruhiger, durchfließt lieblich grünes, mit Wäldern durchsetztes Weide- und Ackerland.

Orignialgetreue Kirche im Kings Landing Historical Settlement

Auch der Trans-Canada Highway No. 1, gekennzeichnet durch das Symbol eines Ahornblatts, folgt überwiegend dem Verlauf des immer mächtiger werdenden Flusses, der wegen seiner Bedeutung für die frühe Besiedelung auch der „Rhein Amerikas" genannt wird.

KINGS LANDING HISTORICAL SETTLEMENT

Durch den Bau mehrerer Dämme hat sich die Landschaft in der Umgebung des Flusses verändert: Farmland wurde überflutet und Seen entstanden in den Niederungen, die sich schnell zu Refugien für Wasservögel aller Art entwickelten.

Beim 1960 begonnenen Bau des mächtigen Mactaquac Staudammes entschloss man sich, die alten Siedlerstätten entlang des Flusses vor der Flutung zu retten. Mehrere Dutzend historische Gebäude wurden vorsichtig abgetragen, 40 Kilometer westlich von Fredericton am Saint John River detailgetreu wieder aufgebaut und im Stil der Zeit mit originalen Gegenständen eingerichtet. So ist hier ein typisches Pionierdorf aus der viktorianischen Ära des 18. Jahrhunderts entstanden.

Um das Ganze so authentisch wie möglich zu machen, „leben und arbeiten" im Kings Landing Historical Settlement auch über hundert Bewohner in zeitgenössischen Kostümen. In der von Wasserkraft betriebenen Sägemühle werden dicke Baumstämme zerschnitten

RECHTE SEITE:
Blick über den Saint Johns River auf die Kirche von Fredericton

und am Flussufer ist ein historisches Riverboat festgemacht. In den Ställen wird das Vieh versorgt, in der Schmiede auf rotglühenden Hufeisen gehämmert und auch der alte General Store bietet in seinen Regalen ein Sortiment wie schon vor über hundert Jahren.

FREDERICTON

Die Provinzhauptstadt Fredericton an einer Biegung des Saint John River hat sich ihren verträumten Charakter bewahrt. Von stattlichen Bäumen umsäumte Straßen mit ehrwürdigen viktorianischen Villen sowie zahlreiche historische Gebäude bestimmen das Stadtbild. Besonders eindrucksvoll sind die City Hall von 1876 und das Parlamentsgebäude an der Queen Street.

So kochten die Pioniere Kanadas im 18. Jahrhundert. Zu sehen ist dies im Kings Landing Historical Settlement.

Die Gebäude am Officers Square zwischen Carleton und Regent Street zeugen von der Militärtradition der britischen Kolonialära. Hier geben die sorgfältig restaurierten Soldier's Barracks einen

guten Eindruck davon, wie die einfachen britischen Soldaten um 1820 lebten. Für die Besucher der Stadt hat man während des Sommers auch den traditionellen Wachwechsel mit scharlachroten Uniformen und Bärenfellmützen beibehalten.

Die Spuren loyalistischer Geschichte lassen sich auch im Old Burial Ground verfolgen. Auf diesem alten Friedhof sind die Angehörigen der ersten Siedlerfamilien von 1787 bis 1878 begraben. Fredericton ist auf noch älterem Siedlungsgrund erbaut, denn schon vor einigen hundert Jahren stand hier ein indianisches Dorf und auch die Franzosen hatten ihre Siedlung, die sie St. Anne nannten. Diese wurde von den Engländern 1760 niedergebrannt. Erst 24 Jahre später gründeten Sir Thomas Carleton und andere „Königstreue" an dieser Stelle Fredericton.

Prächtige viktorianische Gebäude säumen die Queen Street in Fredericton.

SAINT JOHN

Saint John ist nicht nur New Brunswicks industrielles Zentrum und größte Stadt der Provinz; sie ist gewissermaßen auch Kanadas älteste europäische Siedlung, denn hier – an der Mündung des Saint John River – landete 1604 Samuel de Champlain.

Der Aufschwung für Saint John kam erst anderthalb Jahrhunderte nach seiner Entdeckung, als sich einige Tausend Loyalisten hier niederließen. Die treuen Anhänger von König Georg konnten sich mit dem republikanischen Geist in den von Britannien abgefallenen Neuengland-Kolonien partout nicht anfreunden. So wird auch das Jahr 1783, in dem sich die Bevölkerungszahl des ehemaligen

Eingebettet in eine schöne Naturlandschaft, hat sich Saint John nicht nur zur bedeutendsten Stadt an der Bay of Fundy, sondern zur größten Metropole von New Brunswick entwickelt.

akadischen Handelsposten mehr als verdoppelte, als das eigentliche Gründungsjahr der Stadt angesehen. Schon zwei Jahre später wurde Saint John als Kanadas erste Stadt mit allen entsprechenden Rechten eingetragen. Man ist stolz darauf, dass hier die erste Stadtpolizei, die erste Bank und die erste Zeitung Kanadas gegründet wurden. Der Aufschwung hielt an, und so war Saint John im 19. Jahrhundert ein florierendes Handels- und Schiffsbauzentrum, das oft auch als „Liverpool Nordamerikas" bezeichnet wurde.

Eine verheerende Brandkatastrophe im Jahre 1877 sowie das Erliegen der Werftindustrie, die den Wechsel von hölzernen Segelschiffen zu stählernen Dampfern nicht schaffte, brachten den wirtschaftlichen Niedergang für Saint John. Aus dieser schweren wirtschaftlichen Depression konnte sich die Stadt eigentlich erst in den letzten 50 Jahren befreien, als immense Summen in die Verbesserung der Infrastruktur investiert wurden. Der Hafen wurde mit modernen Container- und Ölterminals ausgebaut und eine riesige Papiermühle sowie eine der größten Raffinerien Kanadas entstanden. Darüber hinaus wurde ein neues Convention and Trade Center errichtet und die heruntergekommenen Kaianlagen und Lagerhäuser zu richtigen Schmuckstücken umgebaut, in denen heute Läden, Boutiquen, Restaurants und Straßencafés untergebracht sind. Die historische Substanz dieser Gebäude ging dabei glücklicherweise nicht verloren.

Auch sonst ist man stolz auf die ehrwürdige Tradition der Stadt. Alljährlich feiert man während der Loyalist Days in liebevoll geschneiderten Kostümen des 18. Jahrhunderts und unter wehendem Union Jack die Landung der „Königstreuen" in der Region. Darüber hinaus gibt es einen fünf Kilometer langen Loyalist Trail, der den Besucher zu den interessantesten historischen Gebäuden der Stadt führt. Der Market Square am Hafen mit Einkaufsmöglichkeiten, Restaurants, Boutiquen und dem New Brunswick Museum ist eine gelungene Mischung aus Alt und Neu. Im Barbour's General Store am Market Slip findet man das typische kunterbunte Warenangebot eines Krämerladens des 18. Jahrhunderts und gleich daneben steht das alte Schulgebäude, das heute das Besucherzentrum beherbergt.

Auf der King Street mit ihren backsteingepflasterten Bürgersteigen und antiken Straßenlaternen gelangt man ins Herz der Altstadt. Hier stehen einige der sehenswertesten Gebäude, die 1877 vom großen Feuer verschont geblieben sind. Das älteste ist das zwischen 1810 und 1817 erbaute Loyalist House, ein äußerlich schlichtes, aber mit prächtigem georgianischem Interieur ausgestattetes Bürgerhaus. Gleich nebenan steht der Old City Market mit einer Dachkonstruktion, die an die gewölbten Spanten eines Schiffes erinnert – ebenfalls ein historisches Gebäude, das den Brand überstanden hat. Hier herrscht seit über 130 Jahren lebhaftes Treiben. Viele der Marktstände werden seit Generationen von derselben Familie betrieben. Das Angebot schließt so ziemlich alles ein, was in New Brunswick produziert wird – von kunstgewerblichen Arbeiten bis zu Gemüse und Meeresfrüchten. Auch ausgefallene maritime Spezialitäten kann man hier kosten: zum Beispiel „dulse" – ein getrockneter, rötlicher Seetang – und „fiddle heads", Farnsprösslinge, die in Salaten ausgesprochen gut schmecken.

Etwas weiter, am King's Square, finden im schön restaurierten Vaudeville Imperial Theatre Ballett-, Theater- und Konzertveranstaltungen statt. Gleich neben den adretten Anlagen des Platzes liegt der Loyalist Burial Ground. Auf dem alten Pionierfriedhof erinnern verwitterte Grabsteine an die Gründerfamilien der Stadt.

Ein weiterer Ausflug in die Geschichte führt zu zwei alten Verteidigungsanlagen in der Umgebung von Saint John. Im Carleton Martello Tower, der im englisch-amerikanischen Krieg von 1812 errichtet wurde, erklären Angestellte in historischen Kostümen das Soldatenleben im 19. Jahrhunderts. Das alte Blockhaus von Fort Howe wurde ursprünglich in Halifax gebaut und 1777 nach Saint John versetzt, um den Hafen vor amerikanischen Angriffen zu schützen. Vom Aussichtspunkt des Forts hat man einen großartigen Blick über die Stadt.

Die Reversing Falls an der Mündung des Saint John River geben einen kleinen Vorgeschmack auf die Macht der Gezeitenströme in der Bay of Fundy. Zweimal täglich zwingt hier die Meeresflut das Wasser des großen Stroms „rückwärts" über die Stromschnellen. Nur in der kurzen Zeit des Gleichstands zwischen Ebbe und Flut besteht für Boote und Schiffe die Möglichkeit, die Fälle zu passieren.

Auch Saint John an der Bay of Fundy kann mit imposanten Häusern im viktorianischen Stil aufwarten.

RECHTE SEITE:
Swallowtail Lighthouse auf der Grand Manan Island

ST. ANDREWS UND DIE FUNDY-INSELN

Im Südzipfel der Provinz, direkt an der amerikanischen Grenze, liegt einer der schönsten Ferienorte der Atlantikküste. Mit seinen 1800 Einwohnern hat sich das traditionsreiche Seebad St. Andrews By-the-Sea die beschauliche Atmosphäre eines Fischerdorfes bewahrt.

Viele der gepflegten Häuser im Ortskern sind über 100 Jahre alt, denn nach der Revolution und dem englisch-amerikanischen Krieg von 1812 zogen viele Loyalisten in den Ort. Danach verbrachten betuchte Amerikaner gern hier ihre Ferien. Das imposante weißrote Algonquin Hotel stammt aus der Zeit der großen Eisenbahnhotels. Auch der Eisenbahnbaron Van Horne hat sich 1890 auf Minister's Island vor St. Andrews ein schlossähnliches Anwesen mit Tennisplätzen und Gewächshäusern errichten lassen. Die Flaniermeile der Stadt ist die Water Street. Hier stehen viele der eleganten Gebäude, es gibt zahlreiche Restaurants und Cafés sowie kleine Läden und Studios, in denen man örtliches Kunsthandwerk begutachten und kaufen kann.

Der kleine Hafen von Deer Island

Dort wo sich die Passamaquoddy Bay zur Bay of Fundy weitet, gelangt man mit einer Fähre zu den vorgelagerten Inseln. Deer Island hat nicht nur einen großen Naturpark und schöne, weite Strände zu bieten, sondern auch Kanadas größte Hummerzucht. Von dort geht es mit der Fähre weiter nach Campobello Island, wo sich wohlhabende Amerikaner ihre Ferienhäuser bauten. Auch der frühere Präsident Franklin Delano Roosevelt hatte hier eine Sommerresidenz. Heute ist die prächtige Anlage ein für Besucher zugänglicher internationaler Park, der von beiden Staaten gemeinsam verwaltet wird. Von den USA aus ist Campobello auch über eine Fußgängerbrücke zu erreichen.

GRAND MANAN ISLAND

Grand Manan ist die größte der Fundy-Inseln und ein kleines Paradies für Individualisten, Naturfreunde, Fotografen, Maler und Vogelliebhaber. Der amerikanische Künstler und Ornithologe James Audubon hat 1831 die Insel besucht und hier viele seiner prachtvollen Zeichnungen angefertigt.

RECHTE SEITE:
Scheinbar endloser, roter Sandstrand an der Bay of Fundy. Herrscht jedoch Flut, ändert sich dieser Eindruck schlagartig: Nirgendwo sonst auf der Welt fallen die Gezeiten derart heftig aus. Über 21 Meter kann hier der Tidenhub betragen.

Landschaftlich hat Grand Manan einiges zu bieten. Auf der Westseite ragen steile Klippen aus dem Meer, pittoreske Fischerdörfer reihen sich entlang der Ostküste und weite Strände und Wattenmeer laden zum Wandern ein. Walbeobachtung auf Booten ist ebenso möglich wie die Fahrt zu Seevögelkolonien, wo über 200 Vogelarten leben.

Die rund 2500 Einwohner der Insel leben noch weitgehend vom Fang von Hummern und anderen Meeresfrüchten. Als Zubrot ernten sie „dulse“, ein purpurrötliches, essbares Seegras. In den Dörfern sieht man die zum Trocknen aufgespannten Netze und aufgestapelten Hummerfallen, und in den ruhigen Buchten tuckern kleine Fischerboote zu den so genannten „weirs“ – kreisförmigen, an langen Stangen befestigte Stellnetze, die bei Ebbe ihren Fang preisgeben. Darüber hinaus spielt der Tourismus für die Insel eine größere wirtschaftliche Rolle.

Im Hauptort Grand Harbour zeigt ein sehenswertes kleines Museum Ausstellungen über die Flora und Fauna der Fundy-Inseln sowie alte Gebrauchsgegenstände und maritime Fundstücke.

DIE RIESENGEZEITEN DER BAY OF FUNDY

Die Bay of Fundy ist eine Bucht der Riesengezeiten. Nirgendwo sonst auf der Welt ist dieses imposante Naturschauspiel so eindringlich zu sehen wie in der Chignecto Bay und dem Minas Channel von Nova Scotia, den beiden trichterförmigen Enden der Bay of Fundy. Weil sich hier nicht nur die Küstenlinien verengen, sondern auch der Meeresboden ansteigt, wird die hereindrängende Flut bei Springtide bis zu einer Höhe von 16 Metern und mehr angestaut. Man hat ausgerechnet, dass täglich zweimal rund 100 Milliarden Tonnen Atlantikwasser in die Fundy-Bucht und damit auch in alle Häfen und jedes Inlet der Küste gepresst werden. Das entspricht in etwa der Wassermenge, die sich täglich aus allen Flüssen der Welt in die Meere ergießt.

Bucht auf Grand Manan Island

Besonders eindrucksvoll erlebt man die mächtige Flut bei Hopewell Cape, ein paar Kilometer nordöstlich vom Fundy National Park. Dort sind bizarre Felsformationen aus dem Sandsteinfels gewaschen worden, die während der Flut, die hier ungefähr zehn bis elf Meter ansteigt, als winzige Inselchen mit ein paar Büschen und Bäumen darauf im

VORHERIGE DOPPELSEITEN:
Ausgefranste Felsen in der Bay of Fundy und das faszinierende Schauspiel, wenn die Flut einläuft

RECHTE SEITE:
Restaurant in Shediac

Kaum zu glauben, dass die Boote, die in den kleinen Häfen entlang der Bay of Fundy weitab vom Wasser auf dem Trockenen liegen, tatsächlich schon wenige Stunden später wieder ausfahren können, wenn die Flut kommt.

Wasser schwimmen. Bei Ebbe sehen sie dann wie riesige Blumentöpfe aus. Man kann das fantastische Panorama von einem Aussichtspunkt genießen. Zudem gelangt man über eine Treppe die Steilküste herunter zum Strand, um dort die „flowerpots" und interessante Meeresfauna in den Gezeitentümpeln von nahem zu betrachten. Dabei sollte man jedoch tunlichst die Gezeitentabelle im Auge behalten.

Auch bei Alma, einem kleinen Fischerdörfchen am Rande des Fundy National Park, wo bei Ebbe die kleinen Fischerboote weit im Landesinneren auf dem Trockenen liegen, lassen sich die Gezeiten gut beobachten. In Alma befindet sich das Besucherzentrum des Nationalparks, wo Broschüren, Schautafeln, Ausstellungen und geduldige Ranger über die Riesengezeiten und ihre Auswirkungen auf die Umwelt informieren. Der 206 Quadratkilometer große Park bietet mit seinen zerklüfteten Küsten, ausgedehnten Wäldern, Flusstälern, Wasserfällen und Biberteichen wunderschöne und interessante Trekking- und Kajakrouten.

TAURANT
SHEDIAC
CAPITALE MONDIALE DU HOMARD
LOBSTER CAPITAL OF THE WORLD
Dining Room
entrance
Salle à Manger
entrée

In L'Acadie wird Flagge gezeigt. Da bleibt kein Zweifel, ob es hier „very british" zugeht oder französische Lebensart zelebriert wird.

DIE AKADIER-KÜSTE

Nördlich von Moncton, dem expandierenden Wirtschaftszentrum New Brunswicks, beginnt die Akadier-Küste. Hier überwiegt das französische Element. Die Stadt ist das quirlige Herz von L'Acadie: Gallische Lebensart zeigt sich überall – in Restaurants, Festivals und kulturellen Veranstaltungen. Von den 125.000 Einwohnern spricht über ein Drittel Französisch als Muttersprache. In Moncton befindet sich auch die einzige französischsprachige Universität der Provinz. Das auf dem Campus gelegene Acadian Museum zeigt Ausstellungen über das Leben der akadischen Siedler.

Entlang der Küste bis zur Baie des Chaleurs an der Grenze zu Québec reihen sich dann die malerischen Dörfer und Städtchen mit Namen wie Shediac, Bouctouche, Kouchibouguac, Neguac, Taracadie, Miscou und Caraquet. In Shediac weist eine riesige Hummerskulptur darauf hin, dass man sich in der Hummer-Hauptstadt der Welt befindet: Hier dreht sich alles um die leckeren Schalentiere. In den Restaurants werden besondere Lobster Dinner angeboten und als Höhepunkt der Fangsaison findet ein großes Lobster Festival statt.

Im Fischerdorf Bouctouche kann man sich in dem auf einer kleinen Insel angelegten Themenpark Le Pays de la Sagouine über das Leben der Akadier vor 100 Jahren informieren.

Südlich der Miramichi Bay erstreckt sich der 240 Quadratkilometer große Kouchibouguac National Park mit dichten Wäldern, Mooren, Salzmarschen und Lagunen. Durch seine weiten, einsamen Sandstrände ist er auch ein beliebtes Freizeitrevier.

Caraquet, an der Baie des Chaleurs gelegen, ist das kulturelle Zentrum der Acadie. Hier wehen überall an den Häusern die rotweißblauen Wimpel mit dem gelben Akadierstern. Absoluter Jahreshöhepunkt ist das Festival Acadien mit Aufführungen, bunten Paraden und der Segnung der Fischereiflotte. Caraquet hat neben einer florierenden Verarbeitungsindustrie für die etlichen Tonnen Hummer und Krebse, die in der Region gefangen werden, auch die einzige Fischereischule der Provinz.

Bis heute spielen an der Akadier-Küste Fisch- und Hummerfang eine große Rolle. Die pittoreske Ortschaft Shediac gilt als die Hummer-Hauptstadt weltweit.

VILLAGE HISTORIQUE ACADIAN

Im Musée Acadien erfährt man alles über die 250-jährige Geschichte und Kultur der französischen Pioniere. Danach kann man sein frisch erworbenes Wissen bei einem Besuch des Village Historique Acadian vertiefen. Zehn Kilometer westlich von Caraquet hat man rund drei Dutzend historische Gebäude aus der Provinz zusammengebracht und ein Museumsdorf errichtet, das nichts Geringeres als eine echte Zeitreise ins 18. und 19. Jahrhundert verspricht.

Hier geht es genauso authentisch und farbenfroh zu wie im britischen Gegenstück Kings Landing bei Fredericton. Das Personal „lebt und arbeitet" in Kostümen der Zeit. Der Besucher kann in der Küche in die Töpfe schauen, vom Eingemachten kosten und zusehen, wie Fische getrocknet, Brot im Steinofen gebacken und nach alter Tradition Wolle gefärbt, Flachs gesponnen und Seife gekocht wird. Alles was man in dem Dorf benötigt, wird hier auch hergestellt – außer Glaswaren. Die importiert man aus Frankreich – von der gleichen Manufaktur, die schon vor 200 Jahren ihre Waren in die Acadie verschifft hat.

N
O
S
W
0
200
400
600
km
Iqaluit
Lake Harbour
dsonstraße
Kangiqsujuak
Kangirsuk
Ungava-Bay
Ungava Peninsula
Kuujjuaq
Labradorsee
Nain
Barrenground
Minto-see
Cartwright
Battle Harbour
Newfoundland and Labrador
Schefferville
Smallwood-reservoir
Goose Bay
St. Anthony
Blanc Sablon
St. Barbe
Churchill Falls
Port au Choix
Labrador
Grand Falls-Windsor
Gander
Bonavista
St. John's
Buchans
Avalon Peninsula
Natashquan
Corner Brook
Newfoundland
Chisasibi (Fort George)
Havre St.-Pierre
Sept-Îles
Anticosti Is.
Cape St. Mary's
Port aux Basques
Miquelon (frz.)
St. Pierre (frz.)
St. Lorenz-Golf
Waskaganish (Rupert House)
Mistassini-see
Quebec
Baie Comeau
St. Lorenz-Str.
Gaspé
Cape Breton Is.
Caraquet
Campbellton
Prince Edward-Ild.
Sydney
Louisbourg
New Brunswick
Bathurst
Charlottetown
Gouin-stausee
Chicoutimi
Moncton
New Glasgow
Abitibi-see
Fredericton
Nova Scotia
Sable Is.
Quebec
Cochrane
Val-d'Or
Saint John
Halifax
Rouyn-Noranda
Kirkland Lake
Trois Rivieres
St. Andrews
Digby
Bay of Fundy
Lunenburg
Liverpool
Montreal
Sherbrooke
Yarmouth
Sudbury
North Bay
Pembroke
Ottawa
Huntsville
Huronsee
Kingston
Oshawa
Toronto
Ontariosee
USA
Boston
Hamilton
Niagara Falls
ATLANTISCHER OZEAN

PRINCE EDWARD ISLAND

ÜBERBLICK

Prince Edward Island ist die kleinste der kanadischen Provinzen – sowohl im Hinblick auf die Gesamtfläche als auch hinsichtlich der Bevölkerungsgröße. Die Bewohner der Provinz bezeichnen ihre Heimat schlicht als P.E.I. oder einfach als „die Insel". Begeisterte Besucher sprechen von der „grünen Insel" oder vom „Garten im Golf".

Bereits vor einigen tausend Jahren war Prince Edward Island von der Mi'kmaq-Urbevölkerung bewohnt. In Anlehnung an eine ihrer Legenden, der zufolge ein großer Geist die Insel aus rotem Ton formte und sie sanft auf die Wellen legte, nannten sie ihre Heimat „Abegweit" – „Land, von den Wellen gewiegt".

Die 5660 Quadratkilometer große, halbmondförmige Insel im St.-Lorenz-Golf ist 225 Kilometer lang und nur zwischen sechs und 64 Kilometer breit. Im Süden trennt sie die Northumberland Strait von New Brunswick und Nova Scotia. Bis zum Sommer 1997 war P.E.I. nur mit der Fähre oder dem Flugzeug zu erreichen. Dann wurde die beeindruckende, 13 Kilometer lange Confederation Bridge

Roter, feiner Sand, der zum Baden einlädt – nur eines der Highlights von Prince Edward Island

fertiggestellt. Sie führt von Cape Tormentine in New Brunswick nach Borden-Carleton im Südwesten von P.E.I.

Hervorstechende Merkmale der Insel sind die fruchtbare, ziegelsteinrote Erde, ausgedehnte Dünenlandschaften und einige der schönsten und wärmsten Badestrände im nördlichen Amerika. Der höchste Punkt der Insel, ein eher bescheidener Hügel von 152 Metern, befindet sich bei Springton im Queens County.

Die Küstenlinie ist recht abwechslungsreich mit tief eingeschnittenen Buchten, zerzausten Salzmarschen und schroffen, leuchtendroten Sandstränden und Klippen. Dazwischen liegen malerische Fischerdörfer, in deren Häfen aufgespannte Netze und große Stapel von Hummerkästen liegen, von denen kunterbunte Markierungsbojen herabhängen. Es gibt einige wenige kleine Seen und Flüsschen, die aber meist nicht mehr als schmale Meereseinschnitte sind, bei denen der Gezeitenstrom landeinwärts auf die Mündung eines Baches trifft. Zur Zeit der ersten europäischen Ankömmlinge war die Insel dicht bewaldet. Davon sind aber nur ein paar Wäldchen übrig geblieben.

KLIMA

P.E.I. hat nach kanadischen Maßstäben ein meist moderates Klima mit zwar recht kühlen Wintern und Temperaturen von durchschnittlich –6 bis –7 °C im Januar und Februar, aber warmen Sommern, in denen das Thermometer häufig über 30 Grad anzeigt. Auch der Herbst ist relativ lang und warm. Verglichen mit den anderen Provinzen der atlantischen Region hat die Insel kaum Probleme mit Nebel und diesigem Wetter.

BEVÖLKERUNG

Knapp 140.000 Menschen leben auf der Insel, davon etwa 35.000 in der Provinzhauptstadt Charlottetown. Fast 80 Prozent sind englischer, schottischer und irischer Abstammung, rund 15 Prozent französischer Herkunft. Praktisch wird auf P.E.I. fast nur Englisch gesprochen: Lediglich knapp fünf Prozent der Bevölkerung geben Französisch als ihre Muttersprache an. Von der Urbevölkerung der Mi'kmaq-Indianer, die schon vor mehreren tausend Jahren hier gejagt und gesiedelt haben, leben weniger als 2000 auf der Insel.

LINKE SEITE:
Confederation Bridge – die 1997 fertiggestellte, 13 Kilometer lange Brücke stellt die Verbindung zwischen Prince Edward Island und New Brunswick her.

WIRTSCHAFT

Der größte Teil der Insel wird landwirtschaftlich genutzt. Sanftes, grünes Hügelland wechselt sich ab mit Feldern, auf denen Gemüsesorten – vor allem Kartoffeln – angebaut werden, die rund ein Drittel der landwirtschaftlichen Erlöse einbringen. Viehzucht und Milchwirtschaft folgen an zweiter Stelle.

RECHTE SEITE UND UNTEN: Das verhältnismäßig milde Klima auf Prince Edward Island ermöglicht eine weitreichende landwirtschaftliche Ausnutzung der Flächen, auch in Form von Viehzucht.

Auch der Fischfang ist ein weiterer Bestandteil der Inselökonomie. Als König der Gewässer um Prince Edward Island gilt der Hummer, aber auch zwei Dutzend weitere Fischsorten und Meeresfrüchte werden gefangen. In Zeiten zurückgehender Fischbestände in allen Atlantikprovinzen gewinnen die Erträge an Zuchtmuscheln, Krebsen und den berühmten Malpeque-Austern, die in der gleichnamigen großen Meeresbucht geerntet werden, zunehmend an Bedeutung.

Auch Hightech-Industrie, besonders in den Bereichen Medizin und Elektronik, hat sich auf der Insel angesiedelt. Einer der bedeutendsten Wirtschaftszweige ist der Tourismus: Jährlich besuchen fast 700.000 Urlauber die Insel.

GESCHICHTE

Ausgrabungen lassen darauf schließen, dass die Vorfahren der Mi'kmaq schon vor 10.000 Jahren hier gelebt haben. Sie kamen wahrscheinlich über eine Tiefebene, die jetzt von der Northumberland Strait bedeckt ist, in die Region. Mit der Landung von Jacques Cartier an der nordwestlichen Spitze

RECHTE SEITE UND UNTEN:
Fisch- und Hummerfang sind auf Prince Edward Island bis heute wichtige Einnahmequellen. Die hölzernen Hummerkörbe sind zu Tausenden in den kleinen Fischerdörfern zu finden.

der Insel im Jahre 1534 begann die Ära der Europäer. Cartier, erschöpft durch eine entbehrungsreiche Seereise, beschrieb die Insel als „das wunderschönste Fleckchen Erde, das man sich vorstellen kann". Er nannte sie Isle St. Jean. Dennoch dauerte es noch eine ganze Weile, bis man ernsthaft daran dachte, die Insel zu besiedeln.

1632 wurde Prince Edward Island von Samuel de Champlain erst einmal kartografiert und durch seine Reisebeschreibungen bekannt gemacht. 1710 kam ein kleiner Siedlertrupp aus der französischen Acadie, dem heutigen Nova Scotia, in das Gebiet um den Hillsborough River. 1720 folgten drei Schiffe aus Frankreich mit weiteren Kolonisten unter der Führung des Compte de Saint-Pierre, eines Edelmannes vom Hofe Louis XV.

Mit Hilfe von Zimmerleuten und Arbeitern vom nahen Cape Breton Island wurden die Gebäude der ersten dauerhaften Siedlung, Port-La-Joye, errichtet. Eine weitere Kolonie mit einer Musterfarm, Schmiede und anderem Handwerk entstand im Jahre 1731. Aber dennoch lebten um 1750 erst 700 Menschen auf der Insel.

1755 begannen die Briten mit der Vertreibung der akadischen Siedler in Nova Scotia. Viele Akadier flüchteten daraufhin auf die Isle St. Jean. Doch auch hier waren ihnen nur ein paar Jahre der Ruhe vergönnt. 1758, nach der Eroberung der Insel durch die Briten, wurden die meisten akadischen Siedler nach Frankreich deportiert. Ein Teil kehrte später jedoch wieder zurück.

Nach dem Frieden von 1763 wurde die Insel endgültig England zugesprochen. 1766 fertigte Captain Samuel Holland eine genaue topografische Karte der Insel an. Durch ein Lotteriesystem wurde das Land in 67 Parzellen aufgeteilt und an einflussreiche britische Landbesitzer im Mutterland vergeben. Viele von ihnen setzten nie einen Fuß auf die Insel und wurden so fast ein Jahrhundert lang zu einem der größten Hindernisse für eine progressive Siedlungspolitik. Einige weigerten sich, Land an Pächter zu verkaufen, oder verlangten Summen, die Siedler unmöglich aufbringen konnten; andere erhoben einen

exorbitanten Pachtzins, der bittere Armut schuf. 1769 wurde die Insel St. John eine selbstständige Kolonie und 1799 zu Ehren von Prinz Edward, dem Duke of Kent, umbenannt.

Erst 1853 sorgte eine liberale Regierung durch eine Landreform für Fortschritte in der Besiedelung von Prince Edward Island. Aber zugleich waren die Jahre zwischen 1854 und 1865 von erbitterten politischen Auseinandersetzungen geprägt. Dabei ging es hauptsächlich um Fragen der Landreform, die Errichtung von Schulen und um den Bau der Eisenbahn.

Der 1. September 1864 war ein historisches Datum für die kleine Insel. In der Hauptstadt Charlottetown trafen sich Delegierte aus Nova Scotia, New Brunswick, Upper Canada (dem heutigen Ontario) und Lower Canada (dem heutigen Québec) und diskutierten Vorschläge zur Vereinigung des britischen Nordamerika. Diese Konferenz legte den Grundstein für den British North America Act von 1867, der zur Gründung des Dominion of Canada führte. Allerdings fanden die P.E.I-Delegierten die Beitrittsbedingungen zunächst inakzeptabel. Erst am 1. Juli 1873 trat die Inselprovinz der kanadischen Konföderation bei.

LINKE SEITE UND UNTEN:
Idyllische Kirchen schmücken die Ortschaften auf Prince Edward Island.

CHARLOTTETOWN

Die Provinzhauptstadt Charlottetown hat nur etwa 35.000 Einwohner, ist jedoch für die Inselbewohner das Zentrum für alle Angelegenheiten, die Verwaltung, Wirtschaft und Kultur betreffen. Die günstige Lage an einem durch den Zusammenfluss vom Hillsborough River mit seinen Nebenflüssen entstandenen hervorragenden Naturhafen haben schon die Franzosen erkannt, die hier 1720 ihre erste Siedlung, Port-La-Joye, gründeten. Siedlung und Befestigungsanlagen wurden von den Briten im Jahre 1758 zerstört. An diese Zeit erinnern die übrig gebliebenen 200 Jahre alten Erdwälle der Fort Amherst/Port-La-Joye National Historic Site bei Rocky Point.

Die neue Hauptstadt Charlottetown errichtete man auf der gegenüberliegenden Seite der Bucht. Benannt wurde sie nach Queen Charlotte, der Gemahlin des englischen Königs George III. Von Beginn an war der Ort der Haupthandelsplatz der Kolonie und im 19. Jahrhundert gab es von Charlottetown regelmäßige Verbindungen nach England, zur Ostküste der Vereinigten Staaten und in die Karibik.

Charlottetown liegt am Zusammenlauf der Flüsse Hillsborough, Yorke und Eliot.

Ruhige, baumumsäumte Straßen mit schmucken Holzhäusern und eleganten viktorianischen Villen sowie im neoklassischen Kolonialstil errichtete Kirchen und öffentliche Bauten aus Sandstein prägen den Charakter der Stadt. Auch das für die Stadtplanung in britischen Kolonien typische Gittermuster der Straßen und Plätze ist erkennbar.

Die Waterfront wurde hübsch restauriert, und wo 1864 die „Väter der Konföderation" an Land gingen, hat man ihnen mit dem Confederation Park ein Denkmal gesetzt. Überhaupt ist man auf die Rolle der Insel in Kanadas Vereinigungsprozess mächtig stolz: So gibt es z. B. eine Founders Hall, in der von Confederation Players historische Stücke aufgeführt werden, und auch das neue ultramoderne Kulturzentrum mit seinen Kristall- und Chromskulpturen, mehreren Theatern, einem Kunstmuseum und der Provinzbibliothek trägt den Namen Confederation Centre of the Arts. Das Province House, ein großer Sandsteinbau von 1847, ist Sitz des Parlaments und gleichzeitig eine National Historic Site, wo man den originalgetreu restaurierten Konferenzraum besichtigen kann.

Die katholische Kirche von Charlottetown

ANNE'S LAND

Ihren Bekanntheitsgrad in Nordamerika hat die Prince Edward Island jedoch weniger ihrer Rolle als „Geburtsstätte Kanadas" zu verdanken als vielmehr der auf der Insel geborenen Schriftstellerin Lucy Maud Montgomery (1874–1942). Sie war ungemein produktiv und schrieb neben 20 Romanen auch rund tausend Gedichte und Kurzgeschichten. Fast alle spielen auf Prince Edward Island und besonders im zentralen Norden der Insel. Hier bei Cavendish an der Rustico Bay steht das Haus, in dem sie ihre Kindheit verbrachte.

Es war vor allem der in die Zeit um 1900 angesiedelte Roman „Anne of the Green Gables", der L. M. Montgomery – und die Insel – berühmt gemacht hat. Die Heldin Anne, ein rothaariges, bezopftes Waisenmädchen „mit dem Herzen auf dem rechten Fleck" findet trotz aller Kümmernisse doch noch seine heile Welt auf der Insel. Der Roman wurde ein Bestseller, der in zwei Dutzend Sprachen übersetzt wurde, und die kleine Anne gewann besonders in Nordamerika – und seltsamerweise auch in Japan – Kultstatus.

Das milde Klima von Prince Edward Island lässt im Sommer Lupinen und andere Blumen erblühen.

Das weiße Farmhaus mit den grünen Giebeln, in dem Lucy M. Montgomery glückliche Zeiten verbrachte und das sie als Vorlage für ihren Roman benutzte, ist zur Hauptattraktion der Insel geworden. Man kann der Hauptfigur „Anne" einfach nicht entgehen: Schiffe, Restaurants, Plätze, Straßen, Wege und vieles mehr tragen den werbeträchtigen Namen. Natürlich wird die Geschichte in Charlottetown auch regelmäßig als Musical dargeboten und in „Anne's Land" in Cavendish wird alljährlich ein großes Lucy Maud Montgomery Festival aufgeführt.

PRINCE EDWARD ISLAND NATIONAL PARK

Er besteht aus einem schmalen, rund 40 Kilometer langen Küstenstreifen zwischen Cavendish Beach und Stanhope Beach im Norden der Insel. Auch L. M. Montgomery's „Haus mit den grünen Giebeln" liegt im Nationalpark – ein Grund für viele Touristen, dorthin zu reisen. Dabei hat der Park weitaus mehr zu bieten: So gibt es vor allem beeindruckende Dünenlandschaften, durch die man auf Plankenwegen zu endlosen feinen Sandstränden gelangt, aber auch zahlreiche Buchten, Klippen aus rotem Sandstein, Gezeitenteiche, Marschland und kleine Fichtenwäldchen, verbunden durch Lehrpfade, Wander- und Fahrradwege.

Da der St.-Lorenz-Golf bei Prince Edward Island besonders flach ist und sich im Sommer sehr schnell erwärmt, zählen die Badestrände zu den besten in Atlantik-Kanada. Bei Stanhope, im Ostteil des Parks, steht das historische Hotel Dalvay-by-the Sea, das 1895 von einem Ölmagnaten als Landhaus erbaut wurde.

Im Westteil liegt der malerische kleine Hafenort North Rustico mit einem alten Leuchtturm und einem Fischereimuseum. An der Pier kann man von den einlaufenden Booten frischen Fisch kaufen, und auf einer dem Ort vorgelagerten kleinen Insel befindet sich eine Kolonie Blaureiher.

DIE WESTKÜSTE VON P.E.I.

Der Westteil der Insel von Summerside bis zum North Cape bietet die landschaftlich reizvollsten Regionen. In der Malpeque Bay wurden die bei Feinschmeckern sehr beliebten Malpeque-Austern zuerst gefunden. Heute züchtet man diese besonders schmackhaften und haltbaren Schalentiere auch in anderen Küstengewässern von Prince Edward Island. Auf dem im Westteil der Bucht liegenden Lennox Island leben in einem Reservat rund 40 Familien der Mi'kmaq-Indianer. Außer vom

Idylle pur am Trout River im Queens County der Prince Edward Island

FOLGENDE DOPPELSEITE:
Leuchtend rote Küsten mit weiß-roten Leuchttürmen setzen deutliche Akzente und bilden einen schönen Kontrast zu den lieblichen Landschaften im Landes-inneren.

Fischfang leben sie vom Verkauf von indianischem Kunsthandwerk: Stickereien, Masken, Töpferarbeiten und mit Stachelschweinborsten verzierte Körbchen sind hier zu erwerben. Das Mi'kmaq Cultural Centre hat auch ein kleines Museum, das über die wechselvolle Geschichte der Urbevölkerung der Insel informiert.

FOTO LINKS:
Das kleine Fischerörtchen French River im Queens County der Insel zeigt sich bislang völlig unbeeindruckt von den Besucherströmen, die dieses idyllische Kleinod gerne aufsuchen.

MISCOUCHE UND DAS AKADIERLAND

Südlich der Malpeque Bay, bei Miscouche und Mont-Carmel, befindet man sich im alten Siedlungsland der Akadier. Die imposanten Türme der historischen Kathedrale Notre-Dame-du-Mont-Carmel sind schon von Weitem zu sehen und überall weht neben der kanadischen Ahornblatt-Fahne auch die Trikolore mit dem gelben Akadierstern. Hier spricht man neben Englisch auch noch das alte Französisch des Mutterlandes. Über die Geschichte und Folklore der französischen Siedler kann man sich im Musée Acadien de l'île-du-Prince-Édouard in Miscouche informieren, zudem zeigt das kleine rekonstruierte Museumsdorf Le Village das Pionierleben der Akadier.

„IRISCHES MOOS"

Entlang der landschaftlich besonders reizvollen Küstenstraße im Cedar Dunes Provincial Park bis zum Cape North kann man besonders nach einer Sturmnacht an den Stränden rege Aktivitäten beobachten. Mit Harken und Schaufeln wird der in Massen angeschwemmte Seetang körbeweise auf Pick-up-Trucks oder Pferdefuhrwerke geladen. Dabei ist man nicht etwa dabei, den Strand zu säubern. Hier handelt es sich vielmehr um ein lukratives Nebengeschäft der dort ansässigen Fischerfamilien. Sie ernten Irish Moss, eine gelbgrüne bis rotbraune, oft auch purpurfarbene verzweigte Meerespflanze (chondrus crispus), die nach dem Sammeln getrocknet wird und dann eine vielseitige Verwendung findet.

Der Carrageen-Extrakt aus dem Knorpeltang wird in der Industrie als Stabilisator und Emulgator, unter anderem bei Kakao und Speiseeis, aber auch in vielen Kosmetika verwendet. In der Insel-Cuisine findet die wundersame Pflanze als Gemüse Verwendung und Irish-Moss-Pudding gilt als eine ganz besondere Spezialität auf Prince Edward Island.

In Miminegash gibt es ein Informationszentrum, das über Irish Moss und seine Verarbeitung und Verwendung informiert. Im dazugehörigen kleinen Seaweed Pie Café kann man dann Gerichte probieren, bei denen Irish Moss verwendet wurde, wie z. B. „Seetang-Kuchen".

0
200
400
600
km
N
O
S
W
Labradorsee
Iqaluit
Cape Dorset
Lake Harbour
Hudsonstraße
Salluit
Kangiqsujuak
Mansel Is.
Kangirsuk
Ungava-Bay
Ungava Peninsula
Kuujjuaq
Nain
Barrenground
Inukjuak
Cartwright
Minto-see
Battle Harbour
(zu Nunavut)
Schefferville
Smallwood-reservoir
Newfoundland and Labrador
Goose Bay
St. Anthony
Blanc Sablon
Belcher Is.
Churchill Falls
Port au Choix
Labrador
Gander
Buchans
Natashquan
Corner Brook
Newfoundland
Chisasibi (Fort George)
Havre St.-Pierre
James-Bay
Sept-Îles
Anticosti Is.
Akimiski Is.
Port aux Basques
Miquelon (frz.)
St. Pierre (frz.)
St. Lorenz-Golf
Waskaganish (Rupert House)
Fort Albany
Mistassini-see
Québec
Baie Comeau
St. Lorenz-Str.
Gaspé
Moosonee
Albany
Cape Breton Is.
Campbellton
Bathurst
Prince Edward-Ild.
Sydney
New Brunswick
Charlottetown
Gouin-stausee
Chicoutimi
New Glasgow
Moncton
Kapuskasing
Abitibi-see
Fredericton
Nova Scotia
Sable Is.
Québec
Cochrane
Val-d'Or
Saint John
Halifax
Kirkland Lake
Rouyn-Noranda
Trois Rivieres
Michipicoten
Sherbrooke
Yarmouth
Sault Ste-Marie
Sudbury
North Bay
Montreal
Pembroke
Ottawa
Huntsville
Kingston
ATLANTISCHER OZEAN
Huronsee
Michigansee
Oshawa
USA
Boston
Toronto
Ontariosee
Hamilton
Niagara Falls

QUÉBEC

ÜBERBLICK

FOLGENDE DOPPELSEITE:
Die Provinz Québec hat viele Gesichter: Millionenmetropolen wie Montréal (links) auf der einen Seite, Naturidylle wie am Saguenay River auf der anderen Seite (rechts)

Québec ist die größte Provinz Kanadas. Sie umfasst rund 1,6 Millionen Quadratkilometer und ist damit mehr als viermal so groß wie Deutschland. Eine derartige Landmasse bringt auch extreme Klimaunterschiede mit sich. Im Sommer Fernsehbilder junger Montréaler in den Straßencafés zu sehen und gleich darauf aktuelle Beiträge über junge Cree-Indianer, die ihre Motorschlitten durch die noch immer tief verschneite Tundra treiben, gehört zum Alltag in Québec.

Drei unterschiedliche Landschaftsformen fallen zunächst unmittelbar ins Auge. Den Süden dominiert der St.-Lorenz-Strom. Als historisches Rückgrat der Provinz und immer wieder zitierter Bezugspunkt der nationalen Psyche ist er die sichtbarste Komponente des St.-Lorenz-Tieflands. An seinem Ufer

Indian Summer
in den Laurentians Mountains

VORHERIGE DOPPELSEITE:
Blick vom Mount Orford auf die Gebirgswelt der Appalachen

entstand Neu-Frankreich, und hier konzentriert sich heute das moderne Québec. 80 Prozent der über sieben Millionen Einwohner leben hier. Auf dem St.-Lorenz-Seeweg, dem wichtigsten Wasserweg Nordamerikas, reisen Frachter und Kreuzfahrtschiffe bis nach Chicago. Die fruchtbaren Landstreifen an seinen Ufern sind Zentren der kanadischen Landwirtschaft. Die größten Städte der Provinz – Québec und Montréal – liegen an seinen Ufern. Und dort konzentrieren sich einige der größten verarbeitenden Industrien des Landes.

Südlich des St.-Lorenz-Stroms schließen die mittelgebirgsähnlichen Appalachen an. Landwirtschaft ist hier nur in den Ebenen und Tälern der Regionen Cantons de l'Est südöstlich von Montréal sowie Beauce östlich von Québec-Stadt möglich. Je weiter man nach Nordosten fährt, desto näher rücken die Appalachen an den St.-Lorenz-Strom heran. Die unzugängliche und nur holzwirtschaftlich nutzbare Gaspé-Halbinsel wird derart von diesem Gebirgszug dominiert, dass nur ein handtuchbreiter Küstenstreifen Raum für Siedlungen bietet. Die schroffen, fast 1300 Meter hohen Monts Chic Choc bilden den topografischen Höhepunkt der Region.

Schroffe Felsenküste auf der Gaspé-Halbinsel, die topografisch von den Appalachen geprägt ist

Es ist jedoch der kaum besiedelte Kanadische Schild, der „bouclier canadien", der den bei Weitem größten Teil der Provinz prägt. Die zu den ältesten Gesteinsformationen der Welt gehörende Gneiss- und Granitplatte bedeckt vier Fünftel der Provinz.

Eine Autostunde nördlich von Montréal beginnt eine Wildnis, die nur in der Nähe der Städte als Feriengebiet oberflächlich domestiziert wurde und ansonsten ausgiebig ihr unverbautes, wildromantisches Antlitz zeigt: ausgedehnte, waldbedeckte Plateaus mit felsigen Inselbergen und langgestreckten klaren Seen. Die höchsten Erhebungen des Kanadischen Schilds sind der Mt. Tremblant (968 Meter) nördlich von Montréal und der Mt. Raoul Blanchard (1158 Meter) im Massif Grands Jardins im Charlevoix. Irgendwo jenseits der allerletzten Siedlungen – dazu gehören Holzfällernester wie Chibogamau und Matagami – beginnt der menschenleere „Grand Nord". Boreale Nadelwälder und hunderttausende meist namenloser Seen charakterisieren das erst an der Hudson Strait und Ungava Bay endende Terrain. Mächtige Flusssysteme ziehen sich durch die Tundra, manche wurden in den 1970er Jahren als Energieversorger erschlossen.

Der 968 Meter hohe Mont Tremblant nördlich von Montréal ist eine der höchsten Erhebungen des Kanadischen Schilds in Québec und ein äußerst beliebtes Skigebiet.

GESCHICHTE

Schon zu Kolumbus' Lebzeiten war der St.-Lorenz-Strom europäischen Seefahrern bekannt. Lange bevor Samuel de Champlain, der Gründer der Kolonie Neu-Frankreich, den Strom hinaufsegelte, kannten ihn bretonische Fischer und baskische Walfänger wie ihre Westentasche.

Das Port St. Louis Gate ist eines von insgesamt vier Toren in der Stadtmauer Québecs – übrigens die einzige Stadt Nordamerikas, die über eine vollständig erhaltene Stadtmauer verfügt.

1534 erreichte der Seefahrer Jacques Cartier aus St. Malo die Stelle des heutigen Montréal und reklamierte Kanada für Frankreich. Québecs moderne Geschichte begann jedoch erst 70 Jahre später. 1608 gründete Champlain an einer Stelle, die von den Indianern „kebec" („der Ort, wo der Fluss enger wird") genannt wurde, das Fort Québec. Von hier aus wurde während der nächsten Jahrzehnte

die Kolonisierung und Missionierung der Ureinwohner vorangetrieben. Speerspitzen dieser Expansion waren die „coureurs de bois“ genannten Waldläufer. Auf der Suche nach Seelen und Biberfellen drangen sie auf den uralten Kanurouten der Indianer tief in den Kontinent vor.

Der Handel mit den in Europa begehrten Pelzen wurde schnell die Lebensgrundlage der jungen Kolonie. Während der bis 1701 anhaltenden Irokesen-Kriege wurden Montréal, Trois-Rivières und auch Québec mehrmals belagert und entgingen jedes Mal nur knapp der Vernichtung.

Der Alltag in Neu-Frankreich war weitgehend ein Spiegelbild des feudalistischen Mutterlands. Die „habitants“ genannten Bauern waren die Schutzbefohlenen adliger Großgrundbesitzer, der „seigneurs“, und hatten im Gegenzug auch deren Felder zu bestellen. Und die katholische Kirche hielt ihre beispiellose Machtposition in der franko-kanadischen Gesellschaft – sie kontrollierte das Gesundheits- und Bildungswesen – bis in die jüngste Vergangenheit aufrecht.

Um 1750 lebten 70.000 Kolonisten in Neu-Frankreich. Zu diesem Zeitpunkt war Nordamerika längst von den Kämpfen zwischen England und Frankreich um die Weltherrschaft eingeholt worden. Schon in der Wildnis hatten sich die beiden damaligen Supermächte Scharmützel geliefert. Am Ende kulminierten die Auseinandersetzungen im French and Indian War, der in Europa auch als Siebenjähriger Krieg (1756–1763) ausgefochten wurde. 1759 eroberten die Engländer schließlich Québec und im Frieden von 1763 trat Frankreich alle Besitzungen in Nordamerika an die englische Krone ab.

Eine Brigade-Truppe während der Parade anlässlich des Canada Day

Die neuen Herren öffneten bald neue Märkte. Englisch wurde zur Sprache in Wirtschaft und Politik. Mit ihren französischsprachigen Untertanen gingen sie zunächst noch behutsam um, indem sie ihnen u. a. Sprach- und Religionsfreiheit garantierten. Während des Amerikanischen Unabhängigkeitskriegs, der auch ein amerikanisches Invasionsheer vor den Mauern von Québec-Stadt sah, sowie im Krieg von 1812 gegen die Amerikaner blieben die frankophonen Untertanen deshalb der englischen Krone treu ergeben.

Die Zuwanderung tausender amerikanischer Loyalisten in den Süden von Québec sorgte allerdings für so viel Reibung, dass London seine kanadische Besitzung bald in die Provinzen Lower Canada (heute: Québec)

RECHTE SEITE:
St-Lawrence-College in Montreal. Lange Zeit war das Schul- und Universitätswesen fest in den Händen der katholischen Kirche.

und Upper Canada (heute: Ontario) mit jeweils eigener Legislative teilte. Die englischen Gouverneure in Lower Canada schürten jedoch den Unmut ihrer frankophonen Untertanen weiter, indem sie die Eingaben ihrer Delegierten systematisch ablehnten. 1837 entlud sich die Wut über die politische Unmündigkeit in der so genannten „Rebellion des Patriotes“, die aber vom Militär blutig niedergeschlagen wurde.

1841 legte man beide Kolonien zusammen. Die katholische Kirche von Lower Canada wurde für ihre Loyalität mit der Kontrolle über das Schul- und Gesundheitswesen belohnt – ein Schritt, dessen Auswirkungen in Québec bis in die Gegenwart zu spüren sind. So trug diese Vereinbarung unter anderem auch dazu bei, die Dualität der Bevölkerung Québecs – hier wohlhabende und politisch einflussreiche Anglo-Kanadier, dort arme und ungebildete Franko-Kanadier – zu vertiefen.

Hinter den Kulissen rumorte es indes weiter. Die fortwährenden Querelen und außenpolitischen Sorgen – am Vorabend des Bürgerkriegs drohten die USA offen mit Invasion – resultierten in einer Reihe von Konferenzen, die am 1. Juli 1867 den British North America Act aus der Taufe hoben. Darin wurde die Bildung der aus den Provinzen Ontario, Québec, New Brunswick und Nova Scotia bestehenden kanadischen Konföderation beschlossen. Jede Provinz war nun als Resultat einer strikten Gewaltenteilung zwischen Bund und Ländern weitgehend selbstständig und nur in Fragen der Außen- und Verteidigungspolitik von der neuen Hauptstadt Ottawa abhängig.

Bis weit in das 20. Jahrhundert ländlich geprägt, erlebte Québec seine umfassende Industrialisierung erst zwischen 1920 und 1940. Geleitet von katholisch-konservativen Regierungen, führte die frankophone Mehrheit in der Regel ein gottgefälliges Leben auf dem Lande und erreichte eine der höchsten Geburtenraten Nordamerikas, während die anglophone Oberschicht Montréal zum Finanzzentrum des Landes machte. In diese Machtkonstellation kam erst zu Beginn der 1960er Jahre Bewegung, als ökonomische und strukturelle Veränderungen – insbesondere in Form eines enormen Bevölkerungswachstums – zum Blick über den erzkonservativen Tellerrand zwangen.

Unter der liberalen Regierung von Jean Lesage, der 1960 bis 1966 das Amt des Premierministers innehatte, rückte die Idee der „Rattrapage“ in den Vordergrund. Damit war ein allgemeiner Prozess des Aufholens, der Modernisierung gemeint, um Québec aus seiner Rückständigkeit herauszuholen und die bestehende Chancenungleichheit anzugehen. Im Zuge dieser Maßnahmen wurde das Bildungswesen säkularisiert: Die Kirche verlor ihre in Nordamerika einzigartige Machtposition und infolgedessen allein in den nächsten 25 Jahren 40 Prozent ihrer Mitglieder.

1962 wurde Hydro Québec – die staatliche Elektrizitätsgesellschaft – gegründet, die zum Symbol des nun nach vorne blickenden Französisch-Kanada wurde. Diese heute als „révolution tranquille“ (Stille Revolution) zusammengefassten Ereignisse hatten auch eine kulturelle Komponente: Chansonniers sangen von der Schönheit ihrer Heimat, und zwar in ihrer Muttersprache, dem lange als Idiom der ungebildeten Unterschicht geschmähten Québécois – und erreichten damit plötzlich ein Millionenpublikum.

Die Stille Revolution hatte natürlich auch eine politische Seite. Aus den einstmals politisch eher lethargischen Franko-Kanadiern waren selbstbewusste, politisch engagierte Québécois geworden.

Deren Urangst vor der Assimilierung ihrer Sprache und Kultur durch die sie umgebenden 250 Millionen anglophonen Nordamerikaner nahm sich dann auch die in den 1970er Jahren gewählte, separatistische „Parti Québécois“ an.

Nachdem Französisch bereits 1974 zur offiziellen Sprache in Québec erklärt worden war, schob die Regierung 1977 das Gesetz 101 nach, das Französisch zur allgemeinen Verkehrssprache in Politik, Verwaltung, Wirtschaft und öffentlichem Leben machte. Damit sollte vor allem das ungleiche Kräfteverhältnis – 80 Prozent aller Führungspositionen in der Wirtschaft waren von Anglophonen besetzt – zugunsten der frankophonen Mehrheit verändert werden. Im Gesetz 178 wurde dann die Abfassung aller Verkehrs- und Hinweisschilder auf Französisch gefordert.

Die so vorangetriebene Französisierung war zwar erfolgreich, vertrieb aber zugleich viele anglophon geführte Banken, Versicherungen und andere Großunternehmen nach Toronto, sodass Montréal seine Führungsrolle in Kanada an die Metropole am Lake Ontario verlor. Des ungeachtet betrieb die Parti Québécois ihr erklärtes Ziel, die Loslösung der Provinz Québec von Kanada, unbeirrt weiter. 1980 ließ sie die Bevölkerung abstimmen: 60 Prozent entschieden sich jedoch gegen ein „Québec libre“. Beim zweiten Referendum im Jahr 1995 dagegen – inzwischen hatte sich Québec wirtschaftlich wieder gefangen – überlebte Kanada als intakte Föderation nur mit einem knappen Prozent (oder 40.000 Stimmen) Vorsprung.

Seit 2003 sind nun die Liberalen wieder am Steuer und „la liberté“ ist – zumindest vorläufig – vom Tisch. 2006 kam die Zentralregierung den Bewohnern Québecs dahingehend entgegen, dass sie Québec als „Nation innerhalb eines vereinigten Kanadas“ anerkannte.

WIRTSCHAFT

Québec zählt zu den Motoren der kanadischen Wirtschaft. Stark diversifiziert und geprägt von verarbeitender Industrie und einem wachsenden Dienstleistungssektor, profitiert die Provinz von der Verfügbarkeit billiger Energie aus dem hohen Norden: Die Mega-Wasserkraftwerke an der Hudson Bay erzeugen jährlich 142 Milliarden Kilowattstunden Strom und decken damit 95 Prozent des Energiebedarfs der Provinz.

Der Kanadische Schild ist so reich an Bodenschätzen, dass Québec landesweit führend im Bereich der Förderung von Gold, Eisen, Silber, Kupfer und Zink ist. An der Grenze zu Labrador befinden sich die größten Eisenerzlager der Welt. In den Appalachen werden unter anderem Kupfer, Blei und Wolfram abgebaut.

Québec gehört überdies zu den größten Papierherstellern Nordamerikas. Alljährlich werden auf rund 700.000 Quadratkilometern Fläche rund 40 Millionen Kubikmeter Holz geschlagen. Die Fischerei, einst ein Rückgrat der Wirtschaft, hat heute nur noch regionale Bedeutung, ebenso die Pelzverarbeitung. Die Landwirtschaft hingegen fährt jährlich über drei Milliarden Dollar Gewinn ein. Wichtigste Erzeugnisse: Milchprodukte, Geflügel, Rind- und Schweinefleisch, Kartoffeln und Gemüse.

LINKE SEITE:

Regierungsgebäude in Québec: Seit 2003 haben die Liberalen wieder das politische Ruder übernommen. Es bleibt abzuwarten, wie sich die separatistischen Bestrebungen innerhalb der Provinz entwickeln werden.

Es lohnt sich, in die Tiefen des Kanadischen Schilds vorzudringen: Hier befinden sich Bodenschätze in Form von Gold, Eisen, Silber, aber auch Kupfer und Zink.

RECHTE SEITE UND UNTEN:
Papierindustrie ist ein wesentlicher Wirtschaftszweig der Provinz Québec. Aber auch durch die landwirtschaftliche Nutzung der Flächen, wie z. B. auf der Île d'Oreleans im St.-Lorenz-Strom (rechts), werden jedes Jahr Milliardengewinne eingefahren.

Zusammen mit Ontario führt Québec die verarbeitende Industrie Kanadas an. Nahrungsmittel, Papierprodukte, Textilien, elektrische und elektronische Geräte, Metallwaren – alles „fait au Québec". Zudem nimmt die Provinz in der Luft- und Raumfahrtindustrie eine Führungsposition ein.

In den Großräumen Montréal und Québec-Stadt sind über 200 Unternehmen angesiedelt, darunter Bombardier, Pratt & Whitney und Rolls Royce Canada. Stark ist Québec auch im Bereich der Zukunftsbranchen: Allein in der Informationstechnik sind weit über 100.000 Menschen beschäftigt, und Montréal ist zudem ein Zentrum der Multimedia- und Biotech-Industrie.

Immer wichtiger wird der Tourismus. Die rund 20 Millionen Touristen, die jedes Jahr in die Provinz reisen, füllen die Kassen mit über vier Milliarden Dollar. Dabei sind Montréal und Québec-Stadt, letztere ein UNESCO-Weltkulturerbe, die beliebtesten Ziele.

MONTRÉAL

Downtown Montréal. Die Stadt am St.-Lorenz-Strom mit ihren rund 3,6 Millionen Einwohnern hat es geschafft, die unterschiedlichen Kulturkreise der Gründervölker und späteren Einwanderer zusammenzuführen und eine perfekte Symbiose entstehen zu lassen.

Andere Städte Kanadas lassen sich leichter charakterisieren. Wenn Vancouver die „Perle am Pazifik" ist und Toronto mit New York verglichen wird, was ist dann mit Montréal? Amerikaner nennen die 3,6-Millionen-Einwohner-Stadt auf der Insel im St.-Lorenz-Strom gerne „Paris ohne Jetlag". Und auch deutsche Touristen denken an Frankreich, vor allem beim Flanieren im romantischen Vieux-Montréal. Doch auf den Straßen, in Cafés und Geschäften ist neben der offiziellen Sprache Québecs auch Englisch zu hören und vor allem die jüngere Generation beherrscht beide Sprachen fließend. In Montréal treffen sich Kanadas Gründervölker täglich aufs Neue – und haben dabei, unterstützt von Einwanderern aus aller Welt, eine einzigartige urbane Kultur erschaffen, in der

keine der beiden Landessprachen wirklich dominiert und Toleranz und Lebensfreude die wichtigsten gemeinsamen Nenner sind.

Die – abgesehen von Paris – größte französischsprachige Stadt der Welt wurde 1642 als Missionsposten gegründet und entwickelte sich während der darauffolgenden 150 Jahre zum Mittelpunkt eines bis nach Louisiana und zu den Rocky Mountains reichenden Pelzhandelsimperiums. Nach dem Fall von Québec-Stadt streckte 1760 auch Montréal die Waffen vor den siegreichen Engländern. Um 1800 erlebte der Pelzhandel seinen Höhepunkt: Die meist schottisch-stämmigen Pelz-Aristokraten, unter ihnen James McGill und Simon Fraser, ließen die noch heute imposanten Gebäude in der Downtown errichten, gründeten die Bank of Montréal, Brauereien und Schifffahrtslinien.

Im 19. und frühen 20. Jahrhundert boomte die Stadt als Hafen und Verkehrsdrehscheibe, zusehends angetrieben von Einwanderern aus aller Welt. Unterdessen schwelten die Probleme zwischen den „Anglos" der Stadt und den „Frankos" weiter: Der quer durch die Mitte der Insel verlaufende Blvd. St-Laurent entwickelte sich zur Trennlinie der beiden Gründervölker, die zeitweilig so wenig miteinander zu verkehren pflegten, dass ihnen der Schriftsteller Hugh MacLennan den kanadischen Schlüsselroman „Two Solitudes – Zwei Einsamkeiten" widmete.

Im 20. Jahrhundert betrat die Stadt als Austragungsort der Expo '67 und der Olympischen Spiele 1976 die Weltbühne, doch während der folgenden Separatismus-Krise verlegten so viele englischsprachige Unternehmen ihren Sitz nach Toronto, dass Montréal insgesamt 16.000 Arbeitsplätze verlor und seinen Rang als Finanz- und Wirtschaftszentrum Kanadas an die Rivalin in Ontario abtreten musste.

Die Biosphère wurde 1967 anlässlich der Weltausstellung in Montréal errichtet.

Von der Wirtschaftskrise der 1990er Jahre erholte sich die zweitgrößte Stadt Kanadas relativ schnell. Heute, zu Beginn des dritten Jahrtausends, ist Montréal längst zweisprachig, ein in der Welt einzigartiges Beispiel für einen sanften, allen Widersprüchen trotzenden Lebensstil.

Der multikulturelle Alltag und die niedrigen Lebenshaltungskosten haben eine neue, ebenso dynamische wie experimentierfreudige Kulturszene ermöglicht. So gilt Montréal unter anderem als Welthauptstadt der Independent-Musik: Viele der erfolgreichsten Indie-Rock-Bands der letzten Jahre stammen von hier. Der international erfolgreiche Cirque du Soleil hat hier seinen Sitz, das Quartier des Spectacles rund um die Place des Arts besitzt die meisten Bühnen pro Quadratkilometer in Nordamerika. Weltweit bekannt ist Montréal schließlich für seine Restaurants und seine Festivals, von denen das Montréal Jazz Festival das größte seiner Art überhaupt ist.

Futuristisch anmutendes Olympiastadion von Montréal

VIEUX-MONTRÉAL

Enge Gassen mit Kopfsteinpflaster, gedrungene Häuser mit dicken Brandschutzmauern und winzigen Fenstern: Es gibt Stellen in Alt-Montréal, die ebenso gut in einem Städtchen in der Bretagne liegen könnten. Alt-Montréal ist der einst ummauerte Siedlungskern der Metropole und wird heute von der Rue McGill im Westen und der Rue Berri im Osten begrenzt, während die Nordgrenze irgendwo im Bereich der Rue St. Jacques verläuft. Die alten Stadtmauern wurden bereits zu Beginn des 19. Jahrhunderts abgetragen. Seitdem wuchs Montréal über die Insel hinaus bis aufs Festland. Nach dem Zweiten Weltkrieg verlassen und verfallen, erlebt die am St.-Lorenz-Strom liegende Alt-

stadt seit den 1960er Jahren ein fulminantes Comeback und ist heute nicht nur Montréals bedeutendste Touristenattraktion, sondern auch eine der begehrtesten Immobilien der Stadt: Leer stehende Gebäude wurden in schicke Lofts verwandelt, Erd- und Untergeschosse zu Galerien und Trend-Restaurants.

Quasi im Minutentakt stößt man auf Sehenswertes. An der Stelle der ersten Siedlung Fort Ville-Marie steht heute das Musée de l'Archéologie et d'Histoire Pointe-à-Callières: Hier führt eine Rolltreppe zu den Siedlungsresten hinunter. Neben dem Museum erinnert ein Obelisk mit den Namen der ersten Siedler an die oft dramatischen Anfänge. Stadtgründer Paul de Maisonneuve baute hier sein

In Vieux-Montréal mit seinen alten, bretonisch anmutenden Häusern zeigt die Stadt am deutlichsten ihre französische Seite.

erstes Haus, während er weiter östlich mit den Irokesen Friedensverhandlungen führte. Dort, auf dem Place d'Armes, dem späteren Exerzierplatz, steht heute sein Denkmal, umgeben von Gebäuden mehrerer Epochen.

Die Südseite dominiert die 1829 im neogotischen Stil erbaute Basilique Notre-Dame. Dank ihres Inneren gilt die dreischiffige, außen eher schlichte Kathedrale als eines der schönsten Gotteshäuser Nordamerikas: Den Besucher erwarten ein schwerelos wirkender, sterneübersäter blauer Himmel, eine der größten Kirchenorgeln der Welt und ein aus Kiefern- und Walnussholz geschnitzter Altar. Rechts daneben schließt das 1685 erbaute Vieux Séminaire St-Sulpice an, das alte Priesterseminar des Sulpizianerordens und das älteste erhaltene Gebäude der Stadt.

Die Nordseite des Platzes dominiert der einstige, dem Parthenon nachempfundene Hauptsitz der Bank of Montréal. Die den Platz im Norden passierende Rue St-Jacques war einst Kanadas Wall Street. Im 19. und frühen 20. Jahrhundert residierten hier die größten Banken des Landes – imposant sind die vielstöckigen viktorianischen Gebäude noch immer.

Unterhalb des Place d'Armes verläuft die älteste Straße der Stadt. Einst ein Trampelpfad, der das Fort mit dem ersten Krankenhaus der Stadt verband, führt die von viktorianischen Häuserzeilen gesäumte Rue St-Paul heute auf den Place Jacques-Cartier. Der lange, rechteckig auf den St.-Lorenz-Strom zulaufende und von schönen alten Kolonialhäusern umgebene Platz ist der Mittelpunkt der Altstadt. Im Sommer wimmelt es hier von Straßenkünstlern, Einheimischen und Touristen. Am oberen Ende wacht der auf hoher Säule stehende Admiral Nelson über das Treiben. Unweit davon ist das 1878 im verschnörkelten Stil des Second-Empire errichtete Hotel de Ville ein weiterer Blickfang. 1967 geriet das Rathaus in die

FOTO LINKS:
Zur Zeit ihrer Fertigstellung im Jahre 1829 war die Basilique Notre-Dame das größte Gotteshaus Nordamerikas.

Schlagzeilen, als der französische Staatspräsident Charles de Gaulle von seinem Balkon aus seine berühmt-berüchtigte „Vive le Québec libre"-Rede hielt.

Östlich vom Place Jacques-Cartier setzt die Rue St-Paul ihren Weg fort und passiert zunächst den Marché Bonsécours. Das über 160 Meter lange, von einer mächtigen Silberkuppel gekrönte Gebäude war einst die erste Markthalle der Stadt und dient heute als Ausstellungsfläche. Dicht auf den Markt folgt die vielleicht interessanteste Kirche der Stadt. Die Chapelle de Notre-Dame-de-Bonsécours stammt aus dem Jahr 1771. Ihre große, auf dem Dach stehende Marienstatue hieß früher die ankommenden Seefahrer mit offenen Armen willkommen, denn damals stand die Kirche noch direkt am Wasser. Im Gotteshaus hängen als Votivgaben dankbarer Seeleute kleine Schiffchen von der Decke herab. Im Keller befindet sich ein kleines Museum, das Marguerite Bourgeoys, der Gründerin der ersten Schule Montréals, gewidmet ist. Der Blick von der Kirchturmspitze aus reicht weit über die Altstadt und den Vieux-Port.

Jenseits der alten Hafenanlagen schließlich, die längst aufgeschüttet und in grüne Promenaden mit Ausstellungshallen verwandelt wurden, liegt der alles prägende Fluss. An seinem Ufer befindet sich eines der beliebtesten Naherholungsgebiete der Montréaler, der Parc des Iles. Er umfasst neben der Ile Ste-Hélène auch die Ile de Notre Dame und bietet mit dem Vergnügungspark La Ronde, dem Casino de Montréal und dem alljährlich im Sommer stattfindenden Formel-1-Rennen Grand Prix du Canada ein buntes Freizeitprogramm.

LINKE SEITE:
Das Rathaus von Montréal. Hier hielt Charles des Gaulle seine berüchtigte „Vive le Québec"-Rede.

FOLGENDE DOPPELSEITE:
Montréal im Schnee. In den Wintermonaten kann so viel Schnee fallen, dass die Autos in den Wohnstraßen der Stadt unter einer Schneedecke verschwinden. Wer Zeit hat, verbringt den Tag auf einer der zahlreichen Schlittschuhbahnen (linke Seite) oder am Flussufer, an dem man auch mit dem Hundeschlitten fahren kann (Foto unten).

Der Marché Bonsécours – einst Markthalle, heute Ausstellungsfläche – ist aufgrund der Silberkuppel weithin sichtbar.

RECHTE SEITE:
Mitten in Downtown befindet sich die Skulptur „Die Erleuchteten“ (La foule illuminée) von Raymond Mason.

Einkaufsmall in Downtown

CENTRE-VILLE, DOWNTOWN

Gleich hinter der Altstadt ragen die Bürotürme der modernen City auf. Die Bezeichnung „Centre-Ville“ verweist dabei weniger auf einen subjektiv fühlbaren, historisch gewachsenen Stadtkern als vielmehr auf wenigstens drei eigenständige Zentren zwischen der Rue Atwater im Westen und der Rue St-Denis im Osten.

Das erste Zentrum ist die Rue Ste-Cathérine, Montréals Einkaufsstraße. Zwischen Rue Guy und Rue de Bleury befinden sich Einkaufszentren wie Cours Mont Royal, Les Promenades de la Cathédrale, Les Ailes de la Modes und Centre Eaton sowie Boutiquen, Restaurants, Kinos und Spezialgeschäfte. Alle Malls und viele Geschäfte besitzen Rolltreppen, die in die so genannte „ville souterraine“ führen. Die Stadt unter der Stadt ist ein weit verzweigtes System aus mehr als 30 Kilometern Tunnel mit unterirdischen Galerien und Plätzen. Über 2000 Geschäfte gibt es hier, dazu 45 Banken, Theater und Konzertsäle sowie Schleusen zu sieben der internationalen Hotels der Stadt und natürlich zur Métro, der blauen U-Bahn der Stadt. Ein Drittel von Centre-Ville ist inzwischen so „unterhöhlt“. Den Grund für diese Verlagerung in den Untergrund kann jeder nachvollziehen, der einmal den strengen kanadischen Winter miterlebt hat.

Ein – gefühltes – zweites Zentrum ist auch der schöne Square Dorchester. Bis 1870 ein Friedhof, wird der Park mit seinen alten Bäumen und Denkmälern von den Montréalern gern zur Mittagspause aufgesucht. An seiner Nordseite befindet sich das Centre Infotouriste, die Touristeninformation der Stadt. Blickfang im Süden ist die 1894 geweihte, dem Petersdom in Rom nachempfundene Cathédrale Marie-Reine du Monde, während das monumentale Beaux-Arts-Gebäude auf der Ostseite das 1913 erbaute Édifice Sun Life ist, das einstige Hauptquartier der Versicherungsgesellschaft Sun Life und kurzzeitig das höchste Gebäude im britischen Empire.

Etwas weiter östlich liegt ein drittes „Zentrum“. Seine Anziehungskraft hat während der letzten Jahre stark zugenommen. Erreichbar auf der Rue Ste-Cathérine,

beansprucht die Place des Arts, ein modernes Kunst- und Kulturzentrum, das die Heimat der Oper und der Montréaler Symphoniker ist, den meisten Raum. Diesseits seiner elegant geschwungenen Freitreppe befindet sich das Musée d'Art Contemporain, das sich der modernen Kunst in Québec widmet, und gegenüber erhebt sich das mit seiner aufgerauten Betonfassade an den brutalistischen Stil erinnernde Hyatt Regency. Das Luxushotel ist Teil des größten Gebäudes der Stadt: Die drei Bürotürme des Complexe Desjardins beherbergen auch noch über 100 Geschäfte und Restaurants, eine weitläufige Plaza und zahlreiche Regierungsbüros und Verwaltungsstellen. Im Umkreis von einem Kilometer um dieses „gemischte Doppel" befinden sich 30 Bühnen mit knapp 30.000 Plätzen. Im Sommer ist dieses „Quartier des Spectacles" genannte Viertel Austragungsort zahlreicher internationaler Festivals, unter anderem des International Jazz Festivals.

LINKE SEITE:
Bunter Auftakt zum alljährlichen Jazz-Festival in Montréal

Keine Zentren, doch von zentralem Interesse sind noch drei weitere Straßen. Die zwei Blocks nördlich, parallel zur Rue Ste-Cathérine verlaufende Rue Sherbrooke bezeichnete einst den Südrand der „Golden Square Mile": An den Hängen des Mont Royal residierte im 19. Jahrhundert der Montréaler Geldadel, allen voran die Familien McGill (Pelzhandel), McTavish (Pelzhandel) und Van Horne (Canadian Pacific Railways) in prachtvollen „Manoirs" und „Chateaux".

Abrisswütige Städteplaner machten dem Glanz im 20. Jahrhundert jedoch den Garaus, und was an alter Architektur übrig blieb, zeigt am besten die anglophone McGill University, die rings um das McGill'sche Anwesen „Burnside Place" entstand. Auch sonst hat die Rue Sherbrooke noch immer Noblesse – nicht zuletzt dank der vielen neuen Luxushotels und des traditionsreichen, schon 1911 eröffneten Ritz-Carlton Hotels, vor dessen Renaissance-Fassade livrierte Pagen noch immer anreisenden Gästen hilfreich beispringen.

Etwas weiter westlich liegt zudem das älteste Kunstmuseum Kanadas. Das Musée des beaux-arts, ein klassischer Tempel mit einer modernen Erweiterung auf der gegenüberliegenden Straßenseite, zeigt europäische Meister und zeitgenössische kanadische Kunst und ist bekannt für seine aufsehenerregenden Wanderausstellungen.

MONT-ROYAL

1534 stand der Seefahrer Jacques Cartier als erster Europäer auf seinem Gipfel. Angeblich nannte er die Aussicht „königlich" – und gab damit der späteren Stadt ihren Namen. Heute ragt der Mont Royal wie der sprichwörtliche Fels in der Brandung aus dem unruhigen Häusermeer. Dass er mehr oder weniger von überall her zu sehen ist, verdankt er einem Stadtgesetz, das bestimmt, dass kein Gebäude höher ausfallen darf.

Der Gipfelbereich ist die grüne Lunge der Stadt: Der Parc du Mont-Royal dient mit seinen Wegen und Trails Spaziergängern, Radfahrern, Joggern und im Winter auch Langskiläufern als beliebtes Ziel. Die Aussichtsterrasse Belvédère du Chalet am Westrand des Parks bietet einen herrlichen Blick über die moderne City und den St.-Lorenz-Strom zu den Hügeln der Landschaft Montérégie. Bei klarem Wetter reicht der Blick bis zu den Adirondacks im US-Bundesstaat New York. Im Sommer findet am Osthang des Berges ein immer populärer werdendes, sonntägliches Ritual statt: Zu Füßen

RECHTE SEITE:
Das 1967 fertiggestellte Gotteshaus Saint Joseph's Oratory thront auf dem Gipfel des Mont Royal. Die Basilika mit ihrer 97 Meter hohen Kuppel ist weithin sichtbar und beherbergt einen der weltweit meistbesuchten Schreine.

des Denkmals für George-Étienne Cartier, einem der wenigen frankophonen Gründerväter Kanadas, treffen sich trommelfreudige Montréaler zum „Tam-Tam". Mitmachen kann jeder, der Congas oder Bongos halten kann.

BLVD. ST-LAURENT UND RUE ST-DENIS

Montréal ist eine multikulturelle Stadt. Mehr als einhundert Sprachen werden hier gesprochen, und wer mit der Métro unterwegs ist, darf sicher sein, im Laufe von zehn, fünfzehn Minuten wenigstens ein Dutzend Sprachen zu hören. Die Einwanderung begann mit den Schotten und Iren im späten 18. Jahrhundert und erlebte im ausgehenden 19. Jahrhundert mit der Ankunft osteuropäischer Juden auf der Flucht vor den Progromen im Osten erste Höhepunkte. Danach folgte eine Welle weiterer Nationalitäten: erst Griechen und Osteuropäer, dann Spanier, Portugiesen und Italiener, dann Latinos und Asiaten. Sie alle kamen unten im Hafen an, zogen von dort aus den nach Norden strebenden Blvd. St-Laurent hinauf und ließen sich auch an ihm nieder – bis die nächste Einwanderergruppe sie den Boulevard noch weiter hinaufdrängte. Die letzten Zuwanderer sind junge Unternehmer und talentierte Nachwuchskünstler aus ganz Nordamerika, die von den niedrigen Mieten profitieren und leerstehende Gemäuer in Trend-Restaurants und Musikhallen verwandelt haben.

Dem Besucher bietet sich die Straße, die einst die Trennlinie zwischen franko- und anglophonen Wohngebieten war und von den Alten noch immer „The Main" genannt wird, als Schönheit mit Ecken und Kanten. Manche Häuserblocks sind in besserem Zustand als andere, doch die Bürgersteige sind überall in ebenso bedauernswertem Zustand wie der von schlecht geflickten Schlaglöchern übersäte Asphalt. Es sind die Läden, die Gesichter und die umherschwirrenden Sprachen, die den Charme des Blvd. St-Laurent ausmachen.

Südlich der Rue Sherbrooke liegt das kleine Quartier Chinois, Montréals Chinatown. Zwei große, den Boulevard überspannende Zeremonialbögen markieren ihre Grenzen. Nördlich der Rue Sherbrooke erreicht man nach mehreren Häuserblocks mit neuen Themen-Restaurants, Lounges und Boutiquen das alte, inzwischen leider arg schwindsüchtige Quartier Juif. Schwartz's Hebrew Delicatessen, seit Jahrzehnten berühmt für das beste Rauchfleisch der Stadt, hält allerdings noch aus und ist noch immer an den bis auf den Bürgersteig reichenden Warteschlangen erkennbar. Lebendiger ist dagegen das anschließende Quartier Portugais mit seinen Fischrestaurants und Bäckereien und natürlich Petite Italie, das man erreicht hat, wenn man Fotos der italienischen Fußballnationalmannschaft in den Schaufenstern sieht und auf Alta Moda aus Milano und importierte Espressomaschinen stößt.

Etwas östlich vom Blvd. St-Laurent verläuft die Rue St-Denis. Südlich der Rue Sherbrooke ist sie Montréals von zumeist jüngerem Publikum frequentierte Kneipenmeile. Québecer Biere ausschenkende Bars, Lounges und Shisha-Kneipen und, je mehr man sich der Université du Québec à Montréal (UQAM) nähert, Coffeeshops mit tiefen Sofas und Sesseln charakterisieren diesen von viktorianischen Stadthäusern gesäumten Abschnitt. Nördlich der Rue Sherbrooke dominieren Restaurants und Boutiquen. Im Sommer genießen die Montréaler das Straßenleben von „les terrasses" aus – kleinen Straßencafés, die vor allem „frites et moules" (Miesmuscheln mit Fritten) und „Belle Gueule", das beliebte Lagerbier, auf der Speisenkarte führen.

DIE LAURENTIDES

Selbst in einer Millionenstadt wie Montréal brauchen die Kanadier nicht lange zu fahren, um die Zivilisation für eine Weile hinter sich zu lassen. Eine Autostunde nördlich steigt das St.-Lorenz-Tiefland langsam an und die Autoroute 15 verschwindet zusehends zwischen immer steileren Gebirgsfalten.

Die Laurentides (deutsch: Laurentinische Berge) ähneln einem deutschen Mittelgebirge, wäre da nicht der immer und überall sichtbare nackte Granit. Geologisch gehören die Berge zum Kanadischen Schild. Hier an seinem Südrand steigt er noch einmal bis auf fast 1000 Meter an, bevor er im St.-Lorenz-Tiefland ausläuft. Mit dichtem, undurchdringlichem Wald, tausenden klaren Seen und viel, viel nacktem, glattem Granit ist diese Landschaft typischer „Schild".

Dank ihrer Nähe zur großen Stadt wurden die Laurentides schon früh als Wochenendziel genutzt. Viele der Städtchen in den hier so genannten „pays d'en haut" leben von den Ausflüglern, und das zu jeder Jahreszeit: Im Sommer sind Biking, Mountainbiking, Paddeln, Angeln und Schwimmen die beliebtesten Akitivitäten, im Winter Skilaufen und Motorschlittenfahrten.

Farbenpracht in den Laurentinischen Bergen

Das erste Städtchen in den Laurentides ist St-Sauveur-des-Monts. Um die für Québec typische, unverhältnismäßig große Kirche kuscheln sich bunte Holzhäuser mit breiten Veranden, von denen aus die Einheimischen im Sommer das Kommen und Gehen in ihrem Ort verfolgen. Größter Besuchermagnet sind die zahlreichen Boutiquen, Juweliere, Galerien, Bistros und Musikkneipen im Ort, die die zahlungskräftigen Jungunternehmer aus Montréal anvisieren. Entsprechend hochwertige Waren werden hier angeboten – eine Qualität, die sich im gastronomischen Bereich der Restaurants und Bistros durchaus fortsetzt, und auch das nächtliche Entertainment ist Spitzenklasse.

Das in einem Talkessel liegende Ste-Agathe-des-Monts ist der Verwaltungssitz der Region. Die alten Villen am Lac de Sable erinnern daran, dass der Ort einst eine viktorianische Sommerfrische war. Hier erholte sich die Montréaler Oberschicht vom Geldverdienen. Wie St-Sauveur setzt auch Ste-Agathe auf Kreativität und Lifestyle, um Gäste anzulocken: Die Restaurants des Städtchens zählen zu den besten der Laurentides, die hiesigen Galeristen gelten als besonders mutige Talentsucher.

Nördlich von Ste-Agathe-des-Monts übernimmt zusehends Wildnis die Regie. Einen ersten Vorgeschmack liefert das Centre Touristique et Éducatif des Laurentides. Das Naturschutzgebiet eine

Nicht nur in Saint Saveur wird französische Küche zelebriert: Die gesamte Region der Laurentides ist für die französische Lebensart bekannt.

halbe Stunde nordwestlich von Ste-Agathe besteht aus drei glasklaren Seen, die in eine kraftvolle Berglandschaft aus Wäldern und Felsen eingebettet sind. Hier leben u.a Biber und Schwarzbären.

Noch höher, steiler und wilder gibt sich der Schild schließlich im Parc national du Mont-Tremblant. Das von der Provinz Québec verwaltete Naturschutzgebiet konzentriert sich rund um den mit fast 1000 Metern höchsten Berg der Laurentides, den Mont Tremblant. Der steile Berg wurde in den letzten Jahren zwar zum größten Vier-Jahreszeiten-Spielplatz im Osten Kanadas ausgebaut, dennoch ist der Park immer noch groß genug, um einen unvergesslichen Paddeltrip durch seine von über 500 Seen bedeckte Wildnis zu ermöglichen.

RECHTE SEITE UND UNTEN:
Am Mont Tremblant.
Im Winter ist die Bergregion ein beliebtes Skigebiet.

QUÉBEC

400 Jahre! Was in Europa noch relativ jugendlich für eine Stadt ist, klingt in der Neuen Welt nach geradezu biblischem Alter. 400 Jahre ist Québec alt und damit ist die Hauptstadt der gleichnamigen Provinz eine der ältesten Städte Nordamerikas.

RECHTE SEITE UND UNTEN:
Befinden sich diese Straßen tatsächlich in einer Metropole auf dem nordamerikanischen Kontinent oder wandelt man in einer französischen Kleinstadt? – Dass sich in Québec gallische Lebens- und Wohnkultur allerorten offenbart, macht einen großen Reiz der Stadt aus.

Québec schmückt sich – zu Recht – mit einem weiteren Superlativ. Sie gilt auch als eine der schönsten Städte, und dazu trägt ein weiterer, superlativverdächtiger Umstand bei. Die 700.000-Einwohner-Stadt ist die Wiege Französisch-Nordamerikas und bis heute die Bastion französischer Sprache, Küche und Kultur auf dem Kontinent. Vieux-Québec, verwinkelt, eng und ohne gerade Linien, könnte auch irgendwo in Nord-Frankreich liegen. Die Altstadt ist zudem die einzige nördlich von Mexiko mit einer Stadtmauer, und innerhalb dieser Mauern wurden im 17. Jahrhundert die Weichen für Kanadas Zukunft gestellt – Umstände, denen Vieux-Québec seine Auszeichnung als UNESCO-Weltkulturerbe verdankt.

ARRÊT

Im Rest des Landes ist Québec allerdings auch als die Stadt berüchtigt, in der immer mal wieder laut über die Unabhängigkeit nachgedacht wird. Das mag nach politischen Heißspornen klingen und nach Instabilität, doch auf den Alltag in der wohl liebenswertesten Hauptstadt Nordamerikas hat die Tagespolitik noch nie abgefärbt.

GESCHICHTE

LINKE SEITE:
Wache des 22. Regiments in der Militärfestung von Québec. Die „Citadelle" wurde auf dem Gipfel des Cap Diamant errichtet und grenzt an den historisch so bedeutsamen Schauplatz der Plains of Abraham.

Der erste verbürgte Europäer vor Ort war Jacques Cartier im Jahr 1534. Zu Füßen eines knapp einhundert Meter hohen Felsens an einer Stelle, wo der St.-Lorenz-Strom enger wird, suchte der Kapitän aus Frankreich nach Diamanten, fand aber keine. Der Name blieb jedoch. Cap Diamant heißt der Felsen und die enge Stelle wurde als „Kebec" in die Seekarten eingezeichnet.

Samuel de Champlain erkannte die strategische Bedeutung dieser Stelle sofort. Wer sie besaß, kontrollierte den Zugang zum Inneren eines ganzen Kontinents. 1608 gründete er zu Füßen des Cap Diamant ein Fort, das er „Habitation de Québec" nannte. Bis zum Ende seines Lebens setzte er sich so umtriebig für die Konsolidierung „seiner" Kolonie ein, dass er in die hiesigen Geschichtsbücher als „Vater von Neu-Frankreich" einging.

Noch unter Leitung von Samuel de Champlain wurde auf dem Felsen das Chateau St-Louis errichtet. Von hier aus regierten die von Frankreich eingesetzten Gouverneure bald ein Kolonialreich, das bis zu den Rockies und nach Louisiana reichte. Ihnen zur Seite standen der Bischof und weitere Vertreter von Krone und Kirche, im Laufe der Zeit entstand so die „Haute-Ville", die Oberstadt. Handwerker und Kaufleute ließen sich dagegen auf dem Uferstreifen nieder und begründeten so die Unterstadt, die „Basse-Ville". Das Geld für das Stadtkassen stammte meist aus dem Pelzhandel.

Wie bedeutsam die strategische Lage Québecs tatsächlich war, sollte man bald erfahren. Insgesamt sechs Mal wurde die Hauptstadt Neu-Frankreichs von den Engländern belagert, das erste Mal bereits 1629, als englische Freibeuter die Siedlung drei Jahre lang besetzt hielten. 1690 belagerte der britische General Sir William Phipps die Stadt als Vergeltung für die „petite guerre" genannten Kriegszüge der Franzosen nach Neu England. Die Antwort des damaligen Gouverneurs Frontenac auf Phipps' Forderung nach Kapitulation ist Legende: „Mit Ihnen verhandle ich nur über die Mündungen meiner Kanonen!"

Weitere englische Angriffe folgten, doch ernst wurde es erst im September 1759. In der Nacht zum 13. September, nach dreimonatiger, erfolgloser Belagerung, erklommen die Truppen unter General Wolfe die Rückseite des Cap Diamant und zwangen die überraschten Verteidiger unter General Montcalm zur Schlacht auf den Plaines d'Abraham, dem Abrahams-Feld. Der Sieg der Engländer hatte für ganz Nordamerika weitreichende Folgen: Frankreich verlor nicht nur Québec, sondern auch alle anderen Besitzungen in Nordamerika und musste im Frieden von Paris 1763 den Kontinent der britischen Krone überlassen.

Die neuen Herren fanden sich bald in ähnlicher Lage. Ende 1775 wehrten sie erfolgreich die Angriffe einer revolutionären amerikanischen Invasionsarmee ab. Danach befestigten sie die Stadt mit den heute noch zu sehenden Bastionen, der sternförmigen Zitadelle und eben jenen Mauern, die heute zum mittelalterlichen Charme der Altstadt beitragen. Schiffsbau und Holzhandel sorgten in der Folgezeit für Wohlstand.

1840 wurde Québec Hauptstadt von Lower Canada und gab diese Position bis heute nicht mehr ab. Regierung und Verwaltung sowie der Tourismus sind die größten Arbeitgeber der Stadt.

VIEUX-QUÉBEC: DIE BASSE-VILLE

RECHTE SEITE UND UNTEN: Wahrzeichen der Stadt Québec ist das Chateau Frontenac, das 1924 fertiggestellt wurde und heute ein Luxushotel beherbergt. Vor dem imposanten Gebäude führt die Terrasse Dufferin entlang – Québecs Flaniermeile.

Die mauerbewehrte Altstadt ist Québecs größte Attraktion. Alle Stadtrundgänge, das ist Tradition, beginnen beim Chateau Frontenac. Das riesige, hoch über dem Strom auf der Kante des Cap Diamant thronende Luxushotel wurde von Canadian Pacific Railways 1924 nach über zwei Jahrzehnten Bauzeit fertiggestellt. Im Stil der französischen Loire-Schlössern erbaut, passt es sich trotz seiner Übergröße auf harmonische Weise der historischen Skyline der Stadt an, die es inzwischen ebenso prägt wie der Eiffelturm Paris.

Nicht minder berühmt ist die Terrasse Dufferin, eine knapp 600 Meter lange Promenade vor dem Hotel, die einen grandiosen Blick über die verwinkelte Unterstadt und den Strom hinüber zur

Schwesterstadt Lévi und stromabwärts zur Ile d'Orléans bietet. Eine kleine, „Funiculaire" genannte Zahnradbahn verbindet sie, im Maison Louis-Jolliet ankommend, mit der Unterstadt. Dort erinnert eine Bronzetafel an den ersten Hausherrn: Louis Jolliet (1645–1700), Erforscher der Großen Seen und des Mississippis. Nirgendwo sonst in Nordamerika konzentriert sich so viel Geschichte auf so engem Raum wie in Vieux-Québec.

Das Jolliet-Haus steht im Quartier du Petit-Champlain, einem mittelalterlich-engen Viertel aus der Zeit um 1680. Einst das Kaufmanns- und Handwerkerviertel, beherbergen die alten Feldsteingemäuer unmittelbar zu Füßen des Felsens heutzutage hochwertige Galerien, Boutiquen und Restaurants. Sehenswert ist auch der alte Place-Royale. Hier stand das erste Fort der Stadt. Umgeben von Bürgerhäusern des Ancien-Régime, erhielt er seinen heutigen Namen 1686 zu Ehren Ludwigs XIV.

Die hübsche, die Ostseite dominierende Kirche ist die Église Notre-Dame-des-Victoires. 1688 geweiht, erinnert ihr Name an Siege über die Engländer 1690 und 1711. Damals ging eine von Boston kommende Invasionsflotte unter dem Kommando von Admiral Hovenden Walker vor der Nordküste des St.-Lorenz-Stroms unter. Im Inneren der Kirche zeigen Fresken Belagerungsszenen von 1690. Unter der Decke hängt die Kopie eines Modells der „Brézé": 1664 brachte dieses Schiff der jungen Siedlung Verstärkung für ihren Kampf gegen die Irokesen.

Terrasse Dufferin

DIE HAUTE-VILLE

Die schöne Aussicht von der Spitze des Felsens durften anfänglich nur die Regierungsbeamten und Geistlichen genießen. An der Stelle des Chateau Frontenac stand ursprünglich Champlain's Fort St-Louis. Gleich daneben befindet sich noch immer der Place d'Armes mit seinen alten Bäumen und einem an die Ankunft der Recollet-Priester im Jahr 1615 erinnernden Denkmal. Heute dient der alte Exerzierplatz, über den ein hart an der Felsenkante plaziertes Denkmal Samuel de Champlains wacht, im Sommer als Open-Air-Bühne für die zahlreichen Festivals.

Überall findet sich Geschichte. In dem gegenüber vom Chateau Frontenac in einem alten Fachwerkaus untergebrachten Musée du Fort wird täglich auf einem Landschaftsmodell die Entscheidungsschlacht von 1759 nachgestellt. Eine Tafel an der schönen, auf das Jahr 1647 zurückgehenden Barockkirche Basilique Notre-Dame-de-Québec erinnert daran, dass sie auch die letzte Ruhestätte von über 900 bedeutenden Persönlichkeiten Québecs ist – Ärchäologen vermuten hier auch die sterblichen Überreste Samuel de Champlains. Gleich dahinter schließt sich das Séminaire de Québec an, die 1663 ins Leben gerufene Priesterakademie, aus der im 19. Jahrhundert die Université Laval hervorgehen sollte. Das trutzig wirkende, um einen Innenhof angelegte Gebäude beherbergt unter anderem das Musée de l'Amérique Francaise, das sich der Geschichte Französisch-Nordamerikas widmet.

Blick auf die Unterstadt mit ihren bretonisch anmutenden Wohnhäusern und Bistros

33

Das Monastère des Ursulines von 1641 schließlich beherbergt die älteste Mädchenschule Nordamerikas. Die „filles du roi" wurden nach ihrer Ankunft in Québec zunächst hier untergebracht, wo sie von den Ursulinerinnen bewacht wurden, bis Heiratskandidaten für sie gefunden waren.

Die Aussicht, besagt eine alte Touristenweisheit, ist immer dort am besten, wo Kanonen stehen. Die Engländer setzten die Zitadelle auf den höchsten Punkt des Cap Diamant. 1832 fertiggestellt, blieb ihr die Feuertaufe glücklicherweise erspart. Von grasbewachsenen Hängen umgeben, ist ihr sternförmiger Grundriss nur aus der Luft erkennbar. Gleichwohl liegen ihre Hänge leicht über den Dächern der Haute-Ville, sodass sich hier ein schöner Blick auf das Chateau Frontenac und den St.-Lorenz-Strom bietet. 1871 wurde die Zitadelle von den Engländern aufgegeben, seit 1920 wird sie vom kanadischen 22nd Royal Regiment benutzt. Vor dem Dalhousie Gate, dem Haupttor in das Innere der Festung, findet täglich um zehn Uhr die Wachablösung statt.

LINKE SEITE:

Nicht nur zur Weihnachtszeit, wenn die kleinen Gassen in Québecs Altstadt festlich geschmückt werden, übt dieses Viertel einen ganz besonderen Reiz aus.

Notre-Dame de Québec hinter leuchtend rotem Dach

GRANDE-ALLÉE UND PARC DES CHAMPS-DE-BATAILLE

Außerhalb der Mauern konzentriert sich die moderne Stadt. Das schönste Bindeglied zwischen Vergangenheit und Gegenwart ist die Grande-Allée. Wegen ihrer dicht an dicht liegenden Bistros und Restaurants oft mit den Pariser Champs Elysées verglichen, beginnt sie am Porte-St-Louis, dem schönsten der Stadttore in die Altstadt, und führt am Hotel de Parlement, dem in den 1880er Jahren im Empire-Stil gebauten Sitz der Provinzregierung, vorbei zum Parc des Champs-de-Bataille. Heute drehen Jogger ihre Runden in dem rund 100 Hektar großen Park.

1759 war dies ein Feld vor den Mauern der Stadt. Am Morgen des 13. September begegneten Franzosen und Engländer einander hier in einer alles entscheidenden Schlacht. General Montcalm, vom Umgehungsmanöver Wolfes überrascht, führte seine Truppen aus dem Schutz der Mauern hinaus, um zu verhindern, dass der Gegner sich eingrub und schwere Geschütze in Stellung brachte. Nach nur 20-minütigem Schießen war die Schlacht, die 1300 Soldaten das Leben kostete, zu Ende. In den Herzen der Québécois lebt dieser Tag fort. Nicht umsost lautet das Motto der Provinz „Je me souviens" – „Ich erinnere mich". Der Park, längst ein beliebtes Ausflugsziel, bietet schöne Aussichtspunkte über den Strom. Im Herzen des Parks befindet sich das Musée National des Beaux-Arts du Québec mit seinen hervorragenden Sammlungen zu 400 Jahren Kunstschaffen in Québec.

COTE-DE-BEAUPRÉ

FOTO LINKS:
83 Meter stürzen die Chutes Montmorency in die Tiefe.

Der nordöstlich von Québec anschließende Landstreifen zwischen dem St.-Lorenz-Strom und dem hier endenden Kanadischen Schild ist eines der ältesten französischen Siedlungsgebiete der Provinz. Schon Samuel de Champlain besaß hier eine Farm und um 1650 hatten sich bereits 700 Siedler in der Region niedergelassen – 200 mehr als im nahen Québec. Zahlreiche Häuser des Ancien Régime blieben erhalten, vor allem in Städtchen wie Beauport und Boischatel. Die gemächliche, durch Beauport auf Boischatel zustrebende Rte. 360 präsentiert einen Schaukasten typischer franko-kanadischer Architektur: Die Straße säumen niedliche Holzhäuser mit Veranda und leicht geschwungenem Dach, die als „petite canadiennes" heute begehrte Immobilien sind. Sie sind vom viktorianischen Baustil inspiriert, legen aber mit detailverliebten, meist hübsche Sägezahnmuster zeigenden Fenstern und Dachrahmen einen verspielten Freistil zu Tage, der nicht selten durch einen komplizierten Stromkabelsalat eine ganz eigene architektonische Note gewinnt.

Die Chutes Montmorency bringen Bewegung in diese kleinstädtische Idylle. 83 Meter hoch, stürzt der Rivière Montmorency kurz hinter Beauport keine 500 Meter vom St.-Lorenz-Strom entfernt über die Abbruchkante des Kanadischen Schilds: das abrupteste und zugleich fotogenste Ende dieser Gesteinsformation weit und breit. Schaulustige können sich dem fotogenen Wasserfall via Gondel oder Treppen nähern.

Hin und wieder weht der Wind die Gischtwolke über die Straße hinüber zur Ile d'Orléans. Die einem riesigen Walrücken gleich aus dem Strom ragende Insel liegt vis-à-vis und ist über eine elegant geschwungene Brücke erreichbar. Seit den Kindertagen Neu-Frankreichs besiedelt, stammen viele Familien auf der Ile d'Orléans von den ersten Siedlern ab. Heute ist die 190 Quadratkilometer große Insel mit ihren hübschen alten Städtchen, Erdbeerfeldern und Obstgärten ein „district historique". Sehenswert sind vor allem das Städtchen St-Jean mit seinen liebevoll restaurierten Häusern und St-Laurent, das mit dem Museum Parc Maritime de Saint-Laurent an die Blütezeit erinnert, als Schiffsbauer den Ort wohlhabend machten.

RECHTE SEITE:
Basilique Ste-Anne-de-Beaupré. Über 1,5 Millionen Menschen besuchen Jahr für Jahr diese berühmte Pilgerstätte.

Zurück auf dem Festland künden preiswerte Hotels und Motels, dicht an dicht stehend, die Nähe zur Basilique Ste-Anne-de-Beaupré. Die mächtige, 1934 an der Stelle einer kleinen Kapelle aus dem Jahr 1658 errichtete Kirche ist Ziel eines florierenden Pilgertourismus, seit Seeleute vor ihrer Küste auf wundersame Weise aus Seenot gerettet wurden. Über anderthalb Millionen Menschen suchen das Gotteshaus mit den 90 Meter hohen Doppeltürmen jährlich auf, um hier die heilige Anna um Heilung ihrer Leiden zu bitten.

Kurz bevor der Uferstreifen selbst für die Straße zu eng wird, weitet er sich ein letztes Mal zu einem unbebauten Feuchtgebiet am Fuße eines kapähnlichen Vorgebirges aus. Als Réserve nationale de Faune du Cap-Tourmente geschützt, ist dies von alters her ein bedeutender Rastplatz für Zugvögel. Vor allem die Schneegänse, die im Frühjahr und Herbst hier oft zu Zehntausenden einfallen, sorgen mitunter für spektakuläre Szenen, denen man sich zu Fuß auf einem gut ausgebauten Wegenetz nähern kann.

Herbstabend in Ste-Anne-de-Beaupré

Im Winter bietet die Charlexoix-Region mit „Le Massif" ein abwechslungsreiches Skigebiet. Insbesondere die Bewohner Québecs nutzen am Wochenende gerne die Gelegenheit zu einem Abstecher in das nur eine Autostunde entfernte Wintersportgebiet.

DAS CHARLEVOIX

Das Charlevoix gilt als eine der schönsten Landschaften Québecs. Es beginnt bald hinter dem Cap-Tourmente, wo der schmale Uferstreifen endet und die Straße in die bis zu 1000 Meter hohen Berge des Kanadischen Schilds klettert, die oft dramatisch zum Strom abfallen. Die wilde Küste und ein weitläufiges Bergland mit runden Kuppen und fruchtbaren, sich zum Strom öffnenden Tälern inspiriert seit nunmehr über einhundert Jahren Künstler und Erholungssuchende. Erstere schwärmen vom zarten, pastellfarbenen Licht, das sich spät nachmittags über die Städtchen und Dörfer legt, Letztere schlicht von der friedvollen Schönheit der Küste, deren beruhigende Blau- und Grüntöne vor allem großstadtmüde Besucher zu schätzen wissen.

1988 wurde das Charlevoix wegen seiner Vielzahl unterschiedlichster Ökosysteme von der UNESCO zum World Biosphere Reserve erhoben. So besitzt der 310 Quadratkilometer große Parc national des Grands-Jardins in seinen höheren Lagen nicht nur eine subarktische Flora mit Krumholz und sonst nur 2000 Kilometer weiter nördlich vorkommenden Moosen und Flechten, sondern auch eine kleine Karibu-Herde. Der Parc régional des Hautes-Gorges wiederum weist die mit 700 Metern höchsten Felswände im Osten Kanadas auf. Viele der Flüsse, Marschen und Mündungsgebiete an der Küste sind ökologisch noch weitgehend intakt oder wurden von Umweltexperten weitgehend „restauriert".

Kleine Kapelle am schneebeckten Ufer des St.-Lorenz-Stroms in der Charlevoix-Region

Die Bevölkerung – knapp 35.000 Menschen – lebt von Forstwirtschaft und etwas Landwirtschaft, vor allem aber vom Tourismus. Die Quintessenz des Charlevoix präsentiert sich erstmals in Baie-St-Paul. Im Mündungsbereich des Rivière-du-Gouffre liegend, liegt es dem über einen Bergrücken Anreisenden zu Füßen. Das bereits 1678 gegründete 7500-Einwohner-Städtchen blickt auf eine lange Tradition als Künstlerkolonie zurück. Das international renommierte Centre d'Exposition de Baie-St-Paul bündelt die Werke der Kreativen dieser Region in Ausstellungen, die selbst von amerikanischen Zeitungen wahrgenommenen werden. Hervorragende Restaurants und weltoffene Bistros liefern die dazugehörige Bohème.

Auf der alten Küstenstraße 362 flussabwärts fahrend, passiert man eine Reihe winziger malerischer Dörfer. Während die Südküste des St.-Lorenz-Stroms im blauen Dunst des Horizonts verschwindet, winden sich schmale Zufahrtsstraßen von der 362 in engen Serpentinen zu den am Wasser liegenden Siedlungen hinab. Exemplarisch für sie ist Saint-Joseph-de-la-Rive, eine Postkartenidylle ohne allzu großen Touristenrummel, deren 200 Einwohner früher vom Schiffsbau und heute recht gut von regelmäßig wiederkehrenden Gästen leben.

La Malbaie wiederum kennt „le tourisme" bereits seit dem 19. Jahrhundert. Das Städtchen in der „schlechten Bucht", wie sie der hier einst auf Grund gelaufene Champlain angeblich nannte, wurde schon in den 1880er Jahren von reichen Montréalern als Urlaubsort entdeckt. Das schlossähnliche,

RECHTE SEITE:
Indian Summer im Charlevoix (oben), exklusiver Golfplatz des Luxushotels Manoir Richelieu in La Malbaie (unten)

Kleine Kapelle von Tadoussac

1899 erbaute und von Golfplätzen umgebene Luxushotel Manoir Richelieu erinnert an diese Zeit. Eine halbe Stunde landeinwärts liegt, in einer Landschaft aus steilen Bergen und engen, dunklen Tälern, der 224 Quadratkilometer große Parc régional des Hautes-Gorges. Seine anspruchsvollen Wanderwege gehören zum Pflichtprogramm vieler kanadischer Wanderfreunde.

Am Nordrand des Charlevoix passiert die Straße schließlich das an die Berghänge gedrängte Saint-Siméon. Eine steile Straße führt hinab zum Fährhafen, wo die Autofähre nach Rivière-du-Loup an der Südküste ablegt. Während der Sommermonate sind oft Menschen mit Ferngläsern am Straßenrand zu sehen. Sie halten nach Walen Ausschau, die vom Krillreichtum in der nahen Mündung des Saguenay-Fjords angelockt werden.

Der Fjord ist der südlichste der Welt und ein landschaftlicher Höhepunkt der Nordküste. Knapp 100 Kilometer lang, präsentiert er seine fast 500 Meter hohen Felsenwände am eindruckvollsten während der zehnminütigen Überfahrt von Baie-Ste-Cathérine nach Tadoussac. Auch von der kleinen Autofähre aus bieten sich Gelegenheiten zur Walbeobachtung. Der reizvollste Abschnitt des Saguenay-Fjords wird vom 283 Quadratkilometer großen, etwas landeinwärts liegenden Parc national de Saguenay geschützt.

COTE-NORD

Auf der anderen Seite des Saguenay-Fjord beginnt die Cote-Nord. Die auch verwaltungssprachlich so genannte Nordküste bezeichnet ein Gebiet von knapp 250.000 Quadratkilometern, das aber lediglich von rund 100.000 Menschen bewohnt wird. Davon leben die allermeisten in den Siedlungen an der Rte. 138, die Tadoussac am Saguenay-Fjord mit dem über 800 Kilometer entfernten Natashquan verbindet und dabei stets in Sichtweite des Stroms bleibt. Die größten Arbeitgeber sind der Bergbau im hohen Norden, Forstwirtschaft und Tourismus. Die riesigen Wasserkraftwerke des Complexe Manicouagan-Outardes nördlich von Baie-Comeau produzieren jährlich 10.500 Megawatt Strom.

Die Fahrt auf der Rte. 138 verspricht Wildnis und Abenteuer. Zweispurig meist und für die Menschen hier die einzige Verbindung zum Rest der Welt, ist sie mehr als ein Streifen Asphalt. Gleich neben ihr beginnt eine Wildnis, die bis zur Ungava Halbinsel im hohen Norden von keinem Dorf und keiner Stadt unterbrochen wird. Kurvenreich folgt sie dem Verlauf des rauen Littoral, mal in dunkle Nadelwälder eintauchend, dann wieder über kahle Vorgebirge mit herrlichem Panoramablick strebend. Und immer größer wird der Abstand zwischen den Siedlungen, immer einsamer das Fahrgefühl.

Doch zunächst gibt sich die Cote-Nord noch relativ zivilisiert. Das Resortstädtchen Tadoussac auf der anderen Seite des Saguenay-Fjord ist als Ausgangspunkt für Walbeobachtungstouren berühmt. Schon in den 1860er Jahren erholten sich hier wohlhabende Kanadier und Amerikaner. Das traditionsreiche, 1864 eröffnete Hotel Tadoussac erinnert an diese Zeit. Sein knallrotes Dach dominiert jede Postkartenansicht des Orts. Welche Rückenflosse und welche Atemfontäne zu welcher Walart gehört, lernt man im hiesigen Centre d'Interprétation des Mammifères Marins. Danach mag man sich einer der Walbeobachtungstouren im Strom anschließen.

VORHERIGE DOPPELSEITE:
Von Tadoussac bzw. St-Simeon führen Straßen entlang des Saguenay-Flusses vorbei an Chicoutimi (linke Seite) bis zum Lac Saint-Jean.

Linke Seite:
Daniel-Johnson-Damm (oben) und ein Luxusliner in der Baie Gaspé (unten)

Der nächste nennenswerte Ort an der Rte. 138 ist Baie-Comeau, mit 22.500 Einwohnern der größte an der Cote-Nord. Sauber und ordentlich und mit Ampeln und Zebrastreifen versehen, wirkt der Ort mit der riesigen Papierfabrik im Zentrum nach der stundenlangen Fahrt durch die Einsamkeit fast ein wenig unwirklich. Die größte Sehenswürdigkeit liegt jedoch anderthalb Autostunden nördlich von Baie-Comeau in der Wildnis des Kanadischen Schilds. Dort erzeugen zwei riesige Wasserkraftwerke, Manic-5 und Manic-5 P.A. mit zusammen zwölf gigantischen Turbinen 2.600 Megawatt Elektrizität. Blickfang vor Ort ist der 214 Meter hohe Daniel-Johnson-Damm. Im Sommer finden Führungen durch das Innenleben des Kraftwerks statt.

Lastwagen mit tiefgekühlten Nahrungsmitteln, Babynahrung, Möbeln und Ersatzteilen für Heimwerker: Je mehr sich die Rte. 138 von den Zentren im Westen entfernt, desto wichtiger wird sie für das Überleben der Menschen hier. Winzige Orte gleiten vorbei, früher waren sie Fischerhäfen, heute leben sie von der Forstwirtschaft. Hinter der nüchternen Hafenstadt Sept-Isles, wo das Eisenerz aus dem Norden verladen wird, beginnen die vielleicht schönsten 200 Kilometer dieser Tour. Winzige Fischerdörfer stehen auf nacktem Fels, in kleinen Hafenbecken dümpeln Kutter und Motorboote.

Bald hinter Rivière-au-Tonnerre, einem fotogenen Dorf mit hübschem Kirchlein und adretten Häuschen, tauchen die ersten zum Réserve de parc national de l'Archipel-de-Mingan gehörenden Inseln auf. Das aus rund 40 unbewohnten Inseln bestehende Schutzgebiet liegt nur wenige Kilometer vor der Küste und ist wegen der bis zu vier Meter hohen Kalksteinsäulen auf einigen Inselstränden sowie seiner Seevogel- und Robbenkolonien bekannt. Bester Ausgangspunkt für Kayaktouren in den Park ist Havre-St-Pierre. Die kleine Hafenstadt, weniger schön als nüchtern, ist typisch für diesen Teil der Welt: bullige Trucks statt japanischer Kleinwagen, bärtige Typen in Overalls statt blasser Büroangestellter und einfache Kantinen statt trendiger Gourmet-Restaurants.

GASPÉ-PENINSULA

Die Mi'kmaq-Indianer nannten sie „gespeg". In ihrer Sprache bedeutete dies so viel wie „Ende der Welt". Heute kennt man die unwirtliche, weit in den St.-Lorenz-Golf ragende Halbinsel als Gaspé-Halbinsel, doch wie am Ende der Welt fühlt man sich noch immer. Ihr Inneres, unwegsam und wild zerklüftet, blieb unbesiedelt. Platz für Dörfer und kleine Fischerhäfen ließen die Appalachen nur auf einem schmalem Küstensaum – und oft nicht einmal dort. Vor allem an der wilden Nordküste treten die Berge so dicht an den Golf, dass die Gischt der Brandung mitunter über die Straße gegen die Felswände spritzt.

RECHTE SEITE:
Chute Neigete, ein Wasserfall nahe Rimouski

Selbst für die an große Entfernungen gewöhnten Kanadier liegt die Gaspé-Peninsula weit ab vom Schuss. Nach Montréal sind es zwei, nach Toronto gar drei Tagesreisen. Das Geschäft mit den Fremden hält sich daher in Grenzen – zum Leidwesen der knapp 100.000 auf der Halbinsel lebenden Menschen, denn die Arbeitslosenrate hier gehört zu den höchsten des Landes. Dabei ist die Infrastruktur hervorragend. Es gibt genug Hotels, Pensionen und Restaurants – und viel zu sehen und zu erleben. Vor allem für Outdoor-Fans ist die in Québec „Gaspésie" genannte Halbinsel ein Eldorado, für das sich auch eine lange Anfahrt lohnt.

CHAUDIÈRE-APPALACHES UND BAS SAINT-LAURENT

Der Weg entlang der Südküste des St.-Lorenz-Stroms durchquert zwei historische Landschaften. Im Süden von Québec-Stadt liegt zunächst die Region Chaudière-Appalaches, eine sanft wellige, seit dem 17. Jahrhundert kultivierte Landschaft, durch die die alte Küstenstraße 132 führt. In den Städtchen und Dörfern leben die Nachkommen derer, die während der letzten 300 Jahre hier an Land gingen. Sei es freiwillig wie die ersten französischen Siedler oder eher unfreiwillig wie die rund 1000 Kinder jener unglücklichen Immigranten aus Irland, von denen viele zu Beginn des 19. Jahrhunderts auf der damals als Quarantäne-Insel genutzten Grosse-Ile an Cholera starben. Von frankophonen Familien adoptiert, beharrten diese Kinder darauf, ihre Familiennamen behalten zu dürfen.

Leuchtturm am Cap-des-Rosiers

Einen Zwischenstopp mit Übernachtung sind viele dieser Städtchen wert: Montmagny zum Beispiel, das als Rastplatz der Schneegänse bei Ornithologen in aller Welt bekannt ist und von wo aus man per Boot Grosse-Ile, das heute eine nationale Gedenkstätte ist, ansteuern kann. Oder Rivière-du-Loup, das auf halbem Weg zur Gaspé-Halbinsel im Bas-Saint-Laurent liegt und wo man die Nacht sogar in einem Leuchtturm auf der vorgelagerten Ile du Pot à l`Eau-de-Vie verbringen kann.

Manche Orte verbinden dramatische Episoden aus der Vergangenheit mit den Erlebnis unverfälschter Natur. So kann man lange Spaziergänge über eine unbewohnte Insel auf der Trois-Pistoles vorgelagerten Ile-aux-Basques unternehmen und dabei die Reste alter Steinöfen inspizieren, in denen baskische Walfänger vor fast 500 Jahren Walrat zu Öl zerkochten. Und in Rimouski mag man den 1909 erbauten Leuchtturm erklimmen und nach jener Boje Ausschau halten, die die Stelle markiert, wo 1914 die „Empress of Ireland" mit mehr als tausend irischen Auswanderern an Bord sank.

PARC NATIONAL DE LA GASPÉSIE

Das kleine Nest Ste-Flavie gilt als Tor zur Gaspé-Halbinsel. Holzhäuser stehen auf schmucklosen Grundstücken, am Straßenrand warten Bojen und Hummerfallen auf ihren nächsten Einsatz. In Matane, wo Québecs größte Krabbenfischer-Flotte vor Anker liegt, beginnt die 1000 Kilometer lange Rundfahrt um die Halbinsel.

In Ste-Anne-des-Monts biegt die Rte. 299 landeinwärts ab – die einzige Straße quer über die Halbinsel. Gleich hinter der Stadgrenze verschwindet sie zwischen V-förmig aufragenden Bergfalten. Die Monts Chic-Chocs, geologisch ein Teil der Appalachen, gehören zu den unzugänglichsten Gebirgen im Osten. Nur knapp 1300 Meter hoch, liegt die Vegetationsgrenze gleichwohl weit darunter, der eisigen, aus Labrador kommenden Winde wegen. Den schönsten Teil dieser wilden Bergwelt schützt der 800 Quadratkilometer große Parc national de la Gaspésie. Seine höchsten Gipfel sind mächtige, baumlose Felskuppen, die so nahe neben der Straße aufragen, dass man den Kopf in den Nacken legen muss.

Der Park gilt als eines der besten Wanderreviere im Osten. Auch der legendäre, unlängst von Maine bis hierher verlängerte Appalachian Trail führt hier durch. Der höchste Berg der Monts Chic-Chocs ist der Mont-Jacques-Cartier mit 1268 Metern. Sein Gipfelplateau ist eine weitläufige, von subarktischer Flora bedeckte Landschaft. An seinen Hängen lebt eine kleine Karibu-Herde.

PARC NATIONAL DE FORILLON

Für viele ist er der schönste Nationalpark im Osten Kanadas. Im äußersten Nordosten der Gaspé-Halbinsel liegend, umfasst er auf 244 Quadratkilometern grandiose Steilküsten, dichte, von Koniferen dominierte Mischwälder und eine in diesem Teil des Golfs von St. Lorenz einzigartige Unterwasserflora.

Bereits am Parkeingang bei Cap-des-Rosiers, den der höchste Leuchtturm Kanadas bewacht, gibt er dem Besucher einen Vorgeschmack dessen, was ihn erwartet: Tausende von Kormoranen stürzen sich zum Fischen vor der bis zu 200 Meter aufragenden Felsenküste in die Fluten, und weiter draußen stoßen vorbeiziehende Wale bis zu 12 Meter hohe Atemfontänen aus. Über 70 Kilometer Wanderwege verschiedener Schwierigkeitsgrade durchziehen den Park kreuz und quer, einer der schönsten ist der Trail auf den Mont St-Alban.

Ile Bonaventure – hier brüten bis zu 60.000 Tölpel im Jahr.

PERCÉ

Vom Fischerdorf über eine Künstlerkolonie bis zum Touristenmagnet – so hat sich das hübsche 4000-Seelen-Städtchen mit der Pier gleich an der Rte. 132 entlang der weiten runden Bucht entwickelt. Hinter dem Ort erhebt sich der über 320 Meter hohe Mont Ste-Anne. Aber das Wahrzeichen des Ortes ist der spektakuläre Rocher Percé, ein 482 Meter langer und 90 Meter hoher kahler Monolith aus rosa Kalkstein, der wie ein gestrandeter Ozeanriese in der Bucht liegt. Sein Name rührt von dem 30 Meter hohen Loch, das Wellen, Wind und Wetter in seine Seite gefressen haben. Während der Überfahrt zur Ile Bonaventure, dem anderen Teil des Naturparks, bieten sich immer wieder herrliche Blicke auf diesen gigantischen Felsen. Die Insel vor der Bucht bietet zugleich die alleröstlichste Attraktion der Provinz: In ihren knapp 100 Meter hohen Klippen brütet mit über 60.000 Vögeln eine der größten Tölpel-Kolonien Nordamerikas.

Rocher Percé – der berühmteste Felsen der Gaspé-Halbinsel

Southampton Is.
N
O
W
S
Hudsonstraße
Lake Harbour
Baker Lake
Baker-
see
Coats Is.
Mansel Is.
Salluit
Kangiqsujuak
Chesterfield Inlet
Kangirsuk
Ungava-
Bay
Ungava
Peninsula
Tavani
Kuujjuaq
Nain
Arviat
Hudson-
Bay
Barrenground
Inukjuak
Minto-
see
Churchill
(zu
Nunavut)
Schefferville
Smallwood-
reservoir
Churchill Falls
Etawneysee
Churchill
Belcher Is.
Labrador
Nelson
Fort Severn
Thompson
Winisk
Chisasibi
(Fort George)
Manitoba
James-
Sept-Îles
Islandsee
Severn
Trout-
see
Akimiski Is.
Warren Landing
Fort Albany
Bay
Waskaganish
(Rupert House)
Mistassini-
see
Quebec
Baie Comeau
Winnipeg-
see
Attawapiskat
St. Lorenz-Str.
Moosonee
Albany
Ft. Hope
Gypsumville
Ontario
Red Lake
S. Josephsee
Gouin-
stausee
Chicoutimi
Seulsee
Nakina
Kapuskasing
Abitibi-
see
Winnipeg
Nipigon-
see
Cochrane
Val-d'Or
Quebec
Portage
la Prairie
Lake of
the Woods
Dryden
Rouyn-
Noranda
Nipigon
Kirkland
Lake
Trois Rivieres
Michipicoten
Thunder Bay
Sherbrooke
Montreal
Lake Superior
Sault
Ste-Marie
Sudbury
North Bay
Pembroke
Ottawa
Manitoulin
Island
Duluth
Huntsville
Kingston
USA
Huronsee
Midland
Oshawa
Boston
Toronto
Ontariosee
St. Paul
Minneapolis
Hamilton
Niagara Falls
Stratford
Michigansee
Detroit
Milwaukee
New York
Eriesee
Windsor
Cleveland
Chicago
0
200
400
600
km

ONTARIO

FOLGENDE DOPPELSEITE:
Panorama von Ottawa (oben) und Toronto (unten)

ÜBERBLICK

Ontario ist die zweitgrößte Provinz Kanadas. Sie umfasst eine Fläche von über einer Million Quadratkilometern und ist damit mehr als dreimal so groß wie Deutschland. Legt man europäische Maßstäbe an, so erscheint ihre ausladende Geografie noch beeindruckender: Ihr südlichster Punkt, ein Weinbauern-Inselchen namens Middle Island im Lake Erie, liegt auf der gleichen Höhe wie Rom. Das an die Hudson Bay angrenzende Nordende Ontarios hingegen berührt denselben Breitengrad wie Süd-Schweden und ist Eisbären-Territorium.

Ontario heißt „glitzerndes Wasser" auf Iroquois – und über einen Mangel an Wasser kann sich die Provinz wahrlich nicht beklagen: Über 250.000 Seen und 60.000 Kilometer Gesamtlänge aller Flüsse und Bäche sorgen dafür, dass man das Blau der Gewässer nie ganz aus den Augen verliert.

Die andere Grundfarbe der Provinz ist Grün: Vor allem im Norden finden man Wälder in allen Schattierungen, so weit das Auge reicht. Hier hat sich die raue Landschaft des Kanadischen Schilds bis heute der Besiedlung widersetzt. Misch- und Nadelwälder dominieren ebenso wie nackter, grauer Fels und die von der letzten Eiszeit hinterlassenen Seen.

Wanderparadies Ontario: Valens Conservation Area

FOTO RECHTS:
Idylle und Naturerlebnis pur: Big Tub Lighthouse in der Nähe von Tobermory

FOLGENDE DOPPELSEITE:
Und auch das bietet Ontario: Wolkenkratzer in Toronto (linke Seite) und die Roy Thompson Hall in Toronto mit dem berühmten Wahrzeichen der Stadt im Hintergrund: dem 553,33 Meter hohen CN Tower (rechte Seite)

Neun Zehntel der Provinz werden von dieser Landschaft geprägt, die bis zur Linie Toronto–Ottawa reicht. Sie ist es, die Besucher aus Europa als „typisch" kanadisch erleben. Hier herrscht – zumindest im Hinblick auf moderne Zivilisationsformen – die große Leere: Die ansässige Bevölkerung würde in vier, allerhöchstens fünf Fußballstadien passen. Straßen sind nicht nur Verkehrsverbindungen, sondern unentbehrliche Rettungsseile, mit deren Hilfe alles zum Überleben Notwendige herangeschafft wird. Die längste dieser „Nabelschnüre" ist der Trans Canada Highway – jenes über 10.000 Kilometer lange Asphaltband, das von St. John's in Neufundland bis nach Victoria auf Vancouver Island reicht. Dieser Highway hält das Riesenland zusammen wie dazumal das stählerne Korsett der Eisenbahn.

Völlig anders dagegen gibt sich der Süden, dort wo die Provinz tief in das Gebiet der USA hineinragt: Rund um die drei großen Seen Ontario, Erie und Huron findet man nicht nur die fruchtbarsten Böden und das wärmste Klima der Provinz. Hier liegen die urbanen Zentren Ontarios, und hier leben mehr als 80 Prozent der knapp 13 Millionen Ontarians. Und schließlich gibt es im Südosten der Provinz den Zentral-Ontario genannten Rest des verbliebenen Zehntels. Dort geht der Kanadische Schild in das fruchtbare St.-Lorenz-Tiefland über, jenen schmalen Landstreifen, der von den Großen Seen bis zur Mündung des St.-Lorenz-Stroms in den Atlantik reicht. Mutter Natur spielt im Süden nur die zweite Geige: Hier befindet sich vielmehr Kanadas Geschichtswerkstatt und die meisten Sehenswürdigkeiten sind von Menschen gemacht.

GESCHICHTE

Vor Beginn der europäischen Besiedlung im 17. Jahrhundert wurde Ontario von Algonkin- und Irokesen-Stämme bewohnt. Der erste verbürgte Europäer in Ontario war der französische Teenager Étienne Brulé, der 1610 von Samuel de Champlain im Austausch gegen einen Häuptlingssohn zu den Huronen am Lake Huron geschickt wurde. Brulé erkundete während der nächsten Jahre u. a. die Georgian Bay und den Lake Superior.

LINKE SEITE:

Indianer bewohnten Ontario vor der europäischen Besiedlung.

Hafen am Lake Huron. An diesem See ließ sich der erste verbürgte Europäer nieder.

1611 segelte der englische Seefahrer Henry Hudson in die Hudson Bay und erklärte die Bucht zum Besitz Englands, doch bereits vier Jahre später verbündete sich Samuel de Champlain mit den Huronen gegen die Irokesen und machte die englischen Gebietsansprüche streitig. Er wollte damit zumindest vorläufig das ökonomisch interessante Pelzhandelsmonopol für Frankreich sichern. Französische Pelzhändler, die „coureurs des bois", durchstreiften Ontarios Wälder und drangen auf der Jagd nach den in Europa begehrten Biberpelzen immer weiter nach Westen und Norden vor.

Zur Zeit der englisch-französischen Konflikte ließen sich auch französische Jesuiten in Ontario nieder. Sie gründeten vor allem an den großen Seen Missionen, doch ihre Bemühungen – und ebenso die französische Kolonisierung Ontarios – fanden im Jahre 1649 mit der Zerstörung von Sainte-Marie-among-the-Hurons nahe des heutigen Midlands durch die mit den Engländern verbündeten Irokesen ein blutiges Ende.

1670 gründete London die Hudson's Bay Company und errichtete in der Folgezeit zahlreiche Handelsposten an der Bay. Neu-Frankreich beantwortete die englischen Aktivitäten mit zahlreichen „petite guerre" genannten bewaffneten Kommandos gegen jene Stationen. 1756 eskalierten die Scharmützel schließlich im alles entscheidenden French and Indian War, der in Europa als Siebenjähriger Krieg geführt wurde. 1763 verabschiedete sich Verlierer Frankreich im Frieden von Paris von fast allen Besitzungen in Nordamerika und Ontario wurde vorerst dem nunmehr englischen Neu-Frankreich zugeschlagen.

Im Zuge des Amerikanischen Unabhängigkeitskriegs siedelten dann 50.000 königstreue Loyalisten nach Britisch-Nordamerika über, zu dem auch noch die Besitzungen am Atlantik zählten. Rund 10.000 von ihnen ließen sich im Süden Ontarios nieder – vor allem am Ufer des Lake Ontario. Eintracht zwischen den frankophonen Canadiens und den anglophonen Neubürgern herrschte jedoch von Anfang an nicht. 1791 teilte London deshalb die neue Kolonie im Constitutional Act in die Provinzen Upper Canada (heute: Ontario) und Lower Canada (heute: Québec).

Das Verhältnis zu den jungen USA blieb gespannt. 1812 überquerten amerikanische Truppen den Niagara und Detroit River, besetzten York (heute: Toronto) und brannten das Parlament nieder. Die mittlerweile rund 100.000 Upper Canadians blieben indes loyal und hielten, obgleich zu 80 Prozent

Historisches Schauspiel auf Fort Erie, das 1764 während der amerikanischen Unabhängigkeitsbewegung errichtet wurde und im Krieg von 1812 von den Amerikanern eingenommen und später zerstört wurde.

amerikanischer Herkunft, zu London. Nach dem Britisch-Amerikanischen Krieg von 1812 lockten Frieden und Stabilität Einwanderer aus England und Irland in die Region. Mit der verkehrstechnischen Erschließung Upper Canadas nahm auch der Handel mit den USA zu; dieser trug auch zur Normalisierung des Verhältnisses zum großen Nachbarn bei.

1837 wurde eine republikanische Revolte gegen den Family Compact, die korrupte Machtelite Torontos, niedergeschlagen. Unter dem Eindruck dieser Upper Canada Rebellion – auch in Lower Canada hatte es einen bewaffneten Aufstand, allerdings gegen die englische Vorherrschaft, gegeben – vereinigte London seine beiden Kolonien 1840 im Act of Union zur Province of Canada. Das ehemalige Upper Canada erlebte daraufhin einen vom Eisenbahnbau angetriebenen Wirtschafts-

Blick auf das schneebedeckte Fort Henry. Die ursprüngliche Festung wurde während des Kriegs von 1812 errichtet.

boom. Bis 1851 hatte sich seine Bevölkerung verdoppelt und den französischsprechenden Bevölkerungsteil von Lower Canada übertroffen.

In den 1860er Jahren erlebte Britisch-Nordamerika angesichts der ständigen Reibereien zwischen Franko- und Anglokanadiern sowie der immer aggressiveren Rhetorik der USA eine Reihe von Konferenzen, an deren Ende die Geburtsstunde des modernen Kanada im British North America Act stand. Am 1. Juli 1867 erblickte das aus Ontario, Québec, Nova Scotia und New Brunswick bestehende Dominion of Canada das Licht der Welt.

In der Folgezeit blühte die Industrie auf und bescherte der Region einen Wirtschaftsboom. Im frühen 20. Jahrhundert nahmen die amerikanischen Autoriesen Ford und GM im Golden Horseshoe am Westufer des Lake Ontario ihre Produktion auf. Die Weltkriege bescherten Ontarios Wirtschaft Boomzeiten, die nach 1945 mit dem Handelsabkommen mit den USA anhielten. Eine neue, liberalere Einwanderungspolitik beendete die bis dahin praktizierte Bevorzugung europäischer Immigranten: Ontario, vormals rein englisch-protestantisch, wurde kulturell vielfältig.

LINKE SEITE:

Die Wachablösung der Ehrengarde auf dem Parlamentshügel in Ottawa gehört zu einer der großen Touristenattraktionen der Stadt.

Parlamentsgebäude von Ottawa. Hier wurde am 1. Juli 1867 die Dominion of Canada ausgerufen.

RECHTE SEITE:
Financial District in Toronto mit dem hufeisenförmigen Gooderham Building im Vordergrund; die beiden Hochhäuser Canada Trust Tower und Bay Wellington sowie der CN Tower erheben sich dahinter.

In den 1970er Jahren profitierte die Provinz von den Separatismusbestrebungen in Québec. Die Abwanderung der (englischsprachigen) Banken, Versicherungen und Industriebetriebe aus Montréal nach Toronto machten die Metropole am Lake Ontario zur wirtschaftlich bedeutendsten Stadt Kanadas.

Die Rezession der frühen 1990er Jahre brachte in Ontario die Konservativen an die Macht. Mit harten, oft unpopulären Maßnahmen wie der Privatisierung der Elektrizitätsgesellschaft Hydro Ontario und „lean management" in Regierung und Verwaltung bekamen sie den Abschwung jedoch in den Griff. 2003 kamen die Liberalen ans Ruder. Ihre größten Herausforderungen in den Bereichen Arbeit, Gesundheit und Umwelt gleichen denen der übrigen Industrienationen zu Beginn des dritten Jahrtausends.

WIRTSCHAFT

Ontario ist eine der reichsten Provinzen des Landes. Ihre strategisch günstige Lage hat eine enorm vielseitige verarbeitende Industrie entstehen lassen, die ihr geografisches Zentrum im Golden Horseshoe gefunden hat. Hergestellt werden dort vor allem Nahrungsmittel, Maschinenteile und Chemikalien.

Im Jahr 2004 verließen 2,7 Millionen Autos die Montagewerke von GM, Chrysler und Ford in Windsor, Oakville und Oshawa – mehr als in Michigan. Sinkende Umsätze haben in letzter Zeit bei GM

Torontos Wirtschaft blüht: Tausende Autos wälzen sich nicht nur Tag für Tag durch den Berufsverkehr, sondern gehen auch in den zahlreichen Produktionsstätten von Golden Horseshoe von Band.

RECHTE SEITE:
Ontarios landwirtschaftliche Flächen nehmen tendenziell zu, bieten jedoch aufgrund der hochtechnisierten Ausrüstung immer weniger Menschen Arbeit.

Ontario zwar zu Fabrikschließungen geführt, doch dank der Umstellung auf Hybrid-Fahrzeuge vor allem bei Toyota und Honda blieb die Provinz von Massenentlassungen verschont. 90 Prozent der in Ontario montierten Autos werden in die USA exportiert, was sich zu einem Drittel des kanadischen Handelsvolumens mit dem südlichen Nachbarn summiert.

Im Banken- und Finanzzentrum Toronto laufen die Fäden der kanadischen Wirtschaft zusammen: Alle führenden Banken und Versicherungen Kanadas haben hier ihr Hauptquartier. Der Dienstleistungssektor, hier vor allem der Tourismus, zeigt seit vielen Jahren solides Wachstum. Hightech-Branchen siedeln in der Greater Toronto Area, und die nordamerikanische Filmindustrie bedient sich Torontos als „Hollywood North“.

Ahornsirup ist eines der wenigen landwirtschaftlichen Produkte Ontarios, das ein Exportschlager ist. In Elmira wird jedes Jahr im Frühjahr ein Fest zu Ehren des süßen Sirups veranstaltet.

In Nord-Ontario wiederum ist die Holzindustrie zu Hause: In riesigen Zellstofffabriken wird das Papier für jede fünfte Zeitung in Nordamerika produziert. Kupfer, Nickel, Gold und das größte Uranlager der Welt am Elliot Lake prägen einen profitablen Bergbau. Ontarios Landwirtschaft, hochmechanisiert und an Fläche stets zulegend, gibt zugleich immer weniger Menschen Arbeit. Nennenswert sind die breit angelegte Agrarwirtschaft im fruchtbaren Süd-Ontario und der Wein- und Gartenbau auf der Niagara-Halbinsel.

Zwei Naturparks befinden sich am Mattawa River, der nicht nur unter Kanuten ein beliebtes Reiseziel darstellt.

TOURISMUS

Die meisten Touristen bereisen Ontario über Toronto – der viertgrößten Stadt Nordamerikas und Kanadas Kunst- und Kultur-Metropole – oder über die Landeshauptstadt Ottawa mit ihren hervorragenden Museen. Das eigentliche Ziel fast aller Urlauber ist jedoch ein anderes: die Wildnis – rau, unberührt und endlos, nur bewohnt von Elchen, Bären und Bibern.

Ontario bietet Kanada-Klischees in Reinform. Da gibt es Eiswein von der Niagara-Halbinsel, fast subtropischen Dschungel im Point Pelee National Park, Eisbären an der Hudson Bay, in festliche Regalia gekleidete Indianer beim Pow-Wow auf Manitoulin Island ebenso wie dynamische, junge Broker vor der Kulisse der neuesten neomodernistischen Architektur in Nordamerika. Ontario ist Kanadas Besuchermagnet. Die Hälfte aller Kanada-Reisenden besucht auch die Provinz in der Landesmitte. 2005 erzeugte der Tourismus eine halbe Million Jobs und erwirtschaftete Umsätze in Höhe von 21,8 Milliarden Dollar.

Diese imposanten Zahlen verwundern kaum angesichts des facettenreichen Angebots der Provinz: Jeder der fünf National- und über 260 Provinzparks bietet Wanderwege verschiedenster Länge und

Schwierigkeitsgrade. Als schönste Wanderreviere gelten die Trails in den Provinzparks Algonquin, Killarney, Lake Superior und Sleeping Giant, aber auch die Nationalparks Pukaskwa (am Lake Superior) und Bruce Peninsula verfügen über fantastische Trails.

Außerhalb dieser Naturschutzgebiete gibt es wenigstens ein Dutzend weiterer, insgesamt über 2000 Kilometer langer Fernwanderwege kreuz und quer durch Ontario. Der längste ist der Bruce Trail: Er beginnt in Queenston Heights am Niagara River und folgt dem Niagara Escarpment 700 Kilometer weit bis hinauf nach Tobermory an der Nordspitze der Georgian Peninsula.

Ontarios Zauberwort hat indes nur vier Buchstaben: Kanu! Die Provinz gehört zu den besten Kanurevieren des Landes. Die schönsten Routen liegen in den Provinzparks French River, Killarney, Frontenac und Algonquin und Quetico. Allein die Paddelstrecken in der Temagami-Region nördlich von North Bay summieren sich auf eine Gesamtlänge von 2500 Kilometern. Auch das beste Wildwasser-Revier östlich der Rockies befindet sich in Ontario: Bei Beachburg unweit Ottawa lockt der Ottawa River mit Strudeln und Schnellen zahlreiche Wildwasserfans an. Wer es ruhiger angehen lassen möchte, mag dagegen ein Hausboot mieten und auf dem historischen Trent-Severn Waterway quer durch Zentral-Ontario in See stechen.

Indian Summer im Killarney Provincial Park. Viele Touristen wählen den Herbst als Reisezeit, um die spektakuläre Verfärbung des Laubs von einem der berühmten Trails aus zu bewundern.

Angeln ist eine weitere Freizeitbeschäftigung, für die Ontario geradezu prädestiniert ist. Hier wie auch im Rest des Landes wird „catch & release“ praktiziert, d. h. nach dem Fang werden die Fische wieder freigelassen. Über 140 Fischarten tummeln sich in Ontarios Gewässern. Sportangler bevorzugen Forelle, Flussbarsch und Hecht. Bevor die Leine ausgeworfen wird, muss jedoch eine Lizenz gekauft werden – die in allen Angelfachgeschäften sowie in den Lodges und bei Ausstattern der Umgebung erhältlich ist. Die besten Angelreviere sind der Lake Temagami, der Lake of the Woods und die vielen, oft noch namenlosen Seen im Norden, die nur mit dem Wasserflugzeug zu erreichen sind.

Und nicht zuletzt ist Ontario eine ausgewiesene Golfregion: Geputtet wird überall dort, wo Wind und vor allem Wetter es zulassen. Ontario bietet über 600 Golfplätze. Der nördlichste liegt in Hearst, dem Endpunkt der Algoma Central Railway, der südlichste in Windsor, rund tausend Kilometer weiter im Süden. Saison ist von Anfang April bis Ende Oktober, doch auf einigen Plätzen im Süden kann auch das Jahr hindurch gespielt werden.

LINKE SEITE UND UNTEN:
Der Besuch von Sehenswürdigkeiten in Toronto (linke Seite: Casa Loma) sind in in Ontario ebenso selbstverständlich und vielfältig machbar wie Sport- und Erholungsreisen in die Natur. Kanufahrten an den Forester Falls sind da nur eine von zahlreichen Möglichkeiten.

FOTO RECHTS:
Millionenmetropole im Aufschwung – die erleuchteten Hochhäuser im Financial District sind nur ein Symbol hierfür.

TORONTO

In den letzten 40 Jahren hat sich die 5,6-Millionen-Einwohner-Stadt am Lake Ontario zu einer der größten, reichsten und kosmopolitischsten Städte Nordamerikas gemausert. Toronto – der Name stammt aus einer irokesischen Sprache und bedeutet „der Ort, an dem man sich trifft“ – ist als Hauptsitz aller kanadischen Banken und der Börse auch das Finanzzentrum des Landes. Torontos Notruf antwortet in 150 Sprachen. Die spürbare Dynamik stammt von einer Bevölkerung, die durchschnittlich 36 Jahre alt ist, mehrheitlich nicht in Kanada geboren wurde und voraussichtlich im Jahr 2020 mehrheitlich nicht mehr europäischer Herkunft sein wird.

Dabei wurde Toronto noch bis Anfang der 1970er Jahre unterstellt, die Langeweile höchstselbst erfunden zu haben. Tatsächlich sind Torontos Wurzeln puritanisch. Wohl begann man 1720 als französische Pelzhandelsstation, doch schon 1759 wurde man englisch – und blieb dies bis lange nach dem Zweiten Weltkrieg. Bis zur Liberalisierung der Einwanderungsgesetze 1947 war die Stadt eine Hochburg der wertkonservativen WASPs („White Anglo-Saxon Protestants“), erst danach öffnete sie sich der Welt und änderte damit ihr Erscheinungsbild für immer: Heute treffen Kanadas „Movers and Shakers“ im futuristischen Financial District rund um die Bay Street Entscheidungen von nationaler Tragweite.

Das Herz der Metropole schlägt jedoch in den ethnischen Vierteln der Metropole, vor allem in Chinatown, Little Italy und Greektown. Montréal wurde während der Separationskrise wirtschaftlich endgültig überflügelt. Zugleich begann Toronto damit, astronomische Summen in Kultur, Unterhaltung und andere kreative Industrien zu

Symbiose aus Alt und Neu – das alte Rathaus Torontos aus dem Jahre 1899 vor einem modernen Glas-Stahl-Wolkenkratzer

pumpen. Das Resultat kann sich sehen lassen: Toronto ist heute Kanadas Kulturhauptstadt. Nicht nur, dass hier über 50 Ballett- und Tanzensembles, sechs Opernensembles und zwei Symphonieorchester zu Hause sind, Live-Jazz an 365 Tagen im Jahr stattfindet und Torontos Bühnen zu den produktivsten der englischsprachigen Welt gehören. Heutzutage erlebt Toronto einen nie dagewesenen Bauboom. Über eine Milliarde kanadische Dollar steckten Stadt, Provinz und private Mäzene bislang in Bau und Erweiterung von Kulturstätten der internationalen Spitzenklasse. So erhielt die Canadian Opera Company im Herbst 2006 mit dem Four Seasons Centre an der Queen Street West eines der besten Opernhäuser des Kontinents.

Junge Talente treten ab Herbst 2008 im glashausähnlichen TELUS Centre an der Bloor Street West. auf, und Ende 2009 wird die Toronto International Film Festival Group in ihr Festival Centre an der King Street West ziehen – ein spitzwinkliges Dreieck aus Glas und Stahl, das Theater, Galerien und Büchereien zum Thema Film beherbergen wird. Star-Architekt Daniel Libeskind hauchte dem in strenger Neugotik erstarrten Royal Ontario Museum an der Bloor Street West mit einem aus ineinander verschachtelten Prismen bestehenden Kristall neues Leben ein. Und sein Kollege Frank Gehry, in Toronto geboren und einer der größten Architekten der Gegenwart, hüllte die Art Gallery of Ontario an der Dundas Street West in einen Kokon aus Glas und Holz und erweitert derzeit das Innere in einen wandlosen Komplex aus Licht und Schatten (Eröffnung: Herbst 2008).

Unter „Downtown“ wird gemeinhin das Stadtgebiet zwischen Front und Bloor Street verstanden, mit der Spadina Avenue als West- und Jarvis Street als Ostabgrenzung. Die vom Lake Ontario aus nach Norden strebende Yonge Street ist die längste Straße der Stadt und führt geradewegs nach Midtown im Umkreis der Bloor Street. Die bedeutendsten Sehenswürdigkeiten sind die skylineprägende Waterfront, der kühl schimmernde Financial District, der Historic Distillery District, die Künstler- und Galerienenklaven Queen Street Village und West Queen West, Midtown beiderseits der Bloor Street mit dem Nobelviertel Yorkville sowie Chinatown, Little Italy und Greektown.

DIE WATERFRONT

Der Blick von den vorgelagerten Toronto Islands auf die futuristische Skyline gehört zu den beliebtesten Fotomotiven Kanadas. Ihren unverkennbaren Charakter erhält sie vor allem durch zwei außergewöhnliche Bauwerke an der parallel zum Seeufer verlaufenden Front Street. Da ist zum einen der schlanke CN Tower, mit 553 Metern das derzeit zweithöchste freistehende Gebäude der Welt. Außen sausen Fahrstühle zu den Aussichtsplattformen und dem Restaurant empor. An klaren Tagen kann man vom so genannten Skypod – mit 447 Metern die höchste Aussichtskanzel der Welt – bis zur Gischtwolke über den Niagarafällen blicken.

Die kolossale weiße Kuppel gleich neben dem höchsten Bauwerk des Landes gehört dem Rogers Centre, der über 50.000 Zuschauer fassenden Heimatarena der Toronto Blue Jays (Baseball) und To-

Waterfront Torontos

ronto Argonauts (Football). Ihr 9000 Tonnen schweres Dach wird an schönen Sommertagen zurückgefahren. Etwas weiter westlich liegt, von High- und Freeways längst umzingelt, die Keimzelle der Stadt: das rekonstruierte Fort York, das heute als Freilichtmuseum dient.

FOLGENDE DOPPELSEITE:
Nicht zuletzt die Lage am Lake Ontario macht den Charme der Millionenmetropoloe Toronto aus.

LINKE SEITE:
Das neue Rathaus von Toronto – entworfen von Viljo Revell

Dach des berühmten Star-Architekten Santiago Calatrava im BCE Place

FINANCIAL DISTRICT

Dunkle Straßenschluchten: Während tagsüber ganze Straßenzüge beinahe wie leergefegt wirken, geht es hinter den getönten, meist über 100 Meter hohen Glasfassaden zu wie im Bienenstock. Die Architektur in diesem von Front, Queen, Yonge und York Street begrenzten Carré ist sehenswert. Den Südrand an der Front Street beherrschen z.B. die golden schimmernden Türme der Royal Bank Plaza. Als Isolierbeschichtung wurden dort 2500 Unzen Gold in die Glashaut eingeschmolzen.

Einen Block entfernt in westlicher Richtung erhebt sich das 1929 von der Eisenbahngesellschaft Canadian Pacific erbaute Fairmont Royal York, das bis heute gleichbedeutend mit Luxus und erlesenem Service ist. Ebenfalls an der Front Street befindet sich ein Eingang zum BCE Place, der lichtdurchfluteten Passage des Star-Architekten Santiago Calatrava mit dem Zugang zur darunter liegenden Hockey Hall of Fame, dem „Heiligtum" der hiesigen Eishockeyfans. Unweit davon hat sich auch Mies van der Rohe verewigt. Die mattschwarzen Türme seines Toronto Dominion Centre signalisierten in den 1960er Jahren Torontos Aufbruch in die Zukunft: Über 20.000 Menschen arbeiten hier.

Inmitten dieser makellosen Geometrie liegt eine grüne Wiese, auf der bronzene Kühe Siesta halten: Das Kunstwerk Pasture ist eine Oase der Ruhe in der Hektik der Bankenwelt. Auch die Gebäude am Nordrand des Bankenviertels hatten einst Signalwirkung. Das in den 1970er Jahren eröffnete Eaton Centre an der Ecke Queen Street West und Yonge Street, eine sechsstöckige Passage mit umlaufenden Galerien und gläsernem Dach, ist bis heute der größte Konsumpalast im Osten des Landes und verzeichnet eine Million Besucher wöchentlich. Etwas westlich davon steht die 1965 eingeweihte City Hall von Viljo Revell.

17
19
21

Queen Street East

Ihre beiden geschwungenen, eine Riesenmuschel umarmenden Türme wurden zur damaligen Zeit zu einem Synonym für Torontos Entwicklung.

Wie sich Torontos Architekten den zukünftigen Look ihrer Stadt vorstellen, demonstriert das neue Four Seasons Centre for the Performing Arts von Jack Diamond, das sich an der Ecke Queen Street West und University Avenue befindet. Von außen betrachtet ein eher höflich zurückhaltendes, seinen Kontext respektierendes Gebäude aus getöntem Glas und mattschwarzen Ziegeln zeigt sich dieses neue Opernhaus innen als zeitlos schöne, lichtdurchflutete Landschaft aus Glas und Ahornholz.

HISTORIC DISTILLERY DISTRICT

Zehn Gehminuten südöstlich vom Financial District haben visionäre Jungunternehmer aus historischen Gemäuern ein neues Viertel mit Zukunft geschaffen. Der 44-Gebäude-Komplex war im 19. Jahrhundert die größte Destille der Welt. Heute beherbergt er 14 Galerien, mehrere Dutzend Künstlerstudios, Bühnen, Restaurants und Musikkneipen – und kein einziges Franchise-Unternehmen. In der einzigen Fußgängerzone der Stadt langweilt kein einziges Kettenunternehmen das Auge mit

Déja-vus: Jeder Laden bietet etwas anderes, wobei die Palette von genialen Glasskulpturen über vor Ort hergestellten japanischen Möbeln bis zu hausgemachten Pralinen reicht. Trendige Bars und Restaurants, Modern Dance Ensembles sowie das experimentierfreudige Young Centre for the Performing Arts sind ebenfalls hinter den alten Ziegelmauern zu Hause.

Im Historic Distillery District – einem der kulturellen und gastronomischen Zentren der Stadt.

FOLGENDE DOPPELSEITE:
Im Medien- und Künstlerviertel Queen Street Village

QUEEN STREET VILLAGE UND WEST QUEEN WEST

Enklaven individueller Kreativität gibt es viele in Toronto. Queen Street Village beispielsweise, das Viertel rund um die Queen Street West, ist ein Gewusel aus schummrigen Jazzkneipen, ausgefallenen Indie-Boutiquen und Galerien für jeden Geldbeutel. CHUM City, Hauptquartier der „In"-TV-Stationen MuchMusic und Fashion TV, residiert hier ebenso wie rund 300 Nachtklubs, Theater, Bars und Bühnen im südlich davon liegenden Entertainment District rund um King und Richmond Street. Noch mehr Kult verspricht das Village westlich der Bathurst Street: Im West Queen West genannten und bis zur Roncesvalle Avenue reichenden Abschnitt der Queen Street West liegt Torontos Kunstszene „cutting edge": Hier stellen Torontos junge Wilde in abbruchreifen Klitschen ihr oft nur drei, vier Werke umfassenden Œuvre aus, oder lebende Models zeigen im Schaufenster gewagte Dessous.

Citytv
CityPulse

LOW FAT
CHEESECAKE
AVAILABLE
HERE
LOW FAT
CHEESECAKE
AVAILABLE
HERE

PLEASE
POST NO BILLS
冬瓜 特價
大陸
68

CHINATOWN

Die in Süd-Nord-Richtung verlaufende Spadina Avenue führt geradewegs zur ältesten Chinatown von Toronto. An der Dundas Street West zwischen Spadina und University Avenue lebt ein Großteil der rund 350.000 chinesischstämmigen Torontonians. Supermärkte, Banken, Immobilienhändler und zahllose kleine Lebensmittel- und Kräuterläden katapultieren den Besucher nach Fernost. Die Bewohner Chinatowns sind die Nachfahren der chinesischen Bahnarbeiter, die nach dem Ende ihrer Verträge mit Canadian Pacific Railways in Kanada blieben und sich um 1890 in Toronto niederließen.

ART GALLERY OF ONTARIO

Die AGO gilt als eine der größten und besten Kunstgalerien Nordamerikas und nimmt an der Dundas Street West den gesamten Block zwischen McCaul und Beverly Street ein. Ende 2008 wird sie nach vierjähriger Umbauarbeit neueröffnet. Der gesamte Entwurf geht auf den Star-Architekten

LINKE SEITE UND UNTEN:
Chinesische Kultur ist nicht unbedingt nur in Chinatown zu erleben, auch wenn dort unbestritten das Zentrum der rund 350.000 chinesischstämmigen Einwohner Torontos liegt.

RECHTE SEITE:
Imbiss am Kensington Market

Frank Gehry zurück. Zukünftig wird die Galerie auf über 60.000 Quadratmetern nordamerikanisches und europäisches Kunstschaffen aus mehreren Jahrhunderten inszenieren. Sehenswert ist vor allem die Sammlung der legendären Group of Seven, die in den 1920er Jahren eine von europäischen Vorgaben unabhängige kanadische Malerei aus der Taufe hob.

KENSINGTON MARKET

Nach Kensington Market gelangt man über die von der Spadina Avenue abzweigende Andrews Street. Das Viertel steht seit 2006 unter Denkmalschutz. Kensington Market begann in den 1880er Jahren als Auffangbecken irischer und schottischer Einwanderer und erlebte zu Beginn des 20. Jahrhunderts einen Zustrom osteuropäischer Juden, die zwischen Bellevue Street und Spadina Avenue Schneidereien, Bäckereien und Gerbereien eröffneten. In den 1930er Jahren kümmerten sich hier 30 Synagogen um das Seelenheil von rund 60.000 Juden. In den 1950er Jahren rückten portugiesische Immigranten nach, dann, synchron zu den jeweiligen Welt-Konflikten, Vietnamesen, Chinesen, Somali und Äthiopier. Heute ist der aus zweistöckigen Häusern bestehende Kensington Market ein bunter Basar mit Straßenverkäufern, kleinen Cafés und Restaurants, Secondhandgeschäften und alternativen Nahrungsmittelläden.

Café im Rosedale-Viertel

FALAFEL
TABBOULI
HOMOUS
MIXED VEGETARIAN SANDWICH
FRESH AND TASTY!!
EGGPLANT, CAULIFLOWER, ZUCCHINI, SALAD AND HOMOUS INSIDE A DELICIOUS PITA BREAD
all this for only $2.75
You'll love it!!

MIDTOWN UND YORKVILLE

FOTO LINKS:
Der berühmte, vom Stararchitekten Daniel Libeskind entworfene Kristall, der zum Wahrzeichen des Royal Ontario Museum geworden ist.

Vielstöckige Büro- und Geschäftskomplexe, Einkaufscenter, Multiplex-Kinos und elegante Bekleidungsgeschäfte charakterisieren dieses zweite Zentrum Torontos. Hier gibt es gleich drei Attraktionen mit „Muss-Charakter“: Den belebten Kreuzungsbereich von Bloor Street West und Queens Park Avenue dominiert das mächtige Royal Ontario Museum (ROM), eines der größten interdisziplinären Museen der Welt. 1914 im strengen neogothischen Stil eröffnet, hauchte ihm Stararchitekt Daniel Libeskind mit einem gigantischen Kristall, der die heiligen Hallen zu überwuchern scheint, neues Leben ein. Drinnen warten mehrere Dutzend erstklassige Ausstellungen.

Schräg gegenüber vom früheren Eingang an der Queens Park Avenue befindet sich das ebenfalls erweiterte Gardiner Museum of Ceramic Art. In seinen lichtdurchfluteten Galerien zeigt es Sammlungen japanischen, chinesischen und europäischen Porzellans von unschätzbarem Wert.

Ein paar Gehminuten westlich vom ROM präsentiert das Bata Shoe Museum – ein modernes, einem geöffneten Schuhkarton nachempfundenes Gebäude – Schuhwerk aus mehreren Jahrtausenden.

Nördlich der Bloor Street West schließt zwischen Avenue Road und Bay Street Yorkville an, Torontos Nobelviertel. In den 1960er Jahren war es die kanadische Ausgabe von Haight Ashbury in San Francisco: Die Kinder der Flower-Power-Bewegung besetzten die heruntergekommenen viktorianischen Gemäuer und schockierten mit ihrer freien Lebensart manch puritanischen Anglo-Kanadier. Seit der Renovierung in den 1980er Jahren haben Designer wie Versace und Cartier das Sträßchen Hazelton Lanes zur exklusivsten Shoppingmeile Torontos gemacht. Neuestes Flaggschiff des Viertels ist das mondäne Hazelton Hotel an der Yorkville Avenue, Torontos einziges 5-Sterne-Boutiquehotel.

FOLGENDE DOPPELSEITE:

Winterliches Toronto – Mary Curtis Park (links oben), Brücke über den Humber River (links unten), Parlament (rechts oben), Universität (rechts unten)

LITTLE ITALY

Über 400.000 Menschen italienischer Abstammung leben in Toronto. Von allen über die Stadt verteilten Vierteln italienischer Prägung gilt Little Italy als das schönste. Eingegrenzt von Bathurst Street, College Street, Ossington Avenue und Dundas Street, schlägt der Puls von Little Italy im Kreuzungsbereich von College und Clinton Street: Italienische Cafés, Bars und Lounges, Restaurants und Gelaterias, Metzgereien mit Parma-Schinken in den Schaufenstern, „Alta Moda"-Geschäfte und Reisebüros mit Bildern der italienischen Fußball-Nationalmannschaft in den Türen versetzen den Besucher vorübergehend nach Mailand oder Turin. Abends ist dieses Viertel einer der beliebtesten Anlaufpunkte der Nachtschwärmer der Stadt.

GREEK TOWN

LINKE SEITE UND UNTEN:

Zeitloses edles Design zeichnet das Gardiner Museum of Ceramic Art aus.

Manche Häuserblocks wird man vielleicht aus dem Kinoerfolg „My Big Fat Greek Wedding" („Hochzeit auf Griechisch") aus dem Jahre 2001 wiedererkennen. Die Danforth Avenue ist die Hauptstraße von Greektown, der Heimat von über 100.000 griechischstämmigen Torontonians. Dunkle Kafenions, stuckverzierte Restaurants und elegante Trendkneipen sorgen hier für mediterrane Atmosphäre.

Die berühmten Wasserfälle an der amerikanisch-kanadischen Ländergrenze. Links sind die bedeutend kleineren American Falls auf US-amerikanischer Seite zu sehen, rechts die so genannten Horseshoe auf kanadischer Seite.

NIAGARA PENINSULA

Anderthalb Autostunden entfernt von Toronto befindet sich eine der größten Touristenattraktionen Nordamerikas: die Wasserfälle auf der kanadisch-amerikanischen Grenze. Der Weg dorthin führt über die für ihren Wein- und Obstanbau berühmte Niagara-Halbinsel.

NIAGARA-ON-THE-LAKE

Das Städtchen an der Mündung des Niagara River in den Lake Ontario gehört mit seinen prachtvollen Residenzen aus der viktorianischen Ära zu den schönsten und besterhaltenen Nordamerikas. Seit 1830 scheint sich kaum etwas geändert zu haben – woran die Amerikaner nicht ganz unschuldig sind. Im Krieg von 1812 brannten sie den Ort, der für eine kurze Zeit Hauptstadt von Upper Canada gewesen war, nieder. Zwar wurde er wieder aufgebaut, doch statt der Investoren kamen nur noch reiche Sommerfrischler aus Toronto. Seitdem lebt Niagara-on-the-Lake vom Tourismus, wobei es weitgehend ohne Neonreklame und Fastfood-Buden auskommt.

Uhrenturm von Niagara-on-the-Lake

Hauptattraktion des Ortes ist die Queen Street, die von Restaurants, altmodischen Hotels und kleinen Boutiquen gesäumt wird. Von den großen Träumen der einst wichtigsten Stadt Ontarios erzählt das Niagara Historical Society Museum in der George Street, während das am Südrand des Städtchens liegende Fort George, heute ein palisadenbewehrtes Freilichtmuseum, an die Zeit erinnert, als sich Briten und Amerikaner misstrauisch über den Niagara River hinweg belauerten. Von den noch immer nach Süden zeigenden Kanonen aus sind heute allerdings nicht mehr Feindbewegungen, sondern nur noch die umherfahrenden Jetboats des Hotels King George III. Inn zu beobachten.

Nur 60 Kilometer lang und den Lake Erie und Lake Ontario miteinander verbindend, gehört der Niagara River mit einer durchschnittlichen Fließgeschwindigkeit von über 50 Stundenkilometern zu den wildesten Flüssen des Kontinents. Mehrmals täglich bringen die speziell für widrige Bedingungen konstruierten PS-Protze ihre Passagiere zu den Stromschnellen unterhalb der Fälle, die dann in den meterhohen Strudeln eine gleichermaßen rasante wie auch wasserreiche Fahrt erleben.

Und wer das Wasser hinter sich gelassen hat, kann sich getrost dem Wein zuwenden, der hier prächtig wächst und gedeiht. Dank der südlichen Lage und der Nähe der wärmespeichernden Großen

Prächtige viktorianische Gebäude säumen die Straßen von Niagara-on-the-Lake.

Seen verfügt die Gegend über ein zum Weinbau gut geeignetes Mikroklima. Chardonnays, Sauvignon Blancs, Rieslings, Gamay Noirs, Pinot Noirs und Cabernet Sauvignons: Es waren vor allem österreichische und deutsche Winzer, die die Niagara-Region in den 1970er und 1980er Jahren auf die internationale Weinkarte setzten. Weingüter wie Inniskillin, Reif und Konzelmann produzieren nordamerikanische Spitzenweine. Der ebenfalls hier produzierte „Icewine", so süß wie sündhaft teuer, ist eine Spezialität der Niagara-Halbinsel.

LINKE SEITE:
Trauben – Grundlage für die international anerkannten Qualitätsweine aus der Niagara-Region

NIAGARA RIVER PARKWAY

Der zweispurige, von Radwegen begleitete Parkway führt von Niagara-on-the-Lake entlang dem Niagara River stromaufwärts zu den Wasserfällen. Seinen Ehrentitel „schönste Grenze mit den USA" trägt er nicht zu Unrecht: lichte Wäldchen, parkähnliche Stellen zum Picknicken und immer wieder schöne Blicke auf den tief unten durch die enge Niagara-Schlucht donnernden Fluss machen ihn zu einer Panoramaroute per excellence.

Peller Estate Winery

RECHTE SEITE:
Casino und Riesenrad – nur zwei der vielen Entertainmentangebote im Bereich der Niagara-Fälle

Die Bebauung des Uferbereichs – wie man sie auf amerikanische Seite vorfindet – wurde bereits im 19. Jahrhundert von der Niagara Parks Commission verhindert. Das verschlafene Queenston, eine 400-Seelen-Idylle aus historischen Häuschen unter alten Bäumen, passt in diese beschauliche Kulisse. Auf den über dem Ort aufragenden Queenston Heights warfen die Briten im Krieg von 1812 eine amerikanische Invasionsarmee zurück. Sein strategisches Talent und eine tödliche Kugel machten den kommandierenden britischen General Isaac Brock zum Kriegshelden. Ihm zu Ehren wurde das weithin sichtbaren Brock Monument – eine 56 Meter hohe Siegessäule mit winziger Aussichtskanzel – errichtet.

NIAGARA FALLS

Nachts werden die Wasserfälle in dramatisches Buntlicht gehüllt.

Vergnügungsparks, Wachsmuseen und Raritätenkabinetts, Kasinos, Aussichtstürme und Fastfood-Restaurants, und über allem eine Dunstglocke aus Popcorn, Hotdogs und Abgasen – willkommen in Niagara Falls! Doch trotz des neuen, 53 Meter hohen Riesenrads SkyWheel und vieler anderer, oft

FOTO RECHTS:
Mit dem Ausflugsboot ganz nah an die Wasserfälle und hinein in die tosenden Strudel

spektakulärer „tourist traps": Die beste Show liefert nach wie vor Mutter Natur! Pro Minute stürzen hier durchschnittlich 250 Millionen Liter Wasser in die Tiefe. Neun Zehntel davon entfallen auf die kanadischen Horseshoe Falls (54 Meter hoch, 670 Meter breit), eine gigantische, hufeisenförmige Arena aus Schaum und Gischt. Das restliche Zehntel stürzt die American Falls auf der amerikanischen Seite hinunter. Beide Fälle werden von der kleinen Insel Goat Island geteilt.

Die Horseshoe Falls sind die bei Weitem populäreren Fälle. Man kann sie von oben, von unten, von der Seite und sogar von hinten bestaunen. Seit Generationen die Hauptattraktion für „Fall-Süchtige" ist der 500-Meter-Törn mit einem Dampfer der „Maid of the Mist"-Flotte mitten in das Getöse der Horseshoe-Arena. „Journey behind the Falls" wiederum heißt jene legendäre Tour, bei der ein Fahrstuhl den Besucher zunächst vom Table Rock House tief in den Fels darunter bringt. Dort führen mehrere Tunnel zu verschiedenen Aussichtspunkten hinter die Horseshoe Falls, die sich hier wie ein undurchdringlicher Wasservorhang präsentieren. Im Drehrestaurant des 236 Meter hohen Skylon Tower erhält man die nach Sonnenuntergang in allen Bonbonfarben angestrahlten Niagarafälle als Beilage, und von der Terrasse des Souvenirshops unmittelbar an der Kante erlebt man die ungeheure Kraft der Fälle aus allernächster Nähe.

Dass manche Menschen den Fällen noch näher auf den Leib gerückt sind, überrascht nicht. Sie „bezwangen" das tosende Inferno auf dem Hochseil oder im Fass – ein Unternehmen, das nicht wenige mit dem Leben bezahlten. Die todesmutigen Aktionen dieser so genannten „Niagara Daredevils" sind in einem Museum am Fallsview Boulevard dokumentiert.

POINT PELEE NATIONAL PARK

Ist das noch Kanada? Folgt man dem Highway 401 von Hamilton Richtung Detroit, erlebt man dieses Stück kanadischer Landschaft als überraschend ereignislos und flach. Doch dann – rund 50 Kilometer vor der amerikanischen Grenze – präsentiert sich die Provinz Ontario ein letztes Mal in Hochform. Auf einer pfeilspitzenförmig in den Lake Erie ragenden Halbinsel liegt der Point Pelee National Park, mit 15 Quadratkilometern zwar einer der kleinsten, mit über 300.000 Besuchern jährlich jedoch einer der beliebtesten Nationalparks des Landes.

Aus Marschland und urwaldähnlichem Wald bestehend, weist er eine um vieles komplexere Flora und Fauna auf als die meisten der großen kanadischen Nationalparks. Die dschungelähnliche Vegetation, die überwiegend aus Maulbeer-Feigen, Walnussbäumen und roten Zedern besteht, bietet über 20 weitere, eigentlich erst viel weiter südlich anzutreffende Baumarten und sogar Kakteen.

Scheinbar endlose, recht monotone Ebenen prägen über weite Teile die Landschaft zwischen Hamilton und Windsor.

In den Sümpfen hausen 27 Reptilien- und 20 Amphibienarten. Die Hauptattraktion ist jedoch die Vogelwelt. Point Pelee liegt auf einer der Vogelfluglinien Nordamerikas. Allein während der Nordwanderung im Mai werden hier bis zu 350 Arten gezählt, darunter die knallroten Kardinalvögel, schneeweiße Ibisse und stattliche Trompeter-Schwäne. Die Herbstwanderungen beginnen bereits Mitte Juli und dauern, je nach Art, bis Anfang Dezember.

Kanadas südlichster Punkt ist der Park allerdings noch nicht, denn 13 Kilometer weiter südwestlich liegen noch Pelee Island und die unbewohnte Middle Island. Zwei Fähren verbinden von Leamington und Kingsville aus die rund 600 Insulaner von Pelee Island mit dem Rest Kanadas.

Pelee Island genießt die meisten frostfreien Tage des Landes, kein Wunder also, dass hier Wein angebaut wird. Die Pelee Island Winery produziert hervorragende Pinot Gris', Sauvignon Blancs, Merlots und Shirazs.

Holzsteg durch den Point Pelee National Park

WINDSOR UND UMGEBUNG

Windsor ist die südlichste Stadt Kanadas. Als Hauptgrenzübergang ist sie mit den USA durch die Ambassador Bridge über den Detroit River sowie durch einen Auto- und einen Eisenbahntunnel mit der gleichnamigen amerikanischen Millionenstadt verbunden. Windsors rund 218.000 Einwohner leben hauptsächlich von der Automobil- und Zubehör-Industrie. Die Stadt ist Hauptquartier von Chrysler Canada, Ford hat hier ein großes Motorenwerk und General Motors fertigt Getriebe. Auch Kanadas berühmtester Whisky wird hier von Hiram Walker & Sons destilliert.

Hinweis auf den Grenzübergang in die USA

Windsor begann 1748 als eine kleine französische Siedlung. Daran erinnern noch heute viele Straßennamen wie Pelissier, Langlois, Lauzon, Pierre oder Francois. Nach der Amerikanischen Revolution wurde 1794 die Siedlung Sandwich gegründet, die später in Windsor umbenannt wurde. Hier, im Westen der Metropole, stehen auch die ältesten Häuser. Da die Stadt bis auf einige hübsche Parks am Fluss eher nüchtern wirkt, ist sie für Besucher sicher weniger attraktiv als andere Städte Ontarios.

Die Ambassador Bridge aus den 1920er Jahren führt über den Detroit River und verbindet Detroit und Windsor miteinander.

Blick vom kanadischen Windsor über den Detroit River auf die amerikanische Stadt Detroit

Sehenswert ist die Fort Malden National Historic Site südlich der Stadt mit einem schönen Blick auf den Fluss. Das historische Fort mit seinen Erdwällen und restaurierten Gebäuden an der Mündung des Detroit River diente den Briten von 1796 bis 1812 zuerst als Stützpunkt für den Handel mit den Sauk-Indianern, dann als Basis für Angriffe auf das amerikanische Detroit.

DIE UNDERGROUND RAILROAD

Wer sich für afro-amerikanische Geschichte interessiert, findet in der Region einige der bedeutendsten Stätten, denn während der ersten Hälfte des 19. Jahrhunderts war der Süden Ontarios Anlaufstelle und sicherer Hafen für Zehntausende geflohene Sklaven aus den USA.

In Old Sandwich Town, südlich der Ambassador Bridge, gründeten ehemalige Sklaven auch die erste schwarze Kirchengemeinde in Kanada. Amherstburg, südlich von Windsor, war damals der erste Zufluchtspunkt für die schwarzen Sklaven, die mit Hilfe eines Fluchthelfer-Netzwerks, das zur Tarnung den Decknamen „Underground Railroad" erhielt, aus den Plantagen im Süden der Vereinigten Staaten ins kanadische Asyl flüchteten.

Im North American Black Historical Museum in Amherst gibt es sehenswerte Ausstellungen über den Leidensweg der schwarzen Sklaven und ihr späteres Leben in Freiheit. Auch in anderen Orten im Süden Ontarios finden sich Spuren der „Underground Railroad". Zu ihren Mitgliedern zählten neben ehemaligen schwarzen Flüchtlingen wie Harriet Tubman, die als kundige Führerin immer wieder ihre Leidensgenossen auf dem gefährlichen Weg begleitete, auch weiße Gegner der Sklaverei – hier besonders die Quäker, die aus moralischen und religiösen Gründen die Sklaverei vehement ablehnten.

In Essex, nur eine Viertelstunde östlich von Windsor, erlebt man im John Freeman Walls Underground Railroad Museum vielleicht am eindrucksvollsten die dramatische Geschichte der Flucht der schwarzen Sklaven. Hier wird das Leben von Freeman Walls, der 1846 aus South Carolina flüchtete, beschrieben. Zu sehen sind neben einer Blockhütte, in der Walls mit seiner Familie gelebt hat, auch ein historischer Holzwagen mit doppeltem Boden. Solche „Geheimfächer" wurden häufig benutzt, um flüchtende Sklaven zu verbergen.

Auch in Dresden, einem stillen 2500-Einwohner-Städtchen, wandelt man auf den Spuren der „Underground Railroad". Hier steht auf dem Gelände der Uncle Tom's Cabin Historic Site jene Behausung, die 1852 durch Harriet Beecher-Stowes Roman „Onkel Toms Hütte" weltberühmt wurde. In diesem Holzhaus lebte Reverend Josiah Henson, der 1789 in Maryland als Sklave geboren wurde und 1830 mit Frau und Kin-

Viktorianisches Prachtgebäude
in Stratford, Ontario

dern nach Kanada flüchtete. In Dresden wurde er Pfarrer, gründete eine Siedlung und eine Berufsschule für geflüchtete Sklaven. Seine Lebensgeschichte war das Vorbild für Beecher-Stowes bewegende Erzählung, die schon im Erscheinungsjahr über 300.000 Mal verkauft wurde und wie kein anderes Buch die öffentliche Meinung gegen die Sklaverei beeinflusste. Die historische Stätte ist heute ein Museum mit informativen Ausstellungen über das Leben von Reverend Henson und die afro-kanadische Geschichte.

OIL SPRINGS

Eine Reise zurück in das beginnende Ölzeitalter macht man in Oil Springs, einem verschlafenen 800-Seelen-Ort, etwa 30 Kilometer östlich von Windsor. Hier wurden 1855 die ersten kommerziell nutzbaren Ölquellen in Nordamerika entdeckt. Damals holte man mit über hundert hölzernen Bohrtürmen das schwarze Gold aus dem Boden und der Ölrausch ließ fast über Nacht eine boomende Stadt mit über 4000 Bewohnern entstehen. Es gab mehrere Hotels, Telegrafendienste und von Pferden gezogene Busse, die im Viertelstundentakt verkehrten.

In den folgenden Jahrzehnten wurden insgesamt 15 Ölquellen erschlossen und ein Dutzend Raffinerien gebaut. Hier gewonnenes Knowhow sowie technisches Gerät diente dem Rest der Welt als Entwicklungshilfe. Noch heute wird in Oil Springs Öl aus rund 300 Quellen gefördert, etwa 25.000 Fass pro Jahr. Das 24 Hektar große historische Petrolia Discovery Oilfield mit den restaurierten Einrichtungen kann auf einer Tour besichtigt werden, und im Oil Museum sind neben informativen Ausstellungen auch 150 Jahre alte Original-Bohrtürme zu sehen.

Während des Shakespeare-Festivals in Stratford, Ontario

STRATFORD

Wie die meisten Städtchen im Süden Ontarios trägt Stratford nicht nur einen sehr englisch klingenden Namen – es sieht mit seinen viktorianischen Ziegelhäusern und gepflegten Parks auch aus wie ein Fragment des Vereinigten Königreichs. Doch Stratford treibt die geografische Verwirrung noch weiter. Der durch den Ort mäandernde Fluss heißt Avon und das erste vor Ort gebaute Haus, ein 1832 eröffnetes Hotel, hieß Shakespeare Inn. Nach dem Zweiten Weltkrieg besann sich die Stadt erneut ihrer englischen Wurzeln und organisierte 1953 das erste Shakespeare Festival der Stadt. Dieser in einem zugigen Festzelt ausgetragene Event wäre wohl bald in Vergessenheit geraten, wäre den Stadtoberen damals nicht ein ganz besonderer Coup gelungen: Für die Rolle des Richard III. hatten sie den berühmten Shakespeare-Schauspieler Sir Alec Guinness verpflichtet!

Heute zählt das Shakespeare-Festival von Stratford (Ontario) zu den angesehensten Theater-Veranstaltungen auf dem Kontinent. Auf vier Bühnen werden alljährlich über 500 Aufführungen gegeben, die weit über eine Million Zuschauer anlocken. Die größten Schauspieler der englischsprachigen Welt treten hier auf, neben Alec Guiness vor allem Christopher Plummer, Alan Bates und Dame Maggie Smith. Das Repertoire, längst um zeitgenössische Stücke erweitert, zieht Theaterfreunde jeden Alters an.

Und längst haben die Stadtväter ihr Stratford zu einem Stück „Merry ol' England" aufgehübscht – ohne dabei die Stadt in einen kitschigen Shakespeare-Themenpark zu verwandeln. Weitläufige Gärten und Parks begleiten den Avon auf seiner Reise durch die Stadt, viktorianische Pavillons laden zur Mußestunde ein und weiße Schwäne, die unter alten Trauerweiden umhergleiten, komplettieren das Bild.

Alt-Mennoniten in typischer Kleidung mit dem einzigen vierrädrigen Verkehrsmittel, dass in der Glaubensgemeinschaft zugelassen ist: die Pferdekutsche

MENNONITE COUNTRY

Was Ontarians über Deutschland und die Deutschen wissen, wissen sie dank Kitchener. Die Industriestadt 100 Kilometer westlich von Toronto hieß bis 1916 Berlin. Die Hälfte der 200.000 Einwohner hat deutsche Vorfahren. Ansonsten fällt das teutonische Erbe der Stadt nur im Herbst ins Auge. Dann feiert Kitchener Nordamerikas größtes Oktoberfest, und zwar mit „dancers in lederhosen", „schnitzel and sauerkraut" und reichlich „oompah-pah music".

Dabei waren die ersten deutschsprachigen Siedler vor Ort abstinente Mennoniten aus Pennsylvania. Anfang des 19. Jahrhunderts ließen sie sich hier nieder, um ihren Glauben praktizieren zu können. Mehrere Wellen deutscher Einwanderer verweltlichten jedoch im Laufe der Zeit ihre Lebenswelt derart, dass viele von ihnen fortzogen und sich im Umland nordwestlich von Kitchener niederließen. Dort scheinen die Uhren langsamer zu schlagen: So zuckeln bis heute schwarze Pferdekutschen durch die friedvolle Hügellandschaft.

Verkehrsschilder weisen auch in Ontario Autofahrer darauf hin, dass sie die Straße mit den Kutschen der Mennoniten teilen.

Die ganz in schwarz gekleideten Männer in den „Horsebuggies" und ihre meist schlichtes Blau und Häubchen tragenden Frauen sind „Old Order Mennonites", streng nach den alten Werten lebende Alt-Mennoniten und damit dem konservativsten Zweig dieser ursprünglich aus dem deutschsprachigen Raum stammenden Glaubensgemeinschaft zugehörig. Benannt nach Menno Simons, einem norddeutschen Führer der Wiedertäuferbewegung des 16. Jahrhunderts, schifften sich viele der als Ketzer Verfolgten im 17. Jahrhundert nach Pennsylvania ein. Um 1800 erreichten sie Süd-Ontario. Heute gehören sie 15 verschiedenen liberalen wie orthodoxen Gruppen an. Allen gemeinsam ist die Erwachsenentaufe, die Ablehnung des Kriegsdienstes und das Feiern der Messe in schlichten Versammlungshäusern.

Die Altmennoniten – ähnlich wie ihre Vettern, die Amischen – lehnen darüber hinaus alle technischen Errungenschaften der Neuzeit ab. Im Zentrum ihres Alltags stehen die in der Bergpredigt verkündeten Ideale der Nächstenliebe, die sie tagtäglich zu leben suchen. Zentrum ihres Mennonite Country genannten Siedlungsgebietes ist St. Jacobs – das alte Jacobsstettl. In dem hübschen, im Tal des Conestogo River liegenden Marktflecken verkaufen diese sanften Fundamentalisten ihre Produkte: „Quilts" genannte Tagesdecken, Hausmacherwurst, frisches Gemüse und Eingemachtes.

Bei einem Spaziergang auf der King Street passiert man Möbelwerkstätten, Kunsthandwerksläden, Bäckereien und Restaurants, die mennonitische Spezialitäten führen. Die Hauptattraktion ist indes der St. Jacobs Farmers' Market draußen vor der Stadt. Mit über 20.000 Besuchern pro Verkaufstag ist dieser drinnen wie draußen stattfindende Markt einer der größten Märkte der Provinz.

BRUCE PENINSULA

Wie ein gekrümmter Zeigefinger trennt die Bruce Peninsula die Georgian Bay vom Lake Huron. Die 80 Kilometer lange Halbinsel gilt als eine der letzten Bastionen des ursprünglichen, von Holzfällern weitgehend verschont gebliebenen Kanada. Hier stehen die ältesten Baumbestände Ostkanadas, hier zählen Pflanzenliebhaber mit 44 Orchideenarten eine der höchsten Konzentrationen dieser seltenen Blumenfamilie. 170 Vogelarten brüten hier, denn die geologisch dem Niagara Escarpment zugehörige Halbinsel liegt auf einer der nordamerikanischen Vogelfluglinien.

LINKE SEITE:

Felsige Küste im Fathom Five National Marine Park im Norden der Bruce-Halbinsel

FOLGENDE DOPPELSEITE:

Badespaß auf der Bruce Peninsula

Leuchtturm auf Cove Island. Die kleine Insel passiert man auf der Bootsfahrt zwischen Tobermory und Manitoulin Island.

Auch optisch kommt „The Bruce“ dem europäischen Kanada-Klischee sehr nahe. Mit seinen durchschnittlich 60 Meter hohen Felsenküsten an der Bay, den einsamen Stränden am Lake Huron und den von der letzten Eiszeit übrig gebliebenen, oft hausgroßen Felsblöcken könnte die Halbinsel auch 500 Kilometer weiter nördlich liegen.

Der Schlüssel zu den Naturschönheiten der Halbinsel ist die durch Wiarton führende Route 6. Acht Provinzparks sind über sie erreichbar, darunter Lion's Head, das eines der ältesten ungestörten Ökosysteme Nordamerikas schützt und an der Küste mit fotogenen Felsformationen aufwartet. Zwei weitere Wildnisgebiete werden von der Bundesregierung geschützt.

Im Bruce Peninsula National Park bringen weißer Kalkstein, windgebeugte Kiefern und Zedern sowie das grüne Wasser der Georgian Bay eine Küstenlandschaft wie aus dem Bilderbuch zustande. Der Küste vorgelagert ist der Fathom Five National Marine Park – Ontarios einziges Unterwasserschutzgebiet. Es bewahrt nicht nur einen der ursprünglichsten Abschnitte der Georgian Bay, sondern zugleich auch historische Leuchttürme und eine Reihe von Schiffswracks, die ein beliebtes Ziel von Sporttauchern darstellen.

RECHE SEITE UND UNTEN:
Im Hafen von Tobermory

FOR
FIRE
ONLY
Caution

Basisstation dieser Exkursionen unter und über Wasser ist das Städtchen Tobermory am Nordzipfel der Bruce Peninsula. Braungebrannte Segler, Tauchläden und zünftige Restaurants prägen hier die Atmosphäre. Von den beiden Naturhäfen Little Tub und Big Tub aus stechen Ausflugsdampfer zu den Inseln im Fathom Five National Marine Park in See. Auch die Autofähre nach South Baymouth auf Manitoulin Island, die größte Insel auf den Großen Seen, legt in Tobermory ab.

LINKE SEITE:
Waldwanderweg durch den Fathom Five National Marine Park auf der Bruce-Halbinsel

MANITOULIN ISLAND

Wie so oft in Nordamerika haben auch im Hinblick auf Manitoulin Island die Ureinwohner die schönste Erklärung für die Entstehung ihrer Heimat. So glauben die Ojibwa, dass Manitou, als er die Welt erschuf, das beste Fleckchen Erde für sich behielt. Folgerichtig ist Manitoulin Island in ihrer Kosmologie „die Insel des Großen Geistes", und wer heute auf dieser Insel unterwegs ist, muss zu-

Ein Traum für Taucher: Von Tobermory aus kann man Tauchexkursionen zu versunkenen Schiffswracks unternehmen.

stimmen: Manitou hatte einen guten Geschmack! Dichte Wälder wechseln mit sattgrünem Farmland, helle Kalksteinfelsen setzen wildromantische Akzente. Über ein Drittel der rund 15.000 Insulaner sind Ureinwohner von den Stämmen der Ojibwa, Odawa und Potawotami. Die meisten von ihnen leben in mehreren über die Insel verstreuten Reservaten.

LINKE SEITE:
Wälder und Kalkstein auf Manitoulin Island

Weiße siedeln erst seit 1836 auf der Insel. 1862 traten die Indianer ihr Land an weiße Siedler ab. Nur die Ojibwa sperrten sich. Bis heute ist ihr Reservat Wikwemikong deshalb „unceded", was

Das Reservat Wikwemikong auf Manitoulin Island ist fest in den Händen der Ojibwa. Das alljährlich im August stattfindende Pow-Wow ist eine große Versammlung der Ureinwohner Kanadas und der USA.

bedeutet, dass man hier niemals Stammesland an die Regierung veräußert hat. Das alljährlich Anfang August stattfindende Pow-Wow, eine traditionelle festliche Zusammenkunft mit Tanzwettbewerben und die farbenprächtigste Demonstration indianischen Selbstbewusstseins, gehört zu den größten in Nordamerika und zieht Tänzer selbst aus den Reservaten im amerikanischen Südwesten in die kreisrunde Thunderbird Arena von Wikwemikong.

LINKE SEITE UND OBEN:
Während des traditionellen Pow-Wow auf Manitoulin Island

Zur Erkundung von Manitoulin Island reicht ein Tag nicht aus: Mit gut 2800 Quadratkilometern ist sie weltweit die größte Insel in einem Süßwassersee, doch ein gut ausgebautes Straßennetz lässt die schönsten Stellen bequem erkunden. Viele der kleinen Orte haben schöne Heimatmuseen, wie Manitowaning, dessen Assiginack Museum Gegenstände aus der Pionierzeit ausstellt. Gleich daneben ankert im SS Norisle-Heritage Park der letzte Passagierdampfer der Großen Seen. Im Sommer dient das Schiff als Restaurant.

Schöne Panoramablicke über die alte Kanuroute des North Channel hinweg zu den La Cloche Mountains auf dem Festland bietet der Ten Mile Point bei Sheguiandah. Little Current, adrett und übersichtlich, ist der größte Ort der Insel. Eine alte Drehbrücke hält hier die Verbindung zum Festland. Der alte Handelsposten der Hudson Bay ist im Übrigen ein guter Ausgangspunkt für Exkursionen in den Westteil von Manitoulin Island. Dort ist der weißrote Mississagi-Leuchtturm ein begehrtes Fotomotiv.

ALGONQUIN PROVINCIAL PARK

Der Algonquin Provincial Park ist eines der berühmtesten Wildnisgebiete des Landes. Tausende klarer Seen, meist mit winzigen Felseninseln darin und eine hügelige, für den Kanadischen Schild typische Landschaft aus Granit mit einer dünnen Decke aus Moos und Erde und dichtem, mit nordischen Schwarzkiefern versetztem Mischwald darauf machten den Algonquin Provincial Park schon früh zur archetypischen kanadischen Wildnis.

Ursprünglich wurde der in nur drei Autostunden von Toronto aus erreichbare Park 1893 gegründet, um die Interessen der Holzindustrie vor der immer näher rückenden Landwirtschaft zu schützen.

Eine besonders schöne Reizezeit zur Erkundung des Algonquin Provincial Park ist der Herbst, wenn sich das Laub der Bäume in ein Farbenmeer verwandelt.

Die Schönheit dieser Wildnis zog jedoch bald Maler und Fotografen an. In Toronto machten ihre Bilder und Berichte den 7700 Quadratkilometer großen Park alsbald zu einem so beliebten Erholungsziel, dass der Holzschlag heute zwar nicht beendet, wohl aber nach einem komplizierten Aufforstungsplan und nur in den Außenbezirken fortgesetzt wird.

Das Parkinnere – menschenleer, unzugänglich und Heimat von Schwarzbären, Elchen, Wolfsrudeln und Bibern – präsentiert sich daher noch immer als Naturoase und ist nur mit dem Kanu zu erreichen. Über 1600 Kilometer Kanurouten durchziehen den Park, ein Netz aus Seen, Flüssen und Portagen, bei denen das Kanu ein Stück weit über Land bis zum nächsten Gewässer getragen wird. Mehrwöchige Trips sind ebenso möglich wie eintägige Touren zum Biberdamm. Die Zeltplätze sind

Ein Paradies für Kanuten und andere Wasserliebhaber – unzählige Seen machen den Algonquin Provincial Park zu einem überaus beliebten Ziel.

RECHTE SEITE:
Wer das Glück hat, einen der zahlreichen Elche im Naturpark beobachten zu können, weiß um die imposante Gestalt der Tiere.

meist nur durch ein unauffälliges Schild und eine mit Steinen gesicherte Feuerstelle erkennbar. Proviant muss mitgeführt werden.

Darüber hinaus bietet der Algonquin Provincial Park rund 20 Hiking Trails aller Längen und Schwierigkeitsgrade. „Moose viewing", Elchbeobachtung, ist ein lohnenswertes Angebot, vor allem im Mai und Juni, wenn das von der Schneeräumung übrig gebliebene Salz die riesigen Tiere in die Straßengräben des Highway 60 lockt, der durch den Park verläuft.

Mit Zelt und Kanu unterwegs – immer noch eine der schönsten Arten, den Algonquin Provincial Park für sich zu erkunden

Die besten Chancen auf ein – akustisches – Rendezvous mit den scheuen Wölfen hat man während eines „public wolf howl". Bei den von der Parkverwaltung organisierten Veranstaltungen begleitet man einen Experten zu den besten Stellen und lernt, wie ein „canis lupus" zu heulen und mit den „Genossen" im tiefen Dickicht Kontakt aufzunehmen.

MIDLAND

Midland liegt an der Georgian Bay, am Südende der Inselwelt der Thirty Thousand Islands. Adrett und aufgeräumt, ist es eine für Ontario typische Kleinstadt, die sich um die auch hier King Street genannte Hauptstraße konzentriert.

Nichts in dieser viktorianischen Ziegelsteinidylle deutet auf die dramatische Vergangenheit hin. Denn um 1600 hieß diese Gegend Wendake und war das Kernland der mächtigen Huronen-Föderation. 1615 nahm der erste Weiße Kontakt mit den Huronen auf: Dies war Samuel de Champlain, der Gründer Neu-Frankreichs. Es entwickelten sich freundschaftliche Beziehungen zwischen Huronen und Franzosen, die 1639 im Bau der Missionsstation Sainte-Marie-au-pays-des-Hurons gipfelten.

Unter den Jesuiten Jean de Brébeuf und Gabriel Lalemant begannen die Franzosen von hier aus mit der Missionierung der Ureinwohner. Dabei diente Sainte-Marie nicht nur als Basis, sondern auch als eine Art interkulturelles Begegnungszentrum: In ihren tagebuchartig geführten „relations" beschrie-

LINKE SEITE:

Im rekonstruierten Dorf von Sainte-Marie-au-pays-des-Hurons

Auch die Missionskirche aus dem 17. Jahrhundert wurde nachgebaut und ist zu besichtigen.

RECHTE SEITE:
Rathaus von Kingston, Ontario

ben die Jesuiten nicht nur ihre geistliche Arbeit, sondern auch den Alltag auf der Station und, oft überraschend selbstkritisch, ihre Erlebnisse beim Zusammenprall der Kulturen.

Neben dem rechten Glauben brachten die europäischen Missionare allerdings auch tödliche Infektionskrankheiten mit. In kurzer Zeit rafften Masern und Grippe den größten Teil des Stammes dahin. Doch damit nicht genug: Zehn Jahre nach der Errichtung von Sainte-Marie kam das gewaltsame Ende des Missionsauftrags, denn 1649 mussten die Jesuiten mit den letzten ihrer huronischen Schützlinge vor den Irokesen nach Neu-Frankreich fliehen. Brébeuf und Lalemant endeten am Marterpfahl. Das Ende von Sainte-Marie markierte zugleich das vorläufige Ende der Kolonisierung Ontarios. Erst 150 Jahre später tauchten wieder weiße Siedler an der Georgian Bay auf.

1964 wurde die Missionsstation etwas außerhalb von Midland am Highway 12 wieder aufgebaut. Durch ein wehrhaftes Holztor tritt man in den Innenhof der von hohen, mit Wachttürmen versehenen Palisaden geschützten Station. Dort gehen kostümierte Jesuiten- und Huronendarsteller ihren Alltagsbeschäftigungen nach und führen Besucher durch die über 20 Gebäude. Zu sehen sind eine Kapelle, Wachttürme, die Unterkünfte der Missionare, Stallungen und die Langhäuser der bekehrten Huronen.

KINGSTON

Die 117.000-Einwohner-Stadt liegt an der Mündung des Lake Ontario in den St.-Lorenz-Strom. 1673 begann die noch heute sehr britisch wirkende Universitätsstadt als französischer Militär- und Pelzhandelsposten Fort Frontenac. 1758 eroberten die Briten das Fort, und während des Amerikanischen Unabhängigkeitskriegs gingen hier tausende königstreuer Loyalisten an Land.

1812 wurde Fort Henry zum Schutz des blühenden Umschlagshafens errichtet. Obgleich die Festung nicht zum Schauplatz von Kämpfen wurde, baute man nach dem Krieg weiter – nun auch angespornt durch die Aussicht auf Beförderung zum Regierungssitz. Hauptstadt von Upper Canada war Kingston dann aber nur drei kurze Jahre, denn 1844 zog die Regierung nach Montréal um. Zurück blieben eine fast fertige City Hall und repräsentative viktorianische Steinhäuser, vor allem an der Brock Street und rund um die Gore Street.

Die Stadt lädt ein zu einem Bummel über den Confederation Square, am klassizistischen Rathaus vorbei und weiter zum Yachthafen, von wo aus die Raddampfer zu den Thousand Islands ablegen. Besuchermagnet ist Fort Henry mit seinen täglich von Kadetten in historischen Uniformen aufgeführten Drills und Paraden im Innenhof und auf den Mauern. Geschichtsbewusste Kanadier pilgern zum Bellevue House. Die hübsche Villa gehörte dem Rechtsanwalt Sir John A. Macdonald, der Kanada als erster Ministerpräsident über die Geburtswehen half. Das Marine Museum of the Great Lakes widmet sich der Seefahrt auf den Großen Seen.

Ein eher ungewöhnliches Museum ist das Correctional Service of Canada Museum, das auf dem Gelände des Stadtgefängnisses über die Geschichte des Strafvollzugs in Kanada informiert. Unter anderem werden hier auch von Häftlingen gefertigte Waffen und Fluchtwerkzeuge gezeigt.

ST. LAWRENCE ISLANDS

Als die französischen Siedler einst die Wälder entlang des St.-Lorenz-Stroms am Abfluss des Ontariosees durchforsteten, erschien ihnen die sich darbietende Insellandschaft wie ein Labyrinth aus unzähligen Inseln. So nannten sie die Gegend „Lac-des-mille-Iles", woraus später Thousand Islands wurde. Heute kennen wir die tatsächliche Anzahl: Es sind insgesamt 1865 Inseln unterschiedlichster Größe aus rosa Granit und Kalkstein, die zu den Ausläufern des Kanadischen Schilds gehören.

Weit poetischer erklärten die Indianer die Entstehung der St. Lawrence Islands: Für sie war „Manitouana" der Garten des Großen Geistes, der Blüten regnen ließ und in Inseln verwandelte. Heute muss er seinen Garten allerdings mit wohlhabenden Kanadiern und Amerikanern teilen, die selbst auf Winzig-Inseln wie Just Room Enough Island wahre Luxus-Refugien errichtet haben: Unbebaut und naturbelassen sind nur noch wenige, darunter die 20 Inseln des St. Lawrence National Park.

Das Besucherzentrum in Mallory Landing informiert über die Inseln, die so schöne Namen wie Camelot, Mermaid und Endymion tragen und nicht nur eine interessante Mischvegetation beherbergen, sondern auch gesunde Amphibien- und Reptilienbestände. Vom Ufer aus erlebt man die Inselwelt am besten auf dem Thousand Islands Parkway.

Jede noch so kleine der insgesamt 1865 Inseln im St. Lawrence River wird mittlerweile als Sommerfrische genutzt.

Kreuzfahrten mit Ausflugsdampfern beginnen in Kingston, Gananoque, Rockport und Brockville. Zu den Höhepunkten der mehrstündigen Touren gehören der von Ozeandampfern befahrene St. Lawrence Seaway und Boldt Castle, die Ritterburg des exzentrischen George C. Boldt. Der Besitzer des Waldorf Astoria in New York ließ das mittelalterliche Gebäude 1900 für seine Frau bauen und dazu auch die Insel auf Herzform sprengen. Die damit verbundene Herz-Schmerz-Geschichte – Mrs. Boldt starb noch vor Vollendung der Burg – wird auf jeder Führung erzählt.

UPPER CANADA VILLAGE

Die Geschichte dieses wunderschönen Museumsdorfes begann 1958 mit der Überflutung von zehn Dörfern zum Bau des St. Lawrence Seaway. Die schönsten Häuser, fast 40 an der Zahl, wurden elf Kilometer östlich des heutigen Morrisburg zum Upper Canada Village zusammengefügt und erinnern heute an die gute alte Zeit um 1860. Zeitgenössisch gekleidetes Personal, das rund 150 Bauern, Bäcker, Schmiede, Fuhrleute und sogar Gouvernanten darstellt, haucht dem Dorf verblüffend authentisch wirkendes Leben ein. Es wird gepflügt und gesät, Pferde werden beschlagen, Schafe geschoren und Würste gemacht. Selbst das Restaurant serviert in historischer Atmosphäre Gerichte nach alten Pioniersrezepten.

Boldt Castle – eines der Highlights auf einer Thousand-Islands-Schiffstour. Selbst das hier zu sehende Generatorenhaus, das die Stromversorgung zum Haupthaus sichern sollte, wurde als kleines Schloss angelegt.

OTTAWA

Wie Toronto kämpfte auch Ottawa lange mit Imageproblemen. Klein, unbedeutend, langweilig: Das Urteil der Kanadier, die sich eher als Albertans, Québécois oder Newfoundlander fühlen und ihre Hauptstadt am ehesten mit der lästigen Bundessteuer verbinden, war vernichtend. Doch während der letzten zehn, fünfzehn Jahre hat Ottawa Milliarden in Kunst und Kultur investiert und aus einer vermeintlichen Schwäche eine Stärke gemacht. Straßencafés, Museen und Galerien erlebt man hier fern großstädtischer Hektik, und im Vergnügungsviertel By Ward Market kann man noch immer die Straßenseite wechseln, ohne sich nach Autos umschauen zu müssen.

GESCHICHTE

Sie sehen so viel älter aus! Hoch über dem Ottawa River thronen die Parliament Buildings, ein ehrwürdiges, an London erinnerndes Ensemble aus neogotischer Ernsthaftigkeit unter grünspanigen Kupferdächern, das Ottawas Skyline prägt wie der Eiffelturm Paris. Kaum vorstellbar, dass hier um

1800 nur ein paar windschiefe Hütten standen und dass es in der schmuddeligen Siedlung unterhalb des Felsens alles andere als vornehm zuging. Holzfäller und Tagelöhner aus aller Welt vertrieben sich mit leichten Mädchen und filmreifen Massenschlägereien die Nächte, während sie tagsüber unter Leitung von Colonel John By, dessen Namen der Ort trug, den Rideau Canal aushoben, einen vor amerikanischen Geschützen sicheren Wasserweg zum Lake Ontario.

Doch schon 1850 hatten sich Bytown und das gegenüberliegende Hull als wichtige Holzlieferanten der britischen Flotte etabliert. Dann bewarb sich das inzwischen in Ottawa umbenannte Bytown frech als Hauptstadt der Provinz Kanada. Und was die größeren Mitbewerber Montréal und Toronto niemals für möglich gehalten hätten, geschah: 1857 erhielt Ottawa von Queen Victoria den Zuschlag. Die englische Königin hatte weise gewählt: Die neue Hauptstadt lag nicht nur in sicherer Entfernung von der amerikanischen Grenze, sondern auch politisch ausgleichend auf der Sprachgrenze zwischen anglo- und frankophonen Untertanen.

Wenig später wurde der Grundstein zum Parlament gelegt, und 1867 erhoben die Provinzen Ottawa auch zur Bundeshauptstadt. Heute erinnert fast nichts mehr an das alte Bytown. Industrie und

Panorama auf Ottawa bei Nacht. In der Mitte ist der Parliament Hill – Kanadas Regierungssitz – zu sehen, das rot angestrahlte Glasgebäude auf der linken Seite zeigt die National Gallery of Canada.

Eisenbahn wurden an die Peripherie verlagert und durch Parks, Rad- und Joggingwege ersetzt. Mit dem frankophonen Gatineau (vormals: Hull) ist Ottawa durch vier Brücken verbunden, über die es täglich eine „Infusion“ romanischer Lebensfreude erhält.

LINKS OBEN:
Parlamentshügel vom Ottawa River aus gesehen

PARLIAMENT HILL

Das Kunststück, dieses Riesenland mit seinen traditionell auseinanderstrebenden Provinzen zusammenzuhalten, wird tagtäglich auf dem Parliament Hill hoch über der Biegung des Ottawa River vollbracht. Alle Stadtrundgänge beginnen hier, die wichtigsten Attraktionen der Stadt, darunter der Glasdom der National Gallery und das an seinen geschwungenen Linien erkennbare Musée Canadien des Civilisations in Gatineau, sind bereits von hier aus zu sehen. Die kanadische Regierung gibt sich – in Zeiten allgegenwärtiger terroristischer Bedrohung – bemerkenswert bürgernah: überall Touristenscharen, mehrmals täglich Führungen und keine omnipräsente Armada an Sicherheitskräften.

Die von Londons Westminster Abbey inspirierten Gebäude bestehen aus drei Komponenten. Im East und West Block befinden sich Regierungsbüros. Im Centre Block sind Senate und House of Commons untergebracht. Besucher dürfen auf Führungen einen Blick in die „very british“ wirkenden

Im Gegensatz zu dem in Grün gehaltenen House of Commons (links unten) dominiert im Senat die Farbe Rot (unten)

RECHTE SEITE UND UNTEN:
Die prächtige Bibliothek auf dem Parlamentshügel

Parlamentssäle werfen und auch die wunderschöne lichtdurchflutete Parlamentsbibliothek bewundern. Der Rundblick vom knapp 100 Meter hohen Peace Tower zeigt noch immer eindrucksvoll, warum Ottawa lange das Image einer „Hauptstadt in der Wildnis" anhaftete: Gleich am Stadtrand beginnen die endlosen Wälder.

CONFEDERATION SQUARE

Der weitläufige, dreieckige Platz mit dem unübersehbaren National War Memorial, einem wuchtigen Granitbogen mit verschiedenen Bronzestatuen, gilt als die geografische Mitte der Innenstadt. Das National War Memorial gedenkt der in allen Kriegen und Auseinandersetzungen des 20. Jahrhunderts gefallenen Kanadier.

Rund um den Platz befinden sich einige der interessantesten Gebäude der Stadt. Das braune, hexagonale Bauwerk in der Südostecke ist das 1969 fertiggestellte National Arts Centre, die weltweit

einzige zweisprachig funktionierende Kulturstätte dieser Art. Drei Bühnen produzieren Opern- und Theateraufführungen und engagieren sich besonders in der Förderung junger kanadischer Talente.

Blick auf Ottawa über den Ottawa River auf Gatineau. Links vorne ist der Supreme Court zu sehen, rechts daneben weitere Regierungsgebäude.

Blickfang im Osten ist das imposante Fairmont Chateau Laurier, neben dem Royal York in Toronto ein weiteres der legendären Eisenbahnhotels von Canadian Pacific. In den Confederation Square münden Ottawas Bankenstraße Wellington Street und die schicke, fünf Häuserblocks lange Einkaufszone Sparks Street Mall.

RIDEAU CANAL

Zwischen Fairmont Chateau Laurier und Parliament Hill heben die Ottawa Locks, acht handbetriebene Schleusen, die vom Ottawa River kommenden Motoryachten in zwei Stunden zum 24 Meter höher liegenden Rideau Canal hinauf. 2007 wurde der 200 Kilometer lange Kanal zum Lake Ontario als älteste ununterbrochen benutzte künstliche Wasserstraße Nordamerikas von der UNESCO zum Weltkulturerbe erhoben. Sein Bett wurde zwischen 1826 und 1832 von 4000 Arbeitern in müh-

Insgesamt acht Schleusen befördern kleine Boote vom Ottawa River zum 24 Meter höher gelegenen Rideau Canal.

samer Handarbeit gegraben. Heute ist der Kanal vor allem bei Freizeitkapitänen beliebt. Das kleine Bytown Museum am Fuß der Schleusen informiert über die oft unter unmenschlichen Bedingungen durchgeführten Bauarbeiten.

BY WARD MARKET

Downtown Ottawa am Rideau Canada. Im Hintergrund sind das War Memorial, die Parliament Building sowie der Confederation Square zu sehen.

Seit 1999 liegt Ottawas Altstadt ein wenig im Schatten der neuen amerikanischen Botschaft – was einiges aussagt über die Bedeutung der Beziehungen zum südlichen Nachbarn und die Größe des ältesten Viertels der Stadt. Mittelpunkt ist das hangarähnliche Marktgebäude By Ward Market, das 1927 auf dem seit 1840 als Wochenmarkt benutzten Landstreifen gebaut wurde. Die alten Gemäuer ringsherum, fein säuberlich herausgeputzt und in europäischen Augen alles andere als alt ausse-

In den imposanten Hallen des Museums erwarten den Besucher interaktive Ausstellungen zur Geschichte des Landes, angefangen bei den Kulturen der Ureinwohner über die Landnahme durch die Europäer bis zum „Nationbuilding“ der Gegenwart. Höhepunkt sind die Ausstellungen über die Kulturen der Indianer und Inuit und hier insbesondere die grandiose Totempfahl-Sammlung in der lichtdurchfluteten Great Hall, die auch architektonisch zu den Highlights des 1989 eröffneten Museums darstellt.

Die imposante Haupthalle des Musée Canadien des Civilisations

LAKE SUPERIOR

LINKE SEITE:
Am Ufer des Lake Superior

Der Lake Superior ist der größte der Großen Seen und grenzt im Süden an die US-Bundesstaaten Michigan und Wisconsin. Mit einer Fläche von 80.000 Quadratkilometern – Hessen würde fast viermal hineinpassen – ist er zudem der größte Binnensee der Welt. Er ist auch der unberechenbarste. Dutzende Passagier- und Frachtschiffe sind auf dem Lake Superior bereits untergegangen, und schon die aus Montréal heranpaddelnden Pelzhändler fürchteten den bis heute aus dem Nichts kommenden Fallwind, der bis zu sechs Meter hohe Wellen produziert und die Boote auf „offene See" zu treiben drohte. Gespeist von mehr als 200 Flüssen, beträgt die durchschnittliche Wassertemperatur an der Oberfläche des Lake Superior nur 13 °C.

Kanadas Anteil an diesem Binnenmeer, das groß genug ist, ein eigenes, maritimes Mikroklima zu erzeugen, beträgt knapp 30.000 Quadratkilometer. Die Nordküste des Lake Superior – den Namen gaben ihm die Pelzhändler, da er acht Meter höher liegt als der benachbarte Lake Huron – reicht von Sault Ste. Marie im Osten bis zum fast 700 Kilometer entfernten Thunder Bay.

Gletscher, Vulkane und Erdbeben haben hier eine kraftvolle, waldreiche Landschaft hinterlassen, durch deren ruppiges Auf und Ab sich der südliche Zweig des Trans Canada Highway arbeitet. Die schönsten Abschnitte werden von der Provinz und Kanada durch folgende Naturparks geschützt: Lake Superior Provincial Park, Pukaskwa National Park, Ouimet Canyon Provincial Park und Sleeping Giant Provincial Park.

SAULT STE. MARIE

1622 trug Étienne Brulé als erster Weißer sein Kanu an den Stromschnellen des St. Mary's River vorbei. Heute kennen Kapitäne aus aller Welt „The Soo": Hier, an dem kurzen Bindeglied zwischen Lake Superior und Lake Huron, befinden sich die letzten der insgesamt 16 Schleusensysteme des St. Lawrence Seaway, der den Lake Superior und die Häfen im Herzen des Kontinents, wie Chicago, Duluth und Thunder Bay, mit dem 3000 Kilometer entfernten Atlantik verbindet.

Bis zu 12.000 Schiffe jährlich passieren die mitten in der Stadt liegenden Schleusen. Die Bootsfahrt durch die 77 Meter langen und 15 Meter breiten Kammern der Sault Locks ist eine der Hauptattraktionen dieser ansonsten recht nüchternen, von Call Centern und Stahlindustrie lebenden 75.000-Einwohner-Stadt, deren Zwillingsstadt auf amerikanischer Seite ebenfalls Sault Ste. Marie heißt.

Sehenswert ist auch das Ermatinger Old Stone House, das älteste Steinhaus Kanadas westlich von Toronto. Der aus der Schweiz kommende Charles Ermatinger baute es 1814 für seine Frau, die Tochter eines Ojibwa-Häuptlings, und benutzte es als Basis für seinen Pelzhandel.

Am St. Mary's River befindet sich das Canadian Bushplane Heritage Centre. Die „Stars" der in einem alten Hangar mit Blick auf den Fluss untergebrachten Ausstellung sind die von Buschpiloten wegen ihrer Zuverlässigkeit und Vielseitigkeit bevorzugten Flugzeuge, allen voran die legendäre DeHavilland „Beaver", die zweimotorige Beech 18 C45H und die DeHavilland „Otter". Auch Liebhaber alter

Eisenbahnen kommen hier auf ihre Kosten: Die Algoma Central Railway unternimmt von Sault Ste. Marie aus schöne Tagestouren in den Agawa Canyon nördlich der Stadt, der im Herbst besonders eindrucksvoll die prächtigen Farben des Indian Summer zu Schau stellt.

LAKE SUPERIOR PROVINCIAL PARK

Indianische Felszeichnungen in der Agawa Bay

Mit knapp 16.000 Quadratkilometern ist dieses 130 Kilometer nordwestlich von Sault St. Marie beginnende Wildnisgebiet einer der größten Provinzparks Ontarios. Hier zeigt sich der Kanadische Schild von seiner fotogensten Seite: Schroffer, durch die dünne Erdschicht brechender Granit, Nadel- und

Ahornwälder und eine zerklüftete Felsenküste, an der sich immer wieder Flüsse und Bäche in den Lake Superior stürzen, sind hier zu bewundern. Kanada wie aus dem Bilderbuch!

Das Innere des Parks weist einen der größten Elchbestände der Provinz auf, hinzu kommen Weißschwanzhirsche, Wölfe und Schwarzbären. Einen guten Eindruck von dieser unberührt wirkenden Wildnis bekommt man bereits vom Trans Canada Highway aus, der immer wieder um riesige Felsen kurven muss, vor denen damals die Sprengkommandos beim Straßenbau kapitulierten.

Besonders schön ist die etwas südlich von Wawa, dem Sitz der Parkverwaltung, liegende Old Woman Bay. Hier haben vor Jahrmillionen gewaltige Erdbeben eine von bizarren Felsentürmen

Der Lake Superior Provincial Park ist ein ideales Terrain für Kajakfahrer.

gerahmte Bucht mit weißem Sandstrand in den Kanadischen Schild gerissen. Das Wasser ist kristallklar – doch leider auch im Hochsommer viel zu kalt zum Baden. Kanurouten im Inneren und eine Reihe schöner Campingplätze garantieren jedoch ein erinnerungswertes Wildniserlebnis.

PUKASKWA NATIONAL PARK

Wer es noch einsamer will, ist im Pukaskwa National Park richtig. Allerdings ist der zweite große Park am Nordufer relativ schwer zugänglich. Mit über 1800 Quadratkilometern ist er der größte Nationalpark der Provinz. Vom Trans Canada Highway zweigen hin und wieder gute Trails zu wunderschönen Aussichten über den Lake Superior ab. Charakteristisch für dieses „Pakassaw" gesprochene Wildnisgebiet ist sein borealer Nadelwald, der in dieser Form sonst erst 1000 Kilometer weiter nördlich vorkommt und eine kleine Karibuherde beherbergt. Strände, kurze Trails und ein Besucherzentrum befinden sich kurz vor dem Städtchen Marathon in Hattie's Cove am Nordrand des Parks. Hier beginnt auch der 60 Kilometer lange Coastal Hiking Trail nach Swallow River.

OUIMET CANYON PROVINCIAL PARK

Er ist zwar oft beschrieben, aber immer noch kaum besucht: der Ouimet Canyon Provincial Park, anderthalb Autostunden von Thunder Bay entfernt. Das Schutzgebiet besteht aus einer von Wind, Eis und Regen in Jahrmillionen dauernder Erosionsarbeit in den Granit gefressenen Schlucht, die 100 Meter tief, 150 Meter breit und zwei Kilometer lang ist. Schöne Spazierwege durch dichten Mischwald führen vom Parkplatz zu zwei Aussichtskanzeln, von denen aus man direkt hinab auf den Canyonboden blicken kann. Dort bedingen vergleichsweise niedrige Temperaturen eine Vegetation, die sonst erst 1000 Kilometer weiter nördlich vorkommt. Hier bleibt der Schnee oft bis zum Sommer liegen.

SLEEPING GIANT PROVINCIAL PARK

Bei der Anfahrt auf Thunder Bay fühlt man sich an Kapstadt erinnert, denn aus dem Dunst erhebt sich der fast 400 Meter hohe, dem Tafelberg nicht unähnliche Sleeping Giant. Er bildet das Südende des auf der Sibley Peninsula gelegenen Sleeping Giant Provincial Park. Über 100 Kilometer Wanderwege sind in dem Park zu finden: Der anspruchsvollste ist der 40 Kilometer lange Kaybeygun Trail, der um das „Knie" und die „Brust" des schlafenden Riesen führt. An den Aussichtspunkten „The Chimney" und „Thunder Bay Lookout" vergisst man die Strapazen der Wanderung jedoch schnell. Das facettenreiche Terrain und die vom Lake Superior verursachte hohe Luftfeuchtigkeit haben hier ein Mikroklima geschaffen, in dem unter anderem zwei Dutzend Orchideenarten gedeihen.

THUNDER BAY

Die Einheimischen der Thunder Bay fühlen sich bereits als „Westerner": Winnipeg in Manitoba liegt näher als Ontarios Hauptstadt Toronto, die Prärien sind nur noch einen – kanadischen – Katzensprung entfernt und schwere Trucks dominieren im Straßenverkehr. Die europäische Besiedelung dieser Gegend geht auf frankophone Pelzhändler aus Montréal zurück, die im späten 17. Jahrhundert am Ufer des Kaministiquia River einen Handelsposten errichteten. 1803 gründete hier die Montréaler Pelzhandelsgesellschaft North West Company Fort William, und 50 Jahre später gewann der neben dem Fort wachsende Ort als Umschlaghafen an Bedeutung.

Die Ankunft der Canadian Pacific Railroad im Jahre 1875, der Weizenboom zu Beginn des 20. Jahrhunderts und die Holzindustrie ließen die nunmehr Thunder Bay genannte Stadt boomen. Heute ist die von den Einheimischen nur „T-Bay" genannte Stadt zwar dank des St. Lawrence Seaway noch immer Kanadas drittgrößter Hafen, Rückgänge in der verarbeitenden Industrie und Holzwirtschaft haben jedoch in den letzten Jahren zu einer Rezession in der Region geführt und die Einwohnerzahl zurückgehen lassen. Derzeit versuchen die Stadtväter die Konjunktur mit der Ansiedlung von Hightech-Branchen wieder anzukurbeln.

Der 400 Meter über der modernen Stadt liegende „Mt. MacKay Scenic Lookout" vermittelt einen guten Eindruck von Stadt und Umgebung. An die Zeit des Pelzhandels erinnert das Freilichtmuseum Old Fort William, mit über 40 Gebäuden und einem Indianerdorf vor den Palisaden die größte Rekonstruktion eines Pelzhandelspostens in Nordamerika.

Sonnenuntergang am Sandstrand des Lake Superior

Coppermine
Umingmatok
Nunavut Territory
Garry-see
Melville Peninsula
Foxe-Becken
Iqaluit
Cape Dorset
Hudsonstraße
Southampton Is.
cho Bay
Northwest-Territories
Aberdeen-see
Baker Lake
Baker-see
Dubawnt-see
Thelon
Yellowknife
Reliance
Chesterfield Inlet
Coats Is.
Mansel Is.
Salluit
Kangiqsujuak
Ungava Peninsula
Gr. Sklaven-see
Fort Resolution
Tavani
Arviat
Hudson-Bay
Dubawnt
Sklavenfluss
Fort Smith
Kasbasee
Uranium City
Nueltinsee
Inukjuak
Minto-see
Athabascasee
Black R.
Claireesee
Wollaston-see
Churchill
(zu Nunavut)
Belcher Is.
Creesee
Lynn Lake
Etawneysee
Fort Mc Murray
Rentier-see
Südlicher Indianersee
Southend
Thompson
Nelson
Fort Severn
Winisk
Chisasibi (Fort George)
Athabaska
Manitoba
James-Bay
Flin Flon
Saskatchewan
Islandsee
Severn
Trout-see
Akimiski Is.
Nördl. Saskatchewan
Prince Albert
Saskatchewan
Warren Landing
Attawapiskat
Fort Albany
Waskaganish (Rupert House)
North Battleford
Winnipeg-see
Moosonee
Saskatoon
Winnipegosis-see
Gypsumville
Albany
Ft. Hope
Red Lake
S. Josephsee
Ontario
Südl. Saskatchewan
Yorkton
Seulsee
Nakina
Abitibi-see
Medicine Hat
Moose Jaw
Regina
Dauphin
Kapuskasing
Manitoba-see
Winnipeg
Nipigon-see
Cochrane
Swift Current
Weyburn
Portage la Prairie
Lake of the Woods
Dryden
Nipigon
Kirkland Lake
Brandon
Michipicoten
Thunder Bay
Lake Superior
Sault Ste-Marie
Sudbury
USA
Duluth
Michigansee
Huronsee
0
200
400
600
km
Minneapolis
St. Paul

MANITOBA

ÜBERBLICK

Manitoba im geografischen Zentrum von Kanada ist neben Saskatchewan und Alberta eine der drei Prärieprovinzen des Landes. Mit 650.000 Quadratkilometern und 1,19 Millionen Einwohnern ist Manitoba fast genauso groß wie die Nachbarprovinz Saskatchewan im Westen. Im Osten erstreckt sich die weite Seen- und Waldlandschaft der Lake of the Woods, die sich Manitoba mit der Provinz Ontario teilt.

Im südlichen Teil der Provinz, der an die US-Staaten North Dakota und Minnesota angrenzt und 30 Prozent der Gesamtfläche ausmacht, lebt der überwiegende Teil der Bevölkerung: Alleine in der Hauptstadt Winnipeg, die sich hier befindet, haben sich mittlerweile rund zwei Drittel der Provinzbewohner niedergelassen. Etwa 40 Prozent der Bevölkerung blicken auf englische und schottische, 18 Prozent auf deutsche und 12 Prozent auf französische Vorfahren zurück. 14 Prozent sind Nachfahren ukrainischer Einwanderer, während die indigene Bevölkerung ca. 109.000 Einwohner (rund 10 Prozent) zählt.

Red River – eine gleichermaßen geschichtsträchtige wie bedeutende Lebensader von Manitoba

RECHTE SEITE:
„Prominenter" Bewohner im sonst so menschenleeren Norden von Manitoba: Eisbär nahe Churchill

Der weitaus größte Teil Manitobas, der sich von Winnipeg aus über 1000 Kilometer gen Norden bis zur Grenze zu Nunavut erstreckt, zeigt sich alles andere als urban und bevölkert. Dichte Wälder sind hier zu finden, und im hohen Norden prägen endlose Tundra-Landschaften das Bild. Diese riesige Region erstreckt sich topografisch auf dem von Granit dominierten Kanadischen Schild.

In der Sprache der Ojibway-Indianer bedeutet „Manitou bou" Landenge des Großen Geistes. Dies bezieht sich auf den Manitoba-See, denn die beiden Uferseiten liegen in der Mitte nur einen Kilometer voneinander entfernt. Mehr als 94.000 Quadratkilometer der Provinz (fast 15 Prozent) sind von Seen bedeckt. Der größte davon ist mit 400 Kilometern Länge der Lake Winnipeg, der als der zehntgrößte Süßwassersee der Welt gilt. Auch die mächtigsten Flüsse Westkanadas fließen durch das Tiefland von Manitoba. Mit 650 Kilometern Küstenlinie an der Hudson Bay verfügt die Provinz zudem über eine Verbindung zu den Weltmeeren. In Churchill befindet sich der einzige arktische Tiefwasserhafen Kanadas, der insbesondere im Handel mit Asien und Russland von Bedeutung ist.

Dichte Wälder, in denen Flüsse nicht selten der einzige Verkehrsweg sind, prägen die Landschaft nördlich von Winnipeg.

Richtung Westen und Süden steigt das Land an: In den Duck Mountains im äußersten Südwesten erreicht die Provinz mit dem 831 Meter hohen Baldy Mountain ihren topografischen Höhepunkt. Östlich vom Lake Winnipeg erstreckt sich eines der größten intakten borealen Waldgebiete unserer Erde mit vielen klaren Flüssen und Bächen und nur wenigen Siedlungen.

KLIMA

In Manitoba ebenso wie in der Nachbarprovinz Saskatchewan herrscht ein extremes Kontinentalklima. Sehr kalte Winter unter dem Einfluss arktischer Hochdruckgebiete wechseln sich mit warmen bis heißen Sommern ab, wobei die Durchschnittstemperaturen nach Norden hin abnehmen. Bitterkalte Winter haben Winnipeg den Spitznamen „Winterpeg“ eingebracht. Im Januar liegen hier die durchschnittlichen Temperaturen bei –20 °C, und auch Temperaturen von unter –40 °C sind keine Seltenheit.

Im Sommer dagegen können Temperaturen von über +40 °C erreicht werden. Mitunter treffen feuchte Tiefdruck-Luftmassen aus dem Golf von Mexiko auf trockenere Luftmassen im Norden und Westen, wodurch orkanartige Stürme und im Süden auch Tornados entstehen können. Im Juni 2007 tobte in der Gegend um Elie, etwa 40 Kilometer westlich von Winnipeg, der bislang heftigste Tornado Kanadas.

Eiskalte Winter mit Temperaturen von –40 °C sind in Manitoba keine Seltenheit.

WIRTSCHAFT

Im südlichen Teil der Provinz wird extensive Landwirtschaft betrieben. Hier liegen 12 Prozent der landwirtschaftlichen Nutzfläche Kanadas. 35 Prozent der Farmer züchten Rinder, 20 Prozent produzieren hauptsächlich Getreide und 8 Prozent bauen überwiegend Ölfrüchte an.

Das Transportwesen ist für die Provinz von großer wirtschaftlicher Bedeutung, wobei der Hafen von Churchill immer noch eine wichtige Rolle spielt. Hauptsächlich Getreide gelangt von hier aus nach Russland und China. Winnipeg könnte als Hauptstadt der kanadischen Trucker gelten, denn 33.000 „Kapitäne der Landstraße" befördern 95 Prozent aller Festlandtransporte der Provinz über die Straßennetze.

Die im Norden Manitobas abgebauten Nickel-, Zink- und Kupfervorkommen finden in der Metallindustrie Verwendung. Die Papierindustrie und Druckereien wiederum profitieren von den zu 90

FOLGENDE DOPPELSEITE:
Landwirtschaft spielt im Süden der Provinz eine tragende wirtschaftliche Rolle. So wird z. B. Getreide bis nach Russland und China exportiert.

Kraftwerk in Brandon, Manitoba. Energie zählt dank hochmoderner Wasserkraftwerke zu einem der Exportprodukte der Provinz.

Prozent in öffentlicher Hand befindlichen riesigen Waldgebieten. Außerdem sind in der Provinz Unternehmen der Luft- und Raumfahrt ansässig. Auch Energie konnte sich zu einem Wirtschaftsfaktor entwickeln, denn Wasserkraftwerke an den großen Flüssen decken nicht nur einen bedeutenden Teil des eigenen Energiebedarfes ab, sondern gestatten Energieexporte. Und nicht zuletzt profitiert die Wirtschaft Manitobas – wie in vielen anderen Provinzen Kanadas auch – vom wachsenden Tourismus.

Die Besiedlungsgeschichte Manitobas durch die Europäer steht in engem Zusammenhang mit diesem Nager, dem Biber. Denn im 17. Jahrhundert waren es vor allem Pelzjäger, die auf der Suche nach Bibern und anderen Tieren immer weiter in die kanadischen Wälder vordrangen und somit auch die europäische Besiedelung des nordamerikanischen Kontinents vorantrieben.

GESCHICHTE

Archäologen schreiben die Besiedelung der Region auf über 6000 Jahre zurück. Die ersten Bewohner waren Assiniboine – Indianer, die sich insbesondere als Büffeljäger einen Namen machten. Begünstigt durch die zahlreichen Seen und Flüsse, die ihnen als Verkehrswege dienten, entwickelten sich bereits früh Handelsbeziehungen zu den Ojibwa, Cree, Salteaux, Dene und anderen Stämmen. Der Pelzhandel zog im 17. Jahrhundert die ersten europäischen Einwanderer in die Region. Als

erster Weißer erkundete Thomas Button 1612 die Küsten im Westen der Hudson Bay. Bereits zwei Jahre zuvor segelte Henry Hudson auf der Suche nach der legendären Nordwest-Passage mit seinem Schiff „Discovery" in das große Binnenmeer, das später nach ihm benannt wurde. Sein Schiff wurde vom Eis eingeschlossen und nach einem Winter äußerster Entbehrungen meuterte die Mannschaft und setzte ihn, seinen Sohn und sieben weitere Besatzungsmitglieder am 23. Juni 1611 in einem kleinen Boot aus. Spätere Such-Expeditionen waren erfolglos, die Ausgesetzten blieben spurlos verschwunden.

Dank des direkten Zugangs zum Meer ließen sich die europäischen Siedler zuerst im Norden nieder. Mit der Hudson's Bay Company (HBC) entstand im Jahr 1670 eine Monopolgesellschaft, die bis zur ersten Hälfte des 19. Jahrhunderts den Pelzhandel im Osten Kanadas kontrollierte. Die von König Charles II. erteilten Pelzhandelsrechte der Hudson's Bay Company erstreckten sich über das riesige Rupert's Land, welches das heutige Alberta, Saskatchewan, Manitoba, Ontario, Minnesota und North Dakota umfasste.

Im 18. und beginnenden 19. Jahrhundert entbrannte zwischen der HBC und ihrem Rivalen, der Northwest Company, ein erbitterter Kampf um die wirtschaftliche und politische Dominanz. Letztlich behielt das Pelzhandelsimperium der HBC unter ihrem mächtigen Gouverneur George Simpson die Oberhand und die beiden Gesellschaften schlossen sich 1821 unter seiner Führung zusammen.

Die Nachfahren zumeist französischer, aber auch schottischer Pelztierjäger und indigener Frauen, Métis genannt, trieben in dieser Zeit den Ackerbau in den südlichen Präriegebieten voran. 1812 brachte Lord Selkirk die ersten schottischen Siedler in das Gebiet des heutigen Winnipeg, und schon bald darauf kam es zu blutigen Konflikten mit den französischsprachigen Métis.

In den 1860er Jahren begannen dann Verhandlungen zwischen Kanada und der Hudson's Bay Company über Landabtretungen, die 1869 in der Eingliederung des Rupert's Land in die Northwest Territories mündeten. Die Belange der Métis wurden bei dieser Einigung schlichtweg übergangen. Als dann kanadische und amerikanische Siedler zunehmend in das Land der Métis eindrangen, kam es zur so genannten Red River Rebellion, die jedoch niedergeschlagen wurde. Dennoch führten die Verhandlungen der provisorischen Métis-Regierung mit Ottawa letztlich zur Gründung von Manitoba als fünfte Provinz des Dominion of Canada, mit einer Verfassung, die weitgehende Zugeständnisse an die Métis enthielt. Louis Riel, der charismatische Anführer der Métis, wurde allerdings von kanadischen Truppen gefangen genommen und nach einem bis heute umstrittenen Gerichtsverfahren gehängt.

Mit den verschiedenen Stammesführern der indigenen Bevölkerung, den First Nations, wurden gegen Ende des 19. Jahrhunderts etliche Verträge geschlossen, die Landrechte, finanzielle Entschädigung und medizinische Versorgung versprachen – aber häufig nicht erfüllt wurden. Als Ergebnis führten sie schließlich zu einem System von Reservaten unter Verwaltung der kanadischen Bundesregierung. Noch heute sind viele Fragen hinsichtlich Entschädigungen und Landrechten offen.

Als Tor zu Westkanada verzeichnete die Provinz Manitoba in den Jahrzehnten nach ihrer Gründung einen deutlichen Bevölkerungszuwachs aus den östlichen Gebieten Kanadas. Anfang des 20. Jahrhunderts war Winnipeg die viertgrößte Stadt Kanadas und eine expandierende Boomtown.

WINNIPEG

LINKE SEITE:
Parlamentsgebäude von Winnipeg. Hier tagt die Legislativversammlung von Manitoba.

Der nach einem Brand zerstörte Pavillon im Assiniboine Park wurde 1930 wieder aufgebaut.

In der Provinzhauptstadt Winnipeg leben heute rund 650.000 Menschen – über die Hälfte der Bevölkerung Manitobas. Am Zusammenfluss von Assiniboine und Red River gelegen, hatte die Gegend schon immer große Bedeutung als Schnittpunkt von Kanurouten und als Stätte des Handels. Über den nahe gelegenen Lake Winnipeg gab es Verbindungen zu den Rocky Mountains im Westen, zu den Großen Seen im Osten und zum offenen Meer über die Hudson Bay im Norden.

Die ersten Europäer in der Region waren die französischen Voyageurs unter Führung von Pierre de la Vérendrye. 1804 folgten dann die Pelzhändler der Northwest Company, und 1821 baute die Hudson's Bay Company das Upper Fort Gary, das schnell zum Handelszentrum der Region aufstieg. Auch landwirtschaftlich wurde das Gebiet um Winnipeg bereits früh genutzt.

Winnipeg entwickelte sich dann in den 1880er Jahren zu einem Knotenpunkt für die Fluss-Schifffahrt und den Eisenbahnverkehr. Die Fertigstellung der Transkanada-Eisenbahnlinie im Jahre 1885 war die Voraussetzung für den raschen wirtschaftlichen Aufstieg. Viele Siedler, die von Osten her in die zentralen Regionen Nordamerikas vordrangen, ließen sich hier nieder. Der Bau eines Wasserkraftwerkes am Winnipeg River im Jahr 1906 beschleunigte diese Entwicklung.

Als jedoch 1913 die Weizenpreise deutlich fielen und 1914 der Panamakanal eröffnet wurde, wodurch Winnipeg den Status als Hauptzugangstor nach Westkanada einbüßte, folgte eine wirtschaftliche Depression. In den frühen 1930er Jahren wurde die Stadt zu einer der ärmsten Gegenden Kanadas. Nach dem Zweiten Weltkrieg jedoch erlebte sie einen deutlichen Aufschwung, gefördert durch den Erzbergbau, neue Wasserkraftwerke und ein höheres Preisniveau für Getreide. Die ersten Hochhäuser entstanden, und das Winnipeg Symphonieorchester sowie das Royal Winnipeg Ballett erlangten über die Provinz hinaus Bekanntheit.

RECHTE SEITE:
Hier wird Geld gemacht! In diesem Gebäude in Winnipeg (Foto oben) befindet sich die einzige Prägestelle der Royal Canadian Mint, die nicht nur den Kanadischen Dollar, sondern über 70 Fremdwährungen in Münzform herstellt. Die Esplanade Riel Bridge (Foto unten) überspannt den Red River und verbindet Downtown Winnipeg mit dem Stadtteil St. Boniface.

Große Probleme bereiteten in der Vergangenheit immer wieder Überschwemmungen, die das Red-River-Gebiet zuletzt 1950 und 1997 heimsuchten. Ein ringförmiger Kanal, der um das Stadtgebiet gezogen wurde, soll nun die Wassermassen bändigen.

Wer Winnipeg besucht, wird von der Anzahl und Wertschätzung kultureller und künstlerischer Einrichtungen beeindruckt. So hat die Stadt rund drei Dutzend Museen, 17 Theater und zahlreiche Kunstgalerien. Die Winnipeg Art Gallery ist weltberühmt für ihre exzellenten Sammlungen zeitgenössischer Inuit-Kunst. Und zu den besten Museen Kanadas gehört auch das Manitoba Museum mit hervorragenden Ausstellungen zur Naturgeschichte und Völkerkunde. Highlight ist die im originalgetreuen Maßstab nachgebaute „Nonsuch“, ein Segelschiff, das 1668 von England aus in die Hudson Bay segelte und voll beladen mit den in Europa so begehrten Pelzen zurückkehrte – der Anlass für die Gründung der Hudson's Bay Company.

Theateraufführungen, Oper, Ballett, Jazz-Festivals und Volksfeste spielen eine große Rolle im Leben der Stadt. Ein Höhepunkt ist das zweiwöchige Folklorama im August, bei dem die ethnische Vielfalt Winnipegs in einem farbenfrohen Festival für Auge, Ohr und Gaumen zum Ausdruck kommt. Mehrere tausend freiwillige Helfer sorgen für ein Gelingen des großen Fests.

Der Red River ist in der Vergangenheit immer wieder über die Ufer getreten und hat dabei gewaltige Schäden hinterlassen.

Entlang der hübschen Parkanlagen am Zusammenfluss von Assiniboine und Red River, kurz „The Forks“ (die Gabelung) genannt, sind in den schön restaurierten historischen Lagerhallen Museen, Restaurants und Geschäfte untergebracht. Und auf dem quirligen Forks Public Market kaufen nicht

nur die Einheimischen Gemüse, Backwaren, Meeresfrüchte und diverse Spezialitäten; auch die Besucher der Stadt finden hier eine Vielfalt an Kunsthandwerk und Folklore-Artikeln.

Auf der anderen Seite des Red River gelangt man nach St. Boniface, dem frankophonen Viertel der Stadt, wo die größte französische Gemeinde Kanadas außerhalb der Provinz Québec zu Hause ist. Die letzte Ruhestädte des legendären Volkshelden und Rebellen Louis Riel befindet sich auf dem örtlichen Friedhof in der Nähe der St. Boniface Basilica. Nebenan, im St. Boniface Museum, lässt sich die Geschichte der frankophonen Einwanderer und der Métis verfolgen.

Das Manitoba Museum of Man and Nature schließlich gehört mit seinen äußerst interessanten Ausstellungen über Geschichte, Geografie und Geologie zu den besten Museen Kanadas. Auch die Archive der Hudson's Bay Company befinden sich in Winnipeg.

LOWER FORT GARY NATIONAL HISTORIC SITE

Das 1830 von der Hudson's Bay Company erbaute Lower Fort Garry, nur wenige Autominuten nördlich von Winnipeg entfernt, war im 19. Jahrhundert die bedeutendste Niederlassung der Hudson's Bay Company in der Region und Sitz ihres Gouverneurs. Später diente es als Trainingslager für die Royal Canadian Mounted Police, danach als Gefängnis und Krankenhaus.

Der älteste aus Stein errichtete Pelzhandelsposten in Nordamerika ist heute als eine National Historic Site liebevoll restauriert in seinen Urzustand versetzt worden. Traditionell gekleidete Trapper führen durch die original ausgestatteten Gebäude und vermitteln ein Bild aus der Blütezeit des Pelzhandels.

Jedes Jahr im August findet im Fort das farbenprächtige Spektakel des Red River Rendezvous statt, eine authentische Inszenierung der historischen Pelzhändlertreffen im 19. Jahrhundert.

NATIONAL- UND PROVINZPARKS

Nordwestlich von Winnipeg liegt der 3000 Quadratkilometer große Riding Mountain National Park, der mit 800 Metern Höhe bereits Mittelgebirgscharakter hat. Am südlichen Parkeingang bei Wasagaming befindet sich der für seinen Fischreichtum bekannte glasklare See Clear Lake. Hier gibt es ein großes Angebot von Wassersportaktivitäten: So kann man z.B. eine Kanutour auf den historischen Routen der Voyageurs unternehmen, auf der nicht selten auch Bären, Elche und Karibus zu sehen sind.

Östlich und nördlich von Winnipeg befinden sich weitere Naturparks, die unberührte Wildnis und mit zahlreichen Angelmöglichkeiten, Kanufahrten und Trekking auch ein breit gefächertes Freizeitangebot aufweisen. Zu den reizvollsten dieser Naturreservate gehören der 2600 Quadratkilometer große Whiteshell Provincial Park mit seinem Mosaik aus Seen, unberührten Wäldern und rauen Felslandschaften und der Hecla Island Provincial Park auf einer Insel im Lake Winnipeg mit einem großen Vogelschutzgebiet und dem pittoresken Dörfchen Hecla Village.

LINKE SEITE:
Denkmal für Terry Fox, einer der großen Volkshelden Kanadas. In Winnipeg geboren, erhielt Fox im Alter von 18 Jahren die Diagnose Knochenkrebs, in deren Verlauf sein rechtes Bein amputiert werden musste. Um Spenden für die Krebsforschung zu sammeln, initiierte er den „Marathon of Hope", bei dem er selbst trotz seiner Prothese in 143 Tagen über 5300 Kilometer lief. Fox starb kurz vor seinem 23. Geburtstag. Doch dank seiner Initiative konnten weltweit über 360 Millionen Dollar gesammelt werden.

Holy Trinity Church in Winnipeg

CHURCHILL

Der 1100-Seelen-Ort Churchill an der Hudson Bay ist Kanadas einziger Hafen am Eismeer, der während des Sommers für den Schiffsverkehr nach Europa von Bedeutung ist. Inzwischen ist der Tourismus zum wichtigsten Wirtschaftsfaktor geworden. Um in diesen entlegenen Vorposten der Zivilisation inmitten subarktischer Tundra zu gelangen, muss man entweder das Flugzeug oder die Eisenbahn benutzen, eine Straße gibt es nicht. Der Ort selbst besteht aus nüchternen Zweckbauten und ist wenig attraktiv. Was zieht also Touristen in Scharen nach Churchill?

Das kleine Städtchen an der Hudson Bay gilt als die Welt-Hochburg der Eisbären, denn im arktischen Sommer, wenn das Eis im Norden aufreißt und schmilzt, müssen die Pelztiere auf das Festland und wandern dort auf der Suche nach Nahrung weit ins Landesinnere. Im Herbst versammeln sie sich wieder an der Küste – bevorzugt in der Region um Churchill – und warten auf das Zufrieren der Bay, um auf dem Eis weiter nach Norden zu den fetten Robben-Jagdgründen zu ziehen.

Während dieser Wartezeit treibt der Hunger die Tiere häufig auch bis vor die Türen der Häuser. Dann ist Eisbären-Alarm angesagt und die Bewohner organisieren Patrouillen, die die Kinder auf dem Schulweg begleiten. Allzu vorwitzige Bären werden betäubt und bis zum Winter im so genannten „Eisbären-Gefängnis" verwahrt. Was für die Einwohner lästiger und bisweilen lebensgefährlicher Alltag ist, lässt Tausende eisbärbegeisterte Touristen in die Re-

Um diesem Schauspiel beizuwohnen, nehmen jedes Jahr Tausende Touristen den weiten Weg in die sonst so menschenleere Gegend rund um Churchill auf sich. Kein anderer Ort bietet bessere Chancen, die weißen Pelztiere in freier Natur zu beobachten.

Eisbären sind die großen Stars in dem an sonstigen Attraktionen armen 1100-Seelen-Ort Churchill.

Trockendock für Boote in Churchill

gion reisen. Von Mitte Oktober bis Mitte November ist Hauptsaison. Dann können die Eisbären von hochbeinigen Spezialfahrzeugen aus, den „Tundra Buggies", in ihrer natürlichen Umgebung beobachtet werden.

Auch im Sommer ist eine Tierart die Hauptattraktion in Churchill: Beluga-Wale. Mit dem Schlauchboot kann man in die Gewässer der Hudson Bay hinausfahren und ist plötzlich von Dutzenden der riesigen weißen Säuger umgeben. Mit einem gut isolierenden Neoprenanzug versehen, kann man sogar inmitten der friedlichen Tiere schwimmen und tauchen – ein Erlebnis der ganz besonderen Art.

Obwohl Eisbären und Beluga-Wale sicher für die meisten Besucher der Hauptgrund für die Reise nach Churchill sind, lohnt sich auch die Bootstour zu den Überresten des alten Fort Prince of Wales, mit dessen Bau die Hudson's Bay Company 1731 begann. Erst 40 Jahre später wurde der Stützpunkt, der den Pelzhandel in der Region schützen sollte, fertiggestellt. Schon im Besucherzentrum von Churchill erfährt man viel über arktische Landschaft im Norden Manitobas mit seinen Eisbären. Sehenswerter noch sind die Ausstellungen zu den verschiedenen Eskimo-Kulturen sowie über zeitgenössische Kunst der Ureinwohner im Inuit Museum von Churchill.

Cambridge Bay
King William Is.
Gjoa Haven
Coppermine
Melville Peninsula
Ft. Good Hope
Mackenzie
Umingmatok
Norman Wells
Bärensee
Nunavut Territory
Echo Bay
Garrysee
Northwest-Territories
Southampton Is.
Aberdeensee
Baker Lake
La Martresee
Thelon
Dubawntsee
Bakersee
Yellowknife
Chesterfield Inlet
Coats Is.
Ft. Simpson
Mackenzie
Reliance
Fort Providence
Troutsee
Gr. Sklavensee
Tavani
Fort Resolution
Ft. Liard
Dubawnt
Hay River
Sklavenfluss
Arviat
Hudson-Bay
Ft. Nelson
Fort Smith
Kasbasee
Uranium City
Nueltinsee
Fort Vermilion
Athabascasee
Black R.
Churchill
Clairesee
Wollastonsee
Peace
Churchill
Lynn Lake
Creesee
Etawneysee
Dawson Creek
Fort Mc Murray
Peace River
Rentiersee
Südlicher Indianersee
Fort Severn
Kl. Slavensee
Nelson
Grande Prairie
Athabaska
Churchill
Southend
Thompson
Alberta
Rocky Mountains
Mt. Robson 3954 m
Edson
Flin Flon
Manitoba
Edmonton
Saskatchewan
Jasper
Nördl. Saskatchewan
Islandsee
Severn
Troutsee
Prince Albert
Saskatchewan
Warren Landing
Red Deer
North Battleford
Winnipegsee
Kamloops
Banff
Saskatoon
Ontario
Calgary
Winnipegosissee
Gypsumville
Ft. Hope
Red Lake
S. Josephsee
Südl. Saskatchewan
Yorkton
Kelowna
Seulsee
Medicine Hat
Moose Jaw
Regina
Dauphin
Manitobasee
Winnipeg
Nipigonsee
Cranbrook
Lethbridge
Swift Current
Weyburn
Portage la Prairie
Lake of the Woods
Dryden
Nipigon
Brandon
Thunder Bay
USA
Lake Superior
Duluth
0
200
400
600
km

SASKATCHEWAN

ÜBERBLICK

Saskatchewan hat mit 651.900 Quadratkilometern Fläche etwa die doppelte Größe der Bundesrepublik, aber nur etwa eine Million Einwohner, sodass die Bevölkerungsdichte mit 1,6 Einwohnern pro Quadratkilometer extrem niedrig ausfällt. Wie ein ausgebreitetes Handtuch bedeckt die Provinz im Herzen Kanadas eine Fläche von 1200 Kilometern Länge und durchschnittlich etwa 500 Kilometern Breite.

13 Prozent der Bevölkerung sind indianischen Ursprungs, womit ihr Anteil größer als in allen anderen kanadischen Provinzen ist. Eine weitere Besonderheit Saskatchewans ist, dass sie als einzige Provinz Kanadas nicht mehrheitlich von Franzosen und Briten bewohnt wird, sondern von einer ethnischen Vielfalt deutscher, ukrainischer, skandinavischer, niederländischer, polnischer und russischer Einwandererfamilien. Die zwischen Alberta im Westen, Manitoba im Osten und den Northwest Territories im Norden gelegene Provinz prägen wald- und seenreiche Ausläufer des Kanadischen Schilds im Norden sowie flache, teils bergige Feld- und Prärielandschaften im Süden, der an die USA angrenzt.

Kleine Kirche in St. Peter's, eine von deutschen Siedlern gegründete Kolonie

RECHTE SEITE:
Saskatchewan ist Kanadas Kornkammer. Bis zum Horizont verlaufende Getreidefelder, auf denen zur Erntezeit gewaltige Maschinen eingesetzt werden, ermöglichen es, dass in der Provinz 50 Prozent des gesamten kanadischen Weizenbestands angebaut werden.

Der Name der Provinz ist vom Begriff „kisiskatchewani sipi" der Cree-Indianer abgeleitet, was „schnell fließender Fluss" bedeutet und sich auf den Saskatchewan-Fluss bezieht. Etwa drei Viertel der Bevölkerung leben in Städten, von denen die Hauptstadt Regina mit 179.000 Einwohnern und Saskatoon mit 202.000 Einwohnern die größten sind.

Die nördliche Hälfte Saskatchewans ist von rund 30–35 Millionen Hektar Wald und zehntausenden Seen bedeckt, die zum Jagen, Fischen und zu ausgedehnten Kanutouren einladen. Schier endlose, in der Sommersonne goldgelb schimmernde Weizen- und Roggenfelder ziehen sich als breiter Gürtel durch die zentrale Region der Provinz bis zur offenen Prärie, die den Süden bedeckt. Am besten ist diese ursprüngliche Landschaftsform der Prärie im „Grasslands National Park" erhalten.

Wüstenähnliche Gebiete ergänzen die landschaftliche Vielfalt: Die Athabasca Sanddünen im äußersten Norden gehören zu den nördlichsten Sanddünengebieten der Welt und zu den größten in Nordamerika. Mit 1392 Metern bilden die Cypress Hills im Südwesten die größte Erhebung.

Das kontinentale Klima im Herzen Nordamerikas sorgt für trockene, heiße Sommer mit bis zu 40 °C und lange, kalte Winter von November bis April, wo auch Temperaturen von –30 bis –40 °C erreicht werden. Mit jährlich 2000 bis 2500 Sonnenstunden hält Saskatchewan den kanadischen „Sonnenscheinrekord". Zudem zählen die Sonnenuntergänge in den unendlichen Weiten der Landschaft zu den schönsten in ganz Nordamerika.

WIRTSCHAFT

Saskatchewan und Manitoba bilden mit ihren riesigen Anbauflächen die Kornkammern Kanadas. Saskatchewan allein produziert rund 50 Prozent des in Kanada wachsenden Weizens. Auf den Getreidefeldern sind zudem Roggen, Raps, Hafer, Gerste und Flachs zu finden.

Rinder- und Schweinezucht gehören zu den Haupteinnahmequellen der durchschnittlich 420 Hektar großen Farmbetriebe in der südlichen Provinzhälfte. Dagegen bilden die Nadelholzwälder die größte erneuerbare Rohstoffquelle des Nordteils. Die Provinz ist zudem reich an mineralischen Vorkommen. Hier werden unter anderem große Mengen an Uran, Kali und Pottasche abgebaut, die weltweit exportiert werden. Zwölf Prozent der Erdölproduktion Kanadas stammt aus Quellen in Saskatchewan.

Die Forschung und Entwicklung ist mit den Bereichen Landwirtschaft, Weltraum- und Gentechnik in einem Innovationszentrum in Saskatoon konzentriert.

LINKE SEITE UND UNTEN: Millionen Hektar Wald und endlose Präriegebiete, auf denen Rinder weiden, sind die wichtigsten wirtschaftlichen Grundlagen für Saskatchewan.

GESCHICHTE

Die weiten Prärieebenen im Zentrum Nordamerikas waren über Jahrtausende das Weideland riesiger Bisonherden, die die Hauptnahrungs- und Rohstoffquelle nomadisierender Indianerstämme bildeten. Chippewa lebten im Norden, Blackfoot im Osten, Assiniboine im Westen, während Cree weite Teile bis in den Süden bevölkerten.

Als ersten Forschungsreisenden zog es 1690 Henry Kelsey, einen Agenten der Hudson Bay Company, über den Saskatchewan-Fluss bis in die südliche Prärie. Trapper und Pelzhändler folgten ihm. Nahezu 200 Jahre blieb das Land im Besitz der Hudson Bay Company, bis die kanadische Regierung 1870 Rupert's Land, d. h. das gesamte Gebiet der Northwest Territories kaufte, um im Zentrum des Landes zwischen Manitoba und British Columbia klare nationale Besitzverhältnisse zu schaffen und so einem möglichen Anschluss an die Vereinigten Staaten zuvorzukommen.

Nach der Verabschiedung des Dominion Lands Act im Jahr 1872 ergoss sich, angelockt von niedrigen Landpreisen, ein Strom von Einwanderern in die zentralen Gebiete Nordamerikas. Zu dieser Zeit kam es auch zum Abschluss einer Reihe von Verträgen mit den als First Nations bezeichneten Indianerstämmen.

Die Métis, gemeinsame Abkömmlinge indigener und europäischer Vorfahren, wehrten sich gegen die Landnahme durch weiße Einwanderer. Nach jahrelangen Streitigkeiten kam es schließlich 1885 zum offenen Kampf. Die kanadische Bundesregierung machte gegen die Aufständischen mobil und schickte 3000 Bewaffnete von Ontario in das Saskatchewan River Gebiet. Die Rebellen unter Führung von Louis Riel (1845–1885), einem Katholiken von schillernder charismatischer Persönlichkeit, hatten keine Chance. Nach vier Tagen war die Schlacht verloren. Riel wurde gefangen genommen und in Regina wegen Landesverrats vor Gericht gestellt, zum Tode verurteilt und durch den Strang hingerichtet.

Einwanderer aus der Ukraine, die bereits in der zweiten Generation Prärieland unter den Pflug nahmen und in Getreidefelder umwandelten, gehörten zu den ersten bedeutenden Siedlergruppen. Um die Siedlungspolitik weiter zu forcieren, gründete die Bundesregierung die Northwest Mounted Police, die 1874 zum legendären Marsch nach Westen aufbrach und eine Reihe von Forts und Posten gründete.

Mit der Anbindung Reginas an das Schienennetz der Canadian Pacific Railway 1882 folgten weitere nationale Einwanderergruppen, zu denen auch viele Deutsche und Österreicher gehörten, deren Nachfahren heute nach den Briten (16,5 Prozent) mit 12,7 Prozent den größten ethnischen Bevölkerungsanteil ausmachen. 1905 trennte sich Saskatchewan von den Northwest Territories und gehört seitdem der kanadischen Konföderation an.

LINKE SEITE UND UNTEN: Die Prärieebenen von Saskatchewan waren einst die Heimat für Millionen Bisons. Chippewa-, Blackfoot-, Assiniboine- und Cree-Indianer lebten und jagten in der riesigen Provinz. Ihnen folgten europäische Siedler.

DIE PROVINZHAUPTSTADT REGINA

Die Geschichte Reginas ist eng mit der Canadian Pacific Railway verbunden, die nach 1882 innerhalb weniger Jahre die bedeutendste Stadt Saskatchewans entstehen ließ. Ursprünglich als „pile of bones“ (Knochenhaufen) bezeichnet, weil sich hier Knochenberge von dahingeschlachteten Bisons befanden, wurde sie 1882 zu Ehren Königin Victoria in Regina (lat. Königin) umbenannt. Am 19. Juni 1903 erhielt sie die Stadtrechte und wurde 1906 Provinzhauptstadt.

Von 1882 bis 1920 war Regina das Hauptquartier der Northwest Mounted Police, die vor allem die Interessen der Einwanderer zu vertreten hatte, Whiskeyschmuggel unterdrücken und für Recht und Ordnung sorgen sollte. Regina ist noch heute das Trainingszentrum der Royal Canadian Mounted Police (RCMP), im dem jährlich 600 Rekruten gedrillt werden. Mit ihren rot leuchtenden Uniform-

Legislature Building in Regina, der Hauptstadt von Saskatchewan

jacken bieten sie beim täglichen Exerzieren eine bunte Kulisse für Scharen von Touristen. Besonderer Beliebtheit erfreut sich die Wachablösung zum Sonnenuntergang (Sunset Retreat Ceremony). Im 2007 eröffneten Heritage Centre, das das alte RCMP Centennial Museum ersetzt, kann man sich ausführlich über die Geschichte dieser Polizeitruppe und die Besiedelung der kanadischen Zentralregionen informieren.

Kajakfahrer auf dem South Saskatchewan River zu Füßen des imposanten Delta Bessborough Hotel in Saskatoon

Interessantes zur Naturgeschichte und zur zehntausendjährigen Geschichte der First Nations findet man im Royal Saskatchewan Museum. Einheimische und Touristen vergnügen sich zudem im Wascana Centre, einem 9,3 Quadratkilometer großen, hügeligen Park, der im Herzen der Stadt den Wascana Creek und den gleichnamigen See mit einer idyllischen kleinen Insel umgibt. An den ersten Augusttagen finden jährlich die Buffalo Days als traditionelles Volksfest statt, das mit einer Parade, Messe und Rodeo ein gesellschaftliches Highlight der Stadt darstellt.

SASKATOON

Saskatoon, die größte Stadt Saskatchewans, ist heute das wissenschaftliche Zentrum der Provinz. Hier, am South Saskatchewan River, befindet sich die Universität mit ihren 20.000 Studenten sowie ein Innovationszentrum.

Von Anfang Juli bis Mitte August finden am Ufer des Flusses jährlich die Shakespeare-Festspiele statt, mit denen die Stadt auch in kultureller Hinsicht von sich Reden macht.

Im Wanuskewin Heritage Park wird die uralte Indianergeschichte wieder lebendig. Stammesvertreter zeigen hier auf einprägsame Art, wie das tägliche Leben in der Prärie aussah, und im Restaurant wird indianische Küche serviert.

Panorama über den South Saskatchewan River auf die Skyline von Saskatoon

FOLGENDE DOPPELSEITE:
Prince Albert National Park (links oben), Cypress Hills Interprovincial Park (links unten), Park von Sasakatoon im Herbst (rechte Seite)

NATIONAL UND PROVINCIAL PARKS

Die Provinz verfügt insgesamt über 200 Naturparks mit einer Gesamtfläche von 1,9 Millionen Hektar. Am bedeutendsten sind der Grasslands National Park an der Südgrenze zu Montana und der im mittleren Norden gelegene Prince Albert National Park.

Der Grasslands National Park ist eines der wenigen Gebiete, in dem die ursprüngliche Prärielandschaft der zentralen Ebenen Nordamerikas weitestgehend erhalten und geschützt wird. Der Nationalpark vermittelt eine Vorstellung von der Natur in dieser Region vor der Zeit der europäischen Besiedlung. Im Westteil des Parks befindet sich das Frenchman River Valley, das mit seiner Mischung aus Wüstenflora und üppiger Vegetation am Flussufer über eine einzigartige Flora und Fauna verfügt. Im Ostteil liegen die Killdeer Badlands, die mit ihren pastellfarbenen Hügeln aus lehmhaltiger Erde ein Refugium für Kojoten, Adler und Klapperschlangen bieten. „Buffalo Jumps“, Klippen, von denen die Indianer Buffalos in den Abgrund trieben, sind ein Anzeichen dafür, dass hier früher zahlreiche Bisonherden zu finden waren.

Sanft gewellte und mit leuchtend grünem Gras bewachsene Hügel gaben dem Grasslands National Park seinen Namen.

Der Prince Albert National Park befindet sich etwa 60 Kilometer nördlich der Stadt gleichen Namens. Der an Seen und Flüssen reiche, 3874 Quadratkilometer große Park inmitten riesiger Nadelwälder ist die Heimat vieler Bisons, Wapitis, Elche, Hirsche, Karibus und Wölfe. Am Lavellee-See kann man die zweitgrößte Kolonie weißer Pelikane in Kanada beobachten. Über 1500 Seen und ein weitläufiges Netz an Wanderwegen bilden ein Dorado für Naturfreunde, die zu Fuß oder per Kanu die Wildnis des Nordens erkunden wollen.

Im Lac La Ronge Provincial Park kann man in klaren Nächten zuweilen ein ganz besonderes Naturschauspiel erleben: Dann sind Nordlichter am Himmel zu sehen.

Zweieinhalb Autostunden nördlich von Prince Albert liegt ein weiteres Juwel für Naturliebhaber: Der Lac La Ronge Provincial Park. 30 dokumentierte Kanu-Routen führen auf den Spuren früherer Pelzhändler durch die Churchill-Flusslandschaft. Mit mehreren Campingplätzen und populären Angelrevieren wie Northern Pike, Walleye und Lake Trout ist der Park ein gut erschlossenes Outdoor-Ziel. Auch Schwarzbären, Biber, Bisamratten, Weißkopf-Seeadler und Fischadler fühlen sich hier wohl. In den klaren Nächten sind häufig Nordlichter zu sehen.

Der höchste Punkt zwischen Labrador und den Rockies liegt mit 1392 Metern im südwestlichsten Teil Saskatchewans, im Cypress Hills Interprovincial Park, an der Grenze zu Alberta. Grüne Hügel mit Lodgepole-Kiefern, deren Äste einst den Indianern als Stützen für ihre Tipis dienten, kleine Seen und Bachläufe bilden eine malerische Landschaft, in der es sich hervorragend wandern und picknicken lässt. Begegnungen mit Hirschen, Elchen und Wapitis sind nicht selten, und in den Wetlands kann man Biber bei ihren Bauaktivitäten beobachten. Im Winter ist der Cypress Hills Interprovincial Park zudem ein beliebtes Ziel bei Langläufern.

Nicht weit entfernt vom Cypress Hills Park liegt der Fort Walsh National Historic Park, das ehemals größte, bedeutendste und auch am besten bewaffnete Fort der Northwest Mounted Police aus der Zeit des Marsches nach Westen in den Jahren 1875 bis 1883. Die Mounties mussten nicht nur den illegalen Whiskey-Handel unterbinden und Pferdediebe verfolgen. Sie hatten auch die Aufgabe, rebellierende Indianer und Tausende aus den USA geflüchtete Sioux nach dem Großen Sioux-Krieg 1876–1877 zu kontrollieren. Nach dem „Battle of the Little Bighorn" hatte Sitting Bull sein Volk in diese Gegend geführt. Das Fort ist heute als Museum für Besucher geöffnet. In unmittelbarer Nachbarschaft befindet sich ein rekonstruierter historischer Whiskey-Handelsposten.

Anchorage
Dawson
Yukon
Keno City
Mackenzie Mountains
Ft. Good Hope
Coppermine
Umingmatok
Norman Wells
Bären-
see
Echo Bay
Minto
Plateau
Mt. Logan
6050 m
Yukon Territory
Northwest-
Territories
Whitehorse
La Martre-
see
Skagway
Atlin
Rocky Mountains
Yellowknife
Ft. Simpson
Mackenzie
Reliance
Watson Lake
Fort Providence
Ft. Liard
Trout-
see
Gr.
Sklaven-
see
Fort Resolution
Dease
Lake
Hay River
Sklavenfluss
Coast Mountains
Ft. Nelson
Fort Smith
Uranium City
Stewart
Hyder
Fort Vermilion
Athabascasee
Clairesee
Peace
Carruthers
3050
Creesee
Prince Rupert
Hazelton
Queen
Charlotte Is.
Kitimat
Terrace
Dawson Creek
Peace River
Fort Mc Murray
Brit.
Kemano
Fort St. James
Kl. Slaven-
see
Athabaska
Churchill
Grande Prairie
Prince George
Alberta
Ocean Falls
Columbia
Queen Charlotte Str.
Barkerville
Mt. Robson
3954 m
Edson
Edmonton
Jasper
Williams
Lake
Nördl. Saskatchewan
Prince Albert
Port Hardy
Port Mc Neill
Fraser
Red Deer
North
Battleford
Saskatoon
Vancouver Is.
Kamloops
Banff
Drumheller
Courtenay
Port Alberni
Saskatchewan
Vancouver
Okanagan-
see
Calgary
Südl. Saskatchewan
Tofino
Nanaimo
Kelowna
Hope
Victoria
Cranbrook
Fort McLeod
Medicine Hat
Moose Jaw
Lethbridge
Swift Current
Regina
Seattle
Tacoma
Waterton
USA
Portland
PAZIFISCHER OZEAN
0
200
400
600
km

ALBERTA

ÜBERBLICK

Alberta hat eine Grundfläche von 661.848 Quadratkilometern, wovon 97 Prozent auf Land und 3 Prozent auf Gewässer fallen. Damit ist die Provinz fast doppelt so groß wie die Bundesrepublik Deutschland. Der 49. Breitengrad bildet die Südgrenze mit dem amerikanischen Bundesstaat Montana, während im Norden der 60. Breitengrad die Provinz von den Northwest Territories abgrenzt. Die Westgrenze zu British Columbia wiederum entspricht im Bereich vom 60. bis zum 54. Breitengrad dem 120. Längengrad und folgt dann in allgemein süd-südöstlicher Richtung der Wasserscheide der Rocky Mountains. Im Osten ist die Grenze mit Saskatchewan mehr oder weniger mit dem 102. Längengrad identisch. Da die kanadischen Rocky Mountains nur mit etwa 20 Prozent an der Grundfläche der Provinz beteiligt sind, gilt Alberta als eine der drei Prärieprovinzen.

Nur der äußerste Nordostwinkel der Provinz liegt auf dem Kanadischen Schild. Über das übrige Nordalberta erstrecken sich boreale, von mäandernden Flüssen durchzogene Wälder. Südlich davon schließt sich einstiges Espen-Parkland an, das den Übergangsbereich zwischen borealen Wäldern

Ein Großteil Albertas ist durch Prärielandschaften geprägt. Hier weiden Abertausende Rinder.

RECHTE SEITE:
Von den Bald Hills im Jasper National Park kann man diesen fantastischen Blick auf die Rocky Mountains und den Maligne Lake genießen.

und Prärie darstellt und heute die landwirtschaftlich ertragreichste Region der Provinz ist.

Südalberta schließlich wird von Grasland eingenommen. Noch im 19. Jahrhundert erklärte der Entdeckungsreisende John Palliser die semiaride Prärie im Südosten als wirtschaftlich unbrauchbar. Heute jedoch grasen auch in diesem Gebiet große Herden anspruchsloser Rindersorten. Aus dem flachen Teil der Provinz ragen nur im Südwesten die Porcupine Hills und im Südosten die Cypress Hills heraus.

Die markanteste Region Albertas sind die von dichten Wäldern bestandenen Rocky Mountains und ihr Vorgebirge, die Foothill Mountains.

KLIMA

Albertas Klima ist vom kontinentalen, nördlich-gemäßigten Typ: Die Sommer sind relativ kurz und recht warm, die Winter hingegen lang und kalt. Die gärtnerische Wachstumsperiode beginnt frühestens im Mai und endet oft schon im September mit dem ersten Frost. Dabei ist die Zahl der Sonnentage, unabhängig von der Jahreszeit, ungewöhnlich hoch.

Das jeweilige Wetter hängt von den vorwiegend westlichen Windrichtungen ab und im Süden der Provinz von der Entfernung zu den Rocky Mountains. Eine Besonderheit sind hier die so genannten Chinooks, föhnartige Fallwinde, die sich durch einen scharfen, gebogenen Wolkenrand (Chinook Arch) über den Foothills ankündigen, innerhalb weniger Stunden das Thermometer um über 20 °C steigen lassen und somit zum Beispiel in kürzester Zeit den Wechsel von klirrendem Frost zur Schneeschmelze herbeiführen können. Für Einheimische wie Besucher aber ist die bemerkenswerteste klimatische Eigenschaft von Alberta der zu jeder Jahreszeit meist wolkenlos blaue Himmel.

TIERWELT

LINKE SEITE:
Schneeziege im Glacier National Park (oben) und Bisons in den Rocky Mountains (unten)

Während man in den Präriegebieten Albertas kaum mehr auf die ursprüngliche Tierwelt – insbesondere Bisons – stößt, haben sich in den Naturparks der Provinz die Großwildbestände wieder erholt. Am häufigsten vertreten ist dort der Wapiti-Hirsch. An den Steilhängen der Rocky Mountains sieht man oft Dickhornschafe, seltener auch Schneeziegen. Auch Bären sind in der Region beheimatet: Während Schwarzbären häufig an den Straßen zu sehen sind, halten sich Grizzlys lieber von Menschen und ihren Zivilisationsformen fern. Daneben bietet die Provinz auch Lebensraum für Coyoten, Wölfe, Luchse und Berglöwen, die man allerdings selten zu Gesicht bekommt. Darüber hinaus findet man Stachelschweine, Stinktiere, Kaninchen, Präriehunde, Murmeltiere und Eichhörnchen. Nur eine einzige giftige Schlangenart, die Prärie-Klapperschlange, ist in Alberta beheimatet.

Ganz im Nordosten der Provinz und teils zu den Northwest Territories gehörend, liegt der Wood Buffalo National Park. Mit seiner Gründung im Jahre 1922 wurde dem größten Landsäuger Nordamerikas ein eigenes Reservat geschaffen: Auf 44.807 Quadratkilometern weiden hier rund 10.000 Waldbisons, von denen einst mehr als 100.000 in Kanada zu Hause waren. Doch in den letzten Jahrzehnten haben sich Bisons stark vermehrt und sind in Farmen und Parks in ganz Alberta wieder anzutreffen.

Waipiti-Hirsche im Banff National Park

BEVÖLKERUNG

Von 1892 bis in die 1930er Jahre hinein ließen sich viele Ukrainer in Alberta nieder. Kirchen für ukrainische Gemeinden sind noch heute häufig, wie hier in Athabasca, zu finden (links). Huttererkinder in einer Gemeinde in Cardston (rechts)

In Alberta wurden 2006 rund 3.300.000 Einwohner gezählt, von denen 19 Prozent auf dem Land und 81 Prozent in Städten leben. Der weitaus größte Anteil der Bevölkerung ist europäischen, vorwiegend angelsächsischen, zu 19,6 Prozent aber auch deutschen Ursprungs. Daneben hat Alberta noch erwähnenswerte Bevölkerungsanteile chinesischer und indischer Herkunft. Die größte Bevölkerungsdichte ist im Verkehrskorridor von Edmonton nach Calgary auszumachen. Die einzige ins Gewicht fallende Sprache ist Englisch. Durch die wirtschaftlich positive Entwicklung ist auch eine verstärkte Einwanderung zu verzeichnen.

Rund 70.000 Bewohner Albertas sind Indianer, überwiegend Cree und Blackfoot, die zum großen Teil in Reservaten leben. Hinzu kommt noch eine größere Zahl Métis, Nachkommen von Indianern und Weißen, denen 1990 rund eine halbe Million Hektar Land zugesprochen wurde.

In Südalberta befinden sich auch mehrere Siedlungen der Religionsgemeinschaft der Hutterer, die in ihren landwirtschaftlich orientierten Gemeinschaften recht erfolgreich sind. Ursprünglich um 1870 von Europa nach Amerika ausgewandert, zogen sie ab 1918 nach Kanada und hier vor allem nach Alberta.

WIRTSCHAFT

Der Erlös aus landwirtschaftlichen Produkten betrug 2006 rund 7,8 Milliarden Dollar. Hauptbeteiligt war daran die Viehwirtschaft, dann folgten Raps, Flachs, Weizen, Milchprodukte, Hafer, Roggen und Gerste. Heute steht jedoch die Erzeugung landwirtschaftlicher Produkte in Alberta weit hinter der Gewinnung fossiler Brennstoffe zurück. Die Lage der Provinz an der Südwestflanke des Kanadischen Schilds begünstigte die Ansammlung mächtiger, nach Westen zunehmender Sedimentgesteine, in denen seit Mitte des 20. Jahrhunderts immer neue Vorräte an Öl und Gas gefunden werden.

Ölförderpumpe inmitten eines Rapsfeldes in Südalberta. Die Vorräte an fossilen Brennstoffen sind gigantisch. Da die größten Vorkommen jedoch in den Ölsanden gebunden sind und nicht gepumpt werden können, ist die Gewinnung kostspielig und zudem äußerst umweltschädlich.

2006 beliefen sich die Bruttoeinahmen aus der Produktion von Kohlenwasserstoffen auf 79 Miliarden Dollar. 62 Prozent hiervon entfielen auf die so genannten Teer- oder Ölsande in der Nähe von Fort McMurray in Nordost-Alberta. In einem mit rund 140.000 Quadratkilometern zweimal so großen Gebiet wie Bayern sind hier Ölvorräte vorhanden, die nur hinter denen von Saudi-Arabien zurückstehen. Aufgrund der innigen Verbindung von Sand und zähflüssigem Rohöl erfordert die Ausbeutung der Ölquellen jedoch unverzeihliche Mengen an Energie und Wasser, und schon deshalb ist sie nur bei extrem hohen Ölpreisen wirtschaftlich. Bedenklich sind zudem die Treibhausgase, die zusätzlich bei der Verarbeitung der Ölsande entstehen. Allein ihretwegen ist Kanada mit der Erfüllung der Verpflichtungen des Kyoto-Abkommens stark in Verzug geraten. Auch die zahlreichen Vorkommen von Kohle und deren Verbrennung zur Elektrizitätsgewinnung wirken sich ungünstig auf die Ökologie aus.

TOURISMUS

Die Tourismusbranche blieb von den ökologischen Problemen, mit denen sich die Provinz auseinandersetzen muss, bislang unberührt: Nach wie vor ziehen insbesondere der Westen und Süden Albertas Hunderttausende amerikanischer, europäischer und nicht zuletzt japanischer Besucher an. Mit Einnahmen von über fünf Milliarden Dollar war der Tourismus 2005 der viertwichtigste Erwerbszweig Albertas.

Touristische Hauptziele sind natürlich die Nationalparks der Rocky Mountains. Der Banff National Park ist das älteste und immer noch meistbesuchte Naturreservat des Landes. Auch der daran anschließende Jasper National Park und der an den Waterton Lakes ganz im Süden der Provinz gelegene sind durch ausgezeichnete Straßen bestens erschlossen. Das gleiche gilt für die nicht minder attraktiven, von der Provinz verwalteten Naturparks im Vorgebirge der Rockies, den Foothills.

Ein weiterer Anziehungspunkt sind die fossilen Dinosaurier bei Drumheller, wo der Red Deer River sein Bett tief in die Prärie eingeschnitten und zahlreiche Skelette freigelegt hat. Die besten werden im Dinosaur Provincial Park und im Royal Tyrrell Museum of Paleontology ausgestellt.

GESCHICHTE

Zur Provinz wurde Alberta erst 1905 erklärt. Ihr Name (und der eines Sees und eines Ortes) wurde zu Ehren von Prinzessin Louise Caroline Alberta gewählt, einer Tochter Königin Victorias und Gemahlin des damaligen kanadischen Generalgouverneurs.

Vorher war Alberta, wie auch Saskatchewan, ein Distrikt der Northwest Territories. Diese wurden zuerst von wagemutigen Einzelgängern erkundet und dann von Pelzhändlern erschlossen, die zumeist im Auftrag großer Gesellschaften unterwegs waren. Der erste Europäer, der die Rocky Mountains zu Gesicht bekam, war 1754 der von der Hudson's Bay Company ausgesandte Anthony

Die Natur ist der größte Publikumsmagnet Albertas. Erstklassige Hotels mit außergewöhnlicher Architektur wie das Prince of Wales Hotel am Ufer des Waterton Lake sorgen zudem dafür, dass Touristen auf keinerlei Komfort verzichten müssen.

Henday. Peter Pond erkundete 1778 die Nordostecke der heutigen Provinz und fand dort die heute so bedeutenden „Teersande". David Thompson traf 1786 in der Nähe von Calgary am Bow River ein. Die heutige Hauptstadt Edmonton hatte schon 1795 in einem befestigten Stützpunkt der Hudson's Bay Company einen Vorläufer.

In Erwartung einer erhofften Einwanderungswelle wurde ab 1871 das weitläufige Gebiet in Quadrate (townships) mit einer Seitenlänge von 6 Meilen (1 mile = 1609 Meter) eingeteilt, von denen jedes wiederum 36 Sektionen (sections) von der Größe je einer Quadratmeile enthielt. Interessenten für die Bewirtschaftung dieser Parzellen ließen jedoch lange auf sich warten. Statt von Osten kamen die ersten größeren Zuwanderungsgruppen über die Südgrenze. Anfangs waren es nur amerikanische Büffeljäger und Whiskeyhändler, deren Anzahl ab 1873 zum Schutz der Indianer von der North West Mounted Police kontrolliert wurde. Dann trafen Mormonen aus Utah ein, die sich bei Cardston niederließen und dort alsbald einen Tempel bauten. Schließlich kamen auch die ersten Vertreter der bedeutendsten Wirtschaftszweige Albertas – Viehzucht und Ölindustrie – aus den Vereinigten Staaten. Diese erste Einwanderungswelle ist einer der Gründe für die ausgeprägte kulturelle Affinität zu den USA, die in Alberta deutlicher als in anderen Provinzen zu spüren ist.

Die Anbindung Albertas an das nationale Schienennetz war ein entscheidender Schritt in der Besiedelungsgeschichte der Provinz.

Erst als die Canadian Pacific Railway Company ihre Schienen 1883 bis nach Calgary verlegt hatte, ging es mit der eigentlichen Besiedelung aufwärts. Bis zum Ersten Weltkrieg erwuchsen in Edmonton, Calgary, Red Deer, Medicine Hat und Lethbridge die nötigen Verkehrs- und Versorgungszentren für die hauptsächlich auf Weizenanbau ausgerichtete Landwirtschaft. Nach einer kurzer Nachkriegsblüte wurde auch Alberta von der allgemeinen Depression ergriffen, die nach 1930 in den „Hungry Thirties" gipfelte. Erst der Zweite Weltkrieg brachte wieder ein gewisses Maß an Wohlstand, und danach ging es auch bald in allen Industriezweigen aufwärts.

Eine der meistbesuchten Sehenswürdigkeiten Albertas ist der Athabasca-Gletscher.

Skyline von Edmonton. Auf das eigentliche Stadtgebiet von ca. 670 Quadratkilometern verteilen sich rund 730.000 Einwohner.

EDMONTON

Die Stadt gilt als Albertas Sprungbrett zum Norden. Der Alaska Highway und der Yellowhead, die beiden berühmten Nordlandstraßen, beginnen hier. Die einzige Transkanada-Eisenbahnverbindung für die Passagierzüge der VIA Rail führt über Edmonton, und auch im Luftverkehr ist die Stadt zur Drehscheibe geworden. Wer heute von der Südseite des Saskatchewan River die beeindruckende Skyline der in Bronze, Grün, Blau und Gold schimmernden Hochhäuser sieht, die seit dem Beginn des Ölbooms der 1970er Jahre entstanden sind, vermag kaum zu glauben, dass hier vor wenig mehr als einem Jahrhundert nur ein paar Holzhäuser und Saloons standen.

Die Bevölkerung der Stadt samt Metropolregion hat seit ein paar Jahren die Millionengrenze überschritten und steht damit knapp hinter Calgary an sechster Stelle der Großstädte Kanadas. Motor der boomenden Wirtschaft ist das schwarze Gold: Mehr als 80 Prozent aller Ölpumpen der Provinz arbeiten im Einzugsbereich der Stadt, und die Erdöl und Kohle verarbeitende sowie die petrochemische Industrie haben einen Anteil von rund 40 Prozent an der verarbeitenden industriellen Produktion.

Dennoch ist Edmonton eine Stadt mit hoher Lebensqualität. Die gepflegte Wildnis längs des North Saskatchewan River vom Hermitage Park bis zum Kinsmen Park bietet Zigtausende Hektar Grünland mit vielen Wanderwegen und Picknickmöglichkeiten, es gibt beste Einkaufsmöglichkeiten und eine lebhafte Restaurant- und Musikszene, die von der ethnischen Vielfalt der Stadt geprägt wird. Die Edmontonians schmücken sich auch gern mit dem Prädikat „Festival City“: Die bekanntesten

Veranstaltungen sind sicher das kosmoplitische Edmonton Heritage Festival mit Musik und kulinarischen Spezialitäten von über 50 Nationalitäten, das Jazz-City-Festival mit Kanadas besten Jazz-musikern und das große Folk Music Festival im Gallagher Park.

GESCHICHTE

Wie so viele andere kanadische Städte verdankt Edmonton seine frühe Entwicklung dem Pelzhandel. 1794 hatten die Rivalen Hudson's Bay Company und North West Company hier Stützpunkte, doch sowohl Fort Edmonton (dessen Name auf den englischen Heimatort eines leitenden Angestellten zurückgeht) wie Fort Augustus wurden 1807 von den Blood Indianern zerstört. Beide wurden im folgenden Jahr an der Stelle der heutigen Stadt wiedererrichtet. 1871 entstand dort eine Methodisten-Mission, und Edmonton wurde als Ortschaft ins Leben gerufen. 1892 zur Stadt erklärt, erlebte Edmonton schon bald darauf seine erste kurzfristige Blüte als Rast- und Umschlagsort für den 1897 am Klondike River im Yukon ausgebrochenen Goldrausch.

1905 wurde Edmonton zur Hauptstadt der neuen Provinz und 1908 zum Sitz der University of Alberta. Die ursprünglich durch den South Saskatchewan River in zwei Teile getrennte Stadt wurde 1912 durch die High Level Bridge vereinigt und gleichzeitig für die Canadian Pacific Railway Company zugänglich gemacht. 1947, mit der Entdeckung des ersten großen kanadischen Ölfeldes bei Leduc, etablierte sich die Stadt zudem als Zentrum der Bohr- und Feldbetriebe der Ölindustrie.

SEHENSWERTES

Edmontons Hang zur Größe kommt am besten in einem Bauprojekt zum Ausdruck, das zwischen 1981 bis 1998 am Stadtrand entstand. Die West Edmonton Mall, der weltgrößte Einkaufs- und Entertainment-Komplex, wurde sofort zur Hauptattraktion. Heute arbeiten hier rund 24.000 Menschen. Die 500.000 Quadratmeter große und 1,5 Milliarden Dollar teure Kunstwelt der Superlative beherbergt unter einem Dach über 800 Geschäfte, 110 Restaurants, 21 Filmtheater, ein Spielcasino und sogar eine Kapelle.

Ein großes Hotel mit insgesamt 354 Zimmern und dem vielversprechenden Namen „Fantasyland Resort" bietet seinen Gästen etwas Besonderes: So gibt es 118 „Themen-Zimmer", in denen sich der Gast in eine Traumwelt versetzen lassen kann. Neben Hollywood-Traumsuiten, Gemächern aus einem römischen Palast, einer polynesische Hütte unter Palmen oder einem arabischen Nomadenzelt stehen ein Iglu oder Betten auf der Ladefläche eine Pickup-Trucks zu Auswahl.

Entertainment pur unter dem gewölbten Glasdach der Edmonton Mall

Der absolute Publikumsmagnet und für viele sogar eine Urlaubsreise wert ist der Entertainment-Bereich, der ebenfalls mit Superlativen aufwartet. Im großen Eisstadion spielen auch die Eishockey-Profis der „Edmonton Oilers". In einer 122 Meter langen und 6 Meter tiefen künstlichen Lagune dümpelt

ein Nachbau von Kolumbus' „Santa Maria" in Originalgröße, und man kann mit Mini-U-Booten auf Tauchstation gehen. Ein besonderes Erlebnis versprechen auch der zwei Hektar große Wasserpark mit dem weltweit größten Indoor-Wellenbad, Wildwasserfahrten und kirchturmhohen Rutschbahnen sowie der Galaxy Amusement Park mit seinen Achterbahnen und anderen „Disneyland-Attraktionen".

Abgesehen von diesem gigantischen Einkaufs- und Entertainmentzentrum lohnt in Edmonton ein Besuch des kleinen exotischen Chinatown, eine Fahrt mit dem schaufelradbetriebenen Flussboot auf dem North Saskatchewan River oder ein Ausflug zum Fort Edmonton Park and Trading Post. Hier wird in einem originalgetreu rekonstruierten Handelsposten der historischen Hudson's Bay Company die abenteuerliche Pioniergeschichte des kanadischen Westen wieder lebendig.

Im Muttart Conservatory findet man über 700 Pflanzenarten aus aller Welt in unterschiedlichen Klimazonen und kann zudem einen herrlichen Panoramablick auf die Stadt genießen. Das Royal Albert Museum zeigt die kanadische Tierwelt in täuschend ähnlich nachgestellten Lebensräumen und hervorragende Ausstellungen zu Kanadas indianischen Kulturen.

Old Strathcona, das historische Altstadtviertel Edmontons, bietet mit seinen schönen alten Backsteingebäuden ein Alternativprogramm zu den schimmernden Glaspalästen der Downtown. Hier

Die „Santa Maria", mit der Kolumbus seine erste Expedition bestritt, ist als Nachbau in Originalgröße in der Edmonton Mall zu bestaunen.

RECHTE SEITE:
Regierungsgebäude in Edmonton

kann man gemütlich bummeln, zwischen zahlreichen Straßencafés, Restaurants und Pubs wählen und natürlich eine Einkaufstour durch die Boutiquen, Buchläden und Antiquitätengeschäften machen. Das Zentrum der Altstadt ist die quirlige Whyte Avenue, in der auch ein farbenfroher Farmers Market stattfindet. Strathcona entstand 1891, als die Eisenbahntrasse hier die Südseite des North Saskatchewan River erreichte.

UMLAND VON EDMONTON

Eine Fahrt auf dem North Saskatchewan River gewährt einen schönen Ausblick auf die Metropole Edmonton.

Im Umland von Edmonton finden sich weitere Gelegenheiten, um einen Ausflug in die Geschichte der Region zu unternehmen. Im Ukrainian Cultural Village, einem Museumsdorf mit drei Dutzend

historischen Gebäuden, erlebt der Besucher Geschichte und Tradition der ukrainischen Siedler, die von 1892 bis in die 1930er Jahre in großer Zahl nach Alberta kamen.

Eisenbahnfreunde kommen im Alberta Railway Museum im Nordosten von Edmonton auf ihre Kosten. Neben vielen historischen Lokomotiven und Zügen wird in rekonstruierten Eisenbahngebäuden auch die Bedeutung des Eisenbahnbaus für die Entstehung und den Zusammenhalt des riesigen Landes erklärt.

Wie Recht und Gesetz in den kanadischen Westen kamen, zeigt das alte Fort Saskatchewan, 30 Kilometer nordöstlich von Edmonton, das 1875 von einer Abteilung der North West Mounted Police gegründet wurde. Heute ist es eine National Historic Site mit mehreren historischen Gebäuden, darunter das als Museum eingerichtete alte Gerichtsgebäude.

Das Canadian Petroleum Centre in Leduc, nur ein paar Autominuten von Edmonton entfernt, informiert über Albertas Aufstieg zu einer der wichtigen ölfördernden Regionen der Erde. Auch der Originalförderturm von 1947 – dem Jahr, in dem in Leduc Öl gefunden wurde – ist hier zu besichtigen.

Nur wenige Kilometer vor den Toren der Stadt beginnt die Wildnis. Der Elk Island National Park am Yellowhead Highway ist ein 195 Quadratkilometer großes Schutzgebiet für rund 600 Bisons, eine Herde Wapiti-Hirsche, zahlreiche Elche und mehrere Biberkolonien. Außer Wildbeobachtungen bietet der Nationalpark gute Gelegenheiten zum Kanufahren, Wandern und Camping.

CALGARY

Auch Calgary war zuerst ein befestigter Stützpunkt, aber hier waren es nicht Pelzhändler, sondern Berittene der North West Mounted Police, die 1875 den Zusammenlauf von Bow und Elbow River auswählten, um dort ihr Bow River Fort zu errichten. Einer der Kommandeure benannte die bald entstehende Siedlung nach seinem Heimatort im schottischen Hochland.

Die eigentliche Besiedelung begann erst 1883 mit der Anbindung an das Schienennetz der Canadian Pacific Railway: Bereits im darauffolgenden Jahr konnte Calgary mit 4000 Einwohnern zur Stadt erklärt werden. 1912 war die Einwohnerschaft auf 47.000 gestiegen, von denen sich die meisten direkt oder indirekt von der Viehwirtschaft ernährten. Ihretwegen kam schon im gleichen Jahr ein aus New York zugewanderter Unternehmer auf die Idee, hier Cowboy-Festspiele abzuhalten, die dann als Calgary Stampede berühmt wurden.

1914 wurde im nahe gelegenen Turner Valley das erste Öl in den Foothills erbohrt. Der eigentliche Ölboom kam jedoch erst 1924 mit der Entdeckung wirtschaftlicher Lagerstätten. Als dann ab 1947 in der Nähe von Edmonton immer neue Ölfelder gefunden wurden, war Calgary bereits der Hauptsitz der beteiligten Firmen und damit die eigentliche Ölhauptstadt des Landes.

Seit 2005 hat Calgary mehr als eine Million Einwohner – Tendenz steigend: Allein zwischen 2001 und 2006 wuchs die Bevölkerung um 12,4 Prozent. Die meisten Calgarians sind direkt oder indirekt für die Ölgesellschaften tätig. Daneben expandiert eine international anerkannte Hightech-Industrie, sämtliche kanadische Banken sowie einige Dutzend internationale Geldhäuser und zunehmend auch die Filmindustrie sind hier präsent und nicht zuletzt ist Calgary, in Sichtweite der Rocky Mountains gelegen, auch der bevorzugte Ausgangspunkt für Touristen.

Calgary ist die am schnellsten wachsende Stadt Kanadas. Dennoch halten die Calgarians nostalgisch an ihrem Western-Image fest und der Spitzname „Cowtown“ wird in Calgary nicht als herabsetzend empfunden. Gerne erinnert man sich an seine Viehzüchter-Vergangenheit und bringt diese auch zum Ausdruck: Cowboyhüte und -stiefel sind im Stadtbild relativ häufig zu sehen und auch bei festlicheren Anlässen ist die etwas elegantere Version, der „frontier suit“, durchaus gesellschaftsfähig.

Daneben trägt die Stadt aber auch zunehmend kosmopolitischere Züge, nachdem in den letzten Jahrzehnten immer mehr Einwanderer aus Indien, Pakistan, Bangladesch, Vietnam und Südamerika in die Stadt kamen. Ende der 1990er Jahre, bevor die britische Kronkolonie Hongkong an die Volksrepublik China übergeben wurde, erlebte die Stadt einen Zustrom chinesischer Emigranten, die die

LINKE SEITE UND UNTEN: Die zwei Gesichter Calgarys: Stadt der Cowboys, in der jedes Jahr ein Riesenspektakel rund um Ross, Stier und Cowboys stattfindet, und moderne Hochhaus-Metropole, in denen insbesondere Geschäfte rund um das „schwarze Gold“ – Albertas wichtigstem Rohstoff – getätigt werden.

bereits vorhandene kleine Chinatown ausbauten. Dies hat natürlich auch die kulinarische Szene stark verändert, so dass es neben dem klassischen, immer noch als „Nationalgericht“ angesehenen Steak und Roastbeef auch eine äußerst vielfältige Restaurant-Landschaft gibt. Der Ölreichtum der Provinz und der Stadt in Verbindung mit einem ausgeprägten Mäzenatentum haben dafür gesorgt, dass das raue Western-Image Calgarys durch zahlreiche Museen, Kunstgalerien, Theater, Oper und Symphonieorchester relativiert wird.

Das Panorama der Downtown mit ihren dicht gedrängten Wolkenkratzern kann man am besten von den Brücken der Stadt, den St. Andrews Heights und natürlich vom Calgary Tower aus genießen, der 192 Meter in den Präriehimmel ragt. Von seinem rotierenden Restaurant und Aussichtsdeck schweift der Blick von den Hochhäusern bis zur Prärielandschaft im Osten und den schneebedeckten Spitzen der Rocky Mountains im Westen.

Die Downtown erkundet man am besten zu Fuß, entlang der Flaniermeile und Fußgängerzone, der Stephen Avenue Mall mit den ältesten Gebäuden der Stadt, hinter denen die Wolkenkratzer aufragen. Hier herrscht immer lebhaftes Treiben, auf Bänken und in den Straßencafés verbringen die

Chinatown in Calgary

Angestellten der Downtown-Büros im Sommer ihre Mittagspause, man geht Einkaufen in einer Vielzahl von Boutiquen und Geschäften und bekommt bei Calgarys ältestem Western Outfitter alles, was das Cowboyherz begehrt. Auch wenn man nichts kaufen möchte, sollte man sich die endlosen Reihen der Cowboystiefel und Stetsons einmal ansehen.

Im Winter braucht man sich beim Einkauf nicht zwangsläufig der Kälte auszusetzen, denn mehrere Dutzend verglaste Brücken verbinden die Gebäude der Innenstadt. Hier gibt es Shops und Cafés und die Devonian Gardens am Dominion Square an der Stephen Avenue. Pools mit plätschernden Wasserfällen und Gärten mit subtropischen Pflanzen bilden ein ganzjähriges Refugium unter Glas. Am Ende der Stephen Avenue in Richtung City Hall mündet die Mall in das Herz der Stadt – die Olympic Plaza. 1988 versammelten sich hier während der Olympischen Winterspiele allabendlich Zehntausende zu Siegerehrungen und Straßenfesten.

Ganz in der Nähe befindet sich das Glenbow Museum, das internationalen Rang einnimmt und eines der besten Kanadas ist. Hier sind beeindruckende Ausstellungen zur Geschichte, Kunst und Kultur des kanadischen Westens zu sehen. Vor allem die einzigartigen Sammlungen über die First Nations lohnen den Besuch. Beeindruckend echt dargestellt sind Szenen aus dem traditionellen Leben der Prärieindianer zur der Zeit, als die riesigen Bisonherden über die Ebenen zogen. Auch das Rancher- und Trapperleben ist mit origalen Exponaten liebevoll dargestellt.

Im Fort Calgary Historic Park auf dem Gelände des ehemaligen Polizeipostens am Zusammenfluss von Bow und Elbow River hat man die Blockhütten von einst wieder aufgebaut; Personal in historischen Kostümen vermittelt einen Eindruck von Calgarys abenteuerlicher Gründerzeit.

Auch die Kultur der Inuit wird dem Besucher im Glenbow Museum in Calgary näher gebracht.

Wenn die Calgary Stampede stattfindet, stehen Cowboyhüte und -stiefel ganz weit oben im Kurs.

Wie das Leben im kanadischen Westen gegen Ende des 19. Jahrhunderts war, erlebt man dann noch eindrucksvoller im Heritage Park Historical Village, einem 25 Hektar großen Freilichtmuseum mit über 150 Gebäuden am Glenmore Reservoir im Südwesten der Stadt. Ein alter Pelzhandelsposten der Hudsons Bay Company, Siedlerhäuser, die das entbehrungsreiche Leben von einst zeigen, Winterlager der Indianer und eine Western Town mit den aus einschlägigen Filmen so bekannten „falschen Fassaden" sowie „Bewohner" in Orinialkostümen sorgen für eine authentische Zeitreise. Für die Westernstadt wurden historische Gebäude aus der Zeit um 1900 aus dem ganzen Westen Kanadas zusammengetragen und im Heritage Park wieder aufgebaut.

Den absoluten Höhepunkt der Westerntradition der Stadt erlebt man dann im Sommer während der Calgary Stampede, einer Reiter- und Western-Show der Superlative. Über 200 Festangestellte und rund 1500 freiwillige Mitarbeiter sorgen für das Gelingen der Veranstaltung, die seit 1922 stattfindet und heute über eine Million Besucher anzieht. Zehn Tage steht Calgary Kopf. Dann bestimmen Cowboystiefel, steife Stetsonhüte, Westernshirts und Jeans das Stadtbild. Auf den Straßen und Plätzen der Downtown gibt es morgens von den Chuckwagons (Küchenwagen) ein kräftiges Flapjack-Frühstück, kleine Pfannkuchen nach Westernart mit Sirup sowie gebratenen Speck und Kaffee. Abends fahren die gleichen Chuckwagons dann in der Arena wilde Rennen. Überall herrscht Trubel und überall ertönt Country- und Western-Musik.

Aber die Hauptattraktion ist natürlich das große Rodeo. Gut 300 Profi-Cowboys, die Elite der Westernreiter Nordamerikas, kämpfen in zahlreichen Ausscheidungskämpfen um insgesamt 1,5 Mio. Dollar Preisgeld. Die Sieger der Finals in den fünf Disziplinen – „saddle bronc" und „bareback

Chuckwagon Races – der Höhepunkt der alljährlich stattfindenden Calgary Stampede

bronc“ (Reiten auf einem wilden Mustang mit und ohne Sattel), „bull riding“ (Stierreiten), „steer wrestling“ (ein ausgewachsener Stier muss vom Cowboy niedergerungen werden) und „calf roping“ (ein Kalb muss mit dem Lasso eingefangen und in Sekundenschnelle gefesselt werden) – erhalten jeweils 100.000 Dollar Prämie, ein silbernes Gürtelschloss sowie eine Trophäe in Form einer Skulptur der jeweiligen Disziplin.

Der Höhepunkt des Rodeos sind die abendlichen „chuckwagon races“ auf einem Rundkurs, die in ihrer Dramatik an römische Wagenrennen erinnern. Hier kämpfen 36 Teams mit ihren von vier Pferden gezogenen Planwagengespannen um eine halbe Million Dollar Siegprämie. Jeweils vier Gespanne nehmen an einem Rennen teil – ein „cookstove“ (Kochherd) als Ladung symbolisiert die historische Verbindung zu den Chuckwagons, die früher den Cowboys auf der Ranch als Küchenwagen dienten.

Bei aller Perfektion der Calgary Stampede, bei der sportliche Höchtleistungen geboten werden, Bruchteile von Sekunden über den Sieg entscheiden und die Stimmung der Zigtausend Zuschauer im Stadion überkocht, haben doch auch die zahlreichen Country-Rodeos, die während des Sommers in den kleineren Städten Südalbertas stattfinden, ihren besonderen Reiz. Denn hier nehmen neben den Profis auch die Söhne und Töchter der lokalen Rancherfamilien an den Wettkämpfen teil, die nicht weniger Nervenkitzel bieten als die Calgary Stampede. Außerdem ist man bei diesen Country-Rodeos auch viel dichter am Geschehen: Man kann hinter die Kulissen schauen und mit den Cowboys sprechen. Ebenso faszinierend sind auch die Rodeos in den Reservaten der Blood-, Sarcee-, Blackfoot-, Peagan- und Crow-Indianer. Hier findet dann auch gleichzeitig ein Pow-Wow mit farbenprächtigen traditionellen Tänzen statt.

VORHERIGE DOPPELSEITE:
Jasper Lake (oben) und Maligne Lake (unten)

RECHTE SEITE:
Banff Avenue vor dramatischer Bergkulisse

BANFF UND JASPER

Der 7000-Einwohner-Ort Banff im Tal des Bow River gehört zu den beliebtesten Reisezielen der kanadischen Rockies. Angefangen hat es mit dem kleinen Eisenbahnposten „Siding 29", zu Zeiten, als die transkontinentale Eisenbahn in den 1880er Jahren durch die Rockies gebaut wurde. Seinen Namen erhielt der Ort 1884 von Lord Steven, einem ehemaligen Direktor der Canadian Pacific Railway zur Erinnerung an seinen Geburtsort Banffshire in Schottland. Als Eisenbahnstation und Versorgungszentrum für den Tourismus im Nationalpark entwickelte sich Banff sehr rasch.

Durch seine Lage mitten im Nationalpark – umgeben von den felsigen Gipfeln der Cascade Mountains und Stoney Mountains im Norden, dem Tunnel Mountain im Osten und dem Suphur Mountain in Süden – ist Banff auch heute noch beliebter Ausgangspunkt für Wandertouren in den Park oder für die Fahrt auf dem Icefield Parkway nach Jasper. Die 230 Kilometer lange Gletscherstraße, die unbestritten zu den schönsten Panoramarouten Westkanadas gehört, verbindet die beiden

Der Icefield Parkway gehört zu einer der beliebtesten Panoramastraßen durch die Rocky Mountains Richtung Jasper.

Nationalparks Banff und Jasper. Auch während des Sommers gibt es in den beiden Parks viele ruhige Winkel und abgeschiedene Wanderwege. Auf der breiten Hauptstraße, der Banff Avenue, wo die meisten Geschäfte und Restaurants liegen, herrscht dann allerdings dichtes Gedränge und die Zahl der Bewohner des Ortes schwillt auf über 30.000 an.

Über drei Millionen Besucher zieht es jährlich nach Banff. Trotz dieser erschreckend hohen Zahl sollte man sich ein paar Tage Aufenthalt gönnen. Es gibt interessante Museen und in unmittelbarer Umgebung auch einige außerordentlich reizvolle Ausflugsziele. Das Banff Park Museum ist Kanadas ältestes Naturkundemuseum und zugleich eine National Historic Site. Hier sieht man die Tierwelt der Rockies – wie in der Frühzeit der Museen üblich – als ausgestopfte Spezimen, insgesamt über 5000. Auch wenn man für diese Art der „Naturbetrachtung" sonst wenig übrig hat, erhält man doch wertvolle Informationen für spätere Beobachtungen in freier Wildbahn. Die Präparate stammen übrigens alle aus der Frühzeit des Parks, als die Jagd dort noch erlaubt war.

Im Buffalo Nations Luxton Museum, hübsch in einem Park am Ufer des Bow River gelegen, sind die Sammlungen von Norman Luxton zu sehen, einem Redakteur und Zeitungsverleger, der schon in den Anfängen von Banff für den Tourismus warb und die Banff Indian Days organisierte. Luxton hatte sich durch seine Hilfsbereitschaft das Vertrauen der einheimischen Stoney Indianer erworben. 1952 eröffnete er mit den Exponaten aus dieser über 60-jährigen Freundschaft das kleine Indianermuseum mit einer rekonstruierten Handelsstation.

Auch in künstlerischer Hinsicht hat Banff etwas zu bieten. Das Whyte Museum of the Canadian Rockies zeigt Arbeiten einheimischer und nationaler Künstler mit Schwerpunkt „Rocky Mountains", und die Banff School of Fine Arts hat sich mit ihrem im Sommer stattfindenden Banff Festival of the Arts mit Kunstausstellungen, Workshops, Literaturlesungen bis hin zu Ballett und Jazzkonzerten einen internationalen Ruf erworben.

Die schönste Aussicht auf Banff und das Bow Valley hat man vom 2285 Meter hohen Sulphur Mountain. Nur acht Minuten dauert die Fahrt mit der Gondelbahn zur Bergstation auf den Gipfel, dann kann man den herrlichen 360-Grad-Panoramablick bis hin zu den Ausläufern des Lake Minnewanka genießen.

An der Flanke des Suphur Mountain entdeckten drei Arbeiter der Canadian Pacific Railway, die ihrem Hobby, dem Schürfen nach Gold und Silber nachgingen, 1883 eine Reihe von heißen Schwefelquellen. 1885 etablierte die kanadische Bundesregierung ein 26 Quadratkilometer großes Schutzgebiet rund um die Quellen. Zudem nutzten die Eisenbahnbarone Sanford Fleming und Cornelius van Horne die Gelegenheit, um für die neugebaute Canadian Pacific Railway und für Banff als internationalen Kurort zu werben – frei nach dem Motto: „Wenn wir die Landschaft nicht exportieren können, dann müssen wir eben die Touristen importieren."

Die Entdeckung heißer Quellen war ein entscheidendes Ereignis in der Erschließung des Banff-Gebiets für den Tourismus.

1887 erweiterte man das Schutzgebiet auf 673 Quadratkilometer und nannte es „Rocky Mountain Park". Dies war der Beginn von Kanadas Nationalparksystem. Ein Jahr später wurde das Banff Springs Hotel eröffnet. Mit 250 Zimmern war der schlossartige Bau mit seinen Türmen und Erkern damals das größte Hotel der Welt und die Cave and Basin Hot Springs, wie man sie später nannte, wurden schnell zur Attraktion. Schon im ersten Jahr hatte das Hotel über 5000 Gäste. Von 1925 bis 1928 wurde das Hotel mit einem immensen Aufwand und Luxus erweitert, zahlreiche Renovierungen und Ausgestaltungen kamen bis heute dazu. Seit seiner Eröffnung haben die Großen dieser Welt, Könige, Präsidenten und Showstars hier genächtigt – heute sind Pauschalreisende und japanische Touristen dazugekommen, was dem Flair des Hauses jedoch keinen Abruch getan hat.

Luxushotel Banff Springs inmitten der gigantischen Bergkulisse der Rocky Mountains

1985 wurde der Park zum Weltkulturerbe erklärt und 1987 rekonstruierte man anlässlich des Nationalpark-Jubiläums auch das alte Badehaus neben dem Schwimmbecken. Hier werden jetzt Ausstellungen über die Geologie der Rocky Mountains und die Wirkung der heißen Schwefelquellen auf Flora und Fauna der Region gezeigt.

Durch das Tal des Bow River, vorbei an der dramatischen Kulisse der Cascade Mountains mit dem markanten Castle Mountain, führt der Trans-Canada Highway nach knapp 60 Kilometern zum Lake Louise, dem Bilderbuchsee der kanadischen Rockies. Im blaugrün schimmernden Wasser spiegeln sich die mit Gletschern bedeckten Berge, die wie ein Amphitheater den See umgeben. Der gleich-

Der Bow River, gesäumt von dichten Nadelwäldern, schlängelt durch die schroffe Gebirgswelt der Rocky Mountains.

Lake Louise, in dem sich die angrenzende Bergwelt spiegelt.

Der Icefield Parkway führt – inmitten der beeindruckenden Kulisse der Rocky Mountains – durch den Jasper National Park.

Peyto Lake – eines der meistfotografierten Motive in Kanadas Westen

namige kleine Ort weist neben einer Bahnstation ein paar Geschäfte und Hotels auf und eignet sich gut als Ausgangspunkt für Kanufahrten auf dem Lake Louise, Wanderungen zum Lake Agnes und zu einem von sechs Gletschern umrahmten Bergplateau.

Vom Lake Louise führt der Highway 93, besser bekannt als Icefield Parkway, nach Jasper. Die gesamte 230 Kilometer lange Straße führt durch das Gebiet der beiden zusammenhängenden Nationalparks entlang der kontinentalen Wasserscheide, vorbei an schäumenden Wasserfällen, Gletschern und türkisfarbenen Seen mit einem so beeindruckenden Panorama, dass man keinen von ihnen auslassen möchte. Noch im Tal des Bow River führt die Straße am idyllischen Herbert Lake vorbei, dann am Hector Lake, bis sie sich in 2067 Metern Höhe über den Bow Summit schwingt, dem höchsten Punkt des Icefield Parkway. Über eine kurze Stichstraße mit anschließendem Wan-

derweg gelangt man zum Peyto Lake, wo sich vom Aussichtspunkt ein atemberaubender Blick auf den türkisfarbenen Gletschersee und die dunkelgrün bewaldeten Hänge des Mistaya-Tals bietet. Die intensiv leuchtende Türkisfarbe des Sees wird durch die Sedimente des Gletscherwassers hervorgerufen. Im Frühsommer, am Anfang der Gletscherschmelze, ist der See noch tiefblau.

Gleich im Anschluss an den 2030 Meter hohen Sunwapta-Pass, der die Grenze zwischen Banff und Jasper Nationalpark bildet, erreicht man das Columbia Icefield mit dem Mount Columbia. Mit 3747 Metern ist er der zweithöchste Berg der kanadischen Rockies. Das 360 Meter dicke Eisfeld ist mit 325 Quadratkilometern Fläche das größte der Rocky Mountains. Insgesamt acht Gletscher speisen mit ihrem Schmelzwasser drei große Flusssysteme: Der Columbia River fließt in den Pazifik, der Athabasca zum Eismeer und der North Saskatchewan River fließt über die Hudson Bay in den Atlantik.

Drei der Gletscher sind vom Parkway aus sichtbar: Stutfield, Dome und Athabasca. Letzterer ist am leichtesten zugänglich, denn er reicht bis auf 1,5 Kilometer an den Parkway heran. Vom Icefield Centre des Nationalparks kann man Exkursionen mit dem „snow coach" auf das Eis dieses Gletschers unternehmen. Die 20 Tonnen schweren geländegängigen Fahrzeuge können mit ihren riesigen Reifen Steigungen von über 30 Grad auf dem Eis bewältigen. Mitten auf dem Gletscher kann man das Fahrzeug verlassen und – mit entsprechender Vorsicht – von ganz Nahem beobachten, wie Schmelzwasserbäche in blau schimmernden Eisspalten und gurgelnden Gletschermühlen verschwinden.

Ausblick vom Wilcox Pass auf das Columbia Icefield (rechte Seite) und Sunwapta Falls (unten)

Danach senkt sich der Parkway ins weite, von Gletschern geformte Tal des Sunwapta River. Bei den fotogenen Sunwapta Falls führt ein 30-minütiger Trail zu den oberen und unteren Fällen. Hat man dieses Highlight versäumt, sollte man sich auf jeden Fall die Athabasca-Wasserfälle ansehen. Hier stürzt das Wasser des Athabasca River schäumend in eine enge, zwölf Meter tiefe Schlucht. Ein Lehrpfad führt dicht an die Fälle heran und Tafeln erklären Entstehungsgeschichte und Flora des Canyons.

Jasper Townsite am Nordende des Icefield Parkway hat rund 4000 Einwohner, die überwiegend vom Tourismus und der Canadian National Railroad leben. Seit der Personenverkehr auf der Südroute über Banff eingestellt wurde, führt die einzige Transkanada-Eisenbahnverbindung nach Vancouver über Jasper. Im Sommer ist auch in Jasper viel Betrieb, bei weitem aber nicht so viel wie im mondäneren Banff. Auch die Umgebung ist noch ursprünglicher als im Banff Nationalpark.

Jasper entstand erst 1911, als der Schienenstrang der Grand Trunk Railroad von Edmonton über den Yellowhead Pass nach Prince Rupert verlegt wurde. Aber schon 100 Jahre früher hatte sich der Trapper William Henry, der mit der Thompson-Expedition in die Region gekommen war, in der Nähe des heutigen Jasper niedergelassen. Im Informationszentrum des Nationalparks sowie im Jasper Yellowhead Museum informieren Ausstellungen über die Geschichte und die Flora und Fauna des Parks. Vom Whistlers Mountain, auf den man mit einer steil bergauf führenden Tramway gelangt, hat man in 2278 Metern Höhe einen fantastischen Panoramablick über Jasper Townsite und die Täler des Athabasca und Miette River.

BOAT HOUSE

VOHERIGE DOPPELSEITE:
Der Blick vom Whistlers Mountain gewährt einen unvergesslichen Panoramablick auf die umliegende Bergwelt (links). Idyllischer Maligne Lake (rechts)

Unter allen Ausflugszielen in der Umgebung ist die Fahrt zum Maligne Lake sicher die interessanteste. Gleich außerhalb von Jasper kann man im Maligne Canyon sehen, wie sich der Fluss in 11.000 Jahren bis zu 55 Meter tief in den Kalkstein geschnitten hat. Das einzigartige Karstsystem des Maligne River gilt als das größte dieser Art und war einer der Hauptgründe, weshalb die UNESCO den Jasper Park zum Weltnaturerbe erkärte. Der abschätzige Name „heimtückischer Fluss“ geht übrigens auf den Jesuitenpater de Smet zurück, der diesen unter großer Gefahr überqueren musste. Jedes Jahr im Herbst kann man hier eine geologische Besonderheit beobachten. Dann verschwindet das Wasser des Maligne River und des Medicine Lake in einem Höhlensystem und taucht erst im 17 Kilometer entfernten Maligne Canyon wieder auf. Im Frühjahr füllt das Schmelzwasser den See wieder auf und lässt auch den Fluss wieder munter strömen.

Blick vom Icefield Parkway auf das Columbia Eisfeld im Jasper National Park

Am Ende der Straße ist dann der Maligne Lake erreicht – ein weiterer „Bilderbuchsee“, den man mit dem Kanu oder einem Ausflugsboot erkunden kann.

SÜDALBERTA

LETHBRIDGE, FORT MACLEOD UND CARDSTON

Die Universitätsstadt Lethbridge, am Oldman River gelegen, ist mit rund 80.000 Einwohnern das kommerzielle und kulturelle Zentrum Südalbertas. Die Stadt steht auf altem Indianerland, das von mehreren First Nations, den Blackfoot, Sarcee, Cree und Stoney, bevölkert wurde. Bereits in den 1860er Jahren war die Stadt ein Handelsposten: Hier wurden Pelze und Bisonhäute gegen Whiskey eingetauscht.

In diesen rauen Zeiten hatten gesetzlose Desperados und Whiskeytrader aus Fort Benton in Montana das Sagen. Sie gründeten über 40 „Whiskey-Forts“ in Südalberta, das berüchtigste war Fort „Whoop-Up“ bei Lethbridge. Siedler und Indianer klagten zunehmend über die Ausschreitungen

FOLGENDE DOPPELSEITE:
Südalberta – aus dieser Region sind Barbecues, Cowboys, Viehtrieb und Lagerfeuer nicht wegzudenken.

Die High-Level Bridge wurde zwischen 1907 und 1909 gebaut. Sie überspannt das Oldman River Valley und ist bis heute die weltweit längste, komplett aus Stahl errichtete Eisenbahnbrücke der Welt.

und rücksichtslosen Handelspraktiken. Sie fanden erst dann ein Ende, als die kanadische North West Mounted Police zu Beginn der 1870er Jahre in die Region kam und Ordnung schaffte. Die Whiskey-Forts wurden geräumt und der Verkauf von Whiskey an Indianer verboten. Im Indian Battle Park im Tal des Oldman River fand 1870 die letzte große Indianerschlacht zwischen den Blackfoot und Cree Indianern statt. Hier hat man das Fort Whoop-Up wieder aufgebaut und erinnert mit Ausstellungen und Veranstaltungen an Albertas Pioniertage.

Auch das nicht weit von Lethbridge gelegene 3000-Einwohner-Städtchen Fort MacLeod stammt aus dieser Zeit. Hier errichtete die North West Police 1874, nach der Einnahme von Fort Whoop-Up, auf einer Insel im Oldman River ihren mit Palisaden befestigten Polizeiposten. Nach einer Überschwemmung wurde das Fort auf höher gelegenes Terrain verlegt. Fort McLeod ist Südalbertas älteste Siedlung und hat sich ihren historischen Charakter weitgehend bewahrt. An der Main Street stehen noch viele der schönen alten Sandsteinbauten, und im Gebäude der „MacLeod Gazette" kann man in alten Ausgaben die abenteuerlichen Ereignisse in Albertas „Wildem Westen" bis zum Jahr 1882 zurückverfolgen. Am Stadtrand wurde das historische Fort der North West Mounted Police als Museum wieder aufgebaut.

Tipi im Gebiet von „Head-Smashed-In Buffalo Jump". Hier jagten Indianer schon vor Jahrtausenden Bisonherden, indem sie sie über die Klippen der Porcupine Hills trieben.

Die eigentliche Attraktion der Region liegt 20 Kilometer westlich von Fort MacLeod. Beim Head-Smashed-In Buffalo Jump, der als einer der ältesten und am besten erhaltenen Jagdplätze in Nordamerika von der UNESCO zum Weltkulturerbe erklärt wurde, trieben schon vor über 5000 Jahren Indianer Bisonherden über die Klippen der Porcupine Hills. Von den erlegten Tieren wurde fast

alles verwendet: Die Ureinwohner trockneten das Fleisch für den Winter, verarbeiteten Häute zu Kleidung und Tipis, verwendeten Sehnen zum Nähen und stellten aus den Knochen Werkzeug her.

Ein architektonisch hervorragend in die Landschaft integriertes Besucherzentrum, direkt neben dem Abhang, über den die Bisons getrieben wurden, zeigt Ausstellungen über die Lebensweise der prähistorischen Prärieindianer. Man erfährt alles über ihre Jagdmethoden und die Abhängigkeit von den Bisonherden. Beute war im Überfluss vorhanden, denn vor der Ankunft des weißen Mannes lebten über 60 Millionen Tiere in den Prärien Nordamerikas. Doch schon vor dem Ende des 19. Jahrhunderts waren die Bisons fast ausgerottet.

Wie Prärieindianer heute leben, sieht man in der Blood Indian Reservation, südlich von Lethbridge und Fort MacLoud. Mit über 1000 Quadratkilometern ist das Reservat das größte Kanadas. 7500 Blood-Indianer, die zur Blackfoot Confederacy gehören, leben hier in verstreuten Siedlerstätten von Viehzucht und Weizenanbau. Einnahmen aus der Erdgas- und Ölförderung auf ihrem Land haben den Bewohnern des Reservats in den letzten Jahrzehnten sogar einen gewissen Wohlstand verschafft. Stand Off ist der Hauptort des Reservats, bekannt geworden durch seine „Indian Days" mit einem großen Rodeo und Pow-Wow, an dem Indianer aus ganz Nordamerika teilnehmen. Bei den indianischen Spielen und farbenprächtigen Tanzwettbewerben sind auch weiße Besucher willkommen.

Auf dem Pow-Wow in Banff wird Indian Bread gebacken.

Cardston, fast an der Grenze zu den USA in den Foothills der Rockies gelegen, wurde 1887 von Mormonen aus Utah unter Führung von Charles Ora Card, einem Schwiegersohn des Sektengründers Brigham Young, errichtet. Die Mormonen kamen mit einem der letzten großen Planwagentrecks des 19. Jahrhunderts nach Alberta. Auch heute noch gehören die meisten Bürger von Cardston der „Kirche Jesu Christi der Heiligen der Letzten Tage" an. Der aus weißem Granit gebaute Mormonentempel ist der einzige in Kanada. Ora Cards erste Heimstätte, ein schlichtes Blockhaus, steht als Museum Besuchern offen.

In der Region um Cardston befinden sich auch Kolonien der Hutterischen Brüder, die heute noch wie vor hundert Jahren leben und ihr Land gemeinschaftlich bewirtschaften. Meist ganz in schwarz gekleidet, halten sie auch an ihrem alten hochdeutschen Dialekt fest. Die Hutterer, Mitglieder einer im 16. und 17. Jahrhundert in Europa verfolgten Wiedertäufer-Religionsgemeinschaft, emigrierten um 1870 in die USA und kamen 1918 von dort nach Kanada. In Alberta gibt es rund 40 Kolonien der Hutterer, die mit ihren landwirtschaftlichen Kommunen alle recht erfolgreich sind. Im Allgemeinen haben sie nichts dagegen, wenn man sie in ihren Kolonien besucht.

WATERTON LAKES

Direkt an der Grenze zum amerikanischen Bundesstaat Montana liegt der Waterton Lakes National Park, mit 505 Quadratkilometern einer der kleineren Naturparks in Kanada. Auf der amerikanischen Seite schließt sich jedoch der über 4000 Quadratkilometer große Glacier National Park an. Die beiden Nationalparks stellen landschaftlich eine Einheit dar und bilden seit 1932 den Waterton-Glacier International Peace Park mit einer besonders engen Zusammenarbeit der amerikanischen und kanadischen Nationalparkverwaltung.

Das einzigartige Ökosystem dieser Region wurde von der UNESCO bereits 1979 als Weltbiosphärenreservat unter besonderen Schutz gestellt und 1995 zum Weltnaturerbe erklärt. Naturschützer wie John „Kootenay" Brown in Kanada und George Grinnell in den USA setzten sich bereits zwischen 1895 und 1910 für die Gründung der beiden Parks ein. Erforscht wurde die Region zuerst von der Palliser Expedition (1857–1859), die für die britische Regierung neues Agrarland und eine Route über die Rocky Mountains zum Pazifik finden sollte.

Seen vor einer schroffen Bergkulisse – diese atemberaubende Konstellation bestimmt das Bild des Waterton Lakes National Park.

Das Besondere dieses Nationalparks ist, dass hier völlig verschiedene Landschaftsformen mit der entsprechenden Flora und Fauna dicht beieinander liegen: Eine weite, sanft-hügelige Prärielandschaft, auf der Bisons grasen, stößt plötzlich auf alpines Hochgebirge mit steilen Felsformationen, über 30 Gletschern und tiefen Gletscherseen, mit Wildblumen übersäten Bergwiesen und einem Canyon mit leuchtend roten Gesteinsformationen und kristallklaren Pools. Daneben gibt es Feuchtwiesen, Marschland und Sümpfe mit einer ganz anderen Flora und Fauna, als diejenige, die man sonst in den Rocky Mountains vorfindet. Sie dienen im Herbst vielen Zugvögeln als Rastplatz.

FOLGENDE DOPPELSEITE:
Upper und Lower Waterton Lake

Der Park ist Lebensraum von über 70 Säugetierarten, unter ihnen Elche, Wapiti-Hirsche, Grizzlys, Schwarzbären, Berglöwen, Wölfe, Luchse, Vielfraße, Biber, Dickhornschafe und Schneeziegen sowie mehr als 250 Vogelarten, darunter Steinadler, Kragenenten und Trompeterschwäne.

Auch zwei nationale historische Sehenswürdigkeiten hat die Region aufzuweisen: Im Waterton Village thront das 1927 errichtete, schlossähnliche Prince of Wales Hotel auf einer Anhöhe über dem größten See des Nationalparks. Von seiner Lobby aus genießt man einen beeindruckenden

Neben zahlreichen anderen Tierarten ist auch der Grizzly in den Wäldern des Waterton-Nationalparks zu Hause.

FOTO RECHTS:
Badlands im Dinosaur Provincal Park. Diese Region wurde durch die spektakulären Funde von Dinosaurierskeletten berühmt.

Panoramablick über die leuchtend blaue Wasserfläche und das kleine Dorf am Ufer. Auf dem Weg zum Cameron Lake passiert man die Discovery Well, Albertas erste Ölquelle, ein eigenartig riechendes schillerndes Sumpfloch, das schon die Indianer kannten. 1902 begann man mit der Förderung, die sich aber nur ein paar Jahre lohnte.

DRUMHELLER UND DAS TAL DER DINOSAURIER

Von Calgary fährt man auf schnurgraden Straßen durch endlose Weizen- und Rapsfelder in Richtung Osten. Beim hufeisenförmigen Horseshoe Canyon stoßen dann hügelige Prärie und sattgrünes Farmland abrupt auf die Badlands mit ihren bizarren Sandsteinformationen.

Das knapp 8000 Einwohner zählende Drumheller im Tal des Red Deer River ist Mittelpunkt und Versorgungszentrum der Badlands. Nachdem 1880 Kohle gefunden wurde, ließen sich erste Siedler in der Region nieder. Sam Drumheller war der Erste, der die reichen Kohlevorkommen nutzte. 1910 wurde der Ort gegründet. Nach dem Zweiten Weltkrieg lösten Öl und Erdgas die Kohle ab. Heute wird aus Hunderten Quellen das schwarze Gold gefördert. Doch den Besucher interessieren mehr die geologischen Besonderheiten und prähistorischen Schätze des Red Deer River-Tals.

Vor rund 70 Mio. Jahren befand sich hier ein riesiges Binnenmeer mit tropischen Regenwäldern und Sümpfen. Die Rocky Mountains existierten zu dieser Zeit noch nicht. Gegen Ende der Dinosaurierzeit bedeckten gewaltige Ausbrüche von Vulkanen im Südwesten des Kontinents die Region mit Asche, die Felsengipfel der Rockies erhoben sich und

RECHTE SEITE:
Die Gesteinsformationen allein sind schon einen Besuch des Dinosaur Provincial Park wert. Unterschiedliche Sedimentsschichten erzeugen hier ein breites Farbspektrum (oben). Zwischen Rosedale und East Coulee sind zudem die durch Erosion entstandenen „Hoodoos" zu bewundern – pilzförmige Türme (unten).

Derart aufregende Funde sind im Drumheller Royal Tyrell Museum zu sehen.

Flüsse lagerten Schlamm und Gestein ab. Wieder Millionen Jahre später verschwand das Land unter einer mehr als 1000 Meter dicken Eisschicht. Vor etwa 13.000 Jahren schufen dann Gletscheraktivitäten, Schmelzwasser und die Erosion von Wind und Wetter die heutige urweltliche Landschaft.

Landschaftlichte Höhepunkte auf den Entdeckungsfahrten im etwa 50 Kilometer langen Tal des Red Deer River sind der Horsethief Canyon mit seinen fossilen Austernbänken und von der Erosion geschaffenen steilen Felskegel, der Orkney Hill, von dem man einen schönen Panoramablick über den Fluss und die Badlands genießen kann, sowie das Tal der Hoodoos zwischen Rosedale und East Coulee. Die eigenartigen pilzförmigen Türme wurden von Wind und Wetter aus dem Sandstein geschliffen, wobei die Erosion so schnell vonstatten geht, dass in hundert Jahren wohl nur noch wenige erhalten sein werden.

Den besten Einblick in die faszinierende Geologie und Paläontologie der Badlands bietet das 1985 eröffnete Royal Tyrell Museum bei Drumheller. In diesem Weltklasse-Institut sind Dutzende von Dinosaurierskeletten zu sehen, die in der Region gefunden wurden. Darunter befinden sich auch ein komplettes Exemplar des Tyrannosaurus Rex, ein 10 Meter langes Skelett des Edmontosaurus mit seinem riesigen Entenkopf sowie das Skelett eines Eiszeitbisons mit der Speerspitze eines prähistorischen Jägers im Schädel. Man kann den Wissenschaftlern bei der Arbeit zusehen und in einem Gewächshaus Pflanzen mit einem Millionen Jahre alten Stammbaum bewundern.

Das „Tal der Dinosaurier", die größte prähistorische Fundstätte der Welt, liegt 120 Kilometer flussaufwärts im zwölf Kilometer breiten Tal des Red Deer River. Die bizarren Erosionsfurchen, Felsenkegel und Hoodoos mit ihren verschiedenen Schichten aus Ton, Eisenerde und Sandstein sind hier wohl noch farbenprächtiger als bei Drumheller. Der rund 10.000 Hektar große Dinosaur Provincial

Im Dinosaur Provincial Park scheinen Dinosaurier wieder zum Leben zu erwachen, denn die Ausstellungen, in denen archäologische Funde gezeigt werden, werden durch naturgetreue Nachbauten der gigantischen Säugetiere ergänzt.

Park, in dem das Royal Tyrell Museum eine Außenstelle unterhält, wurde 1979 zum UNESCO-Welterbe erklärt. Rund 150 vollständige Dinosaurierskelette von über 30 verschiedenen Arten sind im Gebiet des Parks gefunden worden. Im Sommer ist das Ausgrabungscamp geöffnet, Ausstellungen werden gezeigt und man kann bei den Arbeiten an Fossilienfunden zuschauen.

Anchorage
Dawson
Yukon
Yukon
Keno City
Mackenzie Mountains
Mackenzie
Ft. Good Hope
Coppermine
Umingmatok
Norman Wells
Bären-
see
Echo Bay
Minto
Plateau
Mt. Logan
6050 m
Yukon Territory
Northwest-
Territories
Whitehorse
La Martre-
see
Mackenzie
Yellowknife
Skagway
Atlin
Rocky
Ft. Simpson
Watson Lake
Fort Providence
Reliance
Ft. Liard
Trout-
see
Gr.
Sklaven-
see
Fort Resolution
PAZIFISCHER OZEAN
Coast
Dease
Lake
Hay River
Sklavenfluss
Ft. Nelson
Fort Smith
Uranium City
Stewart
Hyder
Fort Vermilion
Athabascasee
Clairesee
Peace
Carruthers
3050
Creesee
Prince Rupert
Hazelton
Mountains
Fort Mc Murray
Queen
Charlotte Is.
Terrace
Dawson Creek
Peace River
Kitimat
Brit.
Kl. Slaven-
see
Kemano
Fort St. James
Grande Prairie
Athabaska
Churchill
Prince George
Columbia
Alberta
Ocean Falls
Queen Charlotte Str.
Barkerville
Mt. Robson
3954 m
Edson
Edmonton
Williams
Lake
Jasper
Nördl. Saskatchewan
Port Hardy
Fraser
Prince Albert
Port Mc Neill
Red Deer
North
Battleford
Saskatoon
Vancouver Is.
Kamloops
Banff
Drumheller
Courtenay
Port Alberni
Saskatchewan
Calgary
Vancouver
Okanagan-
see
Tofino
Südl. Saskatchewan
Nanaimo
Hope
Kelowna
Cranbrook
Fort McLeod
Medicine Hat
Moose Jaw
Victoria
Lethbridge
Swift Current
Regina
Waterton
Tacoma
Seattle
USA
Portland
0
200
400
600
km

BRITISH COLUMBIA

ÜBERBLICK

British Columbia, kurz B.C. genannt, ist die westlichste der 13 kanadischen Provinzen und Territorien. Sie umfasst eine Fläche von 948.596 Quadratkilometern und ist damit nur wenig kleiner als Ontario. Im Norden endet sie mit dem 60. Breitengrad am Yukon Territory und den Northwest Territories. Der 120. Längengrad bildet gradlinig die Nordostgrenze zu Alberta, während im Süden der 49. Breitengrad die Grenzlinie zu den US-Staaten Montana, Idaho und Washington darstellt. Zwischen den vorgelagerten Gulf Islands schwingt die Grenze nach Süden und umschließt mit der Meeresstraße von Juan de Fuca die Südspitze von Vancouver Island. Im Westen gehören auch die Queen Charlotte Islands zu British Columbia, aber gleich nördlich davon ragt der Staat Alaska an der Küste entlang pfannenstilartig bis 54 Grad, 40 Minuten nördlicher Breite nach Süden.

Sonnenuntergang an der Westküste von British Columbia

LANDSCHAFTLICHE GLIEDERUNG

Ihre überwiegend nord-nordöstlich ausgerichteten Gebirgszüge und Gewässer unterteilen die Provinz in sehr unterschiedliche Landschaften, von denen das „Lower Mainland" – das weitere Mündungsgebiet des Fraser River – wirtschaftlich die bei weitem bedeutendste ist. Hier lebt mehr als die Hälfte der rund 4,4 Millionen Einwohner British Columbias, wobei allein auf den Großraum Vancouver etwa 2,25 Millionen Bewohner entfallen. Politisch wird die Provinz von der Hauptstadt Victoria am Südende von Vancouver Island verwaltet. Victoria selbst hat etwa 80.000, der weitere Metro-Bereich aber 330.000 Einwohner.

Mit dem VW-Bus auf dem Trans Canada Highway durch die Provinz British Columbia

Vancouver Island wird von einem montanen Rückgrad in zwei klimatisch und landschaftlich stark unterschiedliche Küstenbereiche geteilt. Die zu jeder Jahreszeit den nordpazifischen Stürmen und Wogen ausgesetzte Westküste ist durch tiefe Meeresarme gegliedert. Auf der flacheren, geschützten Ostseite der Insel dagegen kann man jahraus, jahrein ins Watt hinauswaten oder Golf spielen. Weiter nördlich gehören die Queen Charlotte Islands in den gleichen Klima- und Landschaftsbereich.

Die tiefen Fjorde und steilen Hänge der Coast Mountains verleihen dem pazifischen Rand von British Columbia eine gewisse Ähnichkeit mit Norwegen. Hier, und nicht in den Rocky Mountains, finden sich Kanadas Vier- und Fünftausender.

Atlin Lake

Die zwischen den Coast Mountains und den Rocky Mountains gelegene Großregion wird als Interior Plateau bezeichnet. Sie hat ein beträchtliches, von der Eiszeit hinterlassenes Relief und ist von Hochgebirgen umgeben. Die dort entspringenden größten Ströme der Provinz – Fraser, Thompson, Columbia und Kootenay – durchfließen die Landschaft in verschiedenen Richtungen, sorgen aber nur in den betreffenden Tälern für ausreichende Bewässerung.

Im Regenschatten der Coast Mountains gelegen, ist das Innere von British Columbia vorwiegend trocken und eignet sich wirtschaftlich vor allem für die Viehzucht. An den Seen im Okanagan Valley wird Obst und Wein angebaut, aber gleich südlich davon gibt es kleine Wüsten. Der Charakter des östlich angrenzenden Fraser-Plateaus und der Kootenays wird von engen, parallelen Tälern bestimmt, in denen die gleichnamigen Flüsse, wie auch der Columbia, teils gegenläufige Wege nach Süden suchen. Alle drei Flüsse benutzen zuerst den Rocky Mountain Trench, den markanten topografischen Graben, der das Interior Plateau von British Columbia von den Rocky Mountains trennt.

LINKE SEITE:
Die klimatischen Gegebenheiten sind sehr unterschiedlich in der Provinz British Columbia. Das milde Klima im Okanagan Valley ermöglicht sogar den Anbau von Trauben zur Weinkelterung.

Coast Mountains bei Stewart mit dem Salmon-Gletscher

Emerald Lake
im Yoho National Park

FOTO RECHTS:
Grizzly beim Lachsfang – immer wieder ein Publikumsmagnet und auch von gesicherten Beobachtungsstationen möglich

KLIMA

Das Klima von British Columbia wird bestimmt von ständig aus dem pazifischen Raum nach Osten drängenden Wettersystemen, die den größten Teil ihrer Feuchtigkeit schon über den Inseln und dem Küstengebirge verlieren. Im Einzelnen jedoch hat die Provinz klimatisch fast alles zu bieten, was auch in anderen Teilen des Landes vorkommen kann: Temperaturen von annähernd –60 °C und bis zu +44 °C. An der Westküste von Vancouver Island sind mit 3000 Millimeter Regen pro Jahr die höchsten Niederschlagsmengen zu verzeichnen.

In den 1950er Jahren nahezu ausgerottet, haben sich die Bestände an Weißkopfseeadlern wieder erholt. 2007 konnte der majestätische Greifvogel wieder von der Liste gefährdeter Tierarten genommen werden.

FLORA UND FAUNA

Die Vegetation der einzelnen Landschaften hat sich den dort vorherrschenden besonderen klimatischen Bedingungen der Provinz angepasst. Von langen frostfreien Wachstumsperioden und reichlichen Niederschlägen begünstigt, haben die Küstenwälder einen ausgesprochen üppigen Pflanzenwuchs. Die Douglas-Tanne – Kanadas höchster Baum – fällt aufgrund ihrer Größe ins

Auge, ist jedoch in kultureller Hinsicht bei Weitem nicht so bedeutsam wie die Riesen-Thuja, besser bekannt als Western Red Cedar, denn sie hat der indigenen Bevölkerung von alters her Material für Hausbau, Kanus, Totempfähle und viele Gebrauchsgegenstände geliefert.

Im Regenschatten der Küstengebirge gelegen, sehen die inneren Hochplateaus ganz anders aus. Die Vegetation ist oft parkartig, mit ausgedehnten Gehölzen von Ponderosa-Kiefern und Douglas-Tannen. Doch es sind die scheinbar endlosen, nur von trockenen Tälern unterbrochenen Grasflächen, die das Landschaftsbild bestimmen. Die Kootenays im Südosten der Provinz sind üppiger bewaldet, denn hier verlieren die vom Ozean kommenden Luftmassen beim Aufstieg über die Rocky Mountains zum zweiten Mal einen Teil ihrer Feuchtigkeit. In den Rockies selbst ist die Vegetation subalpin bis alpin.

Auch in British Columbia sind in den Nationalparks Wapiti-Hirsche zu finden, daneben Dickhornschafe und Schneeziegen. Der Wahre Elch (moose) hält sich an sumpfige Täler. Schwarzbären kommen gern bis an die Straße, während sich Grizzlys als weitaus scheuer erweisen. Ganz selten bekommt man den Berglöwen (cougar) zu sehen.

Ungleich wichtiger als die Vierbeiner sind in British Columbia die vielen Gattungen von Meerestieren. Die großen unter ihnen – Grauwale, Orcas und Buckelwale – haben in vielen Hafenorten eine ganze Beobachtungsindustrie ins Leben gerufen. Die Seefischerei dagegen lebt vorwiegend von mehreren Arten von Lachs (salmon).

Orca beim Auftauchen in den Gewässern vor Vancouver Island

BEVÖLKERUNG

Der Enstehung der Provinz aus einer britischen Kronkolonie entsprechend, ist die Bevölkerung noch zu rund 68 Prozent englischen, schottischen und irischen Ursprungs. Fast eine halbe Million Einwohner haben deutsche Vorfahren. Die größte sichtbare Minderheit (12 Prozent) sind Chinesen, die nach der Übernahme Hongkongs durch Rotchina verstärkt in die Provinz kamen. Mit 4,5 Prozent die nächststärkere Gruppe sind Südasiaten. Unter den letzteren sind es vor allem Sikhs, die im Stadtbild auffallen. Nur 5 Prozent der Bevölkerung sind indigenen Ursprungs.

Nicht jedermanns Sache ist das Lachsfischen auf wackeligen Holzstreben in der nicht ungefährlichen Strömung des Bulkeley River.

GESCHICHTE

Spanien hatte schon zu Anfang des 16. Jahrhunderts Anspruch auf den pazifischen Ozean erhoben, aber der erste Europäer, der British Columbia zu sehen bekam, war wohl Vitus Bering, ein Däne in russischen Diensten. Durch ihn wurden die seidenweichen Felle der Seeotter bekannt, die alsbald in Russland und China ein begehrtes Handelsobjekt wurden. 1774 lief das erste spanische Schiff den Nootka Sound auf Vancouver Island an, aber erst als Captain Cook 1778 an der gleichen Stelle vor Anker ging, betrat der erste Europäer den Boden von British Columbia. Der Name der Insel sowie zweier moderner Städte geht auf den englischen Kapitän George Vancouver zurück, der die Küste zwischen 1791 und 1795 gründlicher erforschte.

Der erste Europäer, der von Osten auf indianischen Handelspfaden bis nach Bella Coola vordrang, war 1793 der Schotte Alexander Mackenzie. 1808 folgte Simon Fraser dem später nach ihm benannten Fluss, den er allerdings so lange für den Columbia hielt, bis er seine Mündung erreichte. Den wahren Oberlauf des Columbia erkannte 1811 erst David Thompson.

ST. PAULS
CHURCH

Kirche mit Glockenturm
in dem Indianerdorf Kitwanga

Auch für British Columbia erwies sich der Pelzhandel als Grundstein der historischen Entwicklung. 1821 wurde die Hudson's Bay Company dort aktiv, und nachdem sich London und Washington 1846 auf die Grenze am 49. Breitengrad geeinigt hatten, wurde die Gesellschaft mit dem Hauptsitz Victoria mit der Wahrung der briti-

schen Interessen betraut. Auch die 1849 gegründete Kronkolonie Vancouver Island wurde zunächst von der Company verwaltet. Die baldige Entdeckung von Gold in den Sandbänken des Fraser und der daraufhin einsetzende Zustrom Tausender ungebärdiger Prospektoren zwang das Kolonialamt dazu, sich mit der Hauptstadt New Westminster auch des Festlands anzunehmen. Die vereinigte Kolonie British Columbia mit der Hauptstadt Victoria wurde erst 1866 ins Leben gerufen.

Was der planmäßigen Siedlungspolitik nicht gelang, vollbrachte der Goldrausch binnen kurzer Zeit. Jedoch geschah der Zuwachs der weißen Bevölkerung auf Kosten der indigenen, die innerhalb von zehn Jahren durch ansteckende Krankheiten um 50 Prozent dezimiert wurde. Außerdem geriet die

LINKE SEITE:
Pelzhändler im originalgetreu restaurierten Fort Langley. Wie in allen anderen Provinzen Kanadas war auch in British Columbia der Pelzhandel ein entscheidender Motor in der historischen Entwicklung.

Als der Handel mit Fellen seine ökonomische Kraft verlor, lösten Goldfunde einen weiteren Entwicklungsschub in der Besiedelung British Columbias aus. Wo vorher nur Wildnis vorherrschte, entstanden große, provisorisch angelegte Orte. Barkerville war eine dieser im Goldrausch errichteten Ansammlungen. In dem liebevoll restaurierten Ort kann man noch heute in die bewegende Geschichte der Region eintauchen und auch im authentisch anmutenden Süßwarengeschäft einkaufen.

Die Anbindung an das Transkanada-Eisenbahnnetz konnte erst 1885 abgeschlossen werden. Für die wirtschaftliche Entwicklung der Provinz war dies ausschlaggebend.

Kolonialverwaltung durch den Bau erforderlicher Straßen und Flussdampferrouten in hohe Schulden. Aussichten auf deren Tilgung und auf eine Bahnverbindung nach Osten trugen 1871 maßgeblich zum Beitritt zur kanadischen Föderation bei. Der Bau der Transkanada-Eisenbahn, der 1879 begann und 1885 beendet wurde, war für die Wirtschaft und die Integration der Westprovinzen und hier besonders British Columbia wohl am wichtigsten.

Als 1942 japanische Truppen auf den Aleuten landeten, beschlossen die USA und Kanada den Bau einer Militärstraße, den Alaska Highway, der von Alberta quer durch den Norden von B.C. und das Yukon Territory nach Alaska führt. Dadurch wurde auch der Norden der Provinz wirtschaftlich erschlossen.

WIRTSCHAFT, TOURISMUS

Der Bau des Panamakanals brachte British Columbia 1914 in die Handelszone Europas, aber die wichtigsten Export- und Importpartner der Provinz sind die Länder am Rand des Pazifischen Oze-

ans (Pacific Rim). Aus Ostasien kommt der bei Weitem größte Teil der Einfuhren, und dorthin geht auch das meiste, was an Holz, Fischereiprodukten, Getreide, Kohle und anderen Bodenschätzen verschifft wird. Am Endpunkt der ersten südlichen transkanadischen Bahnlinie gelegen, ist Vancouver mit Abstand der bedeutendste Exporthafen. Näher an China gelegen und auch seit fast 100 Jahren durch eine Bahnlinie mit dem Inland verbunden, nimmt der Hafen von Prince Rupert zunehmend am Containertransport teil. Seit Anfang der 1980er Jahre verbucht darüber hinaus die Filmindustrie ein deutliches Wachstum und ist mit 40.000 Arbeitsplätzen und ca. 1,5 Milliarden Dollar Umsatz ein wichtiger Wirtschaftsfaktor geworden.

Holz ist eines der Exportgüter der Provinz.

Verkehrstechnisch gesehen mag British Columbia durch seine parallel zur Küste verlaufende geografische Gliederung benachteiligt sein, aber gerade die gewundene Führung ausgezeichneter Straßen durch schnell wechselnde Landschaften hat dazu beigetragen, den Tourismus zur zweitwichtigsten Industrie der Provinz zu machen. Küste und Inseln sind von einem ausgedehnten, zuverlässigen System von Fährverbindungen durch malerische Meeresarme erschlossen. In ökologischer Hinsicht hat sich British Columbia dadurch hervorgetan, dass sich die Provinz seit 2008 von allen anderen nordamerikanischen Jurisdiktionen durch eine zweiprozentige Kohlenwasserstoffsteuer abhebt.

VORHERIGE DOPPELSEITE:
Skyline von Vancouver

FOLGENDE DOPPELSEITE:
Die hohe Lebensqualität in Vancouver ergibt sich nicht zuletzt aus dem geografisch günstigen Standort der Metropole, der unendlich viele Freizeitaktivitäten zulässt. Während man im Sommer seine Freizeit mit Blick auf die fantastische Bergkulisse am Strand verbringen kann (Foto linke Seite), locken die schroffen Berge im Winter Snowboard- und Skifahrer auf die Pisten (Foto rechte Seite).

VANCOUVER

Der Ruf der Stadt könnte nicht besser sein! Da ist zum einen die fantastische Lage zwischen schneebedeckten Bergen und dem blauen Pazifik, zum anderen eine junge, dynamische Bevölkerung, die die Outdoor-Möglichkeiten vor der Haustür aus Leibeskräften nutzt. Zudem erhält die Stadt ihren besonderen Reiz durch das Zusammenleben von Menschen aus aller Herren Länder, vor allem aus Asien. Trend-Restaurants en masse sind hier ebenso zu finden wie eine aufregende Kunstszene.

Kanadas „Perle am Pazifik" ist die Stadt, in der die meisten Kanadier gerne leben würden – wenn sie es sich denn leisten könnten. Die in Vancouver und Umgebung stattfindenden Olympischen Winterspiele 2010 haben der Stadt einen neuen, noch nicht dagewesenen Bauboom beschert: Stadien werden gebaut, eine neue S-Bahn verbindet die Downtown mit dem Flughafen, Luxushotels schießen aus der Erde und der schmale Sea-to-Sky Highway nach Whistler, dem Austragungsort der alpinen Disziplinen, wird verbreitert.

Angesichts all dieser Gegebenheiten ist es kaum vorstellbar, dass die Stadt grademal 141 Jahre alt ist! In der Zeit davor waren die oft nebelverhangenen Ufer des von den steilen Coast Mountains umgebenen Burrard Inlet das Stammland der Salish-Indianer. 1792 ankerte Kapitän George Vancouver in der Bucht und nahm diesen Küstenabschnitt offiziell für Großbritannien in Besitz. 1808 erreichte der Montréaler Pelzhändler Simon Fraser auf dem nach ihm benannten Fluss das heutige Stadtgebiet.

Schwung in die Stadtentwicklung kam jedoch erst mit dem Goldrausch in den Cariboos in Zentral-British-Columbia. Mehrere tausend Glücksritter schlugen am Fraser River ihre Zelte auf, Holzfäller gesellten sich zu ihnen. Als Gründungsjahr Vancouvers gilt 1867. In jenem Jahr lud ein gewisser John „Gassy Jack" Deighton am Ufer des Burrard Inlet ein Whiskey-Fass aus seinem Kanu und überredete ein paar Holzfäller, ihm einen Saloon zu bauen. Deightons Geschäftsidee schlug ein und bald entstand rund um seinen Globe Saloon eine ganze Siedlung, die „Gassy" Jack zu Ehren Gastown genannt wurde.

Den entscheidenden Wachstumsschub erhielt die Siedlung 1886 mit der Ankunft der Canadian Pacific Railway. In jenem Jahr ankerte auch das erste Handelsschiff aus China in der Bucht und damit begann Vancouvers Entwicklung zum Handelshafen und Gateway nach Asien. Der nunmehr in Vancouver umbenannte Flecken wuchs von rund 1000 Einwohnern auf 20.000 um 1900 und 100.000 Einwohner im Jahr 1914.

Die Eröffnung des Panamakanals 1915 rückte die Märkte der Ostküste für British Columbias Rohstoffe noch einmal näher und sorgte für den Ausbau des Hafens sowie einen erneuten Bevölkerungsboom. Die Gründung der University of Columbia 1915 stimulierte das Geistesleben der rasant wachsenden Stadt, die zu diesem Zeitpunkt auch schon die ersten Arbeitskämpfe erlebt hatte. Schon gegen Ende der 1920er brachte der neue Pacific Highway nach Seattle 300.000 amerikanische Touristen pro Jahr in die Stadt. Die Depression stoppte den Trend nach oben nur vorübergehend. 1938 wurde die Vancouver mit West Vancouver verbindende Lions Gate Bridge für den Verkehr freigegeben, so dass der Großraum Greater Vancouver zusammenzuwachsen begann. Der Zweite Weltkrieg schob die Wirtschaft wieder an, führte aber auch – nach dem Angriff auf Pearl Harbour – zur Internierung der japanischstämmigen Bürger der Stadt.

Die Lions Gate Bridge verbindet Vancouver mit West Vancouver.

Burrard Street in Downtown Vancouver

Vancouver erlebte in den 1950er Jahren den Ausbau der Infrastruktur und die Ankunft neuer Industrien, die Gründung von Greenpeace im Jahre 1971, den Ausbau des Whistler Skigebiets und die Ankunft der Hippies aus Kalifornien. Anfang der 1980er Jahre stimmten die Stadtväter gegen den Bau von Freeways durch die Stadt und verhinderten damit die Verunstaltung der City, so wie es in Seattle geschehen war. 1986 war Vancouver Ausrichter der Expo, in den 1990er Jahren wurde es als „Hollywood North“ bei amerikanischen Filmgesellschaften beliebt.

Heute zählt Vancouver 612.000 Einwohner, im Großraum leben sogar 2,25 Millionen Menschen. Die Bevölkerungsdichte zählt zu den höchsten Nordamerikas: Seit den 1960er Jahren bauen die Städteplaner in die Höhe. Dies hat eine kompakte, fußgängerfreundliche Innenstadt mit hoher Lebensqualität geschaffen und eine attraktive Skyline, in deren gläserner Kulisse sich allabendlich das Licht der über dem Pazifik untergehenden Sonne bricht.

DOWNTOWN

Vancouvers Downtown, ein Wald postmoderner und neo-modernistischer Glas- und Stahltürme zwischen Burrard Inlet und English Bay, hat nicht viele Sehenswürdigkeiten. Da ist vor allem die altehrwürdige Vancouver Art Gallery in der Hornby Street. Äußerlich ein neoklassizistischer Anachronismus im modernen Stadtbild, beherbergt sie 9000 Gemälde, darunter v. a. die Werke einer der berühmtesten kanadischen Malerinnen des 20. Jahrhunderts: Emily Carr (1871–1945). Die Künstlerin schockierte die viktorianische Gesellschaft Vancouvers, als sie mit Kanu und Staffelei in der Wildnis verschwand und damit begann, die grandiose Landschaft der Fjorde und Regenwälder und ihre Bewohner, die Nordwestküsten-Indianer, zu malen.

Heute zählen ihre schwungvoll in satten Farben hingeworfenen Bilder zu den Wegbereitern der modernen kanadischen Malerei.

Das exklusive Fairmont Hotel Vancouver wurde 1939 eröffnet.

Einen Katzensprung entfernt, symbolisiert das 1939 von Canadian Pacific Railways eröffnete Fairmont Hotel Vancouver das zweite Bindeglied zur übersichtlichen Vergangenheit: Nicht Politiker, sondern die Eisenbahn war es, die einst das Riesenland Kanada zusammenschweißte. Viele Prominente, darunter Queen Elizabeth II., Winston Churchill und Mahatma Gandhi haben in dem 111 Meter hohen, im Stil der französischen Loire-Schlösser erbauten Hotel schon übernachtet.

Die Hauptattraktion in Downtown Vancouver ist zweifellos die Robson Street. Von der Vancouver Art Gallery hierher ist es ein gemütlicher Bummel, bei dem immer wieder mal das Meeresblau des Burrard-Inlet-Fjords zwischen den Bürotürmen hervorsticht. Auf der nach Norden führenden Burrard Street mag man der Verlockung des Meeres kurz nachgeben und das Canada Place besuchen. Das 1986 anlässlich der Expo gebaute Kongresszentrum wird von einem skylineprägenden, segelartigen Dach gekrönt, das diesen schneeweißen Gebäudekomplex wie einen vor Anker liegenden Ozeandampfer aussehen läßt. Tatsächlich pflegen Kreuzfahrtschiffe beiderseits des weit in die Bucht ragenden Gebäudes anzulegen. Der Blick von den Aussichtsterrassen des Canada Place über die Bucht hinüber nach West Vancouver, das sich an den Hängen des Grouse Mountain aufschichtet, ist so beeindruckend wie die Aktivitäten der startenden und landenden Wasserflugzeuge.

Die vom BC Place Stadium bis zum Westend führende Robson Street ist wegen ihrer astronomischen Mieten eine der teuersten Straßen des Landes. Entsprechend standesgemäß sind die Läden und Boutiquen: Gucci, Hermes, Prada, Chanel und Louis Vuitton sind hier ebenso zu finden wie trendige Restaurants und Straßencafés, die Stadtzeitungen als beste Orte zum Promigucken zitieren.

STANLEY PARK

Drei Häuserblocks nördlich der Robson Street dümpeln elegante Motoryachten und Segelschiffe. Vancouvers Yachthafen Coal Harbour, eine Marina praktisch mitten in der Stadt, ist Ausgangspunkt für Hafenrundfahrten und Flightseeing im Wasserflugzeug. Spazier- und Radwege führen von hier aus zur grünen Lunge der Stadt. Der weltberühmte, auf drei Seiten vom Wasser umgebene Stanley Park ist mit über 400 Hektar einer der größten Stadtparks Nordamerikas. Dichte Bestände alter Hemlock-Tannen und Douglas-Fichten, manche über 70 Meter hoch und mehrere hundert Jahre alt, lassen erahnen, wie es noch vor 160 Jahren überall im Stadtgebiet ausgesehen hat. Die Vancouverites

Brockton Point Lighthouse im Stanley Park – eines der beliebtesten Naherholungsgebiete für die Bewohner Vancouvers

und ihre Besucher lieben diesen Park: Mehr als zweieinhalb Millionen Menschen jährlich nutzen die rund 200 Kilometer Spazierwege, Rad- und Skatingtrails.

Der zwölf Kilometer lange Stanley Park Drive, im Auto über die Georgia Street zu erreichen, umrundet die Halbinsel und bremst mit Postkartenansichten auf Vancouvers Skyline und die schneetragenden Coast Mountains den Besucher immer wieder aus. Beliebte Fotomotive im Park sind die prächtig bemalten Totempfähle am Brockton Point und der Cathedral Trail mit seinen aus einer anderen Zeit stammenden, alten Bäumen. Im Park liegt auch das Vancouver Aquarium, mit über 60.000 Meeresbewohnern das größte des Landes.

GASTOWN

Vom Canada Place aus ist auch Gastown bequem zu erreichen. Auf dem Weg dorthin liegt das Harbour Centre. Mit der 167 Meter hohen Aussichtsplattform „The Lookout" bietet es vor allem spätnachmittags einen fantastischen Rundblick über die in bernsteinfarbenes Licht getauchte Stadt, das Meer und die Berge.

Dann kommt auch schon Gastown. Mit einer „Altstadt" im europäischen Sinn hat der historische Stadtkern jedoch kaum etwas gemeinsam. Die sich beiderseits der Water Street konzentrierenden

Sammlung von Totems im schneebedeckten Stanley Park

Häuserzeilen aus Backstein wurden so gut restauriert, dass sie wie neu wirken. Repliken alter Straßenlaternen und die Gastown Steam Clock, eine dampfbetriebene Uhr an der Ecke von Water und Cambie Street, die viertelstündlich unter enormem Zischen und Pfeifen den Big-Ben-Glockenschlag auf Dampfpfeifen zum Besten gibt, helfen bei der Zeitreise in die Kindertage der Stadt.

Die Souvenirläden und Pubs profitieren von der energisch inszenierten Nostalgie. Schließlich mag man noch dem „Gründer" Vancouvers die Ehre erweisen. Am Maple Tree Square wartet der „geschwätzige" Jack, der so genannt wurde, weil er endlos reden konnte. Seine Statue ist leicht zu erkennen: Sie steht auf dem wohl wichtigsten Whiskey-Fass der Stadtgeschichte.

Dampfbetriebene Uhr in Gastown

FOTO RECHTE SEITE:
Rund 40.000 Kanadier mit chinesischer Abstammung leben in Vancouver. Die meisten von ihnen haben sich in Chinatown niedergelassen, wo nichts darauf hinweist, dass man sich in Nordamerika aufhält.

CHINATOWN

Dynamisch, lebenssprühend, pulsierend: Die vom Fremdenverkehrsamt der Stadt so gern benutzten Adjektive treffen wohl am ehesten auf Vancouvers Chinatown zu. Vor allem das mit kunterbunten Gemüseständen, traditionellen Kräuterläden, Apotheken, Restaurants, Metzgereien und Kurzwarengeschäften vollgestopfte Zentrum ist ein veritables Fragment Chinas diesseits des Pazifiks. Ein paar Häuserblocks südöstlich an Gastown anschließend, konzentriert es sich rund um die Pender Street zwischen Carrall und Main Street.

Neujahrsfest in Chinatown von Vancouver

Knapp 40.000 Kanadier chinesischer Abstammung – meist aus Taiwan und Hongkong – leben und arbeiten noch immer hier, trotz der Abwanderung vieler Familienangehöriger in Vancouvers Nach-

barstadt Richmond und nach Victoria. Die Geschichte meinte es nicht immer gut mit ihnen. Ihre Vorfahren, als Bahnarbeiter beim Bau der Eisenbahnen eingesetzt, wurden von den Behörden schikaniert und von den weißen Kanadiern oft genug terrorisiert. Innerhalb der chinesischen Gemeinde herrschte eine ausgeprägte Hierarchie, mit wohlhabenden Kaufleuten an der Spitze und armen Tagelöhnern am unteren Ende. Die Tage, an denen sich die Bewohner Chinatowns vor allem als rassistische Karikaturen in den Tageszeitungen Vancouvers wiederfanden, sind jedoch längst vorbei.

Heute zählt das Viertel zu den Wirtschaftsmotoren der Stadt: Neben den traditionellen, seit Generationen von denselben Familien betriebenen Läden gibt es Supermärkte aus Taiwan, Banken und Reisebüros aus Hongkong. Von hier aus gehen chinesische Fernseh- und Radiostationen auf Sendung und hier hat eine der vier chinesischen Tageszeitungen Vancouvers ihren Sitz. Im Übrigen ist Chinatown eine der Tourismusattraktionen Vancouvers. In den Läden hier gibt es wirklich alles: Die Palette reicht von Rattanmöbeln über chinesische Aphrodisiaka bis zu Jadeschmuck und lackiertem Porzellan.

Es sind vor allem drei Institutionen, die sich um das kulturelle Erbe kümmern: Der Sun Yatsen Classical Chinese Garden an der Carrall Street pflegt die aus der Ming-Dynastie überkommene Gartenbaukunst mit Zypressen, stillen Teichen und hübschen kleinen Pavillons. Das Chinese Cultural Center an der Pender Street versorgt den Besucher mit Informationen über Chinatown und unterrichtet den Nachwuchs in Mandarin und Kantonesisch. Das Chinese Cultural Museum an der Columbia Street schließlich gilt mit seinen Kunstausstellungen als kultureller Mittelpunkt des Viertels.

RECHTE SEITE: Ein imposantes Kreuzfahrtschiff geht im Hafen von Vancouver vor Anker.

FALSE CREEK UND GRANVILLE ISLAND

Die Halbinsel im False Creek Inlet – früher ein heruntergekommenes Industriegelände, das jedoch seit dem Lifting in den 1970er Jahren als Paradebeispiel gelungener Stadtsanierung gilt – ist heute ein 115 Hektar großer quirliger Treffpunkt von Einheimischen und Touristen. Kunstgalerien, Workshops, Kleinkunstbühnen und Modeboutiquen sind in die überholten Werkshallen eingezogen. Der größte Trubel herrscht im Granville Public Market, dem in einer Halle am Wasser untergebrachten Gravitationszentrum der Insel. Mehr als 100 Farmer, Gärtner und biologische Anbauer aus der Umgebung verkaufen hier ihre Produkte. Hummer, Muscheln und Fisch warten auf gestoßenem Eis auf Käufer, die zum Markt gehörenden Bistrotheken sind immer voll, auch dank des herrlichen Blicks über den False Creek auf die Skyline Vancouvers.

ENGLISH BAY UND UNIVERSITY OF BRITISH COLUMBIA

Dank der komplexen Außenbeleuchtung strahlt auch nach Sonnenuntergang die markante Kuppe des Science World Museum in Vancouver.

Eines der beliebtesten Fotomotive Vancouvers sind volleyballspielende Boys und Girls an den Stränden der English Bay, der weitläufigen Bucht zwischen dem Stanley Park im Norden, dem trendigen Wohnviertel West End in der Mitte und dem Stadtviertel Kitsilano im Süden. Ihre gewissermaßen

mitten in Vancouver liegenden Sand- und Badestrände tragen erheblich zum hohen Lebensstandard der Stadt bei. Auf dem die Bucht begleitenden Vancouver Seawall radeln die Vancouverites zur Arbeit, skaten Teenager zu ihrem Lieblingsstrand, joggen Frauen und Männer jeden Alters. Die Sonnenuntergänge sind spektakulär – vor allem vom Sunset Beach aus, wo sich das Spektakel mit Popcorn oder Hot Dogs genießen lässt.

Der breite Kitsilano Beach Park im Süden der Bay ist meist fest in den Händen der Studenten der nahen University of British Columbia. Der beheizte Meerwasserpool ist der längste des Landes. Am westlichsten Ende der English Bay liegt schließlich, mit Blick aufs offene Meer, das berühmte Museum of Anthropology. In den von der traditionellen Architektur der Nordwestküsten-Indianer inspirierten Gebäuden befinden sich die weltweit umfassendsten und schönsten Sammlungen zu den uralten Kulturen der Haida, Tlingit, Bella Coola, Nootka und Kwakiutl. Alte Zeremonialgegenstände und moderne Kunstobjekte von unschätzbarem Wert können hier bestaunt werden ebenso wie historische Totempfähle und Langhäuser.

NORTH VANCOUVER UND GROUSE MOUNTAIN

Zwei der beliebtesten Naherholungsziele der Vancouverites liegen am Nordufer des Burrard Inlet. Dort schichtet sich Vancouvers begehrteste Schlafstadt North Vancouver die Hänge der Coast Mountains hinauf. Eine tiefe Gebirgsfalte hoch über dem Burrard Inlet bewahrt jedoch ein Bild, das sich auch schon den ersten Europäern bei ihrer Ankunft geboten haben muss: Uralte, bis zu 60 Meter hohe Douglas-Fichten, so dicht stehend, dass die Sonnenstrahlen kaum den weichen Waldboden erreichen, bewachen die unversehrt gebliebene Schlucht.

Über den 80 Meter tiefen Schlund spannt sich, schwankend und bei jedem Schritt vibrierend, die Capilano Suspension Bridge. Der Touristenrummel ist erheblich, doch die Hängebrücke, nicht jedermanns Sache, sorgt für eine beträchtliche Auslese. Auf der gegenüberliegenden Seite warten herrliche Spazierwege durch einen tolkien'schen Märchenwald. Seit einigen Jahren kann man den alten Wald auch aus der Eichhörnchenperspektive erleben: Stege und Hängebrücken führen nun hoch über dem Waldboden von Baum zu Baum.

LINKE SEITE UND FOLGENDE DOPPELSEITE: Vancouver rüstet sich für die Olympischen Winterspiele 2010. Die alpinen und nordischen Skiwettbewerbe sowie Bob- und Rodelsport werden im rund 120 Kilometer entfernten Wintersportgebiet des Mount Whistlers stattfinden (Foto links). In Vancouver selbst, wo sich u. a. die Wettkampfstätten für Eishockey und Eiskunstlauf befinden, ist eine rege Bautätigkeit auszumachen (folgende Doppelseite).

VICTORIA UND VANCOUVER ISLAND

Vancouver Island ist mit rund 32.000 Quadratkilometern die größte der pazifischen Inseln Nordamerikas. Knapp 460 Kilometer lang und bis zu 140 Kilometer breit liegt sie wie ein großer Wellenbrecher vor British Columbias Südwestküste. Die Bergketten im Inneren der Insel halten die rauen Pazifikstürme ab, sodass der an der Strait of Georgia gelegene Südosten mitsamt der Provinzhauptstadt Victoria viel geringere Niederschläge und ein sonnigeres Klima aufweist als die Westküste der Insel.

Entlang der Ostküste verläuft der einzige große Highway. An diesem liegen fast alle größeren Städte: Duncan, Nanaimo, Parksville, Courtenay, Campbell River und Port Hardy. Die einzige größere Stadt im Landesinneren ist Port Alberni. Die zerklüftete Westküste mit tiefen fjordartigen Einschnitten ist überwiegend mit Regenwald bedeckt. Hier gibt es nur ein paar kleine Orte, zu denen Straßen quer durch die Insel führen: Ucluelet, Tofino, Gold River und Zeballos.

Die dichten Waldgebiete auf Vancouver Island sorgen dafür, dass seit über hundert Jahren Holzwirtschaft der wichtigste Industriezweig ist. Da man beim Holzeinschlag äußerst profitorientiert

Broken Group Islands auf Vancouver Island

vorging, über weite Regionen Kahlschlag betrieb und auch die jahrhundertealten Riesenbäume des Regenwaldes am Clayoquot Sound nicht verschonte, hat sich in den letzten Jahrzehnten erbitterter Widerstand formiert.

Nach Boykottaufrufen internationaler Umweltschutzorganisationen, Klagen der auf Vancouver Island lebenden First Nations vor Bundes- und Provinzgerichten und immer schärferen Protesten von kanadischen Umweltschützern ist es in den letzten Jahren zu Kompromissen gekommen. Große Flächen alten Regenwaldes werden vom Holzeinschlag ausgenommen und die Holzindustrie hat sich verpflichtet, nach dem Einschlag konsequent aufzuforsten. Neben Holzwirtschaft sind Fischerei, Bergbau und der Tourismus von Bedeutung.

Vancouver Island zählt heute rund 750.000 Einwohner, wobei knapp die Hälfte allein im Großraum Victoria lebt. Seit etwa 6000 Jahren siedeln Menschen auf der Insel. Heute leben Angehörige der First Nations vom Stamm der Nuu-chah-nulth (Nootka) an der Westküste und Angehörige der Salish, Kwakiutl und Cowichan im Süden und Osten. Als erster Europäer ging Captain James Cook 1778 auf seiner dritten Reise im Nootka Sund an Land und nahm die Insel für die britische Krone in Besitz.

FOLGENDE DOPPELSEITE:
Segelboote in einem kleinen Hafen am Campbell River auf Vancouver Island (links); Fisgard Lighthouse auf Vancouver Island aus dem Jahre 1860 (rechts)

Hafen von Bamfield. Der kleine, beschauliche Ort ist Ausgangs- bzw. Endpunkt des berühmten West Coast Trail.

FOTO RECHTS:
Festlich erleuchtetes Parlamentsgebäude in Victoria, der Provinzhauptstadt British Columbias

Im Bereich des heutigen Friendly Cove am Nootka Sund errichtete die British East India Company den ersten kleinen Handelsposten. Für die europäischen Nationen war der Pelzhandel interessant: Besonders begehrt waren die seidenweichen Pelze der Fischotter, die vor allem im Handel mit China große Gewinne abwarfen. Da auch die Spanier Rechte am Land geltend machten, kam es um 1790 fast zum Krieg zwischen beiden Nationen. Erst der Vertrag von Nootka beendete die Auseinandersetzungen. Die britischen Interessen wurden von dem englischen Kapitän George Vancouver vertreten, der auch schon unter James Cook segelte. Auf mehreren Fahrten kartografierte Vancouver die Küsten von British Columbia in bisher nicht dagewesenem Detail.

Die Hudson's Bay Company hatte ihr Hauptquartier zunächst im Fort Vancouver an der Mündung des Columbia River, musste dort aber amerikanischen Interessen weichen und errichtete 1843 ihr Fort Victoria auf Vancouver Island. Erst danach kamen in größerem Umfang englische Siedler auf die Insel. In der Frühzeit der Kolonie waren es vor allem die Ureinwohner, die Arbeitskräfte stellten, Handel mit den europäischen Siedlern trieben, die wachsende Stadt mit Bauholz versorgten und mit ihren Kanus Waren transportierten.

Als 1858 am Fraser River Gold gefunden wurde, machten über 20.000 Goldsucher in Victoria Station und rüsteten sich hier für ihr abenteuerliches Unterfangen aus. 1866 wurden Vancouver Island und das Festland zur Kronkolonie British Columbia vereinigt. Zwei Jahre später wurde Victoria Hauptstadt der Kolonie. 1870, als der Cariboo-Goldrausch ausbrach, kam es erneut zu einem Zuwanderungsschub auf der Insel. Über 100.000 Abenteurer zogen damals von Victoria auf der Cariboo Wagon Road nach Barkerville. Um 1900 hatte British Columbia 176.000 Einwohner, davon rund 21.000 in Victoria und 26.000 in Vancouver.

VICTORIA

Heute hat die Provinzhauptstadt rund 80.000 Einwohner, im Großraum leben etwa 330.000 Menschen. Die meisten Arbeitsplätze sind in der Verwaltung und Tourismusindustrie zu finden. Außerdem ist Victoria Heimathafen für eine größere Fischfangflotte mit entsprechender Infrastruktur für Schiffsbau und Instandsetzung. Die Stadt hat ein Forschungszentrum für Meeresbiologie, Holz- und Landwirtschaft und ist wegen seines milden und sonnigen Klimas ein beliebter Wohnort für kanadische Pensionäre. Wenn nicht gerade ein Kreuzfahrtschiff im Hafen liegt und Tausende Passagiere auf einmal durch die Stadt schwärmen, herrscht eher ein gemütliches, verträumtes Ambiente.

Das Fairmont Empress Hotel in Victoria befindet sich in unmittelbarer Nähe zum Hafen. Nach einer aufwändigen Renovierung versprüht das 1908 eröffnete Traditionshaus wieder Glanz und Eleganz des beginnenden 20. Jahrhunderts.

Die Stadt kultiviert ihre britischen Wurzeln: Hier ist man stolz darauf, englischer als England zu sein. Dazu passen das ehrwürdige Parlamentsgebäude von 1898, imposante Villen in Tudor-Architektur, rote Doppeldeckerbusse, gepflegte Gärten und üppige Blumenanlagen.

Das 1908 erbaute Empress Hotel, efeuumrankt und aus massivem grauen Stein erbaut, erinnert an ein englisches Schloss. Hier trifft man sich im Foyer oder unter der Art-Déko-Glaskuppel des Palm Court stilvoll zum „afternoon tea“ und in den traditionsreichen Geschäften der Innenstadt werden Tweed, schottische Wolle, Porzellan, original englischer Tee und Schokoladen angeboten. Auch Pubs und Restaurants zeigen gern britisches Flair. Die kulinarische Palette ist aber durchaus

kosmopolitisch, dafür haben schon die zahlreichen Einwanderer aus Asien und dem pazifischen Raum mit ihrer ethnisch orientierten Küche gesorgt.

Gebäude in Chinatown von Victoria (links); Schnitzwerkstatt im Royal British Columbia Museum (rechts)

Besonders deutlich wird dies im ältesten Teil der Stadt. Durch ein prachtvolles, mit zwei Marmorlöwen und bunten Keramikfliesen verziertes „Glückstor" betritt man die Chinatown Victorias mit ihren Restaurants, Kräuter-Apotheken, exotischen Lebensmittelgeschäften, kuriosen Trödelläden und orientalischen Gerüchen und findet sich augenblicklich in einer anderen Welt wieder. Der Goldrausch in den Cariboos brachte 1858 auch eine große Anzahl Chinesen nach Victoria und der Bau der Pacific-Eisenbahn ließ die Bevölkerung der damals größten Chinatown in Nordamerika weiter anschwellen. Die Fan Tan Alley, die vielleicht schmalste Straße Kanadas, war damals berüchtigt für ihre Opiumhöhlen und Spielhöllen. Heute sind in den historischen Gebäuden Galerien und Boutiquen untergebracht.

Auch am Bastion Square an der Wharf Street, wo das ursprüngliche Fort Victoria stand, und ein paar Straßen weiter am Market Square befinden sich schön restaurierte Backsteingebäude. Früher gab es hier Lagerhallen, Bars und Hafenhotels, heute sind schicke Geschäfte, Galerien und Restaurants untergebracht. Auf einem Bummel um den quirligen Inner Harbour mit seinen blumengeschmückten Promenaden, den ankernden Yachten und Booten und startenden und landenden Wasserflugzeu-

gen, gelangt man zum Fishermans Wharf und dem eigentlichen Hafen, in dem Fischkutter und Frachtschiffe ihre Ladung löschen.

Victoria hat mehrere sehenswerte Museen, wobei das Royal British Columbia Museum wohl das bedeutendste ist: Dioramen von der Felsenküste bis zum Regenwald, Ausstellungen mit einmaligen Artifakten zur Kultur der Haida-, Kwakiutl-, Sooke- und Cowichan-Indianer, Repliken einer kompletten Straße des historischen Victoria und von Captain Vancouvers Schiff „Discovery" sorgen für einen faszinierenden Streifzug durch die Geschichte der Provinz. Im Thunderbird Park hinter dem Museum stehen neben einem Langhaus der Kwakiutl auch etliche schöne Totempfähle.

Regenwald an der Westküste von Vancouver Island

Die Stadt ist bekannt für ihren Blumenschmuck, der das sonnige Klima noch unterstreicht und dem Ganzen Mittelmeerambiente verleiht. Direkt vor den Toren der Stadt hat man die Wahl zwischen einem 20 Hektar großen Juwel der Gärtnerkunst und mehreren ursprünglichen Wildnisparks: Die Buchart Gardens zeigen das ganze Jahr über eine üppige Blütenpracht, die im Sommer in einem wahren Farbenrausch gipfelt, während Thetis Lake, Goldstream und Elk/Beaver Lake Park unberührte Natur mit schönen Wanderwegen und Gelegenheiten zum Kanufahren und Angeln bieten.

DIE WESTKÜSTE VON VANCOUVER ISLAND

Von Port Alberni führt eine Straße nach Ucluelet und Tofino, den einzigen größeren Ortschaften an der Westküste der Insel mit einer touristischen Infrastruktur. Die beiden Orte sind mit einer Straße verbunden, die durch den nördlichen Teil des Pacific Rim National Park führt. Long Beach besteht aus einem 20 Kilometer langen Sandstrand, auf dem die endlos anrollenden Pazifikbrecher ein wildes Chaos von Treibholz hinterlassen.

Bei Ucluelet bietet sich auf dem Rain Forest Trail eine der wenigen Möglichkeiten, einen bequemen Zugang zur ursprünglichen Wildnis des temperierten Regenwalds zu finden. Hier erwarten einen bis zu 800 Jahre alte, in grünes Dämmerlicht gehüllte Riesenlebensbäumen (red cedar) und Tannen. Umgestürzte, vermodernde Baumriesen, auf denen Farne und Moose wuchern, mächtige Baumstümpfe, aus denen schon neue Bäume wachsen, und ein dichter Teppich aus Salmonbeeren, falschen Azaleen und Heidelbeeren bilden ein Mosaik vielfältiger Grünschattierungen.

Eines der insgesamt fast 40 Wandgemälde in Chemainus, die alle die Tradition und Lebensart der Region widerspiegeln.

Eine Alternative zum Auto bietet „Lady Rose“, ein 1938 in Schottland gebauter Frachter. Durch das Alberni Inlet geht es zunächst nach Bamfield, vorbei an den Broken Group Islands mit ihrem Gewirr von über 100 Inseln und weiter bis nach Ucluelet auf der anderen Seite des Barkley Sound.

Bamfield ist auch der Ausgangs- bzw. Endpunkt des legendären West Coast Trails, der sich von hier über 72 Kilometer bis nach Port Renfrew erstreckt und Teil des Pacific Rim National Parks ist. Die Wanderroute, für die man rund acht Tage einplanen sollte, verläuft entlang der Küste durch eine ursprüngliche Landschaft mit einigen der letzten verbliebenen Regenwälder, führt über Felsen und mit Treibholz übersäte Strände und passiert reißende Gewässer, Sümpfe und umgestürzte Baumriesen.

DIE OSTKÜSTE – VON VICTORIA NACH PORT HARDY

Von Victoria führt der Transkanada Highway über die Malahat Ridge ins Cowichan Valley, einem idyllischen Tal, in dem sich die Salish-Küstenindianer schon vor Jahrhunderten niedergelassen haben. Früher lebten sie vom Lachsfang, heute von den Touristen, bei denen ihr Kunsthandwerk und besonders die handgestrickten „cowichan sweaters“ sehr beliebt sind.

Im malerischen Fischerort Cowichan Bay mit seinen auf Stelzen in die Bucht gebauten Häusern und mit Blumentöpfen geschmückten Hausbooten lohnt vor allem das Maritime Centre einen Besuch,

das sehenswerte Ausstellungen zur Meeresökologie und zur Geschichte des Bootsbaus zeigt. Die Stadtverwaltung von Duncan hat in den letzten 20 Jahren bei den Cowichan-Schnitzern über 40 Totempfähle in Auftrag gegeben, die heute das Stadtgebiet schmücken. Im Kulturzentrum des Cowichan-Stamms (Quw'utsun' Cultural Centre) erfährt man mehr über die Traditionen der Westküstenindianer und kann zusehen, wie gewebt und geschnitzt wird.

Im Hafen von Cowichan

Im Nachbarort Chemainus, in dem Anfang der 1980er Jahre ein großer holzverarbeitender Betrieb geschlossen wurde und damit auch der größte Arbeitgeber des Holzfällerortes verschwand, hat man sich etwas Besonderes einfallen lassen, um der drohenden Wirtschaftskrise zu begegnen. Man lud Künstler aus ganz Kanada ein, die Wandflächen des Ortes mit großflächigen Murals zur Geschichte und Tradition der Region zu verzieren. Die über drei Dutzend lebensnahen, bis zu 30 Meter langen Wandgemälde zeigen u. a. Holzfäller beim Fällen eines Riesenlebensbaumes, eine alte Dampflokomotive, Porträts von Cowichan-Häuptlingen und einen alten chinesischen Krämerladen. Heute kommen jedes Jahr über 350.000 Besucher in dieses große Freilichtmuseum.

Die Gulf Islands in der Strait of Georgia – bestehend aus insgesamt über 200 Inseln und Inselchen – bieten neben einem besonders milden und sonnigen Klima auch abgeschiedene, pastorale Landschaften, bewaldete Hügel, schöne Strände und zerklüftete Felsenküsten mit Gezeitenpools, in denen man eine bunte Unterwasser-Fauna beobachten kann. Die größeren Inseln Salt Spring, Galiano, North Pender und Maine sind mit der Fähre zu erreichen. Auf Salt Spring Island, der größten

Insel, leben rund 10.000 Menschen, unter ihnen auch viele Künstler und Kunsthandwerker. Zahlreiche Restaurants, Kunstgalerien und Antiquitätenläden sorgen für lebhaften Betrieb. Um einer weiteren Kommerzialisierung entgegenzuwirken, sind seit 2003 Teile der Inseln als Gulf Islands National Park Reserve unter Schutz gestellt.

Nanaimo ist mit rund 80.000 Einwohnern die zweitgrößte Stadt Vancouver Islands, Versorgungszentrum und wichtigster Hafen. Von hier fahren die großen Autofähren zum Festland nach Horseshoe Bay und hier werden Holz, Fische und die landwirtschaftlichen Produkte der Insel verschifft. Sehenswürdigkeiten der Stadt sind u. a. Fishermans Wharf und die alte Bastion am Hafen. Von Nanaimo führt der Highway 19 überwiegend entlang der Küste Richtung Norden über Campbell River bis Port Hardy. Dabei passiert er zwischen den größeren Feriennorten Parksville, Courtenay und Campbell River zugleich auch die schönsten Badestrände der Insel.

In Campbell River zweigt eine Straße ab, die bis zum kleinen Holzfälleror Gold River leitet. Hier kann man mit dem Motorschiff „Uchuk III" durch das Muchalet Inlet bis zum historischen Nootka Sound fahren. Die Straße nach Gold River ist darüber hinaus die einzige, die quer durch den Strathcona Provincial Park führt. Das 1,5 Millionen Hektar große Wildnisgebiet mit seiner rauen Hochgebirgslandschaft, dichten Douglasienwäldern, stillen Seen, Wasserfällen und sprudelnden Bächen ist ein Paradies für Zivilisationsmüde und Freizeitsportler, die wandern, klettern, angeln oder Kanu fahren möchten. Mit 2198 Metern ist der Golden Hind der höchste Berg und der Della Falls mit 440 Meter der höchste Wasserfall von Vancouver Island.

Port McNeill im Nordosten der Insel ist ein typischer Holzfällerort. Hier stehen Besichtigungstouren von Holzfällercamps und einem Forstmuseum auf dem Besucherprogramm. Schon vorher ist man immer wieder den riesigen Trucks mit endlos langen Baumstämmen als Ladung begegnet. Dabei sieht man auch die negative Seite dieses profitablen Wirtschaftszweiges, der fast ein Viertel der Arbeitsplätze in British Columbia stellt: weite Kahlschlagregionen, die aber zunehmend wieder aufgeforstet werden.

Allerdings interessieren sich die wenigsten Besucher für Forstgeschichte: Ihr Ziel ist vielmehr das pittoreske, winzige Örtchen Telegraph Cove mit seinen historischen, auf Stelzen über der Wasserlinie gebauten Holzhäusern. Bunt gestrichen schaffen sie heute das richtige Ambiente für Pubs, Restaurants, kleine Läden und auch ein paar Ferienwohnungen. Im Sommer ist hier einiges los: Dann werden Exkursionen in das 15 Kilometer entfernte Robson Bight Ecological Reserve in der Johnstone Strait unternommen, um Schwertwale (Orcas) beim übermütigen Spiel in ihrem Lieblingsrevier zu beobachten. Die Wale schwimmen gern nahe ans Ufer, um sich an den Sandbänken zu scheuern. Mit dem Boot gelangt man auch zum Knight Inlet auf der anderen Seite der Johnstone Strait, wo man den Grizzlys am Ufer beim Lachsfischen zuschaut.

Das andere lohnende Reiseziel – von Port McNeill mit der Fähre zu erreichen – ist die kleine Indianersiedlung Alert Bay auf Cormoran Island. An der Uferstraße stehen 100 Jahre alte Häuser und auf dem Namgis-Indianerfriedhof eindrucksvolle Totempfähle. Außer auf den nicht so leicht zugänglichen Queen Charlotte Islands und den Indianerdörfern bei Hazelton im Norden von B.C. lässt sich die Tradition der Westküsten-Indianer nirgendwo authentischer erleben als hier.

Im Alert Bay Museum befindet sich die örtliche Bibliothek mit Tausenden von historischen Fotos sowie Artifakten der Kwakiutl-Indianer. Das U'Mista Cultural Centre besitzt eine der bedeutendsten Sammlungen zur Geschichte und Kultur der First Nations auf Vancouver Island. Indianerkinder werden hier in ihrer ursprünglichen Kultur und Sprache, ihren Tänzen und Gesängen unterrichtet. Zudem findet man auch viele kostbare Artifakte, die bei historischen Potlatch-Zeremonien gebraucht wurden und die sich zuvor in privaten und öffentlichen Sammlungen befanden.

Port Hardy ist die nördlichste Stadt auf Vancouver Island und Endpunkt des Highway 19. Die 4600 Einwohner leben hauptsächlich vom Fischfang und der Holzwirtschaft. Von hier legen die Fährschiffe, die durch die Inside Passage nach Prince Rupert fahren, ab. Der Ort ist Ausgangspunkt für Exkursionen in den 150 Quadratkilometer großen Cape Scott Provincial Park, ein wildes unzugängliches Terrain, in dem früher die Kwakiutl-Indianer gejagt haben.

Mit dem Boot entlang der Küste von Telegraph Cove

BRITISH COLUMBIAS SÜDEN

DAS FRASER VALLEY

Von der wuchernden Metropole Vancouver bis zur rund 160 Kilometer weiter östlich liegenden Ortschaft Hope erstreckt sich das breite Tal des Fraser River. Das äußerst fruchtbare Fraser Valley mit sattgrünen Weideflächen und gut bestellten Feldern, hin und wieder durch schmucke rote Farmhäuser und Silos unterbrochen, ist der Gemüsegarten der Provinz.

Der Fraser River war seit jeher eine wichtige Handelsroute. Zunächst transportierte man Pelze und Handelswaren mit Kanus, bis Ende der 1850er Jahre, als der Goldrausch am Fraser und in den Cariboos begann, Schaufelraddampfer zum wichtigsten Verkehrsmittel wurden. Die Schiffe brachten Goldsucher mitsamt ihrer Ausrüstung von Victoria und New Westminster – dem damaligen Wirtschaftszentrum der jungen Kolonie – flussaufwärts und kamen mit Säcken voll Nuggets wieder zurück.

Bereits 1827 errichtete die Hudson's Bay Company an einem Seitenarm des Flusses ein Palisadenfort, um den Handel mit den Indianern zu kontrollieren. Fort Langley, heute weniger als eine Stunde von der Downtown Vancouver entfernt, war der erste Stützpunkt der Pelzhändler am Unterlauf

Wer sich den Stromschnellen des Fraser River aussetzen möchte, kann dies in eigens für die Touristen bereitstehenden Gummibooten tun.

des Fraser River. Er spielte bei der Erschließung der Provinz eine wichtige Rolle, und im Big House von Fort Langley wurde B.C. offiziell zur Kronkolonie erklärt. 1896 gab die Hudson's Bay Company den Handelsposten auf, der erst in den 1950er Jahren als National Historic Site wieder restauriert wurde.

Heute wird der Besuch des historischen Forts mit mehreren originalgetreu eingerichteten Blockhäusern und authentisch gekleidetem Personal zu einer überzeugenden Zeitreise. Besonders eindrucksvoll ist der HBC Store mit langen Reihen aufgehängter Pelze, einem bauchigen eisernen Holzofen in der Mitte des Raums und den an den Wänden aufgestapelten Werkzeugen, Flinten und Proviantfässern. Der bärtige Trader erklärt den Besuchern die damaligen Handelspraktiken.

Die bequeme Art, um die Stromschnellen am „Hells Gate" zu überwinden – mit der Seilbahn.

HELLS GATE UND FRASER CANYON

Bei Hope, früher ebenfalls ein Handelsposten der Hudson's Bay Company, wurde 1856 das erste Gold in der Provinz gefunden. Die verkehrsgünstige Lage des Ortes mit Schiffsverkehr, Eisenbahn und später dem Trans-Canada Highway sorgte dafür, dass der Ort auch nach dem Goldrausch keine Geisterstadt wurde. Hope ist zugleich die Ortschaft, auf deren Höhe sich das Flussbett verengt und der Fraser Canyon beginnt. Bei Yale, nur wenige Kilometer flussaufwärts, ist der Endpunkt der Schifffahrt erreicht. Hier mussten die Goldsucher auf der Cariboo Wagon Road weiterziehen. Der Treck mit schwer beladenen Maultieren auf der legendäre Wagenstraße, auf Stelzen und mit Holzbohlen praktisch an die nackten Felswände des Canyons „geklebt", war wohl das gefährlichste Abenteuer auf dem Weg zu den Goldfeldern.

Der heutige Highway verlässt hier das Flussufer und verläuft hoch über dem schmalen Tal bis zum Hell's Gate. Hier ist das Mekka der Wildwasserfans, die mit stabilen Gummiflößen von Boston Bar und Lytton den Höllenritt durch die tosenden Stromschnellen wagen. Dabei sind Dutzende dieser mächtigen Strudel mit so beunruhigenden Namen wie „Hexenküche", „Rachen des Todes", „Grünes Monster" und natürlich „Hells Gate" – das „Höllentor" – zu überwinden. Der Besucher erlebt Hell's Gate auf bequemere Art. Mit der Seilbahn geht es über die Schlucht zur tieferliegenden Station am anderen Felsenufer. Im Sommer und Herbst kann man zusehen, wie sich die Lachse durch die schmale Schlucht kämpfen, um ihre Laichgewässer am Oberlauf des Flusses zu erreichen.

OKANAGAN VALLEY

Okanagan Valley – dank des milden Klimas entwickelte sich die Region zunächst zum „Obstgarten" der Insel, mittlerweile wird auch erfolgreich Wein angebaut.

Das langgestreckte Tal reicht von Osoyoos nahe der Südgrenze der Provinz bis Vernon im Norden der Okanagan-Seenplatte. Die Region um den rund 100 Kilometer langen Okanagan Lake hat das trockenste und sonnigste Klima der Provinz. Bereits 1892 versuchte man es hier mit kommerziell bewirtschafteten Obstgärten, hatte damit aber erst seit den 1920er Jahren Erfolg. Seitdem ist das Tal überzogen mit Obstgärten, und seit etwa 20 Jahren wird auch intensiv Weinbau betrieben. Die Kombination aus sanfthügeliger Landschaft, richtigen Böden, viel Sonne und kühlen Herbstnächten ist bes-

tens geeignet, um hochwertige Weine zu keltern. Angebaut werden vor allem Riesling, Kerner, weißer Burgunder und Chardonnay sowie unter den Rotweinen Pinot Noir, Merlot und Cabernet Sauvignon.

Auf den zahlreich angeboten Winery Tours kann man sich von der Qualität der hier angebauten Weine überzeugen und erfährt dabei auch einiges über die Geschichte des Weinbaus im Tal. Seit 1990 bemüht sich das British Columbia Wine Institute durch Forschung und Zertifizierung der edlen Tropfen um ständige Verbesserung der Weinproduktion, deren Qualität seit der letzten 10 bis 15 Jahre auch international anerkannt wird.

Durch die vielfältigen Freizeitmöglichkeiten – Wandern, Golf und Skilaufen sowie einer durch die warmen Seen begünstigten breiten Palette von Wassersportarten – hat sich das Okanagan Valley auch zu einer beliebten Ferienregion entwickelt. Kelowna ist mit rund 100.000 Einwohnern größte Stadt der Region.

DIE B.C. ROCKIES UND FORT STEELE

In dieser Region liegen die schönsten Hochgebirgs-Nationalparks British Columbias: Mount Revelstone, Glacier, Yoho und Kootenay. Bei Revelstoke an der Mündung des Illecillewaet in den Columbia River verläuft der Trans-Canada Highway durch den gleichnamigen Nationalpark mit seinen Regenwäldern an der Westflanke der Columbia Mountains, wo riesige Douglasien und Red Cedars wachsen. Dann führt der Highway weiter in die raue Bergwelt das Glacier National Park mit seinen rund 400 Eisfeldern und Gletschern. Hier verwehrten die wild zerklüfteten Zinnen der Selkirk Mountains selbst den Indianern den Zugang. Nakuma Cave, ein einzigartiges Höhlensystem, gehört zu den zehn größten Höhlen Kanadas.

Das 5500-Einwohner-Städtchen Golden, zwischen dem Glacier und Yoho National Park im Tal des Columbia River gelegen, ist das touristische Zentrum der Region. Mit der Gondelbahn gelangt man auf den 3433 Meter hohen Dogtooth Mountain, von dem sich ein atemberaubender Panoramablick bietet. Von Golden folgt der Highway dem Kicking Horse River durch den Yoho National Park. Kurze Stichstraßen führen zu Aussichtspunkten und landschaftlichen Höhepunkten wie den 384 Meter hohen Takakkaw Falls und dem malerischen, leuchtendgrünen Emerald Lake.

Der Kootenay National Park besitzt das breiteste Klimaspektrum und eine außerordentlich große Landschaftsvielfalt, vom Gletscher bis zur Wüstenzone. Die hier gefundene farbintensive Erde der Paint Pots war bei den Ureinwohnern der Kootenays eine beliebte Handelsware. In Radium Hot Springs am Südende des Parks wird das 44 °C heiße, heilkräftige Quellwasser in großen, von Felsen umgebenen Becken aufgefangen. Dem Tal des Columbia River weiter folgend, gelangt man nach Fort Steele in der südöstlichsten Ecke der Provinz. Hier sollte man sich das faszinierende Museumsdorf mit über 60 schön restaurierten historischen Gebäuden aus dem 19. Jahrhundert ansehen, nach Barkerville das größte der Provinz.

Ein Traum für alle Kajakfahrer: Zu Füßen der imposanten Rocky Mountains und entlang bewaldeter Fluss- und Bachufer kann man die Nationalparks und ihre Gewässer – wie hier in Emerald Lake im Yoho National Park – auf fantastische Weise erkunden.

Im Glacier National Park

DIE CARIBOO ROAD NACH BARKERVILLE

Der Cariboo Highway 97 ist eine alte Goldgräberroute, die vom Fraser Canyon durch das sonnenverbrannte Ranchland von Zentral-British Columbia führt, bis sie in Prince George am Yellowhead Highway endet. Dabei berührt sie typische kleine Westernorte, die meist noch eine Hauptstraße mit historischen Gebäuden und Pionierläden haben, in denen es vom Maschendraht bis zum Holzfällerhemd fast alles gibt. Zudem bieten die Orte zahlreiche kleine, liebevoll eingerichtete und durchaus sehenswerte Heimatmuseen.

Auf der Hat Creek Ranch in Cache Creek vermittelt das restaurierte „road-house" der alten Postkutschenstation einen Eindruck des Reisens vor 150 Jahren. In Clinton ist ein Museum mit Goldgräber- und Indianer-Artifakten in jenem alten Schul-und Gerichtsgebäude untergebracht, in dem im 19. Jahrhundert der berüchtigte Richter Begbie seine Urteile fällte. Dann folgen kleine Orte entlang der Cariboo Road, die als Raststationen nur schlicht 70, 100, 108 und 150 Mile House benannt wurden. Williams Lake, eine 10.000-Einwohner-Stadt im Herzen des Ranch Country mit Ausrüstungsläden für die Forstindustrie, Bergwerke und Ranches der Umgebung, erinnert mit der Williams Lake Stampede an seine Western-Geschichte. Seit den 1920er Jahren hat sich dieses Rodeo zum größten in der Provinz entwickelt.

Bei Quesnel zweigt der Highway 26 nach Barkerville ab, dem sagenhaften Eldorado British Columbias in den Cariboo Mountains. Angefangen hatte es im Sommer 1862, als Billy Barker, ein Seemann aus Cornwall, der in Victoria von seinem Schiff desertiert war, auf der Cariboo Road dem Lockruf des Goldes folgte. Im Antler Creek Canyon, 20 Kilometer vor dem heutigen Barkerville, waren schon alle Parzellen besetzt, die zudem nur wenig Gold hergaben. So zog Billy Barker weiter und nach langem Graben wurde er schließlich in 16 Meter Tiefe fündig. Sein Land brachte ihm Goldstaub und

Restaurierte Goldgräberstadt Barkerville

Nuggets im Wert von über 600.000 Dollar, damals ein unglaubliches Vermögen, das er jedoch schnell wieder verjubelte.

Billy Barker starb 1894 ohne einen Cent in der Tasche in Victoria und wurde in einem Armengrab beerdigt. Sein damaliger Fund löste jedoch den größten Goldrausch British Columbias aus, sodass Barkerville 1870, als in Vancouver nur ein paar Holzfäller lebten, zur größten Stadt westlich von Chicago und nördlich von San Francisco gewachsen war. Die Stadt hatte ein großes Theater, in dem Opern und Melodramen mit internationalen Schauspielern aufgeführt wurden, und eine Vielzahl von Saloons, in denen die erfolgreichen Goldgräber französischen Champagner schlürften. Es gab Pferderennen, Glücksspiel, Tänzerinnen und leichte Mädchen, so genannte „hurdy gurdy girls", die den Goldgräbern ihre Nuggets wieder abnahmen. Allerdings dauerte der Trubel nur ein paar Jahre: 1875 waren die Goldquellen erschöpft und die meisten Goldsucher weitergezogen.

Über 70 Jahre verschwand die einstige Metropole des Norderns in der Bedeutungslosigkeit und wurde zur Geisterstadt, bis die Provinzregierung 1957 mit den Instandsetzungsarbeiten begann. Heute ist Barkerville ein National Historic Park mit rund 125 sorgfältig restaurierten historischen Gebäuden, zu denen eine Kirche, Bäckerei, Schmiede und Druckerei, ein Krämerladen, Werkstätten, Hotels und Restaurants sowie die Reste einer der ältesten Chinatowns in Nordamerika zählen. Kostümierte „Bewohner" sorgen für das richtige Ambiente, im Theater werden Melodramen aufgeführt, eine Zeitung erscheint und im Gerichtsgebäude residiert wieder Richter Begbie.

Von Barkerville lohnt ein Abstecher zum Bowron Lake Provincial Park, einem Wildnisparadies für Wanderer, Kanuten und Angler. Die miteinander verbundenen Seen und Flüsse lassen sich auf einer 116 Kilometer langen Kanu- und Kajakroute erkunden. Der gesamte Park ist Naturschutzgebiet und ein wichtiger Lebensraum für Grizzlys.

BRITISH COLUMBIAS NORDEN

AUF DEM YELLOWHEAD HIGHWAY ZUM PAZIFIK

Der erst in den 1970er Jahren fertiggestellte „Yellowhead" Highway 16 ist als nördliche Querverbindung durch den Westen Kanadas das Gegenstück zum Trans-Canada Highway im Süden. Über rund 3000 Kilometer führt die breite Teerstraße von Winnipeg in Manitoba bis zur Hafenstadt Prince Rupert am Pazifik – 1100 Kilometer davon führen durch den Norden von British Columbia, eine endlose Wildnis mit unzähligen Seen und entlegenen Flusstälern.

Pionierküche im historischen Fort St. James

Prince George ist mit knapp 80.000 Einwohnern die einzige größere Stadt auf dieser Strecke und zugleich das Zentrum der Holzwirtschaft mit großen Sägewerken und Papier und Zellulose herstellenden Industriebetrieben. Die Stadt an der Mündung des Nechako in den Fraser River entstand aus einer 1807 von Simon Fraser gegründeten Pelzhandelsstation, die er Fort George nannte. Im Fort George Park hat man das historische Gebäude rekonstruiert und hier gibt es auch ein Museum mit interessanten Ausstellungen über Pelzhandel, Holzindustrie und die Kultur der indianischen Ureinwohner.

HISTORISCHES FORT ST. JAMES

Den besten Einblick in die Pionierzeit des beginnenden 19. Jahrhunderts erhält man jedoch im rund 150 Kilometer weiter westlich gelegenen Fort St. James am Stuart Lake, das 1806 von Simon Fraser als erster Pelzhandelsposten in British Columbia gegründet wurde. Er wurde später zum wichtigsten Stützpunkt der Hudson's Bay Company im gesamten Westen. Nachdem Eisenbahn und Straße den Ort im 20. Jahrhundert weiter südlich passierten, verlor der Handelsposten seine Bedeutung und wurde 1952 geschlossen. Fort St. James hat heute 5000 Einwohner, die hauptsächlich von Holzwirtschaft, Bergbau und Tourismus leben. Etwa etwa ein Viertel der Bevölkerung sind Angehörige der First Nations, überwiegend vom Stamm der Carrier-Indianer. Die Gebäude und Anlagen des alten Pelzhandelspostens wurden restauriert und zum Fort St. James National Historic Park erklärt. Heute wird hier eine ganze Epoche wieder lebendig: Wohnräume und Werkstätten sehen aus wie früher, im Lagerhaus werden Pelzballen gepresst, am Seeufer Kanus gebaut und Pelzhändler erklären den Besuchern ihr Geschäft.

HAZELTON UND DIE INDIANERDÖRFER AM SKEENA RIVER

Das Gebiet um Hazelton ist uraltes Indianergebiet. Schon vor 7000 Jahren lebten hier am Zusammenfluss von Skeena, Kispiox und Bulkeley River die zum Kulturkreis der Nordwestküsten-Indianer zählenden Gitxsan und Wetsuwet'en. In mehreren Dörfern der Region, wie z. B. Moricetown, Gitwangak (Kitwanga), Gitanyow (Kitwancool), Gitanmax und Kispiox, leben heute noch etwa 2000 Angehörige der beiden Stämme, die wie früher dem Lachsfang nachgehen – am besten zu beobachten im Canyon des Bulkeley bei Moricetown.

Das alte Hazelton, das heute 360 Einwohner zählt, wurde 1866 von weißen Siedlern gegründet. Von 1886 bis 1913 war der Ort Endstation für die Schaufelraddampfer, die auf dem Skeena River hin- und herfuhren und Menschen und Güter zu den Minen, Siedlungen und Farmen brachten. „Old Town" Hazelton hat sich seine Pionier-Atmosphäre bis heute bewahrt: Hier liegt ein alter Schaufelraddampfer zur Besichtigung am Flussufer auf dem Trockenen.

Das 'Ksan Indian Village am Ufer des Skeena bei Hazelton ist ein rekonstruiertes indianisches Dorf mit Totempfählen und sieben farbig bemalten Plankenhäusern der verschiedenen Klans. 'Ksan ist nicht nur ein Museumsdorf, sondern auch ein wichtiges Kulturzentrum der Gitxsan mit einer renommierten Schnitzschule. In der Kitanmax School of Northwest Coast Indian Art wird der Nachwuchs in den alten Handwerkskünsten ihrer Vorfahren ausgebildet. Das Hauptgebäude ist zugleich ein Museum, in dem Kunstgegenstände des Stammes gezeigt werden: Masken, Schmuck, Kästchen

Das „Ksan"-Indianerdorf in Hazelton

aus Zedernholz, gewebte Decken sowie rituelle Gegenstände der Schamanen. Im Sommer finden in den Plankenhäusern auch traditionelle Tanzzeremonien statt.

Die wohl am kunstvollsten geschnitzten Totempfähle findet man in den Indianerdörfern Gitwangak (Kitwanga) und Gitanyow (Kitwancool). Hier kann man den Totemschnitzern auch bei der Arbeit zuschauen. In der kleinen Siedlung Gitwangak steht eine malerische Holzkirche mit einem separaten Glockenturm. An den bis zu 20 Meter hohen Totempfählen sind Stammesmythen, wichtige Personen oder Ereignisse und die Wappentiere, z. B. Adler, Rabe, Bär oder Lachs, der jeweiligen Klans in symbolisierter Form dargestellt. Man stellte sie einem Toten zu Ehren auf oder um das Haus vor bösen Geistern zu schützen. Zuweilen dienen sie eauch einfach als Prestigeobjekte, um den Reichtum des Klans zur Schau zu stellen. Die Totempfähle werden meist aus dem Holz des Riesenlebensbaums geschnitzt und farbig bemalt. Auch Plankenhäuser und Gebrauchsgegenstände werden mit den symbolisierten Wappentieren verziert.

Die kunstvollsten Totempfähle sind in Gitwangak und Gitanyow zu bewundern.

PRINCE RUPERT UND DIE QUEEN CHARLOTTE ISLANDS

Am Ende des Yellowhead Highway liegt Prince Rupert, eine Kleinstadt mit nur rund 20.000 Einwohnern, aber dennoch der wichtigste Fischerei- und Verladehafen der Nordwestküste und außerdem Ausgangspunkt für die British Columbia- und Alaska-Fähren durch die Inside Passage nach Port Hardy auf Vancouver Island und Ketchikan, Skagway und Haines in Alaska. Der Hauptwirtschaftszweig der Region ist die Fischindustrie. Gegründet wurde die Stadt 1906, als die Landvermesser hier den Endpunkt der Grand Trunk Railway festlegten. Schon gegen Ende des 19. Jahrhunderts, als riesige Lachsschwärme die Küste entlangzogen, befanden sich zahlreiche fischverarbeitende Betriebe in der Region. Inzwischen sind die Bestände jedoch durch Überfischung stark zurückgegangen, sodass die Fangquoten streng reguliert werden mussten. Im Museum of Northern British Columbia, einem Gebäude, das in seiner Architektur einem traditionellen Langhaus der Westküsten-Indianer nachempfunden wurde, sind hervorragende Ausstellungen mit Artefakten aus der Pionierzeit und dem Kulturkreis der Tsimshian-, Haida-, Gitxsan- und Nisga'a-Indianer zu sehen. Die North Pacific Cannery, British Columbias älteste noch existierende Lachskonservenfabrik aus der Zeit um 1889, sowie ein dazugehöriges komplettes Arbeiterdorf wurden als Museum und National Historic Site restauriert.

Haida Gwaii, „Inseln der Menschen“ nennen die Haida-Indianer die Queen Charlotte Islands, ein etwa 160 Kilometer vom Festland entfernt liegender Archipel mit etwa 150 Inseln. Man erreicht sie mit der Fähre von Prince Rupert. Haida Gwaii ist eine wilde, ursprüngliche Welt mit dichten Regenwäldern, zerklüfteten Küsten, uralten Indianerdörfern und einer einzigartigen indigenen Flora und Fauna.

Auf der großen Nordinsel Graham Island mit den beiden Hauptorten Masset und Queen Charlotte City leben die meisten der 7000 Insulaner. Etwa 2000 davon sind Haida-Gwaii-Indianer. Die Südinsel Moresby Island ist größtenteils unerschlossen. Nur im Nordteil von Moresby wird seit langem Holzwirtschaft betrieben. Nach langen, erbitterten Kämpfen von Umweltschützern und Angehörigen der Haida Gwaii gegen die Holzindustrie wurde 1987 der größte Teil von Moresby Island mit den uralten Regenwäldern als Gwaaii Haanas National Park Reserve and Haida Heritage Site geschützt. Der 1495 Quadratkilometer große Nationalpark ist nur mit dem Boot oder Wassserflugzeug zu erreichen.

Auf dem kleinen Anthony Island im südlichsten Teil des Nationalparks liegt ein verlassenes Haida-Dorf mit verwitterten Totempfählen und den vom dichten Regenwald überwucherten Resten eines alten aus Holzplanken gebauten Langhauses. 1981 wurde dieses Dorf zum Weltkulturerbe erklärt. Leichter zugänglich sind die Haida-Dörfer auf Graham Island: Skidegate Village z. B. besitzt ein traditionelles Langhaus und einige alte und neue Totempfähle, darunter auch ein Exemplar des Haida-Künstlers Bill Reid. Auch Old Masset mit dem Ed Jones Haida Museum lohnt einen Besuch.

Blick aus der Vogelperspektive auf die Queen Charlotte Islands

STEWART UND HYDER

RECHTE SEITE:
Der kleine Pionierort Stewart, hinter dem sich eine imposante Bergkulisse erhebt

Von Kitwanga am Yellowhead Highway führt eine 725 Kilometer lange Wildnisstraße nach Norden zum Alaska Highway. Es gibt nur wenige Tankstellen und Versorgungsstationen am Cassiar-Stewart Highway, dafür aber lange Strecken unbefestigter Schotterstraßen. Entschädigt wird man durch ein atemberaubendes Naturerlebnis, besonders wenn man den Abstecher nach Stewart und Hyder in die von Gletschern bedeckten Coast Mountains unternimmt. In den Coast Mountains befinden sich die höchsten Berge der Provinz und nirgendwo sonst lassen sich mehr Grizzlys beobachten als an den Lachsflüssen der Küstenberge.

Lange bevor man den von mächtigen schneebedeckten Bergen umgebenen, pittoresken Pionierort Stewart erreicht, fällt der Blick auf den weißblau schimmernden Bear Glacier, einer der schönsten Gletscher im Küstengebirge, aus dem der Bear River entspringt. Stewart entstand um 1900 als Erzhafen am Endpunkt des fjordähnlichen Portland Canal, der nach 145 Kilometern in den Pazifik mün-

Auf dem Cassiar Highway

det und von Anglern wegen seines Reichtums an Lachsen geschätzt wird. Damals hatte der Ort nach einigen Jahren über 10.000 Bewohner, heute sind es weniger als tausend, die wie früher überwiegend vom Bergbau und von der Holzwirtschaft leben. Sehenswert ist vor allem die Main Street, an der die meisten der hübsch restaurierten historischen Gebäude stehen.

Das benachbarte Hyder ist mit seinen paar Dutzend Bewohnern fast eine Geisterstadt. Der winzige Ort gehört schon zu Alaska, ist aber nur von der kanadischen Seite her zugänglich: Seine Bewohner fahren zum Einkaufen nach Stewart und schicken auch dort ihre Kinder zur Schule. Das Schulgeld wird von der alaskanischen Regierung an die Provinz British Columbia überwiesen. In Hyder ist alles rustikaler, die alten Häuser haben verwitterte Westernfassaden und die Straßen sind mehr oder minder gut gewalzte Sand- oder Schotterwege. Es gibt einen urigen „general store", in dem man von Goldnuggets bis zu Waffen aller Art so ziemlich alles bekommt, sowie ein paar Bars, die an die alten Goldgräberzeiten erinnern.

Die eigentliche Attraktion ist jedoch die Natur ringsum. 30 Kilometer hinter Stewart führt eine schmale, unbefestigte Straße hoch hinauf in die Coast Mountains zum spektakulären Salmon Glacier. Und dann ist da noch der Fish Creek, in dem im Sommer Abertausende von Lachsen laichen. Ein gefundenes Fressen für die Weißkopfseeadler und Grizzlys, die bereits an den Ufern warten. Von einem höher gelegenen Plankenweg kann man aus naher, aber relativ sicherer Entfernung das faszinierende Schauspiel der Lachse jagenden Bären beobachten.

ATLIN LAKE

Atlin im äußersten Nordwestzipfel von British Columbia ist nur durch eine 150 Kilometer lange, größtenteils geschotterte Stichstraße vom Yukon Territory her zu erreichen. Und da man die Strecke auch wieder zurückfahren muss, ist den rund 450 Bewohnern – Goldschürfer, Trapper, Buschpiloten, zivilisationsmüde Aussteiger, Künstler und Schriftsteller – ihre Ruhe sicher. Nicht allzu viele Touristen verirren sich in das malerische kleine Städtchen am Lake Atlin, der mit seinem tiefblauen Wasser und einer ringsum grandiosen Szenerie die staubige Anreise aber allemal wert ist.

Auch der verträumte Ort mit seinen zahlreichen alten Holzhäusern, deren Westernfronten bunt gestrichen und mit Blumen geschmückt sind, lädt förmlich zum Urlaubmachen und Aussteigen ein.

Salmon Glacier nahe Hyder

Man kann wandern, ein Boot oder Kanu mieten oder mit einem Buschpiloten Rundflüge über den See und die schneebedeckte Bergwildnis der Coast Mountains unternehmen. Der 140 Kilometer lange, von Gletschern gespeiste See gehört zu den Quellwassern des mächtigen Yukon River.

Wie viele andere Orte in der Wildnis verdankt auch Atlin seine Existenz dem Gold. Der Goldrausch von 1898 brachte über 10.000 Abenteurer in die Region und machte Atlin zum geschäftigen Zentrum. Das begehrte Edelmetall wird zwar heute immer noch gefördert, aber von Geschäftigkeit ist keine Rede mehr. In den 1960er Jahren lebten weniger als 100 Menschen in Atlin. Heute weiß man die hier gebotene Lebensqualität zu schätzen, denn auch auf eine gewisse Infrastruktur muss nicht verzichtet werden: Neben einem Hotel, Restaurant und General Store gibt es ein paar weitere Läden, ein Pioniermuseum und sogar eine Grundschule und Bibliothek.

Idylle pur am Atlin Lake im Nordwesten von British Columbia

0
200
400
600
km
Grönland
(dän.)
Ellesmere Island
Sverdrup Is.
Axel Heiberg Is.
Ellef Ringnes Is.
Queen Is.
Elizabeth Is.
Grise Fjord
Baffin Bay
Bathurst Is.
Parry Is.
Melville Is.
Devon Is.
Resolute
McClure-Str.
Melvillesund
Banks Is.
Sachs Harbour
Stefansson Is.
Somerset Is.
Pond Inlet
Pr. of Wales Is.
McClintockkanal
Boothia-Golf
Baffin Island
Victoria Is.
Amundsengolf
Boothia Peninsula
Cambridge Bay
King William Is.
Gjoa Haven
Coppermine
Umingmatok
Foxe-Becken
Melville Peninsula
Pangnirtung
Nunavut Territory
Garry-see
Echo Bay
Iqaluit
Cape Dorset
Lake Harbour
Southampton Is.
Hudsonstraße
Aberdeen-see
Baker Lake
Baker-see
Dubawnt-see
Thelon
Yellowknife
Chesterfield Inlet
Coats Is.
Mansel Is.
Salluit
Kangiqsujuak
Kangirsuk
Ungava-Bay
Reliance
Gr. Sklaven-see
Fort Resolution
Tavani
Ungava Peninsula
Hay River
Sklavenfluss
Dubawnt
Arviat
Hudson-Bay
Kuujjuaq
Barrenground
Fort Smith
Kasbasee
Uranium City
Nueltinsee
Inukjuak
Athabascasee
Black R.
Churchill
Minto-see
Clairesee
Wollaston-see
(zu Nunavut)
Creesee
Lynn Lake
Etawneysee
Churchill
Belcher Is.
Fort Mc Murray
Rentier-see
Südlicher Indianersee
Nelson
Fort Severn
Athabaska
Churchill
Southend
Thompson
Winisk
Chisasibi (Fort George)

NUNAVUT

ÜBERBLICK

Nunavut ist das größte und zugleich auch das jüngste Territorium Kanadas. Es umfasst über zwei Millionen Quadratkilometer Fläche und damit etwa ein Fünftel des gesamten Landesterritoriums. Neben den Festlandsgebieten gehören die meisten arktischen Inseln Kanadas sowie die Inseln der Hudson Bay, der James Bay und der Ungava Bay zu Nunavut.

Mit rund 30.000 Einwohnern weist das Territorium die geringste Bevölkerungsdichte Kanadas von gerade einmal 0,016 Einwohnern pro Quadratkilometer auf. Über 25.000 Einwohner sind Inuit (Eskimos), denen mit der Abspaltung der Provinz von den Northwest Territories am 1. April 1999 eine gewisse eigenständige Verwaltung ermöglicht wurde. In einem Abkommen vom 25. Mai 1999 einigten sich die kanadische Regierung und die Tungavik-Föderation auf eine autonome territoriale Regierung innerhalb der kanadischen Konföderation.

Nunavut bedeutet in Inuktitut, der Sprache der Inuit, „unser Heimatland". Die 28 Orte des Territoriums haben mit Ausnahme der 21 Kilometer langen Strecke zwischen Arctic Bay und Nanisivik keine Straßenverbindung. Einziges Verkehrsmittel im hohen Norden ist das Flugzeug. Das führt dazu, dass die Lebenshaltungskosten und auch das Reisen verhältnismäßig teuer sind.

Ein russischer Eisbrecher bahnt sich seinen Weg durch die eisbedeckte Baffin Bay.

RECHTE SEITE:
Bei Jahresdurchschnittstemperaturen von –20 °C und arktischen Winden ist jeder Besucher Nunavuts – wie hier auf Baffin Island mit der 20 Kilometer entfernten Bylot Island im Hintergrund – gut beraten, wenn er sich entsprechend vor der Kälte schützt.

FOLGENDE DOPPELSEITE:
Polarlichter erscheinen in den verschiedensten Formen und Farben am winterlichen Himmel der Polarregionen. Auch um dieses Naturspektakel erleben zu können, besuchen immer mehr Menschen Kanadas jüngstes Territorium.

KLIMA, FLORA, FAUNA

Aufgrund der geografischen Lage im äußersten Norden Kanadas – an der Grenze zu Grönland im Osten, zu den Northwest Territories im Westen und zu den Provinzen Manitoba, Ontario und Québec im Süden – herrscht ein raues Nordpolarklima. Das wird bei den Jahresdurchschnittstemperaturen deutlich, die bei –20 °C liegen. Hinzu kommen arktische Winde vom Nordmeer, die die gefühlte Temperatur weiter in den Minusbereich drücken. Während der langen Polarwinter erreichen die Temperaturen nicht selten –50 °C. Selbst in der kurzen Sommerzeit von Mitte Juni bis Ende August werden nur im Süden der Provinz Durchschnittstemperaturen von mehr als +10 °C erreicht.

Seit der letzten Eiszeit vor etwa 10.000 Jahren ist der überwiegende Teil des Bodens dauerhaft gefroren. Der so genannte Permafrost dringt teilweise bis in eine Tiefe von 500 Metern vor, so dass es der Sonne selbst im Sommer nur gelingt, die oberste Bodenschicht bis zu 50 Zentimeter aufzutauen.

Diese Umstände beeinflussen Flora und Fauna, aber auch die Infrastruktur, die Wirtschaft und das alltägliche Leben. Nahezu ganz Nunavut liegt im Bereich der arktischen Tundra mit besonders geringen Niederschlägen im Norden (Polarwüste) und selbst unter 400 Millimetern in den übrigen Teilen der Provinz. Lediglich auf Baffin Island werden bis zu 600 Millimeter Niederschlag gemessen, was im Winter zu rund zwei Metern Neuschnee führen kann. Insgesamt sind etwa neun Prozent der Süßwasserressourcen unserer Erde in den nördlichen Regionen des Territoriums in Form von Eis und Schnee konserviert.

An diese harschen Naturbedingungen haben sich die Karibus am besten angepasst, die in riesigen, Zigtausende Tiere umfassenden Herden über die unendlichen Weiten Nunavuts ziehen. Der meist gefrorene Boden lässt nur geringen Bewuchs zu,

so dass die Tiere Tausende von Kilometern auf ihrer Nahrungssuche zurücklegen müssen. Jagd, Wirtschaft und Brände haben in den letzten Jahrzehnten zu einer Halbierung der Karibubestände auf ca. 500.000 Tiere geführt. Noch deutlicher sank die Population der hier beheimateten Moschusochsen auf jetzt geschätzte 15.000 Tiere.

LINKE SEITE:
Eine halbe Million Karibus bewohnen die unendlichen Weiten Nunavuts. Dagegen fällt die Population der rund 15.000 Moschusochsen eher klein aus.

Die Vegetation nimmt von Süden nach Norden ab. Während im Süden in den „warmen" Monaten Gräser, Heidekraut, Schmetterlingsblütler und Steinbrechgewächse mit winzigen Blüten die Tundra bunt färben, herrschen im Norden Flechten und Moose vor.

WIRTSCHAFT

Die Provinz hängt in starkem Maße von Ausgleichszahlungen der Zentralregierung ab. Der Abbau von Bodenschätzen wie Diamanten, Blei, Silber, Gold und Zink sowie die Ausbeutung von Öl- und Gasressourcen werden durch die Permafrostbedingungen, die Entfernung zur verarbeitenden Industrie und Transportprobleme erschwert. Doch mit der rasch fortschreitenden Entwicklung von Technik und Infrastruktur ist auch ein zunehmendes Wirtschaftswachstum zu erwarten.

Natur als Wirschaftsfaktor. Um Walrosse, Eisbären und andere Tiere in der Arktis beobachten zu können, nehmen Touristen auch die extremen Wetterbedingungen auf sich.

Noch ist die Durchfahrt von Frachtschiffen durch die Nordwest-Passage aufgrund der monatelang bestehenden Eisdecke unrentabel. Doch der Klimawandel könnte auch in dieser Hinsicht Veränderungen hervorrufen. Welche ökonomischen Vorteile oder umweltbezogenen Nachteile Nunavut dadurch beschert sind, bleibt abzuwarten.

Schätzungen zufolge befinden sich in der Region 10 Prozent der Öl- und 23 Prozent der Gasressourcen Kanadas. Viele Inuit leben unverändert von der Jagd nach Karibu und Robben sowie vom Fischen. Etwa 10 Prozent der Inuit sind im Kunsthandwerk tätig.

Angezogen durch farbenprächtige Nordlichter, Karibuherden und Eisbären sowie die grandiose Bergwelt auf Baffin Island finden auch zunehmend Touristen den Weg in den nordöstlichen Teil Kanadas – auch wenn das Reisen teuer ist und man auf Straßen verzichten muss. Fanden noch vor 20 Jahren lediglich 600 Besucher im Jahr den Weg in die kalte Region, so sind es heute immerhin rund 40.000.

GESCHICHTE

Menschliche Spuren auf dem heutigen Territorium Nunavuts lassen sich etwa 4000 bis 5000 Jahre zurückverfolgen. Wissenschaftler nehmen an, dass die ersten Inuit über eine Landbrücke in der Beringstraße von Asien nach Nordamerika gelangten. Da die Sprache der Inuit nur mündlich übertragen wurde, existieren keine schriftlichen Quellen.

Die Geschichtsschreibung beginnt daher erst mit dem Jahr 1576, als Martin Frobisher auf der Suche nach der Nordwest-Passage erstmals auf Inuit traf und vier von ihnen nach England entführte, wo sie nach kurzer Zeit an Krankheiten starben. Ihm folgten weitere Entdecker auf der Suche nach der legendären Passage, die den kurzen Seeweg von Europa in den Fernen Osten öffnen sollte. 1610 entdeckte Henry Hudson die nach ihm benannte Hudson Bay, kehrte aber von seiner Expedition nicht zurück. Zu Beginn des 19. Jahrhunderts folgten dann Expeditionen von John Ross, William Edward Parry, James Clark Ross, Robert Bylot und vom Westen her auch von James Cook.

All diese Expeditionen scheiterten, Buffin und Bylot konnten aber wenigstens detaillierte Karten von der östlichen Region anfertigen. 1845 verschwanden zwei Schiffe mit 137 Seeleuten unter dem Kommando von Sir John Franklin im arktischen Nebel vor der Beaufort See. Man hörte nie wieder etwas von ihnen.

Erst in den Jahren 1903 bis 1906 gelang dem Norweger Roald Amundsen mit seinem kleinen Schiff Gjöa die komplette Durchfahrt der Nordwest-Passage vom Atlantik zum Pazifik. In der entgegengesetzten Richtung wurde die Passage erstmals von Henry Larsen 1940 bis 1942 durchschifft.

Immer wieder gab es auch nach dem Zweiten Weltkrieg Versuche, die Passage wirtschaftlich zu nutzen. 1944 gelang Mitgliedern der kanadischen RCMP mit dem kleinen Schiff „St. Roch“ die Passage in nur einem Sommer. 1969 durchfuhr ein US-amerikanischer Öltanker in Begleitung eines kanadischen Eisbrechers die zugefrorene Route. Der dafür notwendige Kostenaufwand hielt jedoch keiner wirtschaftlichen Prüfung stand.

Im Zuge der globalen Erwärmung hat sich die Situation jedoch geändert. Die Passage ist im Sommer immer länger eisfrei und die nördlichen Gebiete Kanadas werden sicher in den kommenden Jahrzehnten sowohl aus transportwirtschaftlicher Sicht als auch durch die Ausnutzung der Rohstoffquellen einen völlig neuen Stellenwert einnehmen. Bereits jetzt nutzen Frachter und Tanker die Passage – sehr zum Missfallen der kanadischen Regierung, die als Bekräftigung ihres Souveränitätsanspruchs die Gewässer der Nordwest-Passage seit April 2006 als „Canadian Internal Waters“ bezeichnet.

BEVÖLKERUNG UND KULTUR DER INUIT

Über Tausende von Jahren lebten die Inuit als Jäger, Fallensteller und Fischer isoliert im Norden Amerikas. Robben, Karibus und Wale versorgten sie mit nahezu allem, was sie benötigten. Ab dem 17. Jahrhundert suchten europäische Walfänger und Pelzhändler die nordöstlichen Gebiete Nordamerikas auf und nahmen so auf die Kultur der Inuit Einfluss. Sie beschäftigten Inuit auf ihren Schiffen und in den Camps an Land, bis der Walfang zu Beginn des 20. Jahrhunderts unprofitabel wurde.

Damit rückte die Jagd nach Pelztieren in den Vordergrund. In den 1920er und 1930er Jahren gingen Missionare mit drastischen Mitteln daran, die Inuit zu christianisieren. Kinder wurden ihren Familien entrissen und in Ganztagsschulen gesteckt, ihrer Sprache, Tradition und Identität beraubt. Ihnen wurde damit ein ganz ähnliches Schicksal zuteil wie den indianischen Stämmen in den USA.

Erst in den 1960er und 1970er Jahren gelang es den Inuit, ihre Rechte verstärkt durchzusetzen und auch ihrer Forderung nach einem eigenen Territorium Geltung zu verschaffen. 1990 stimmte die Mehrheit im Parlament der Northwest Territories für eine Abspaltung Nunavuts als eigenes Territo-

LINKE SEITE UND UNTEN:
Inukshuks finden sich in allen Kulturkreisen der Inuit. Diese Menschenfiguren aus Stein haben vielfache Bedeutungen. In der Zeit, als Inuit ausschließlich von der Jagd und vom Fischfang lebten, waren sie unverzichtbare Orientierungshilfen. Seit Nunavut im Jahre 1999 eigenständig wurde, schmückt das Bild eines Inukshuks die Flagge der jüngsten Provinz Kanadas.

rium. 1993 wurde dieses dann auch per Gesetz sanktioniert. Die Inuit erhielten von der kanadischen Bundesregierung eine Entschädigung von 1,2 Milliarden Dollar als Finanztransfer sowie die Landrechte über fast 360.000 Quadratkilometer zugesprochen.

„KÜNSTLERKOLONIE" CAPE DORSET

Besonders die Inuit-Siedlung am Südwestzipfel von Baffin Island hat international als „Künstlersiedlung in der Arktis" einen Namen erlangt. Aber auch in Iqualuit, Pangnirtung, Holman Island und in anderen Orten zählen traditionelle Kunst und Kunsthandwerk zu den Haupteinnahmequellen der „First Nations". Die dort entstandenen ausdrucksvollen Specksteinfiguren und Steindrucke, die meist im piktografischen Stil religiöse und moderne Szenen wiedergeben, werden wegen ihrer außerordentlich hohen künstlerischen Qualität geschätzt.

Neben den Skulturen aus Speckstein werden auch Figuren aus dem Horn von Moschusochsen, Geweihen, Walrosszähnen und Narwal-Elfenbein geschnitzt. All dies sind Materialien, die die Inuit schon seit Tausenden von Jahren benutzen. Neben den Skulpturen, die Menschen und Tiere

Huskies können sich den arktischen Temperaturen Nunavuts perfekt anpassen. Bis heute sind sie insbesondere in den abgelegenen Regionen Nunavuts als Schlittenhunde von entscheidender Bedeutung und aus dem Lebensalltag der Inuit nicht wegzudenken.

darstellen, werden auch Modelle von Kajaks und Schlittengespannen hergestellt. Auch mit Glasperlen verzierte Inuit-Puppen aus Tierhaut und auf traditionelle Art hergestellte Kleidung aus Pelz und gegerbten Häuten sind gefragt.

Mittlerweile haben sich die Künstler oft in einer Genossenschaft zusammengeschlossen, die Marketing und Verkauf übernommen hat. Eine der größten ist die West Baffin Eskimo Co-Operative, die auch der größte Arbeitgeber des Ortes ist. Mit dem steigenden Bekanntheitsgrad haben ihre Werke mittlerweile auch ein beachtliches Preisniveau erreicht. Insgesamt wird etwa ein Volumen von rund 10 Millionen erreicht.

IQALUIT

3600 Einwohner zählt die Provinzhauptstadt Iqaluit auf Baffin Island. „Iqaluit", das in der Sprache der Inuit „viel Fisch" bedeutet, ist etwa 2000 Kilometer von Ottawa entfernt und liegt drei Grad unter dem Nordpolarkreis. Die Durchschnittstemperaturen liegen im Januar bei –30 °C, im Juli bei +8 °C. Im Juni kann man hier die Mitternachtssonne erleben, während es im Dezember nur wenige Stunden Tageslicht gibt: Dann geht nachmittags gegen 15 Uhr die Sonne bereits wieder unter.

Während des Zweiten Weltkriegs errichteten US-amerikanische Streitkräfte hier eine Versorgungsstation, womit der Ort an wirtschaftlicher Bedeutung gewann. Iqaluit ist auch heute noch der bedeutendste Zielort für die meisten Lebensmittel- und Verbrauchsgüterlieferungen, die von hier über das Land verteilt werden. Täglich verbindet ein Jet-Flugzeug die Provinzhauptstadt mit Montreal. Auch andere Ziele werden angeflogen. Durch das schnelle Wachstum der Bevölkerung und die relativ hohe Arbeitslosigkeit hat die Provinzhauptstadt allerdings mit Alkohol- und Drogenproblemen zu kämpfen.

Besucher Iqaluits sollten unbedingt dem Nunatta Sunakkutaanngit Museum in einem renovierten historischen Lagerhaus der Hudson's Bay Company einen Besuch abstatten. Hier werden hervorragende Ausstellungen über arktische Kunst und Kunstgewerbe gezeigt. Mit dem Boot lässt sich nach einer 20-minütigen Überfahrt eine historische Siedlung der Thule besuchen, die vor über 2000 Jahren hier lebten. Iqaluit ist auch ein ausgezeichneter Ausgangspunkt für Touren in die beiden Nationalparks auf Baffin Island.

NATIONALPARKS

Schneebedeckte Berge, Gletscher und riesige Eisschollen, Karibus, Moschusochsen, Eisbären, Wale und Walrosse – Nunavut lockt mit seiner einzigartigen Natur und Tierwelt besonders abenteuerlustige Touristen an. Tierbeobachtungen, Jagd, Angeln und Touren durch die arktische Tundra werden mit verbesserten Serviceangeboten als attraktive Urlaubsangebote angenommen. Fahrten mit traditionellen Hundeschlitten oder Motorschlitten und Skiwanderungen in die Fjorde rangieren bei Aktivurlaubern ganz hoch auf der Beliebtheitsskala. Hauptattraktion ist der Besuch des Auyuittuq National Parks.

Die Mittagssonne erreicht im Winter auf Baffin Island kaum eine höhere Strahlungskraft. Dann liegt die gesamte Tundra unter einer Eisschicht.

Zuweilen wagen sich auch Walrosse, die über eine Tonne Gewicht erreichen können, in die Gewässer des Auyuittuy National Park auf Baffin Island.

AUYUITTUQ NATIONAL PARK

Gletscher treffen auf hohe Granitfelsen, graue Geröllmassen auf blühende Wiesen – der Auyuittuq National Park ist eine Landschaft wilder Kontraste. Egal ob man die schroffen Felsen der Berge erklimmt, auf den riesigen Eisfeldern Ski läuft oder auf dem Akshayuk Pass wandert – die Möglichkeiten, die Schönheit der Arktis zu erleben, sind einzigartig.

In der Sprache der Inuit heißt der Park „Das Land, das niemals auftaut". Als Überbleibsel der letzten Eiszeit bedecken die Gletscher des über 2000 Meter hohen „Penny Ice Cap" mehr als 3500 Quadratkilometer des insgesamt 19.000 Quadratkilometer großen Nationalparks. Die nördlichen Fjordlandschaften sind die Heimat von Schneehasen und Polarfüchsen, brauner Lemminge und Karibus, aber auch von Eisbären, Robben und mehreren Walarten. Die Eisfläche auf dem Wasser öffnet sich nur von Ende Juli bis November. Die Eisbären verbringen die Sommer an Land und sind oft in den Fjorden zu beobachten.

Die Anreise erfolgt von Iqaluit per Flugzeug nach Pangnirtung. Im dort gelegenen Parkbüro wird die Weiterreise arrangiert. Von den 3500 Bewohnern des Ortes leben viele Inuit vom Fischfang und von der Jagd auf Karibus, Seehunde und Walrosse. Daneben bestreiten sie ihren Lebensunterhalt als Guides für Besucher des Nationalparks sowie vom Verkauf ihrer kunsthandwerklichen Arbeiten. Die schönste Besuchszeit ist im Juli, wenn die wilden Blumen kurz, aber intensiv blühen und sich in prachtvollen Farben wie ein Teppich über die Landschaft erstrecken.

QUTTINIRPAAQ NATIONAL PARK

Hoch im Norden von Ellesmere Island, nur etwa 800 Kilometer vom Nordpol entfernt, liegt Kanadas abgelegenster Nationalpark. Der frühere Ellesmere Nationalpark ist ein über 40.000 Quadratkilometer großes Wildnisgebiet mit leuchtendweißen Gletschern, die Felsen und Geröllhügel in den unterschiedlichsten Farbschattierungen durchbrechen.

Der größte Teil des Parks wird aufgrund der niedrigen Niederschlagsmengen als arktische Wüste eingestuft, die nur eine äußerst spärliche Vegetation zulässt. Neben dem Lake Hazen, einem Binnensee im Park, sind die Fjorde, in denen sich majestätische Eisberge bewegen, die Lebensräume vieler Tiere. Zu den hier beheimateten Landsäugern gehören Eisbären, Polarwölfe und Polarfüchse, Moschusochsen, Karibus, Schneehasen und Lemminge. Und in den Küstengewässern des Parks tummeln sich Robben und Narwale.

Im Quttinirpaaq National Park lässt sich eine der geschichtsträchtigen Polarstationen besichtigen, die von der Lady Franklin Bay Expedition der USA im Jahr 1881 unter dem Namen „Fort Conger" angelegt wurde. Die Station wurde später u. a. von Polarforscher Robert Peary sowie anderen amerikanischen, norwegischen, dänischen und britisch-kanadischen Expeditionen genutzt. Erreichen lässt sich der Nationalpark von Resolute Bay aus: Hier starten Twin Otter zu ihrem vierstündigen Flug in die entlegene Region. Dabei kann man dann auch noch einen Abstecher nach Grise Fjord machen, Kanadas nördlichster Siedlung, in der 150 Inuit leben.

Der Quttinirpaaq National Park ist Kanadas nördlichster und abgelegenster Nationalpark. Er befindet sich auf der Ellesmere-Insel, die zwar fast die Größe Großbritanniens erreicht, aber nur von einigen Hundert Menschen bewohnt wird. Geboten wird stattdessen ein unvergleichliches Naturerlebnis mit zahlreichen arktischen Tieren.

0
200
400
600
km
Queen Is.
Ellef Ringnes Is.
Axel Heiberg Is.
Ellesmere Island
Grise Fjord
Elizabeth Is.
Beaufortsee
McClure-Str.
Parry Is.
Bathurst Is.
Melville Is.
Devon Is.
Resolute
Melvillesund
Banks Is.
Sachs Harbour
Stefansson Is.
Somerset Is.
Pr. of Wales Is.
Tuktoyaktuk
Amundsengolf
Victoria Is.
McClintockkanal
Boothia-Golf
Inuvik
Boothia Peninsula
Ft. McPherson
Cambridge Bay
King William Is.
Gjoa Haven
Mackenzie
Coppermine
Yukon
Ft. Good Hope
Umingmatok
Mackenzie Mountains
Keno City
Norman Wells
Bären-see
Nunavut Territory
Echo Bay
Garry-see
Plateau
Northwest-Territories
Aberdeen-see
Baker Lake
La Martre-see
Baker-see
Thelon
Dubawnt-see
Yellowknife
Chesterfield Inlet
Mackenzie
Ft. Simpson
Watson Lake
Reliance
Fort Providence
Trout-see
Gr. Sklaven-see
Tavani
Fort Resolution
Ft. Liard
Hay River
Sklavenfluss
Dubawnt
Arviat
Rocky Mountains
Ft. Nelson
Fort Smith
Kasbasee
Uranium City
Nueltinsee
Hudson-Bay
Fort Vermilion
Athabascasee
Black R.
Churchill
Clairesee
Carruthers 3050
Wollaston-see
Peace
Creesee
Lynn Lake
Etawneysee
Churchill
Dawson Creek
Fort Mc Murray
Peace River
Rentier-see
Brit.
Kl. Slaven-see
Südlicher Indianersee
Nelson
Athabaska
Churchill
Southend
Prince George
Grande Prairie
Thompson
Columbia
Alberta
Saskatchewan
Manitoba

NORTHWEST TERRITORIES

ÜBERBLICK

Unverfälschte Natur und nur spärliche Anzeichen menschlicher Zivilisation – dies ist der überwiegende Eindruck, den Besucher der Northwest Territories gewinnen. Beeindruckende Bergketten, riesige Wälder und Tundraflächen, Tausende von Frischwasserseen und ungebändigte Flüsse vermitteln ein Bild, das sich nur gering von dem vergangener Jahrhunderte unterscheidet – sieht man einmal von den Orten und den Rohstoff-Minen ab.

Naturfreunde und Abenteurer zieht es besonders in die großen Nationalparks. Im Wood Buffalo Nationalpark in der Nähe von Hay River grast mit über 3000 Tieren eine der größten frei lebenden

Tausende Seen mit glasklarem, frischem Wasser – die Northwest Territories geizen nicht mit atemberaubenden Naturkulissen.

FOTO LINKS:
Im Wood Buffalo Nationalpark leben über 3000 Bisons in freier Natur.

Bisonherden, der Nahanni Nationalpark bietet Wildwasserschluchten und heiße Quellen und im Aulavik Natinalpark kann man u.a. Eisbären und Moschusochsen beobachten.

Die Northwest Territories nehmen eine Fläche von 1,34 Millionen Quadratkilometern (davon 1,17 Millionen Quadratkilometer Landfläche) oberhalb des 60. Breitengrades ein. Im Westen grenzen sie an Yukon, im Osten an Nunavut und im Süden an Saskatchewan, Alberta und den Ostteil von British Columbia. Der erste Schritt in Richtung Provinzgründung wurde vollzogen, als die Hudson's Bay Company das riesige „Ruperts Land" und die North-Western Territories an den kanadischen Staat abtrat. Seither änderte sich die Größe der Northwest Territories mehrfach, zuletzt nach der Abtrennung Nunavuts 1999, wodurch sich die Fläche auf ein Drittel verringerte.

Im Norden gehören die westlichen Inselteile des Kanadisch-Arktischen Archipels zu den Northwest Territories. 15 Prozent der Oberfläche sind von Gewässern bedeckt. Mit 2773 Metern Höhe bildet der Mount Nirvana an der Grenze zum Yukon Territory den topografischen Höhepunkt der Territories.

Aufgrund der unwirtlichen Lebensbedingungen hat die Provinz nur etwa 42.000 Einwohner, wodurch die Bevölkerungsdichte mit 0,037 Einwohnern pro Quadratkilometer sehr niedrig ist. 15.000 Menschen leben in der Provinzhauptstadt Yellowknive. Etwa die Hälfte der Bevölkerung setzt sich aus Dene, Inuvialuit und Métis zusammen. Obwohl Englisch die meistgenutzte Sprache ist, haben weitere zehn Sprachen – darunter neun indigene – offiziellen Status und sind z.B. auch in Gerichtsverhandlungen zugelassen. Zwischen dem Großen Bärensee und dem Großen Sklavensee hat die Nation der Dogrib eigene Verwaltungsrechte.

Geografisch lassen sich die Northwest Territories in zwei Regionen unterteilen: die arktische Tundra im Norden mit spärlichem Pflanzenwuchs und Permafrostboden und die subarktische Taiga mit borealen Waldgebieten im Süden. In der arktischen Zone liegen die Durchschnittstemperaturen im Januar bei –33 °C und im Juli bei +10 °C, während in den Taigagebieten im Januar durchschnittlich –23 °C gemessen werden und die Quecksilbersäule im Juli Werte um die +21 °C anzeigt.

Der Dempster Highway, der im Yukon Territory beginnt und bis nach Inuvik führt, ist eine der wenigen befestigten Straßen in den Northwest Territories.

Zwei große Binnenseen gehören zu den zehn größten Seen unserer Erde: der Große Bärensee (Great Bear Lake) mit einer Oberfläche von 31.328 Quadratkilometern und der Große Sklavensee

(Great Slave Lake) mit 28.568 Quadratkilometern. Vom Großen Sklavensee bis zur Beaufort See verläuft auch der mit 4241 Kilometern längste Fluss Kanadas – der Mackenzie River.

Auf jeden Einwohner kommen statistisch gesehen 17 Karibus, denn schätzungsweise 700.000 Tiere umfassen die riesigen Herden. Vom Menschen noch nicht so sehr verdrängt wie in den dichter besiedelten Provinzen, bieten die Northwest Territories Lebensraum für etwa 50.000 Moschusochsen, 10.000–40.000 Vielfraße, 15.000 Wölfe sowie Eis-, Schwarz- und Grizzly-Bären, Bisons, Elche, Biber und Bergziegen.

Etwa 80 Vogelarten, zwölf Prozent der Vögel Nordamerikas, ziehen sich in den Frühjahrs- und Sommermonaten in diese nördlichen Gebiete zurück, um zu brüten und ihren Nachwuchs zur Welt zu bringen. Zahlreiche kleinblütige Pflanzen färben in diesen kurzen Sommern die von Moosen und Flechten dominierten arktischen Gebiete.

WIRTSCHAFT

Den reichen Vorkommen an Naturschätzen verdanken es die Einwohner der Northwest Territories, heute über das höchste Bruttosozialeinkommen pro Kopf in Kanada zu verfügen. Wurden in der ersten Hälfte des 20. Jahrhunderts noch hauptsächlich Radium, Uran, Silber und Kupfer abgebaut, so verlegte sich der Schwerpunkt in den 1950er Jahren auf die Goldgewinnung. 1935 fand man die ersten großen Goldvorkommen westlich der Yellowknife Bay.

In den 1990er Jahren wurden die Northwest Territories von einem wahren Diamantenfieber erfasst: Hunderte Millionen Dollar wurden in die Erschließung von Diamantenminen gesteckt – mit Erfolg: Bereits 2003 konnten 11,2 Millionen Karat Diamanten und 2746 Kilogramm Gold aus der Erde gewonnen werden. 1998 öffnete die EKATI Diamantenmine etwa 300 Kilometer nordöstlich von Yellowknife. Aus ihrem riesigen Krater wurden 2004 etwa sechs Prozent der Weltdiamantenproduktion zu Tage gefördert. Neben den reichen Mineralvorkommen gibt es auch Öl- und Gasressourcen.

LINKE SEITE:
Rund um Yellowknife findet man verlassene Goldminen mit alten Fördermaschinen. Abgesehen davon waren Spaten und Spitzhacke die einzigen Instrumente, um an das begehrte Gold zu gelangen.

Bis heute leben viele Dene-Indianer von Jagd, Fischerei und dem Fallenstellen. Daneben dient ihnen das Kunsthandwerk als eine weitere bescheidene Einnahmequelle. In denen letzten Jahren ist der Ausbau einer touristischen Infrastruktur festzustellen, wodurch sich neue wirtschaftliche Perspektiven eröffnen. Befestigte Straßen sind in den Northwest Territories allerdings auch noch heute eher die Ausnahme.

Bis auf wenige Highways, die die wirtschaftlichen Zentren im Südwesten – Yellowknife, Hay River, Fort Smith und Fort Simpson – miteinander verbinden, müssen sich Trucks und PKWs hauptsächlich auf Schotterstraßen und im Winter über das Eis zugefrorener Seen bewegen. In den Übergangsmonaten zwischen offenem Wasser und Frost ist der Fährverkehr auf den Flüssen stark eingeschränkt oder überhaupt nicht möglich. Aus diesem Grunde kommt den Flugverbindungen als „Highways des Nordens" große Bedeutung zu. Viele Orte verfügen über kleine Flughäfen, die inzwischen als Verbindung zur Außenwelt lebenswichtig geworden sind. Hohe Transportkosten führen zugleich zu hohen Preisen, die das Leben im Norden teuer machen.

GESCHICHTE

Vor etwa 4000–5000 Jahren sind die ersten Inuit (Eskimos) über eine Landbrücke in der Beringstraße von Asien nach Nordamerika gewandert. Entlang der Arktikküste breiteten sie sich nach Osten aus und waren über Tausende Jahre die einzigen Bewohner im äußersten Norden Amerikas. Abgesehen von möglichen Kontakten mit den Wikingern um das Jahr 1000 kam es erst im 16. Jahrhundert zu Begegnungen mit europäischen Entdeckern.

Flagge der Northwest Territories

Das erste nachweisliche Treffen geht auf das Jahr 1576 zurück, als der Brite Martin Frobisher mit seinen Männern das Land nördlich des 65. Breitengrades betrat. Weitere Expeditionen folgten, die sich hauptsächlich auf die Erkundung der nordöstlichen Region (heute Nunavut und Hudson Bay) konzentrierten. Im Jahr 1670 überließ die britische Regierung das Land westlich von Ontario der Hudson's Bay Company (HBC), um dort den Pelzhandel auszuweiten.

Hundert Jahre später entsandte die HBC eine Expedition unter Leitung von Samuel Hearne in die nordwestlichen Gebiete, die später die Northwest Territories werden sollten. Nachdem Hearne mit wenig Erfolg von der langen Expedition zurückgekehrt war, versuchte sich im Jahr 1789 die North West Company – der große Konkurrent der HBC im Kampf um die Vorrechte im Pelzhandel – mit einer ähnlichen Expedition. Ihr Leiter, Alexander Mackenzie, entdeckte den später nach ihm benannten Fluss und viele Pelztiere an seinen Ufern. Damit begann die Besiedelung durch Pelztierjäger und -händler, die entlang des Mackenzie-Flusses Handelsposten errichteten. Als 1821 die HBC die North West Company übernahm, wurde auch das erschlossene Territorium der HBC-Jurisdiktion einverleibt.

Zwischen 1820 und 1840 erreichte die Waljagd in dieser Region ihren Höhepunkt. Um die Handelsposten und Walfangstationen entstanden Siedlungen, die auch das Leben der Inuit veränderten. Missionsschulen und Stationen der Royal Canadian Mounted Police wurden errichtet und zwangen die Inuit, althergebrachte Traditionen aufzugeben. Die massenhafte Tötung von Karibus entzog ihnen eine wichtige Lebensgrundlage und ihre Abhängigkeit vom Handel nahm damit zu.

Mit der Entdeckung großer Mineralressourcen in den 1930er bis 1950er Jahren kamen mehr und mehr Einwanderer in diesen bislang wenig besiedelten Lebensraum. Auch die militärische Nutzung während des Zweiten Weltkrieges und danach brachte Personal und Serviceeinrichtungen in die arktischen Gebiete.

Erst in den 1970er Jahren fanden die Ansprüche der indigenen Stämme auf Selbstverwaltung Gehör. 1984 wurden den Inuvialuit im Westen 91.000 Quadratkilometer Land zugesprochen und 1992 folgte eine ähnliche Kompensation für die Gwich'in-Indianer. Die einschneidendste Veränderung trat aber mit der Abtrennung von Nunavut im Jahre 1999 in Kraft.

YELLOWKNIFE

Die Hauptstadt der Northwest Territories am Großen Sklavensee im Südwesten gehört zu den wenigen Orten, die mit dem PKW über ausgebaute Straßen zu erreichen sind. Allerdings sind von Edmonton in Alberta rund 1500 Kilometer auf dem Mackenzie Highway zurückzulegen. Daher bevorzugen die meisten Besucher das Flugzeug.

Erst 1934 – als in der Region Gold gefunden wurde – kamen weiße Siedler in die Stadt. Dieser erste Goldrausch währte nur ein Jahrzehnt; danach wurde Yellowknife zur Geisterstadt. Der zweite Goldrausch setzte 1945 ein. Dieser war von Dauer und führte dazu, dass die beiden prosperierenden Goldminen – Cominco und Giant Yellowknife – das Gesicht und die Atmosphäre der Stadt prägten.

Mit rund 17.000 Einwohnern spiegelt die Stadt auch die Geschichte der Northwest Territories wider. Neben modernen Gebäuden und Einkaufszentren gehören hier Hunde- und Motorschlitten, Kajaks und Kanus zum Stadtbild, so dass noch immer ein Hauch von einer Frontier-Atmosphäre zu verspüren ist.

Yellowknife ist auch das Hauptquartier für die meisten Ausrüster und Flugcharterer. Empfehlenswert ist ein Besuch des erst 1979 eingeweihten Prince of Wales Heritage Centers, in dem man auf anschauliche Weise Informationen über die First Nations – Inuit, Dene und Métis – sowie über die

Morgendämmerung in der Yellowknife Bay bei Temperaturen von –35 °C

abenteuerliche Geschichte der Region erhält. Hauptthema ist das Überleben in einer unwirtlichen Umwelt. Höhepunkt der Ausstellung ist eine Sammlung von mehreren Dutzend kanadischen Buschflugzeugen, denen als Verkehrsmittel die größte Bedeutung in der Erschließung des Nordens zukommt.

FORT RAE UND HAY RIVER

Idyllische, ruhige Seen oder reißende Wildwasserbäche: Die Northwest Territories bieten alles für Kajak- und Kanubegeisterte.

100 Kilometer westlich von Yellowknife kommt man zur größten Indianersiedlung in den Northwest Territories: Fort Rae. Auf Holzgestellen sind hier Fische zum Trocknen ausgebreitet und angepflockte Schlittenhunde begrüßen Neuankömmlinge mit Gebell. Hay River ist mit gut 4000 Einwohnern ein betriebsamer Fischereihafen. Nicht weit von der Stadt entfernt sind die beeindruckenden

Alexandra Falls die größte Attraktion für die Besucher der Region. Südlich von Hay River und Fort Resolution erstreckt sich der Wood Buffalo National Park über das Peace- und Athabasca-River-Delta bis weit in die Nordregion der Nachbarprovinz Alberta. Mit 44.807 Quadratkilometern umfasst Kanadas größter Nationalpark mehr Fläche als die Schweiz – ein gigantisches Gebiet, das Naturfreunden endlose Erkundungsmöglichkeiten bietet.

Das riesige boreale Wildnisgebiet mit endlosen Wäldern, Feuchtgebieten und Grasflächen sowie einer großen Salzsenke bietet Lebensraum für die mit über 3500 Tieren größte noch frei lebende Bisonherde Nordamerikas. Gegründet wurde der Park 1922, um die Bisonherden der Region zu schützen. Zugleich ist das Delta auch das letzte natürliche Brutgebiet für die vom Aussterben bedrohten Schreikraniche. Auch Biber und Bisamratten finden hier beste Lebensbedingungen.

Auch in Yellowknife können Besucher das Angebot von Rundflügen wahrnehmen.

FORT SIMPSON UND NAHANNI NATIONAL PARK

Das 1300-Einwohner-Städtchen Fort Simpson am Zusammenfluss von Mackenzie und Liard River begann 1804 als Pelzhandelsposten Fort of the Forks. In der Region leben die Slavey Dene, die sich noch heute als Trapper und Jäger betätigen. Der Ort dient als Ausgangspunkt für den Nahanni National Park, ein etwa 5000 Quadratkilometer großes Wildnisgebiet von unvergleichlicher Schönheit. Angeboten werden hier u. a. Naturexkursionen und Sightseeing-Flüge über den Park.

Das Gebiet des Nationalparks erstreckt sich über 320 Kilometer zu beiden Ufern des South Nahanni River entlang hoher Berge und tiefer Schluchten, brodelnder, heißer Quellen und Sinterterrassen. Der Nahanni-Fluss gehört zu den wildesten Rafting-Flüssen Kanadas. Ein absolutes Highlight sind die 98 Meter hohen Virginia-Wasserfälle im Zentrum des Parks, die zum UNESCO Weltnaturerbe gehören. Um dieses Gebiet ranken sich Legenden um mystische Indianer – den Nahaa –, einer weißen Königin, kopflosen Männern und bösen Geistern.

FOTO OBEN:
Mount Harrison Smith im Norden des Nahanni National Park

FOTO UNTEN:
Die 98 Meter hohen Virginia-Wasserfälle wurden von der UNESCO zum Weltnaturerbe erklärt.

RECHTE SEITE:
Boote auf dem zugefrorenen Mackenzie River nahe Inuvik (Foto oben); eine Attraktion von Inuvik ist die in Igluform gebaute Kirche aus dem Jahre 1960 (Foto unten).

INUVIK UND DIE WESTLICHE ARKTIS

In den nordwestlichsten Zipfel der Northwest Territories führt der aus dem Yukon Territory kommende legendäre Dempster Highway, der aber nur eine Schotterstraße ist. Die Straße verbindet Fort McPherson, einen alten Handelsposten am Ufer des Peel River, mit Inuvik, einer kleinen, mit nüchternen Zweckbauten neu errichteten Inuvialuit-Siedlung, 200 Kilometer über dem Polarkreis.

In Inuvik endet Amerikas nördlichster Highway, und hier mündet auch der Mackenzie River mit seinem großen Delta in die Beaufort See, d. h. in das arktische Eismeer. Von Inuvik lassen sich Exkursionen in die unberührte Natur der nördlichsten Gebiete Kanadas organisieren. Man fliegt mit Buschpiloten zu den beiden winzigen traditionellen Inuvialuit-Dörfern Tuktoyktuk und Paulatuk und hinüber zum Aulavik National Park auf Banks Island.

Im Winter bildet sich eine dicke Eisdecke auf der Beaufort Sea an der Nordküste der Northwest Territories.

Naturbegeisterte kommen in Inuvik voll auf ihre Kosten. So sorgen im Frühjahr Inuvialuit-Führer mit Hundeschlitten dafür, dass man nah an Moschusochsen und Eisbären herankommt, und im Sommer ist es vor allem die artenreiche Vogelwelt, die ein unveregessliches Naturerlebnis garantiert.

AND THE WORD WAS MADE FLESH
ND DWELT AMONG US

0
200
400
600
km
N
W
O
S
Beaufortsee
Queen Is.
Elizabeth Is.
Melville Is.
McClure-Str.
Banks Is.
Sachs Harbour
Victoria Is.
Amundsengolf
Alaska
(USA)
Fort Yukon
Tuktovaktuk
Inuvik
Fairbanks
Ft. McPherson
Anchorage
Ogilvie
Dawson
Yukon Plateau
Keno City
Mackenzie Mountains
Ft. Good Hope
Coppermine
Umingmatok
Norman Wells
Bären-see
Echo Bay
Minto
Carmacks
Mt. Logan
6050 m
Haines Junction
Yukon Territory
Northwest-Territories
Whitehorse
La Martre-see
Skagway
Haines
Atlin
Rocky Mountains
Yellowknife
Ft. Simpson
Watson Lake
Fort Providence
Reliance
Trout-see
Gr. Sklaven-see
Fort Resolution
Ft. Liard
Hay River
Coast Mountains
Dease Lake
Ft. Nelson
Fort Smith
Uranium City
Fort Vermilion
Stewart
Hyder
Athabascasee
Clairesee
Carruthers
3050
Creesee
Prince Rupert
Hazelton
Brit. Columbia
Alberta
Terrace
Dawson Creek
Peace River
Fort Mc Murray
Kitimat
Kl. Slaven-see
Kemano
Prince George
Grande Prairie
Queen Charlotte Is.
PAZIFISCHER OZEAN
Yukon
Mackenzie
Peace
Athabaska
Churchill
Sklavenfluss

YUKON

ÜBERBLICK

Yukon Territory – hört man diesen Namen, so denkt man an Klondike und Goldrausch, Grizzlybären, Trapper und nicht zuletzt an Jack London, den großen Erzähler und Abenteurer. Das Territorium in der äußersten Nordwestecke Kanadas war schon immer der stadtmüden Europäer liebster Stichwortgeber – und hat, immer noch wild und leer, bis heute nichts von seiner Attraktivität verloren.

Allein die statistischen Daten von Yukon lassen aufhorchen: Mit 483.450 Quadratkilometern so groß wie Deutschland, Österreich und die Schweiz zusammen, fänden seine Bewohner doch leicht in einem mittleren Fußballstadion Platz. Etwas über 31.000 Menschen leben im Yukon, davon allein 23.000 in der Hauptstadt Whitehorse. Die übrigen 8000 verlieren sich in ein paar über das gesamte Territorium verstreuten Siedlungen.

Der geringen Bevölkerungszahl stehen etwa 62.000 Elche, rund 10.000 Schwarzbären und 5000 Wölfe gegenüber. Und im Frühjahr, wenn die Schneeschmelze tiefe Schlaglöcher in den Straßen zurücklässt, müssen sich die Straßenarbeiter im Stadtgebiet von Whitehorse vor Grizzlybären in Acht nehmen.

Dawson City – Jack London Cabin

FOTO RECHTS:
Ogilvie River mit den Ogilvie Mountains im Hintergrund. Dieser Gebirgszug gehört zu den Yukon Intermountain Ranges.

Die Nachbarn Yukons sind der US-Bundesstaat Alaska im Westen, die kanadische Provinz British Columbia im Süden und die ebenfalls zu Kanada gehörenden Northwest Territories im Osten. Im Norden reicht das Yukon Territory an die Beaufort-See.

Die milchigen Schmelzwasser-Seen im Süden und die von ewigem Schnee bedeckten Bergriesen im Südwesten haben die Naturgebiete des Yukon weltberühmt gemacht. Dort ragen einige der höchsten Berge Nordamerikas empor, unter ihnen Mt. Logan – mit 5959 Metern der höchste Berg Kanadas. Gemeinsam mit anderen, kaum weniger fotogenen Giganten gehört er zum Kluane National Park and Reserve, einem UNESCO-Weltnaturerbe.

Den bei Weitem größten Teil des Yukon dominiert jedoch der boreale Waldgürtel der Taiga sowie die nördlich anschließende, steinige Kältewüste der Tundra, die nur abgehärtetste Pflanzenarten überleben lässt. Das Klima ist subarktisch, doch inzwischen sind die Sommer in Whitehorse und Dawson City lang und warm genug, um Tomaten und Gurken zu ziehen. Die Lage oberhalb des Polarkreises hilft: Während des dreimonatigen Sommers bleibt es auch nachts fast ständig hell. Im Winter fällt das Quecksilber dagegen bis auf –40 °C, zuweilen sogar –50 °C. Der längste Fluss des Yukon Territory ist der 3500 Kilometer lange Yukon River.

GESCHICHTE

Die ersten Menschen kamen wahrscheinlich vor rund 25.000 Jahren über die Landbrücke der Beringstraße ins Land. Das letzte Wort in der historischen Debatte ist jedoch nicht gesprochen, denn immer wieder finden Archäologen Hinweise auf eine noch frühere Besiedlung. Die ersten Weißen vor Ort waren russische Pelzhändler, die von der Pazifikküste kamen. 1825 erforschte John Franklin die Beaufort-See, 20 Jahre später errichtete die Hudson's Bay Company die ersten Pelzhandelsstationen und etablierte so den Besitzanspruch Großbritanniens auf die Region.

Nach dem großen Goldrausch von 1848 in Californien gab es schon bald Spekulationen, der Yukon könne das nächste Eldorado für Goldsucher sein. Bereits in den 1870er Jahren hatten Trapper Gold aus den Flüssen gelesen – allerdings nur in geringen Mengen. Erst mit den spektakulären Goldfunden in einem Seitenarm des Klondike River begann die moderne Geschichte des Yukon wirklich. Im August 1896 stießen einige der Goldgräber, die von dem Glücksritter Skookum Jim angeführt

Verlassene Goldgräberstation am Klondike

wurden, auf zahlreiche „nuggets", kleine Goldklumpen. Sie lösten damit jenen Goldrausch aus, der dem Yukon einen Platz in den Geschichtsbüchern sicherte. Im Winter und Frühjahr 1897/98 strömten 30.000-40.000 Abenteurer aus aller Welt in den Yukon, viele davon unter größten Entbehrungen auf dem vom amerikanischen Skagway aus heraufführenden Chilcoot Trail.

Um der drohenden Gesetzlosigkeit – und amerikanischen Expansionsgelüsten – zu begegnen, gründete die kanadische Regierung wenig später das Yukon Territory und entsandte dorthin die Ordnungshüter der North West Mounted Police, aus der später die Royal Canadian Mounted Police hervorging. Die legendären „Mounties" erfüllten ihren Auftrag sehr gewissenhaft, wodurch das Leben in den Goldsuchercamps am Yukon zwar rau und entbehrungsreich war, aber, anders als in den Goldrauschstädten von Californien, Colorado oder Alaska, Gewaltverbrechen eher selten vorkamen.

Als im Jahre 1900 die White Pass & Yukon Route Railway von Skagway nach Whitehorse den Betrieb aufnahm, war der Goldrausch jedoch schon wieder abgeklungen. Die Glücksritter zogen

Dawson City hat sein Flair als Goldgräberstadt bis heute nicht verloren.

weiter und der Yukon geriet in Vergessenheit. Wer blieb, suchte sich Arbeit im Bereich der Mineraliensuche, die mittlerweile mit immer moderneren Geräten praktiziert wurde. Und trotz dieser Entwicklungen fristen noch heute einige „Oldtimer" ihr Leben als Goldwäscher, und in einigen Goldminen wird auch mit größerem Aufwand nach dem begehrten Edelmetall gegraben – bei den steigenden Goldpreisen der letzten Jahre ein durchaus lohnendes Geschäft.

LINKE SEITE:
Goldgräber mit zwei großen „Nuggets"

Das zweite einschneidende Ereignis in der Geschichte des Yukon Territory war der Bau des Alaska Highway, der am 2. Februar 1942 von amerikanischen und kanadischen Truppen angesichts einer befürchteten japanischen Invasion begonnen wurde. In der Rekordzeit von acht Monaten und zwölf Tagen schlugen rund 11.000 Mann die über 2300 Kilometer lange Straße von Dawson Creek (British Columbia) bis nach Delta Junction (Alaska) durch die Wildnis: Acht Monate später war die quer durch den Süden des Yukon Territory führende Verbindung fertig. Die Japaner blieben zwar aus, doch der Yukon hatte seine Verbindung zum Rest der Welt. 1979 kam der 750 Kilometer lange Dempster Highway hinzu, jene ganzjährig befahrbare Straße, die von Dawson City zu den Inuit-Siedlungen am Eismeer führt.

Gold Dredge nahe Dawson City

Die Ureinwohner des Territoriums – 14 meist athapaskisch sprechende Stämme sowie Inuit – erhielten nach langen, bis heute anhaltenden Verhandlungen weitgehende Landnutzungsrechte auf ihren Stammesgebieten. Der Name des Territoriums stammt aus einer ihrer Sprachen und bedeutet „großer Fluss". Die meisten Arbeitsplätze schafft nach wie vor der Abbau von Bodenschätzen. Der Tourismus folgt dicht auf, denn das Erlebnis nahezu unberührter Natur und Wildnis lockt immer mehr Menschen aus aller Welt in den Yukon.

LINKE SEITE:
Der Bau des Alaska Highway und Dempster Highway war für die Entwicklung des Yukon Territory von entscheidender Bedeutung, denn bis dahin waren Transporte nur äußerst umständlich zu bewältigen.

WHITEHORSE

Die Hauptstadt des Yukon Territory am Milepost 918 des Alaska Highway ist mit 23.000 Einwohnern die größte im nördlichen Kanada. Wie alle auf den Permafrostboden des kanadischen Nordens gestellten Siedlungen ist auch Whitehorse mit seinen schmucklosen Verwaltungsgebäuden eine überwiegend nüchterne Angelegenheit. Gleichwohl verschaffen die Häuserzeilen mit den einst überall im Westen angebrachten falschen Fassaden entlang der Main Street sowie hübsche, in den langen Sommertagen üppig wachsende Blumenanlagen ein ansprechendes Ambiente und laden zum Einkaufsbummel ein.

Whitehorse Downtown

Überhaupt überrascht die kleine Stadt mit durchaus urbanem Lifestyle: Die Jugend schlürft in Trendcafés ihren Latte Macchiato und kurvt abends in knallroten Pick-up-Trucks über die Main Street, und die Restaurants brauchen sich vor denen im Süden nicht zu verstecken. Auch dem Goldschmied, der mit den im Yukon gefundenen Goldnuggets originellen Schmuck herstellt, darf man schon einmal bei der Arbeit über die Schulter sehen.

Erinnerungen an die große, die einzige Vergangenheit finden sich an fast jeder Ecke. Vor allem der am Stadtrand für immer an Land gezogene, schön restaurierte und authentisch bis zu den originalen Zeitschriften aus dem Jahr 1937 ausgestattete Raddampfer „SS Klondike II", der von 1937 bis 1955 auf dem Yukon River Passagiere und Fracht von Whitehorse nach Dawson City beförderte, lohnt eine eingehende Besichtigung. In den 1950er Jahren zog man die Yukon-Dampfer aus dem Verkehr, weil das Auto als Transportmittel wirtschaftlicher war und die inzwischen gebauten Brücken für die Schiffe auch zu niedrig waren.

Im Yukon Transportation Museum erfährt man viel über diesen für die Geschichte des Territoriums so wichtigen Aspekt des Transports. So sind Hundeschlitten, Flussdampfer und Buschpiloten ebenso Gegenstand von Ausstellungen wie natürlich die „White Pass & Yukon Railroad", die 1900 von

Die S.S. Klondike wurde 1929 gebaut, sank jedoch sieben Jahre später. Dennoch machte man sich an den Nachbau des Schaufelraddampfers, der 1937 zu Wasser gelassen wurde und wieder zwischen Whitehorse und Dawson City hin und her pendelte.

Skagway in Alaska aus die gerade mal zwei Jahre alte Boomtown Whitehorse anfuhr. In der im Jahr 1900 aus Holzstämmen gezimmerten Old Log Church, die ein kleines Museum beherbergt, kann man sich über die Missionsgeschichte im Nordland informieren.

Mit alten Schwarzweiß-Fotos und Alltagsgegenständen aus der Zeit des Klondike-Goldrauschs erinnert auch das MacBride Museum an die Anfänge der Stadt, die 1898 gegründete wurde, als Zehntausende über den Chilkoot und White Pass kamen, um hier auf dem Weg zu den Goldfeldern des Klondike Station zu machen. Nachdem sie den mühsamen Chilkoot Trail bewältigt hatten, fuhren die Glücksritter damals auf selbstgebastelten Flößen den Yukon River flussabwärts bis zu jenen Stromschnellen, deren Gischt sie an galoppierende weiße Pferde erinnerte. So entstand Whitehorse. Drehscheibe, Versorgungszentrum und Sprungbrett in die Wildnis ist die Stadt am Rand der Miners Range bis heute: Hier steigen die Besucher aus dem Flugzeug, hier versorgen sie sich mit allem, was zur Weiterreise nötig ist.

Bevor man Whitehorse verlässt, sollte man sich unbedingt noch im modernen Yukon Beringia Interpretive Centre in der Nähe des Airports die hervorragenden Displays über das Yukon Territory zu prähistorischer Zeit ansehen.

Eine Reise in Prähistorische Zeiten ist im Yukon Beringia Interpretive Centre möglich.

RECHTE SEITE:
Der Bennett Lake befindet sich südlich von Whithorse an der Provinzgrenze zu British Columbia und nahe dem alaskischen Skagway.

SÜDLICH VON WHITEHORSE

Die kleine Stadt Watson Lake ist das Tor zum Yukon Territory. Sie liegt am Alaska Highway, der von Süden kommend weiter nach Whitehorse führt. Bis man dort angelangt ist, überquert der Highway aufgrund des äußerst unwegsamen Geländes noch sieben Mal die schnurgerade Grenzlinie zwischen British Columbia und dem Yukon Territory.

Das 1500-Seelen-Nest Watson Lake ist ein Zentrum der eher unbedeutenden Holzindustrie des Territoriums. Und dennoch spielt ein Wald – wenn auch ganz anderer Art – eine nicht unwichtige Rolle in der Geschichte der Stadt: Ein beim Bau des Alaska Highway eingesetzter amerikanischer GI nagelte hier, von Heimweh geplagt, das Ortsschild seiner Heimatstadt an einen Baum. Im Laufe der Jahrzehnte entwickelte sich daraus der erste, inzwischen in aller Welt imitierte Schilderwald. Er ist das begehrteste Fotomotiv im Ort.

Gleich hinter dem letzten Haus übernimmt die Wildnis wieder. Dicht bewaldete Hügel und die schneebedeckten Gipfel der Big Salmon Range dahinter bilden die Kulisse für den 144 Kilometer

Der berühmte Schilderwald in Watson City

RECHTE SEITE:
Im Winter verwandelt sich der Kluane National Park in eine unwirtliche Landschaft aus Eis und Schnee. Der Blick auf die Eiszunge des Kaskawulsh-Gletschers ist hingegen ganzjährig möglich.

langen, aber nur drei Kilometer breiten Teslin Lake. Über den Ostarm des glasklaren Sees schlugen die GI's damals die längste Brücke des Alaska Highway: Die Nisutlin Bridge ist 575 Meter lang. Hier liegt der Ort Teslin, ein im Nirgendwo verlorenes Nest, das 1903 als Handelsposten der Hudson's Bay Company begann und heute aus dem Dorf und einem angrenzenden Reservat der Tlingit-Indianer besteht.

Das George Johnston Museum erinnert an den berühmtesten Sohn des Orts: Teslin Tlingit George Johnston. Der Indianer war ein unternehmungslustiger Trapper, Händler und Fotograf, der sich 1928 ein Auto kaufte und es hunderte von Kilomtern über den Fluss nach Teslin transportierte. Dort trieb er eine sechs Kilomter lange Straße, die später ein Teil des Alasaka Highway wurde, in die Wildnis, um dort mit seinem Sensationswagen fahren zu können. Die Fotos, die George Johnston von seinen Stammesbrüdern und -schwestern machte, gelten bis heute als Fundgrube für Ethnologen.

Durch eine fotogene Fels-, Wald- und Seenlandschaft und die Sanddünen der Carcross Desert, der wohl kleinsten Wüste der Welt, geht es nach Carcross am tiefblauen Lake Bennett. Der Ort, der bis 1904 Caribou Crossing hieß und erst 1978 seinen Straßenanschluss erhielt, ist mit seinem alten Western-Bahnhof und dem windschiefen General Store ein Relikt aus der Zeit des Goldrauschs. Tatsächlich brachen George Washington Carmack und seine beiden Schwager, die Indianer Skookum Jim und Tagish Charlie, einst von hier aus zum Klondike River auf – der Rest ist Geschichte. Heute können unternehmungslustige Yukon-Reisende hier in einen der alten Waggons der noch immer rüstigen White Pass & Yukon Railroad steigen und auf schwindelerregenden Trassen durch eine atemberaubende Bergwelt zum 800 Höhenmeter tiefer liegenden Skagway reisen.

Die White Pass & Yukon Railroad bewältigt noch heute die Strecke von Carcross ins alaskische Skagway. Sie durchfährt dabei eine atemberaubende Bergwelt.

KLUANE NATIONAL PARK

LINKE SEITE:
Grizzlybären – nur eine der vielen Tierarten, die im Kluane National Park zu Hause sind

Die höchsten Berge, die größten Grizzlys, die spannendsten Geschichten: Die Südwestecke des Yukon Territory ist ein Ort der Superlative. So ist der Kluane National Park mit 22.000 Quadratkilometern nicht nur einer der größten Nationalparks – mit den St. Elias Mountains beherbergt er auch das höchste Gebirgsmassiv des Landes. Und in den höheren Lagen verbindet das größte nichtpolare Eisfeld der Welt die Gipfel miteinander.

Für eine Weile begleitet diese Kulisse den Alaska Highway wie eine fern aufragende, schneebedeckte Mauer durch eine Wildnis, die nicht nur einsam und schön ist. Geschichten von dramatischen Rettungsaktionen kann hier jeder Polizist erzählen: Selbst beim kurzen Austreten neben der Straße gingen schon Menschen für immer verloren.

Wege durch diese kraftstrotzende Landschaft gibt es kaum. Nur Hiker mit Wildniserfahrung wagen sich in das Innere des Parks. Tagesbesucher können immerhin einen Blick auf den Kaskawulsh-

Kluane National Park

Gletscher erhaschen, wenn sie den Trail, der bei der Brücke über den Slims River nach Westen abbiegt, rund fünf Stunden nach Westen marschieren.

Wer sich dies nicht zutraut, muss dennoch nicht auf grandiose Szenerie verzichten. Besonders beeindruckend ist die Fahrt von Haines Junction, wo sich auch das moderne Informationszentrum des Nationalparks befindet, zum kleinen Städtchen Haines auf der alaskischen Seite. Der sicherlich zu den schönsten Straßen des Nordens gehörende Haines Highway verläuft entlang dem Dezadeash Lake und führt dann durch die gletscherbedeckten St. Elias Mountains durch den nordwestlichsten Zipfel von British Columbia.

Pelly Crossing, eine kleine Siedlung der Selkirk-Indianer

Die Landschaft am Alaska Highway versetzt immer wieder in Staunen. Prärieähnliches Grasland im Slims River Delta sind hier ebenso zu finden wie die 60 Meter hohen Million Dollar Falls am Takhane River. Zudem ist das Gebiet „Moose Country", Elch-Land: An den schlammigen Ufern der Flüsse grasen die größten Elche Nordamerikas.

All jenen Männern, die dieses bequem mit dem Auto zu absolvierende Naturerlebnis möglich gemacht haben, wird auf Soldier's Summit, westlich vom Sheep Mountain Interpretive Centre bei Kilometer 1706 am Kluane Lake gedacht. Am 20. November 1942 wurde hier der Alaska Highway offiziell eröffnet. Eine wilkommene Raststation ist Burwash Landing mit hübschen Ausblicken auf den See.

Der Haines Highway in der Kluane-Regionbietet immer wieder atemberaubende Panoramablicke.

Der Klondike Highway nach Dawson City führt durch weite Wildnisgebiete und folgt streckenweise dem Yukon River. In weiten Abständen liegen kleine Pionier- und Minenorte entlang der 540 Kilometer langen Straße: Carmacks, Minto, Pelly Crossing, eine Siedlung der Selkirk-Indianer, und Stewart Crossing, wo eine Straße zum winzigen Bergwerksort Keno abzweigt.

In Carmacks ist ein historisches Roadhouse restauriert worden, in dem die Goldsucher auf dem Weg zum Klondike übernachteten, und bei den Five Finger Rapids hat man einen weiten Blick über die Flusslandschaft des Klondike River und auf die gefährliche Flussenge, in der so mancher Raddampfer zu Goldgräberzeiten Schiffbruch erlitt.

Die schneebedeckten Gipfel der Saint Elias Mountains, die sich im Grenzbereich von Alaska, Yukon und British Columbia erstrecken

DAWSON CITY

VORHERIGE DOPPELSEITE:
Five Finger Rapids (links oben), Kluane National Park (links unten) und gewichtige Bewohner der Region: Elche (rechts)

Von der Geschichte längst überholt, trägt das Städtchen an der Mündung des Klondike in den Yukon River die Spuren seiner kurzen, aber glorreichen Blütezeit um so stolzer. Wo heute weniger als 2000 Menschen in alten, meist sorgfältig restaurierten und gepflegten Holzhäusern wohnen und nur im kurzen subarktischen Sommer Besucher aus aller Welt empfangen, wirbelten 1898 über 30.000 Menschen den Staub der bis heute unbefestigten Straßen auf.

Keine anderthalb Jahre nach den aufsehenerregenden Goldfunden im nahen Bonanza Creek war Dawson City die größte Stadt westlich von Toronto. Dutzende Saloons und Spielhöllen knöpften den Diggern den mühsam gewonnenen Reichtum wieder ab. Jack London bewohnte hier eine Blockhütte, die orignialgetreu wiederaufgebaut wurde, und Robert Service, der Barde des Yukon, ließ sich in Dawson City zu seinen berühmten Harte-Männer-Balladen inspirieren. Die restaurierte Robert Service Cabin zählt zu einer der beliebtesten Touristenattraktionen in der Stadt.

Die Goldsucher entrissen dem Land ringsum in kürzester Zeit Gold im damals märchenhaften Wert von über 100 Millionen Dollar. Es gab ein Opernhaus, Banken und Hotels, Kirchen, Hospitäler und Bordelle – und etliche schillernde Charaktere. Eine von ihnen war Gertie Lovejoy. Anstatt in knochenbrechender Mühsal nach Goldklumpen zu suchen, entdeckte sie die Goldgräber selbst als Goldmine, ließ sich als Erkennungsmerkmal einen Diamanten zwischen die Vorderzähne setzen und eröffnete das „Diamond Tooth Gertie" – eine legendäre Tanz- und Spielhalle. Bis heute wirbeln in diesem alten Gebäude mit der schön restaurierten Western-Fassade stark geschminkte Can-Can-Tänzerinnen über die Bühne, während leichtsinnige Gäste ihr Geld beim Blackjack und Roulette verspielen.

Heute lebt der 500 Kilometer nördlich von Whitehorse am Klondike Highway liegende Ort

Wohnhaus in Dawson City

hauptsächlich vom Tourismus. Die berüchtigten Schlägereien gehören der Vergangenheit an – die Gegenwart ist beinahe familienfreundlich. An die wüsten Zeiten erinnert höchstens die Atmosphäre im Sourdough Saloon mit den Elchköpfen an den Wänden, Pool-Tischen und seiner schweren Theke aus altem Holz, an der immer noch ausgelassen gezecht wird.

Dawson City ist lebende Geschichte: Der gesamte Ort wurde zum historischen Nationalpark erklärt. Die meisten der alten Gebäude hat man inzwischen wieder in den Originalzustand versetzt. Und wenn neue Häuser errichtet werden – meist in der Holzbauweise im Stil des 19. Jahrhunderts –, gelten strikte Auflagen, damit der Pioniercharakter des Ortes gewahrt bleibt. Da die rauen Winter auch den neueren Häusern schnell eine gewisse Patina verleihen, ist es nicht einfach, alt und neu zu unterscheiden.

HIstorisch anmutendes Post Office in Dawson City

Auf seine Restaurierung wartet noch der mächtige Steinbau der alten Canadian Imperial Bank of Commerce, neben dem die historische „SS Keno“ auf dem Trockenen sitzt. Der typische Yukon-Schaufelraddampfer aus der Zeit um 1900 erinnert ebenso an die glorreichen Tage von „98“ wie das imposante Palace Grand Theatre an der King Street, das mit roten Samtvorhängen und Plüschsesseln wieder so aussieht, wie es 1899 von Arizona Charley Meadows errichtet wurde.

Wenige Kilometer stromaufwärts am Klondike River führt eine Sandstraße zu den ehemaligen Goldfeldern am Bonanza Creek. Das schmale Rinnsal wird von mächtigen, in symmetrischen Wellenlinien verlaufenden Schotterbergen, den „tailings“, gesäumt. Hier liegt auch die Gold Dredge No. 4, einer der riesigen Schaufelradbagger, die nach 1900 die Bachläufe durchwühlten, um noch das letzte Flöckchen Gold aus dem Sand zu waschen. Während sich die Ungetüme langsam vorwärts frästen, schufen sie praktisch einen wandernden See, auf dem sie schwimmen konnten. Auf einer Führung durch die als Museum restaurierte Gold Dredge erfährt man alles über die damaligen Techniken des Goldschürfens.

Und da sich im Yukon fast alles ums Gold dreht, wundert es nicht, wenn man selbst vom Goldfieber gepackt wird. Die Tourismusindustrie des Territoriums trägt diesem Wunsch Rechnung: Vielerorts kann man für ein paar Dollar mit der Waschpfanne die kleinen gelben Flöckchen aus einem mit „goldhaltigem“ Sand gefüllten Trog herauswaschen und in einem kleinen Glasröhrchen mit nach Hause nehmen.

In Dawson City ist das Goldwaschen in noch authentischerer Weise möglich: Zwar wird auf der Gold Bottom Mine, einem Familienbesitz mit jahrzehntelanger Goldsuchertradition, der größte Teil des Goldes mit schwerem Gerät gefördert, aber die alte Technik des Waschens mit der Pfanne wird im Bach auf dem Gelände hinter dem Haupthaus ebenfalls praktiziert – mit gebeugtem Rücken und knietief im kalten Wasser, ganz so, wie es die Goldgräber von einst gemacht haben.

Während der Führung auf der Gold Bottom Mine wird das Wichtigste über den Prozess der Goldgewinnung im heutigen Yukon erklärt: das Registrieren eines „claims“, die Erschließung mit entsprechendem Gerät, das Schmelzen des Golderzes und schließlich der Verkauf der Nuggets und Goldbarren.

Nuggets, meist kleinere, oft interessant geformte Goldklümpchen, schmilzt man nicht zu Barren ein, da sie als Schmuck begehrt und teurer als der eigentliche Goldwert sind. Größere Nuggets werden heute nur selten gefunden. So war es eine Sensation, als ein deutscher Goldsucher in den Kluanebergen bei Haines Junction vor ein paar Jahrzehnten einen kiloschweren Goldklumpen fand – der größte Nugget seit dem Goldrausch von 1898.

Dawson City, die Goldgräberstadt

Gelegentlich legen die Goldsucher beim Abtragen des Permafrostbodens auch Fossilien frei. So kann man im Haupthaus der Gold Bottom Goldmine unter anderen prähistorischen Artefakten auch den mächtigen, mehrere Meter langen Stoßzahn eines Mammuts bewundern.

Vom Midnight Dome, dem hinter der Stadt aufragenden Berg, bietet sich ein beeindruckender Panoramablick über Dawson und die Goldfelder. Ebenso schön ist auch die Aussicht auf die Stadt und den Zusammenfluss von Yukon und Klondike River vom Top of the World Golf Course auf der anderen Seite des Flusses. Um dorthin zu gelangen, setzt man mit der Fähre über den Yukon. Am anderen Flussufer beginnt der Top of the World Highway, der von Dawson zur Alaska-Grenze führt.

Auch das Visitor Centre in Dawson City erinnert an die Zeit des Goldrauschs.

DEMPSTER HIGHWAY

Er ist der Klassiker unter den Wildnisstraßen, ein Kanada-Mythos. Der Dempster Highway lässt das Herz des Großstadtmenschen schneller schlagen. 1979 nach mehr als 20-jähriger Bauzeit eröffnet, zweigt er 40 Kilomter östlich von Dawson City vom Klondike Highway ab und führt als graues Schotterband durch die Wildnis zum über 700 Kilometer entfernten Eismeer.

Der Name mag irreführen, doch wer glaubt, dass der Dempster Highway eine glatt asphaltierte, vielspurige Straße ist, wird schon bald nach Befahren eines Besseren belehrt. Stattdessen bietet sich hier ein unvergleichliches Naturerlebnis auf der fast 700 Kilometer langen Schotterpiste.

Der Dempster Highway ist die einzige Straße auf dem Kontinent, die den Polarkreis überquert. Im großen Ganzen folgt sie uralten indianischen Handelsrouten, die bis 1921 die Blaupause für die Route der Hundeschlittenpatrouille der North West Mounted Police lieferte. Den entscheidenden Anstoß zum Bau der Straße gab schließlich die Entdeckung der Öl- und Erdgasvorkommen am Eismeer.

Der landschaftlich aufregendste Abschnitt beginnt bald hinter der Abzweigung. Am Ende des North Klondike River Tals arbeitet sich die Piste in immer enger werdenden Kurven die Tombstone Mountains hinauf. Vom Parkplatz des 1300 Meter hohen North Fork Pass gleitet der Blick über ein spektakuläres Panorama aus Nadelwäldern, wilden Wiesen und den gezackten Gebirgskämmen der südlichen Ogilvie Mountains, die in der Mitte auf einen alleinstehenden, keilförmigen Monolith zulaufen – der fotogene Tombstone Mountain, einst ein heiliger Berg der Ureinwohner, ist heute ein beliebtes Ziel konditionsstarker Wanderer und Bergsteiger.

Danach ändert sich das Bild. Die Wälder weichen der nackten Fels- und Steinlandschaft des Blackstone Plateaus, das schließlich in die nördlichen Ogilvie Mountains, eine verlorene Bergwelt aus kahlen Inselbergen aus Kalkstein und Schiefer, übergeht. Die endlose Leere dieser von Dallschafen, Grizzlybären und Raubvögeln bewohnten Gegend ist überwältigend.

Auf halbem Weg, bei Kilometer 365, liegt die einzige menschliche Behausung am Dempster. Das Eagle Plains Hotel besteht aus Vorratslagern, einer Tankstelle, einem einfachen, mit Memorabilia aus der Hundeschlittenzeit dekorierten Restaurant, ein paar Unterkünften und einem schmucklosen 30-Zimmer-Hotel. 40 Kilometer später überquert der Dempster Highway den Polarkreis und folgt dann dem Westrand der weitläufigen Richardson Mountains. Endlose Tundra und Bäume nur in windgeschützten Senken, zu Haufen, Hügeln und Bergen aufgetürmte Geröllhalden, ein ständiger, beißend kalter Wind und die überraschend laute eigene Stimme sind die stärksten Eindrücke, die diese kraftvolle Landschaft vermittelt. Später kreuzen die uralten Migrationsrouten der Karibuherden den Highway. Im Herbst kann man mit etwas Glück die kanadischen Rentiere bei ihrer Wanderung zurück in die Berge beobachten.

Bei Kilometer 465 überquert der Dempster Highway die Grenze zu den Northwest Territories und führt nach und nach in das riesige Mackenzie-Delta hinab. Das Labyrinth aus Sümpfen und Seen, das aus der Luft wie ein Golfplatz für Giganten aussieht, erstreckt sich bis zum Eismeer. Man blickt auf das fast 200 Kilometer breite Mündungsgebiet des von Süden heraufziehenden und nun in weit geschwungenen Schleifen dem Meer entgegenziehenden Mackenzie River.

Vom Dempster Highway bietet sich ein spektakulärer Blick auf die Tombstone Mountains.

Die erste menschliche Behausung nach stundenlanger Leere ist Fort McPherson, ein alter Hudson's-Bay-Posten, neben dem sich ein paar Dene-Familien niedergelassen haben. Sümpfe, niedrige, ineinander verknotete Nadelwälder und wieder Sümpfe und Seitenarme des Mackenzie begleiten fortan den Highway, und bei Tsiigehtchi, einer Siedlung der Gwichin-Indianer, führt eine Fähre über den schlammigen, träge fließenden Mackenzie.

Nach 200 Kilometer Eintönigkeit erreicht man den „Platz der Menschen". So heißt Inuvik auf Inuktitut, der Sprache der Inuit, und tatsächlich freut sich nicht nur der Besucher, wieder Menschen zu sehen. Inuvik am Rand des Deltas ist eine neue Stadt. 1954 wurde sie von der Regierung als Ersatz für das regemäßig überschwemmte Inuitdorf Aklavik gebaut. Heute ist die 3500-Einwohner-Stadt das Verwaltungszentrum der Region und Basis für Expeditionen in die Wildnis und ans Eismeer.

Die Ogilvie Mountains sind eines der großen Highlights, das man auf dem Dempster Highway von Dawson Richtung Norden erleben kann.

Bildnachweis

Umschlagabbildungen: U1 oben: istockphoto.com, U1 unten: picture alliance/dpa
U4 links oben: fotolia/Moraine Lake
U4 rechts oben: fotolia/Norman Pogson
U4 links unten: istockphoto.com, U4 links oben: Kurt Ohlhoff

123rf.com:
Seiten 8, 27, 29, 30, 43, 52, 67, 73, 451, 480, 481, 484, 490, 500/501

bigstockphoto.com:
Seiten 128, 208, 376, 400/401, 408, 494, 534/535, 538, 539, 542/543, 547, 557, 564

dreamstime.com:
Seiten 10: Photawa, 22: Hannamariah, 24: Al Parker, 26: Jason Kasumovic, 36: Debra Law, 50 links: Sumeet Wadhwa, 50 rechts: Joel Blit, 51: Norman Pogson, 61 oben: Mary Lane, 61 unten: Fallsview, 66: Videowokart, 72: Mary Lane, 94: Sauk123, 95: Donna Mcmullin, 101: Donnamcmullin, 102/103: Glendonp, 104: Donnamcmullin, 105: Birdboy, 116/117: Johanna Goodyear, 121: Christopher Howey, 122 oben: Viktor Gmyria, 123 oben: Jim Parkin, 130: Pierdelune, 131: Aiok, 132: Melking, 133 oben: Oscar1319, 148: Daniel Dupuis, 153: Miachael Wiens, 159: Norman Pogson, 167: Alain Lee, 168: Ruediger Bann, 177: Norman Pogson, 183: Bcbounders, 191: Bcbounders, 199: Costin Tuta, 218: Dianne Mcfadden, 219: Chris Vervaeke, 220: Ruediger Baun, 221: Bcbounders, 227: Aaronwood, 228/229: Photawa, 230: Verena Matthew, 232: Alain Lee, 233: Verena Matthew, 234: Verena Matthew, 235: Verena Matthew, 238: Verena Matthew, 239: Verena Matthew, 240 oben: Verena Matthew, 240 unten: Alain Lee, 241: Verena Matthew, 250: Hubert Coia, 252: Mary Lane, 253: Victor Russillo, 257: Mary Lane, 258: Denis Pepin, 259: Jean Larne-fréchette, 263: Antoine Rouleau, 264 rechts: Mbudley, 266/267: Christopher Howey, 268: Lilian Obucina, 283: Christopher Howey, 284: Debra Law, 290 oben und unten: Alexander Kolomietz, 292/293: Andre Nantel, 295: Mary Lane, 296: Claudine Besse, 297: Claudine Besse, 299 oben: Lana Langlois, 307: Kevin Miller, 309: Joel Blit, 312/313: Vladimir Kindrachov, 314: Petar Zigich, 321: Sampete, 322: Vladimir Mucibabic, 324: Marcus Miranda, 325 oben: Alexander Kolomietz, 325 unten: Willeecole, 326: Mark Biesinger, 327: Pavel Cheiko, 330/331: Christopher Howey, 332: Jeannel, 333: Gary Blakeley, 334: Sampete, 335: Galina Barskaya, 336 oben: Basslinegfx, 337: Sampete, 350 unten: Gary Blakeley, 351 oben: Sampete, 351 unten: Sampete, 356: Ling Xia, 357: Penelope Berger, 358: Ken Pilon, 359: Christina Ferrin, 362: Gabrield, 363: Alain, 366/367: Vladimir Mucibabic, 369: Kevin Thorne, 371: Alex Gu, 375: Chantal Ringuette, 377: Elena Elisseeva, 379: Vladimir Kindrachov, 384: Elena Elisseeva, 389: Ken Pilon, 393: James Conway, 394/395: Andrew Knapp, 396 unten: Ken Pilon, 397: Ken Pilon, 398: Ken Pilon, 399: Photawa, 401: Richard McGuirk, 410: Photawa, 411: Photawa, 413: Photawa, 415: Ling Xia, 416: Deborah Clague, 419: Jostein Hange, 420: Lorraine Swanson, 422: Photawa, 426: Lorraine Swanson, 427 oben: Mike Rogal, 428: Sumeet Wadhwa, 429: Chuuli Li, 435: Art@digitalheights.com, 436/437: Lorraine Swanson, 439: Tyler Olson, 440: Jason Kasumovic, 442: Ling Xia, 443: Patricia Ulan, 448 unten: Ling Xia, 458: Cullenphotos, 464: Fallsview, 465: Fallsview, 467: Fallsview, 474/475 oben: Fallsview, 474/475 unten: Falssview, 482/483: Phototerry, 491: Hope&James Litwin, 498/499: Karoline Cullen, 504/505: Tim (tin) Tran, 510: Ian Wilson, 516: Karoline Cullen, 526/527: Kevin Miller, 528: Feng Yu, 531: Adrian Brugge, 535: Blphotocorp, 536: Serguei Bachlakov, 546: Weny Nero, 548/549: Kevin Miller, 562/563: Natalia Bratslavsky, 578 oben: Roman Krochuk, 578 unten: Joseph N. Hall, 579: Roman Krochuk, 580 unten: Sideyman, 586: Bernard Breton, 604 oben: Pancaketom, 604/605 unten: Pancaketom, 622: Patricia Marroquin, 623 oben: Troy Farr, 623 unten: Troy Farr, 632: Natalie Bratslavsky

fotolia.com:
Seite 599: Stephen Finn

istockphoto.com
Seiten 9, 10/11, 16, 17, 18 unten, 19, 20/21, 23, 25, 28, 31, 38, 44, 47, 59, 63 oben, 63 unten, 75, 78, 79 oben, 79 unten, 80, 81, 87, 91, 98, 107, 120, 133 unten, 136/137, 138, 139, 142/143, 146/147, 147 unten, 150, 151, 152, 158, 160, 161, 164, 165, 166, 169, 170/171, 172, 173, 176, 179, 186, 187, 188, 189, 200, 201, 202 oben, 202 unten, 203, 204, 205 oben, 205 unten, 206, 207, 209, 211, 213, 215, 216, 217, 222, 224, 225, 231, 236, 237, 242/243, 246, 247, 248/248, 251, 255, 256, 260/261, 264/265, 269, 270 oben, 270 unte, 271, 272, 277, 280, 281, 282, 286, 287, 291, 298, 299 unten, 300, 301 oben, 301 unten, 302 oben, 304, 305, 306, 310/311 oben und unten, 317, 318, 319, 320, 336 unten, 339, 343, 346/347, 348, 349, 350 oben, 352/353, 355, 364 links, 364/365, 368, 372, 374, 378, 380, 385, 386, 387, 391, 392, 396, 402, 406/407, 417, 418, 421 oben, 421 unten, 424, 425, 427 unten, 430/431, 432 oben, 432/433, 438, 441, 444/445, 446, 447, 448 oben, 449, 452/453, 456 links, 457, 459, 462/463, 466, 468, 469, 485, 487, 489, 512/513, 524/525, 529, 532/533, 540/541, 550/551, 560, 569, 575, 576/577, 581, 582/583, 584, 585, 588/589, 590, 591, 593, 594/595, 596/597, 598 oben, 598 unten, 600/601, 602, 603, 606, 607 oben, 607 unten, 610/611, 616, 618, 624, 629, 630, 635, 636, 637

Kartographie Zwick (Gießen):
Seiten 6/7, 74, 134, 198, 226, 244, 308, 414, 434, 450, 506, 574, 592, 608

Ohlhoff, Kurt (Isernhagen):
Seiten 12, 13, 14, 18 oben, 32, 33, 39, 40, 45, 48, 53, 58, 60 oben, 60 unten, 65, 68, 69, 71, 76/77, 82/83, 84/85, 86, 88/89, 90, 92, 93, 96/97, 99, 100, 106, 108/109, 110, 111, 112, 113, 114, 115, 118/119, 122 unten, 123 unten, 124/125, 126/127, 129, 135, 141, 144, 145, 149, 154, 155, 156, 157, 162/163, 174/175, 178, 180, 181, 182, 184/185, 190, 192, 193, 194/195, 196, 197, 210, 212, 223, 245, 262, 273, 278, 279, 288, 289, 294, 302 unten, 315, 316, 323, 328, 329, 338, 340, 341, 342, 344, 345, 354, 360/361, 370, 373, 381, 382, 383, 388, 403, 404, 405, 407, 454 oben, 454 unten, 455, 456 rechts, 460/461, 470, 471, 472, 473, 476, 477, 478/479, 486, 488/489, 492, 493 oben, 493 unten, 495, 496, 497, 502, 503 oben, 503 unten, 507, 508, 509, 511, 514, 515, 517, 518/519, 520, 520/521, 522, 523, 530, 537, 544, 545, 552 links, 552 rechts, 553, 554, 555, 558, 559, 564, 566, 567, 568, 570, 571, 572, 573, 580 oben, 609, 612, 613, 614, 615, 617, 619, 620, 621, 625, 626, 627, 628 oben, 628 unten, 631, 633, 634,

Picture alliance/dpa:
Seiten 34, 35, 37, 42, 49, 55, 57, 70, 274

Diverse Textbeiträge stammen von folgenden Autoren:

Ole Helmhausen lebt und arbeitet seit 1993 als freier Journalist und Autor in Montréal. Er schrieb in diesem Band über das heutige Kanada und die Provinzen Ontario und Québec.
Fredrik DeWiel lebt seit 1953 als Geologe und freier Mitarbeiter für wissenschaftliche Zeitungen in Calgary. Er war bei diesem Buch für die Kapitel über Geografie und Geschichte zuständig.
Michael Juhran lebt als freier Reisejournalist in Berlin. Er hat an den Kapiteln über die Prärieprovinzen und Kanadas hohen Norden mitgewirkt.